博士论丛

城市最低收入阶层居住问题研究

——重庆市廉租房体制及其选址与设计探析

The Research on Habitation for the Low-income People in Chinese Cities

——A Case Study on the Policy，Urban Planning & Architectural Modes of Low-rented Housing in Chongqing Metropolitan

龙灏 著

中国建筑工业出版社

图书在版编目（CIP）数据

城市最低收入阶层居住问题研究——重庆市廉租房体制及其选址与设计探析／龙灏著．—北京：中国建筑工业出版社，2010
（博士论丛）
ISBN 978－7－112－12314－8

Ⅰ．①城…　Ⅱ．①龙…　Ⅲ．①城市－住宅－社会保障－研究－中国②城市－住宅建设－研究－重庆市　Ⅳ．①D632.1②F299.277.19

中国版本图书馆 CIP 数据核字（2010）第 153409 号

如何解决城市中低收入者的居住问题，是关系到国计民生与社会和谐稳定的重大问题。本书以重庆市最低收入居民的廉租住房为对象，综合城市社会学、社会经济学、建筑管理学、城市规划和建筑学等多个学科理论，并运用最新的地理信息系统（GIS）技术，对中国当代城市低收入阶层住房保障的理论、制度建设、廉租房用地选址规划布局及廉租住宅建筑设计导则等相关内容进行了研究，建构了一个较为完整、清晰和切实的城市最低收入阶层住房保障的理论架构与实用体系。书中提出的廉租房体制建构框架和关于重庆市廉租制度建设的建议，其系统性和可操作性强，对我国的其他城市也具有一定的借鉴价值。

本书可供城市管理人员、建筑师、规划师、房地产开发商等学习参考。

*　*　*

责任编辑：吴宇江　率　琦
责任设计：李志立
责任校对：赵　颖　王雪竹

博士论丛
城市最低收入阶层居住问题研究
——重庆市廉租房体制及其选址与设计探析
龙灏　著

*

中国建筑工业出版社出版、发行（北京西郊百万庄）
各地新华书店、建筑书店经销
北京嘉泰利德公司制版
北京建筑工业印刷厂印刷

*

开本：787×1092 毫米　1/16　印张：19¼　字数：462 千字
2010 年 11 月第一版　2010 年 11 月第一次印刷
定价：**59.00** 元
ISBN 978－7－112－12314－8
（19586）

序　一

住宅问题是我国当今以及今后相当长一个时期的城市建设重点。住宅是人们生存生活衣食住行中的“住”，关系民生，是政府、老百姓、开发商及学者们都十分关注的。

重庆是西部雄起的特大城市、历史名城，是“通畅、绿色、平安、健康”引导下的山地城市，它的住宅规划建设有自己的特点。解决广大最低收入阶层居住问题，是个重中之重。作者从调查研究入手，体现了实践是检验真理的唯一标准；作者做了公平理论，是城市化中社会保障体系的重要一环；作者借用各地经验，又结合重庆特色提出了自己的价值观作为导则。

作者龙灏老师是一位刻苦用功的学者。我参与了他的论文答辩，知道他写论文的艰苦，需要解决的矛盾甚多，他作出了[illegible]分析，殊为可嘉。论文只是一个开端，可贵的是持续的坚持研究，并通过自身的实践取得[illegible]手经验。此论题十分重要，且有现实意义，我为之序。

[1]

2010 年 1 月 20 日

于东南大学建筑研究所

1　齐康：国务院学位委员会委员、中国科学院院士、法国建筑科学院外籍院士；著名建筑学家、建筑教育家，国家建筑设计大师；东南大学建筑研究所所长、教授、博士生导师；本书作者博士学位论文答辩委员会主席。

序　二

生而栖居是人类本能的追求，而低收入者的居住问题是当今世界各国高度关注的特殊命题。在全球城市化进程急速推进的形势下，社会各阶层分化凸显，在我国，体现贫富收入差距的基尼系数已突破国际上公认的0.4的警戒线。城市中各阶层居住分异的现象也十分明显。因此，如何解决城市中低收入者的居住问题，是关系到国计民生与社会和谐稳定的重大问题。本书论题对维护社会的生态平衡和促进社会各阶层的和谐与协调发展，具有深刻的社会意义和实用价值。

城市最低收入阶层的居住问题不仅是建筑学的设计问题，更是明显的社会生态学问题，它涉及社会学、建筑学、经济学、管理学等多个学科。从这个意义上说，本书的论题是一个跨学科的研究，需要作者首先从社会学的角度切入，再从建筑学的角度展开，难度显而易见。

作者龙灏同志自硕士研究生开始接触住宅研究，攻读博士学位前已有较长的设计工作经历，具备了扎实的专业基础理论和实践知识。他独立科研能力强，外语水平较高，同时又关心时政和社会发展，有反应敏捷的特点和刻苦钻研的精神，可以说具备了对本书论题作出系统深入研究的良好条件。

作者广泛地参阅了中外有关的文献资料，对境外住房保障的典型模式进行了简明扼要的归纳总结，对我国住房制度改革和房地产市场的分析脉络清晰，切中时弊，方向明确，对重庆市低收入人群的居住现状作了两次实地调研，资料翔实可信，从而在时间和空间两个向度上，用中外对比和今昔对比的方法为本书的研究提供了扎实的基础资料和论据。随后，作者从人的生存价值观、居住权利观、资源共享观、社会生态观、均衡发展观、动态演进观和住房消费观等七个方面提出的“居住公平理论”言简意赅、哲理明晰，对社会，特别是管理部门的相关人士更加清晰、深刻地认识解决城市低收入阶层居住问题的重要性具有重要的价值。同时，作者在书中提出的廉租房体制建构框架和重庆市廉租房制度建设的建议系统性、可操作性强，对我国的其他城市也有一定的参考价值；运用地理信息系统（GIS）研究和绘制的廉租房用地选址规划图科学性强，为政府相关管理部门提供了可资借鉴和运用的先进技术手段与研究成果；书中提出的廉租房建筑设计导则和标准体系总结提出了较为科学的设计原则、方法与标准的建议，并尝试了方案设计实践，不仅对今后廉租房的建筑设计具有启迪作用，而且对目前正在进行中的国家标准《住宅设计规范》（GB

50096—1999）修订工作有实际的参考价值。全书从背景梳理、调研分析、理论建构直至具体地解决规划与建筑设计基础问题，可谓论据翔实、结论清晰、文笔流畅、逻辑性强，成果有一定的创新性。

诚然，要全面解决城市低收入阶层的居住问题涉及国家的政策法律、社会的分配与运行机制、相关管理部门的行政能力、民众遵守相关规则的意识等等诸多方面，有些问题不是建筑学领域的学者所能驾驭或解决的。在具体执行中，选址、规划和建筑设计也仅是我国基本建设程序中土地、资金、设计、施工、管理等诸多环节中的一环，本书对相关问题的研究是作者在科学发展观指导下的一个初步探析，尚有待在实践中进一步检验发展。希望龙灏同志能在这一领域继续努力、迎难而上，为实现全社会居民“住有所居”的住房目标贡献自己的力量。

朱昌廉[1]

2010 年 2 月 1 日

---

1 朱昌廉：住房与城乡建设部住宅及人居环境专家组成员、中国土木工程学会住宅工程指导工作委员会委员、中国建筑学会人居环境委员会委员；重庆大学建筑城规学院教授、博士生导师；本书作者博士学位论文指导教师。

前　言

迄今为止，中国城镇住房制度改革走过了公房出售、提租补贴、住房商品化、住房市场化加住房保障等阶段。每个发展阶段的进展、主要政策以及产生的社会效果各不相同，既改善了城市人民的平均居住水平，也引发了一些不良后果，房地产市场在快速发展的同时迅速抛弃了不能给他们带来利润的低收入群体住房，使城市低收入阶层的住房问题凸显出来。在2007年国务院九部委联合发布《廉租住房保障办法》，以及国家空前重视社会和谐、重视民生问题的大背景下，本书在英国海外发展部（DFID）资助的中英联合科研课题“城市改革的社会影响与城市旧区居民的住房问题”（Social Implications of Urban Reform in China：A Case Study of Housing for the Poor，课题编号R7639）的经费支持下，以一定规模的田野调查数据统计分析为基础，以重庆市这样一个“国家统筹城乡综合配套改革试验区”的城市最低收入居民的廉租住房为对象，综合城市社会学、社会经济学、建筑管理学、城市规划和建筑学等多个学科理论并运用最新的地理信息系统（GIS）技术，研究了中国当代城市低收入阶层住房保障的理论、制度建设、廉租房用地选址规划布局及廉租住宅建筑设计导则等相关内容，力图建构一个较为完整、清晰而切实的城市最低收入阶层住房保障的理论架构与实用体系。

本书首先梳理了我国住房制度改革历程和成果，论述了我国住房市场供应体系中各类住房的性质、地位、作用与运作模式并探讨房地产业现状与存在的问题，同时对境外国家或地区对居民住房问题进行政府干预的历程、经验以及主要模式进行了分析与归纳；整理、归纳了在重庆市针对低收入居民和廉租房居民进行的两次较大规模调研的大量数据，从中分析和总结了当前重庆市的最低收入阶层居民的居住实态；随后本书从理论和制度层面对城市最低收入居民的住房问题进行了深入探讨，初步建构了住房公平理论和住房保障体制的框架，提出了针对重庆市的廉租住房保障制度解决方案；最后，本书从具体的技术层面以重庆市主城区为研究范围，采用理性、量化分析的方法构建了城市低收入住区用地选址影响因素的AHP模型以及廉租房用地选址规划模型，运用GIS软件完成对重庆市主城区廉租房用地适宜度评价的多因素量化、图形化分析，同时提出廉租房住区建设的基本原则、建设策略及推进机制；建构了廉租住宅建筑模式的基本理论和建筑设计的基本原则，建议性地提出了具有多元多层次性的廉租住宅建筑指标并以重庆市某拆迁安置房项目的概念性方案设计进行了理论成果的探索性运用。

具体来说，本书在理论建设层面阐述了人人生而平等的生存价值观、人人享有居住的权利观、平等居住的资源共享观、社会生态的居住福利观、公平与效率均衡的居住发展观、居住水平的动态演进观和居者享其屋的住房消费观，从而初步构建了城市低收入阶层居住保障的居住公平理论框架；在制度建设层面建言我国城市廉租住房保障的制度应从政策与运行两个层面以及宏观、中观与微观三个层次来构建和完善，建议重庆市政府以“完善一个体系，健全两个机制，制定三个标准，加强四个管理”的思路完善重庆市廉租住房保障制度；在规划技术层面则首次将 GIS 技术运用于重庆市廉租住房建设的用地选址规划，采用定量分析的多因素层次分析法建立了现有廉租房地块适宜性综合评价的 AHP 模型以及廉租房用地选址规划的数学模型并完成了“重庆市主城区廉租房用地选址规划布局图”；在建筑设计层面提出并阐释了“廉租住宅建筑模式”的概念并建构了廉租住宅模式的基本理论，提出了“以时间换取空间，以材质提升品质，以标准求得多样，以创造突破常规”等廉租住宅建筑设计原则，总结了“两个层次三大类共十二项指标”的廉租住宅模式指标体系供有关管理和研究部门参考。

居住公平问题本是一个世界性的难题，尤其在中国这样一个快速城市化过程中的发展中人口大国，更是一个困难重重的课题，不是一己之力、一朝一夕可以解决的。希望本书的研究能成为建筑学领域中的一个良好开端，城市的研究者和建设者们都以踏实肯干的精神、关心社会疾苦的心灵和严谨求实的科学方法，又好又快地把我们的城市、住区和住宅建设得更加美好而和谐。

Foreword

China' s urban housing system reform has evolved through the following stages: selling state-owned houses, raising the rent while granting subsidy, commercialization, and marketization with housing security system. With each stage being different in implementation process, major policy and social response, these measures have tremendously enhanced the average urban residential standards. However, they have also induced some unfavorable results. One of the prominent problems is the housing issue of low-income urban people resulting from the real estate sector' s unwillingness to build less profitable residential buildings for the poor in rapid development. In the context of the fact that, in 2007, nine ministries under the State Council jointly issued the Measures for the Guarantee of Low-Rent Homes, and that the state attaches great importance to social harmony and the well-being of the people, and based on the statistical analysis of the large-scale field investigation data, this book took as its subject the low-rent houses (LRH) of the lowest-income people in Chongqing Municipality, the National Pilot Area for Comprehensive Reform Targeting Balanced Urban and Rural Development. It used multidisciplinary theories ranging from urban sociology and economics to architectural management, urban planning and architectural design, and applied the latest Geographic Information System (GIS) to the research of a series of subjects: theory and system construction of housing security of low-income groups in modern urban China; sitting, planning & layout of LRH land; and guiding principles for the architectural design of LRHs. The ultimate purpose is to formulate a comprehensive, systematic and practical theoretical framework and practical system for the housing security of lowest income urban people.

This book includes seven chapters as follows:

Chapter One Introduction presents the context, aim and significance of the research, reviews on the current situation of researches by foreign and domestic peers, and defines the subject, strategy, and methods in this book.

Chapter Two Chinese Housing System Reform Process and Foreign Housing Models: Retrospect & Contrast through combing the process of Chinese housing system reform and the achievements, it defines the nature, status, functions and operation models of the various types of houses in Chinese housing market, and analyzes the current situation and problems in the real estate sector. It also summarizes the history, . accomplishments and major models of foreign government' s intervention into housing problems. These research works are the basis of the following discussions on the related policy and theories.

Chapter Three Housing Problems of the Urban Poor: Investigation and Analysis, the foundation of innovations in this book, focuses on the combing of and analysis into the data of two large-scale surveys after the introduction of the methods of social surveys in architectural science.

Chapter Four Research on Fair Housing Theory and LRH Security System explores the housing challenges facing the lowest-income urban residents from theoretical and systematic perspectives to constitute a fair housing theory and a housing security system theory. Through a systematic analysis on the building and implementation of the current LRH security system in Chongqing and other major domestic cities, it sorts out the problems and offers a solution for the LRH security system of Chongqing Municipality.

Chapter Five Research on GIS-Based LRH Land Siting, Planning & Layout deals with the planning, sitting and layout as well as design strategies of urban LRHs from the perspective of urban planning. This chapter takes the city proper of Chongqing as its scope of research and employs the method of quantitative analysis to devise an AHP model for the determinants of the sitting of residential land for the urban poor and a model for the sitting & planning of LRH land. By application of the GIS technology, it carries out a quantitative and diagrammed analysis in the suitability evaluation of the LRH land in the city proper, and produces a ***Map for the Sitting, Planning & Layout of Low-Rent House Land in the City Proper of Chongqing*** while constitutes the basic principles, construction strategies and promotion mechanisms for the building of LRH areas.

Chapter Six Research on the Guiding Principles for the Architectural Design of LRHs deals with the design of LRHs from the viewpoint of architectural design. The basic theories on the architectural models as well as the fundamental principles of architectural design concerning LRHs are established. It produces the indicators of the multi-dimensional & multi-level LRH models, and, through the demonstration of a concept plan for a resettlement project in Chongqing, reveals the guiding function of the theoretical achievements on designing practice.

The final Chapter Conclusion & Prospect summarizes the major research achievements and innovations of this book, and prospects the further research needs.

The major innovations of this book are:

(1) On the standpoint of theoretical construction, by the presentation on the following concepts: the living value of being created equal; the rights of habitation and sharing living resources; residential welfare in the social ecological system; balance between fairness and efficiency in the housing development; dynamic evolution of housing standard; and the diversity housing providing system satisfied rent or owned requirements, it formulates a comprehensive theoretical framework on the fair housing of low-income urban people.

(2) On the standpoint of policy constitution, it proposes that China' s urban LRH security system should be constituted and improved from two dimensions, policy and administration, while each dimension should be constituted in three levels: macro, intermediate, and micro. It also points out the huge gap of low-income housing Chongqing faces, and calls on the municipal government to upgrade its LRH security system through "improving one system, perfecting two mechanisms, formulating three standards, and strengthening management on four sides".

(3) On the standpoint of urban planning, this book is the first one to apply GIS technology in the sitting and planning of urban LRH land and, with multi-dimensional & multi-level analyzing methods, to devise an AHP model for the comprehensive suitability evaluation of existing LRH land and a mathematical model for the sitting and planning of LRH land. It produces *a Map for the Sitting, Planning & Layout of Low-Rent House Land in the city proper of Chongqing.*

(4) On the standpoint of architectural design, this book presents the concept of LRH Architectural Model, establishes the basic theories of the LRH model and generalizes four cardinal principles for the architectural design of LRHs: time for space; good materials for high quality; diversification through standardization; and breakthrough through creativity. It also produces a multi-dimensional and multi-level LRH model indicator system, which features "two levels, three categories and twelve indicators".

目　录

第1章 绪论

1.1 研究的背景、目的及意义

1.1.1 背景

自1978年邓小平同志首次提出了关于房改的问题[1]以来，迄今为止中国城镇住房制度改革大约可以划分为以下四个阶段：

第一阶段：城镇住房制度改革的探索和试点阶段（1978～1990年）；

第二阶段：城镇住房制度改革的全面推进和配套改革阶段（1991～1993年）；

第三阶段：城镇住房制度改革的深化和全面实施阶段（1993～2003年）；

第四阶段：推进房地产业发展与注重住房保障的阶段（2004年至今）。

在此期间，以1998年7月3日发布的《国务院关于进一步深化城镇住房制度改革加快住房建设的通知》（国发［1998］23号文）为重要标志，宣告了我国长达40年的福利分房制度的正式终结和新的住房制度改革的开始，从此彻底改变了中国人的住房命运。该通知宣布全国城镇停止住房实物分配，实行住房分配货币化，对1999年1月1日以后参加工作的“新人”，政府和单位不再为其提供福利房，取而代之以住房补贴，居民通过市场解决自己的住房，同时建立和完善以经济适用住房为主的住房供应体系，并**在我国首次提出了“最低收入家庭租赁由政府或单位提供的廉租住房”**。同时，“23号文”对房改的基本原则定了调：坚持在国家统一政策目标指导下，地方分别决策，因地制宜，量力而行；坚持国家、单位和个人合理负担；坚持“新房新制度，老房老办法”，平稳过渡，综合配套。

然而，随着中国经济的高速发展，政府偏重房地产市场对经济的拉动作用和资本市场逐利的本能，国家住房改革政策在执行中出现了较为明显的偏差。尽管建设部在1999年4月22日就发布了《城镇廉租住房管理办法》（建设部令第70号），但这一文字空泛的部门行政规章基本没起到任何约束作用，房地产市场在快速发展的同时迅速抛弃了不能带来利润的低收入群体住房，随着经

1 贾康，刘军民．中国住房制度改革问题研究——经济社会转轨中“居者有其屋”的求解［M］．北京：经济科学出版社，2007：73.

济的发展、建房面积的激增、房价的上升，我国住房问题从房改前的“患寡”迅速演变为“患不均”！这主要表现在以下几个方面：

（1）经济适用房政策沦为少数“有关系”的开发商赚取超额利益的工具。经济适用房本意在于解决城市中低收入人群的住房问题，国家为此在土地出让金、税费等方面给予了优惠。但是，这些政策成了少数人赚取超额利润的工具，而真正需要住房的那些低收入家庭则难以受益，原因众所周知：买一套经济适用房至少需要十几万元到几十万元，拿得出首期并且能够通过银行审查得到房贷的人肯定不属于真正的低收入家庭。民众的反映以及新闻媒体的采访都证实，在北京市各个经济适用房小区中基本上找不到低收入家庭的踪影。“经济适用房解决了大多数住房困难户”的说法缺乏事实支持。2004 年 6 月 2 日《重庆晚报》有一则新闻《经济适用房卖得一点不经济》：翰林景园小区是一个经济适用房项目，但卖价每平方米高达 4596 元，相当于去年解放碑一酒店式高级公寓的卖价，也大致是我市主城区住宅均价的两倍多。……既然是经济适用房项目，购房者应该符合标准才能购买，而且每人限购一套。而该小区售楼处置业顾问说：“你买 10 套，我都卖给你，只要你有钱……”以至于有经济学家在 2005 年大声疾呼“当机立断叫停经济适用房”[1]。

（2）商品住房价格飞涨，房价收入比居高不下，导致绝大多数以工资为主要收入来源的人几乎失去了买房的可能。通常所说的房价收入比是指一个城市的平均房价与居民平均每户年收入之比，世界银行和联合国人居中心通过对数十个经济发展水平不同的国家和地区主要城市居民住房房价的多年考察，得出“合理的住房价格”的房价收入比应该为 3 ~ 6[2]。以重庆市为例，全市城市居民“年度人均可支配收入”从 2000 年的 6716 元上升到 2006 年的 11570 元[3]，上涨了 0.72 倍。与此同时重庆市主城区商品住房建筑面积成交均价从 2000 年的每平方米 1000 元左右[4]增加到了 2007 年 11 月的套内建筑面积每平方米 4400 元[5]，按 12% 的公摊面积换算成建筑面积为每平方米约 3929 元，上涨了 2.93 倍，几年间房价涨幅远远高于了收入涨幅（2.93∶0.72），仅 2007 年重庆市全年房价涨幅就高达 15.1%，房价收入比超过 8。很显然，对普通工薪阶层而言，人们离买房的梦想不是更近而是更远了，遑论低收入阶层！

---

1 经济学家徐滇庆：当机立断叫停经济适用房［EB/OL］. http：//house. sina. com. cn，2005－07－29.

2 沈晓杰. 中国房地产十大批判［EB/OL］. http：//blog. sina. com. cn/sxj，2008－09－20.

3 重庆市统计局，国家统计局重庆调查总队. 重庆统计年鉴（2007）［M］. 北京：中国统计出版社，2007：144.

4 重庆房地产市场调研报告［EB/OL］. http：//www. land163. com/2005/6－19/11013531813. html，2005－07－20.

5 陈震 等. 11 月重庆主城区商品住宅成交均价持续上涨［J］. 新地产（重庆版），2007（12）：185.

事实上，2006年重庆市的城市居民家庭平均每人全年可支配收入统计中的“困难户”只有4130元，“最低收入户”为4748元[1]，仅为全市城市居民平均人均可支配收入的36%～41%！2005年网上曾有一个热帖“为一套房子你要奋斗多少年?”[2]，发帖者在帖中对居高不下的房价发出“无奈的感叹”，引起了太多普通人的共鸣。这位上海的市民在报纸上看见过去曾经居住过的城乡结合部（上海浦东花木路一带）的二手房居然也可以卖到每平方米万元以上，$90m^2$左右的两房一厅就要花上100万，惊吓得“舌头半天没缩回去”。他算了一下，在上海“这个还没脱掉郊区身影的地方”，买这样一套房究竟要花掉各种不同人多少年的“血汗所得”，结果是：一个“有田种、有鸡养”的农民，不吃不喝要种田1000年；一个“不抽烟、不喝酒、不结婚、不吃饭”的下岗工人，需要连续工作100年；一个“不贪污、不受贿、不挪用公款”的公务员，同样不吃不喝也得熬上33年！

（3）尽管按国务院要求全国各大中城市已经逐步建立了城市低收入人群住房保障制度，但这些制度更多的只是停留在政府的政策性文件里，操作层面的相关办法、机构、人员等等无从寻觅，廉租房政策因为只有投入没有产出而在各地方政府更是几乎没有任何部门认真执行。截至2006年底，全国开工建设和收购的廉租住房只有5.3万套[3]，而按照2004年9月国务院新闻办发表的《中国的社会保障状况和政策》白皮书中的数字，“截至2003年底，全国领取城市居民最低生活保障金的人数为2247万人”，约700万户。在重庆，2006年全市城镇常住人口为1311.29万人，按家庭户规模3.23人计约为406万户[4]，按平均每人每月可支配收入在400元以下（年度总计数为“最低收入户”）的家庭占总户数的4%[5]计算，重庆市需要救助的对象也多达16.2万户之众，而重庆市国土房管局网站上的“廉租住房保障申请公告”申请人公示栏在相关制度已然实施数年之后的2008年2月3日竟然还是一片空白！

“窥一斑而见全豹”，廉租之路可谓前路茫茫！

即使在那些已经建立并开始实施廉租房保障制度的城市，操作层面也存在种种问题。《南方都市报》2008年1月15日报道：“在深圳本批6006套保障

---

1 重庆市统计局，国家统计局重庆调查总队．重庆统计年鉴2007［M］．北京：中国统计出版社，2007：147.

2 Xuli 191．为一套房子你要奋斗多少年［EB/OL］．http：//xuli191.bokee.com/3079769.html，2005－09－30.

3 重庆试水廉租住房［EB/OL］．http：//www.ce.cn/cysc/zgfdc/gdls/200707/10/t20070710_12114074_3.shtml，2007－07－18.

4 重庆市统计局，国家统计局重庆调查总队．重庆统计年鉴（2007）［M］．北京：中国统计出版社，2007：63－65.

5 重庆市统计局，国家统计局重庆调查总队．重庆统计年鉴（2007）［M］．北京：中国统计出版社，2007：144.

性住房申请的第一天……有人开着宝马车前来领取申请表格……工作人员还介绍，除了这位宝马车主外，连日来还有几次富人想冒充穷人申请保障房的情况。”这一情况显示，仅有的一些以实物配租形式提供的廉租房是否能真正改善急需人群的居住状态也成了疑问。

在这样一种住房发展逐渐走向矛盾激化而不是解决问题的背景下，本届中央政府充分认识到了解决住房问题特别是城市低收入居民的住房保障问题就是解决社会和谐发展的基础问题，出台了一系列的文件力图扭转房地产市场泡沫化、低收入人群居住矛盾激化的趋势，由建设部、发改委等九部委联合发布的新的《廉租住房保障办法》于2007年11月8日出台并自2007年12月1日起施行。此外，中央编制办还批准了建设部独立设置住房保障与公积金监管司，负责住房保障制度的建立、完善与实施等[1]。

从2007年由九部委联合发布《廉租住房保障办法》，财政部同时配套《廉租住房保障资金管理办法》与以往相关政策发布的力度对比来看，可以说中央政府已经空前重视困难群众的住房保障问题，相比2004年的《城镇最低收入家庭廉租住房管理办法》，新办法对廉租住房保障范围、廉租住房保障资金来源、廉租住房建设有关规定和申请审核程序及有关监督管理制度进一步明确，确保廉租住房保障资源真正落实到低收入住房困难家庭。

从以上几个时间点和相关文件内容可以看出，就宏观的国家政策层面而言，已经从过去企图完全将城市居民的住房问题推向市场，幻想市场这只看不见的手能够大包大揽解决所有问题逐渐回归理性，开始认真思考城市居民住房问题的复杂性并着手处理城市低收入阶层的住房困难问题。这相对于2001年城市低收入阶层在全国房地产市场一片繁荣的表象下挣扎求存，当然可以算是一个可喜的现象。

笔者自2001年作为中方主研人之一参与英国海外发展部（DFID）资助的“城市改革的社会影响与城市旧区居民的住房问题”（Social Implications of Urban Reform in China-A case Study of Housing for the Poor，课题编号R7639）课题研究以来，负责组织了重庆地区的社会调查和数据整理、分析工作，并一直持续关注和研究了“城市低收入居民的居住问题”这样一个涉及社会学、建筑学、经济学、人口学、统计学等多学科领域知识的课题。诚如刘玉亭先生在《转型期中国城市贫困的社会空间》一书中所说：“当前中国的城市贫困阶层产生于经济政治体制转轨和社会结构转型的特殊时期，由此引发的一系列社会问题必然对城市的建设和发展，乃至国家社会经济持续稳定发展产生着巨大的冲击，理应受到社会的关注，并进行深入细致的分析研究。”[2]

1　建设部副部长齐骥就《国务院关于解决城市低收入家庭住房困难的若干意见》和全国住房工作会议答记者问，2007－08－30.

2　刘玉亭．转型期中国城市贫困的社会空间［M］．北京：科学出版社，2005：1.

1.1.2 目的

为什么住房问题会成为联合国专门召开全球性会议讨论的问题？发达国家的住房问题和住房制度模式是解决问题的最好手段吗？政府应当对居民的住房问题承担多大的责任？自由市场经济作为全球几百年来各种资源配置手段中最被推崇的一种主要手段，在解决城市居民住房问题中又有怎样的作用？这一系列问题迄今为止在全球范围内都缺乏明确和统一的答案，或者说，缺乏“放之四海而皆准”的城市住房制度模式恐怕正是导致我国改革开放以来住房制度的改革忽左忽右，反反复复，“一放就乱、一乱就抓、一抓就死”的原因吧？

研究我国的城市住房制度在近30年中从人人依靠国家或单位实物分配住房到住房几乎完全商品化、市场化的历程可以发现，这一过程中存在着太多的问题与漏洞，中央政府的住房政策似乎总是不能达到其应有的效果。原因何在？

符合人性的良好的居住环境是保障人的安全、健康、幸福以及尊严的基础，也是社会平安的基础[1]。建立和完善城市低收入居民的住房保障制度，提供公共住房，是政府同时也是社会全体成员义不容辞的责任和义务，这不仅是为了保护社会低收入阶层的利益，同时也是为了全体人民福利最大化，每个社会成员都应该认识到任何一个社会成员对社会总体利益的扩大都有贡献。研究城市低收入居民的居住问题及其改善途径，不仅能有效缓解和减少社会发展进程中的不稳定因素，还能在我国社会逐渐富裕的同时，帮助政府和社会正确理解并真正实现“居者有其屋”的目标。

然而，极具中国特色的是，在各地相对微观的政策执行面上，由于这个涉及建设和谐社会的重要民生议题不能带来地方GDP增长，在2007年之前几乎所有中央政府发布的相关文件都陷入了“上有政策，下有对策”的尴尬境地。不能不承认，当今中国不仅是“经济增长最快的时期”，而且也是各种利益集团和阶层“利益搏杀”最多的时期。可以毫不夸张地说，谁掌控了对政府行政导向的话语权和影响力，谁就可能从中获取最大的利益。有相当一些政府部门的行政和决策，已经实实在在地被各种特殊利益集团所左右。2006年新华社权威的《瞭望》周刊就专门载文称各种迅速发展起来的利益集团已经对政府部门的决策以及政策的执行产生了“广泛而深远的影响”，某些中央级的单位甚至成了“境外利益集团代言人”。广州市市长张广宁在2008年3月15日接受《羊城晚报》记者专访时也不讳言他因为房价问题的谈话而受到了来自利益集团的压力：“实事求是地讲，我们是触动了利益集团的利益了，但这些

1 （日）早川和男．居住福利论——居住环境在社会福利和人类幸福中的意义［M］．李桓 译．北京：中国建筑工业出版社，2005：9.

利益集团不会正面说什么，他们会通过某种途径，借用他们的一些力量，他们的一些关系来给我施加压力。”即使在本届中央政府明确要求各地方政府必须有计划有步骤地解决当地低收入困难群众住房问题，建立廉租房保障制度的今天，仍然有相当多的地市置若罔闻，全国660个现有建制市中也只有512个城市建立并实施了廉租住房制度（截至2006年12月）[1]，还有近1/4的城市未见行动！何况即使是有了制度，执行面的可操作性又是一个巨大的问题。

仔细思考，笔者认为中央政府住房政策失效的症结除了地方政府因为利益等各方面因素的影响“阳奉阴违”之外，关键之处还在于这些政策出台的基础研究明显不够扎实和深入，导致政策本身“有缝可钻”。就我国的住宅建筑与住宅市场研究领域而言，研究住宅商品属性的文章很多，研究要素市场和商品市场的文章也很多，研究政府在整个宏观经济中的作用与地位的文章更多，然而，却很少有人对住房、住房市场、政府三者之间的关系进行深入探讨，以及对住房商品本身、住房市场特性与政府的职能和行为模式等进行系统的研究和分析。

出现这种情况的原因可能有以下几个：第一，研究者“各自为战”。经济或管理领域的学者把住房看做是一般商品，建筑学领域的学者则仅将住宅视作建筑类型的一种，而忽视了住房商品的外部性、准公共物品性、产权的复杂性以及社会性特征。第二，研究者把住房市场看做是一般的商品市场，没有注意到住房市场总是存在的不完全竞争性、供求非均衡性、价格层次性以及投资性和投机性并存的特征。第三，改革开放过程中对市场这只“看不见的手”产生盲目崇拜情绪，对政府职能的认识矫枉过正，把政府和市场完全对立起来，把“干预”等同于“干扰”，过分强调市场对资源配置的有效性，忽略了政府在纠正市场失灵方面所具有的明显的相对优势。

有鉴于此，本书研究的目的在于：在当前国家空前重视社会和谐、重视民生问题的大背景下，主要以重庆市为例，以一定规模田野调查[2]的数据统计分析为基础，以重庆市这样一个“国家统筹城乡综合配套改革试验区”的城市最低收入居民的廉租住房为对象，综合城市社会学、社会经济学、建筑管理学（政策层面）、城市规划（宏观空间）和建筑学（微观空间）等几个层面，并结合最新的地理信息系统（GIS）计算机技术来对当前经济快速发展，转型的中国城市低收入阶层廉租房制度的特征、实质以及廉租房住区的用地选址规划与廉租住宅建筑设计的解决之道进行探讨，试图厘清我国当前城市住房保障制度特别是廉租房制度建立与实施过程中的一些误区，为城市管理者和建筑规划

1 王芳．廉租房是住房政策保障体系的基础［N］．中国信息报，2007－11－29.

2 田野调查（Field Investigate）是来自文化人类学、考古学的基本研究方法论，即“直接观察法”的实践与应用，也是研究工作开展之前，为了取得第一手原始资料的前置步骤。所有实地参与现场的调查研究工作，都可称为“田野研究”或“田野调查”。来源：百度百科，http：//baike.baidu.com/view/1207245.htm，2006－12－10.

设计者探索一个较为完整、系统的城市最低收入者保障住房建设的理论架构与实用体系，并且供相关人员参考。

1.1.3 意义

本书从广义建筑学的角度来分析中国城市低收入阶层的居住问题，其研究在宏观层面对建设社会主义和谐社会，社会经济又好又快地稳步向前发展，社会主义中国在世界的东方和平崛起具有积极的意义，在微观层面则在学科上具有以下的理论意义与实践价值。

（1）从城市居住理论的角度提出并阐释“居住要公平，居者享其屋”的概念，初步建构城市低收入阶层保障性住房建设的理论框架。

二战以后，公民的居住生存权作为基本人权已为国际社会所广泛接受。1948 年 12 月联合国大会通过并颁布的《世界人权宣言》中第二十五条规定：“人人有权享受为维持他本人和家属的健康和福利所需的生活水准，包括……住房。”[1]我国是该宣言的签约国之一。

1996 年在伊斯坦布尔召开的第二次联合国人类住区会议通过的《伊斯坦布尔人居宣言》第七条提出了关于“**人人享有适当住房**”和“城市化进程中人类住区的可持续发展”的目标。[2]

我国现行宪法第十条指出：“城市的土地属于国家所有。……土地的使用权可以依照法律的规定转让。”可以说，从宪法的角度来讲在我国每个公民都应该享有一块“属于”他的生存之地。由此也可以推论出至少“居者有其地”是宪法赋予我国公民的一项基本权利，比如在我国农村，每户村民就可以按规定取得一块一定面积的“宅基地”。有地在先，有屋当不远矣。

然而，自我国大力推动住房制度改革以来，“居者有其屋”被有意无意地普遍理解成了“人人拥有一套自有产权住房”。事实上，“有屋居住”与“有产权”，或者说“居住权”与“产权”是两个显然不同的概念，即使在世界经济最发达的美国，1999 年的“住房自有率”也不过 66. 8%[3]。加上我国房改以前几十年在人们心中形成的有些根深蒂固、一劳永逸式的等待国家分配和对住房的占有欲，相当数量人的潜意识里也认为“居者”必须要拥有“其屋的产权”才算做到了“居者有其屋”，除了导致房地产市场的非理性膨胀以外，也导致了现行廉租房制度下廉租房住户“只进不出”的畸形现象。

本书研究将从城市社会学和城市居住理论的角度阐释“居者享其屋”的概念，同时厘清保障性住房的根本性质，初步建构城市最低收入阶层保障性住

---

1 世界人权宣言［EB/OL］. http：//www. un. org/chinese/work/rights/rights. htm，2006 －07 －28.

2 联合国人居署．伊斯坦布尔人居宣言（The Istanbul Declaration on Human Settlement）［EB/OL］. http：//www. cin. gov. cn/habitat/cn/file/002. htm，2003 －07 －25.

3 联合国人居署编著．全球化世界中的城市——全球人类住区报告 2001 ［M］．司然 等译．北京：中国建筑工业出版社，2004：127.

房建设的理论框架，对城市住房市场化背景下的城市最低收入阶层住房问题的解决提供理论依据。

（2）从城市社会学、建筑学等相关学科理论上综合性地阐明我国城市保障性住房体制中最低收入阶层廉租住房保障的责任主体、制度与实施细则的建构。

我国是一个正向工业化和市场化过渡的发展中国家，城市低收入居民住房问题既受经济发展水平的制约，也受住房分配和社会保障制度等社会因素的影响。在由计划经济向市场经济转轨的城镇住房体制改革进程中，一方面由于政府和企业供房职能改变，居民收入差距拉大以及公房大批出售和老化等诸多原因，导致城市部分低收入居民陷入日益严重的住房贫困状况；另一方面，在缺乏政府有效干预的市场经济条件下，贫困居民、下岗工人、退休及老年职工等城市低收入居民不可能凭自身的经济能力在市场上购买到合适的住房，长此以往，将不断加剧城市低收入居民的住房贫困程度和规模，增加社会的不安定因素，阻碍城市经济和社会的健康持续发展。因此，研究建立城市低收入居民住房社会保障制度，对完善市场经济条件下的住房供应机制和解决城市低收入居民的住房问题具有十分重要的理论和现实意义。

在城市住房制度改革过程中，随着旧的住房分配制度的瓦解及住房商品化和市场化，城市居民的居住水平出现了差异，且差异在不断扩大。在市场经济条件下，住房作为重要商品，其价格、数量由市场供求决定，居民的住房需求能否得到满足取决于其家庭的收入水平。当前，广大城市低收入阶层较低的收入水平使得他们无能力参与市场化的住房交易过程，难以通过市场途径来解决其基本的居住需求，因此，城市低收入阶层的住房保障问题在住房市场化进程快速推进这一背景下显得尤其突出。

我国不仅人口众多，人均 GDP 水平较低，而且缺乏解决城市低收入居民住房问题的成熟理论和完善法规，在住宅建设实践中出现了很多政策“盲点”或策略失误。如目前广为实施的安居工程和经济适用住房，其目的是为了解决占 80% 以上的中低收入居民的住房问题，但由于开发单位意欲利用政策牟取暴利，相关政策不配套，价位和面积过大等原因，使许多中低收入者“望房兴叹”，最终多为中高收入者购买。这些本为提供给中低收入居民的准商品化住房，却变成了中高收入居民的投资性住房，不仅没有起到调剂收入和社会公平的应有作用，反而使城市低收入居民在市场经济条件下购买或租住房屋的经济能力呈降低趋势，成为我国住房政策要解决的难点之一。

此外，对城市低收入居民住房条件改善的方式到底是补贴还是实物配租？补贴怎样补？配租又如何配？一系列政策问题再结合各地具体情况，答案显然不是唯一的。

因此，深入具体地研究重庆市低收入居民住房社会保障和配套改革的理论与制度的建立，并以此为基础为解决我国城市住房贫困问题，实现全社会居民

“居有其所”的住房目标提供制度参考。

（3）运用最新的GIS技术，建立科学的城市廉租房住区的规划用地选址方法并提出规划建设原则与策略，研究提出重庆市廉租住房的建设标准与设计导则。

改革开放30年来，特别是最近10多年的大规模建设使中国的城市面貌发生了极大的改变，城市人口的居住面积也有了很大提高。据统计，1996年重庆市城市人口“人均房屋居住面积”达到8.13平方米以后就再也没有低于过这一小康居住目标，2006年已经达到人均房屋建筑面积24.52平方米的较高水平[1]。但与此不相适应的是，城市最低收入阶层的住房问题在此前相当长一段时间未能引起相关管理部门的足够重视，尽管有一些政策出台，但无论是政策的可操作性还是对具体问题研究的深度都存在较大的缺陷。例如，在城市规划方面，对大多聚居在城市中心区的低收入居民来说，城市更新中的拆迁安置到底是改善了他们的生活条件还是让他们失去了安身立命之所？是修建新的集中成片的聚居区供其居住（购买或租住）还是在建设的各类居住区中适当配建？这些问题都需要结合各城市的地方实际进行深入的研究。

同时，在我国，“大一统”的传统思想下由中央政府的统一政令颁布的法规在地方往往遭遇各种离奇的经历，建设领域也不例外，就连建设部自身2006~2007年间针对国务院“国六条”实施细则中“自2006年6月1日起，凡新审批、新开工的商品住房建设，套型建筑面积90平方米以下住房（含经济适用住房）面积所占比重，必须达到开发建设总面积的70%以上”这一条文的具体解释都政出多门，甚至闹出“朝令夕改”的事件[2]，更遑论地区差异了。迄今为止，正是由于对相关问题缺乏深入细致的研究，导致对实物配租的廉租住宅本身在建筑设计时应该遵循什么原则、套型面积标准、建筑质量标准、设备设施配套标准等等在全国还是一个空白，住房与城乡建设部也未对此作出明确规定。事实上，各地的具体建设标准也应该根据自身的经济发展水平和人民生活习惯予以确定。

技术层面，随着“数字地球”和“数字城市”建设热潮的兴起，地理信息系统（GIS）技术越来越广泛地应用于城市规划领域。GIS是存储和处理与地理空间分布相关信息的集合，具有数据收集整理、空间分析与统计等基本功能[3]，因而在城市规划领域有很好的运用价值。目前，在我国城市规划领域，地理信息系统主要应用于管理部门，许多大中城市的规划系统已经建立了城市

---

1 重庆市统计局，国家统计局重庆调查总队．重庆统计年鉴2007［M］．北京：中国统计出版社，2007：144.

2 建设部新规朝令夕改的背后是什么［EB/OL］．http：//news.xinhuanet.com/forum/2007-01/16/content_5608214.htm，2007-01-16.

3 黄杏元，马劲松，汤勤．地理信息系统概论［M］．北京：高等教育出版社，2001：14-17.

规划管理系统，大部分针对规划设计中出现的某些问题，使用地理信息系统对其进行分析、评价。由于一些技术因素和非技术因素的影响，将 GIS 真正应用于规划设计（而不是规划管理）的情况还比较少，更不要说针对城市低收入居民的住房问题了。

本书将对城市低收入阶层住区的规划用地选址技术问题首次运用 GIS 技术进行分析研究，以实现较为科学、理性、合理地确立城市低收入阶层住区的规划用地选址的技术方法。同时，论文还将以“城市低收入居民居住状态调查”的数据分析为基础来研究“重庆市廉租住房建筑设计导则”，为今后城市廉租住宅的设计与建设提供规范性的建议，从而为解决重庆城市住房贫困问题，实现全社会居民“居者有其屋”的住房目标，在规划和建筑两方面提供具有启发意义和参考价值的技术手段和建设标准。

综合来说，针对城市最低收入居民的住房问题，本书的研究将直面城市现实，力争使研究结论更深入、更具体、更客观、更实用，这也正是本书研究的根本意义所在。

1.2 国内外研究现状

城市低收入人群的住房问题是一个世界范围的问题，而发达国家与发展中国家的城市低收入人群面临的住房问题是不同的。在对国外研究现状进行了解和总结时，我国的学者以往多以西方发达国家的相关研究为对象，有意无意地忽略了国外众多发展中国家的相关研究成果，但笔者在美国普林斯顿大学建筑学院图书馆查阅了相当数量的对印度、土耳其、埃及、尼日利亚、南非、哥伦比亚等发展中国家住房发展情况进行研究的外文文献，后文亦将展示这方面的研究成果。迄今为止，关注和研究我国城市低收入阶层贫困问题的仅限于社会学学者，而这一人群的居住问题则基本仅限于在建筑管理学科领域展开，建筑学专业领域的研究在 2000 年之前几乎是一片空白，近几年虽有所涉及，但研究深度和研究结论的实用性与国外研究相比均存在一定的差距。

总体而言，包括美国、英国、荷兰、加拿大等在内的西方发达国家的研究机构和人员在研究住房演化进程以及提出改进措施时，是将社会学作为一门科学并用自然科学准确化、数值化、模型化、系统化的方式来进行的，并尽力厘清数字背后的因果线索，而且多由包括城市规划、建筑设计、经济学、社会学和福利机构等专业人员构成的非营利性机构来从事这项研究。这些研究不仅包括对其本国住房发展的研究，也包括相当数量的对发展中国家（包括中国）的情况研究[1]。而发展中国家的大多数研究报告（或论文）仍然对于社会学与

---

1 Ya Ping Wang, et al. Social and Spatial Implications of Housing Reform in China * [J]. International Journal of Urban and Regional Research, 2000, 24 (2): 397 -417.

文学混淆不清，相当多的研究论文充满了模糊的、感性的文学描述，研究结论也往往趋于定性，操作性较差。也许他们是受制于国有信息资源的不公开、国家管理体系的混乱、研究机构缺乏、研究人员缺乏专业训练以及研究经费紧张等等原因，但最重要的一点，仍然是研究的目的问题！多篇国外研究报告都表明：**解决问题而不是单纯揭示问题才是研究问题的根本目的！**对低收入人群住房问题的研究而言，解决问题更不应仅仅停留在提出问题甚至是解决问题的概念上，而尤其应从经费来源、设计建造、分配和监督机制等几方面提出具体数据和措施。

1.2.1 参考资料的数据分析

本书研究从开题之初到基本成文的2007年末，总共收集了包括书籍、杂志文章、报纸报道、学位论文以及网络新媒体的报道等各种相关资料200余篇（本）。通过对这些资料中主要的杂志论文及学位论文的时间、内容、专业等进行的数据化分析，可以初步看出国内外对本书选题研究的角度、深度和广度。

1. 杂志文章

通过纸质媒体、CNKI和万方期刊全文数据库以及美国普林斯顿大学图书馆数据库，笔者收集、阅读了超过200篇与城市低收入居民居住问题相关的国内外文章。以国内廉租住房制度建立与发展的时间脉络来分析这些文章的发表时间可以看出，国外基本上是一种持续的、稳定的数量，而国内则在2000年以后有迅速增加的趋势。说明城市低收入居民的居住问题在近年来已成为国内学界关注的一个重点（图1－1）。

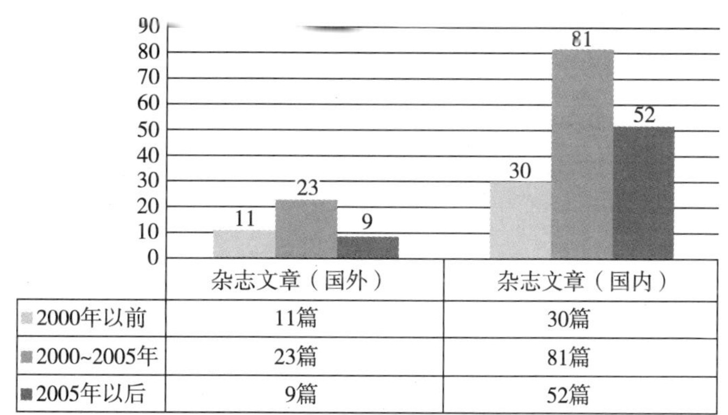

	杂志文章（国外）	杂志文章（国内）
2000年以前	11篇	30篇
2000~2005年	23篇	81篇
2005年以后	9篇	52篇

图1－1 国内外杂志相关文章统计

2. 学位论文

国外相关学位论文相对较少，笔者通过ProQuest国外学位论文全文数据库检索，近15年的学位论文中仅找到几篇与本书选题相关的，且基本偏重于政策研究和土地利用方面，而国内则明显不同。通过CNKI和万方学位论文全文数据库检索，笔者共找到相关领域的学位论文60余篇，其中硕士论文57篇，博士论文6篇，来自清华大学、同济大学、南京大学、湖南大学等国内高校。这些论文的时间和专业分布也有明显的特点，首先，论文答辩时间几乎全部在2000年以后，2005年之后更多，说明2000年之前国内几乎没有学者关注低收入居民住房问题，这一问题是随着国内城市住房制度改革的进程而逐渐引起学界关注的；其次，专业领域以经济学、管理学和社会学为主，说明研究的方向主要在制度层面，建筑学领域的硕士论文则是在规划设计方面有所涉及，而研究低收入住宅建筑设计的仅有2篇，博士论文研究则是一片空白（图1－2、图1－3）。

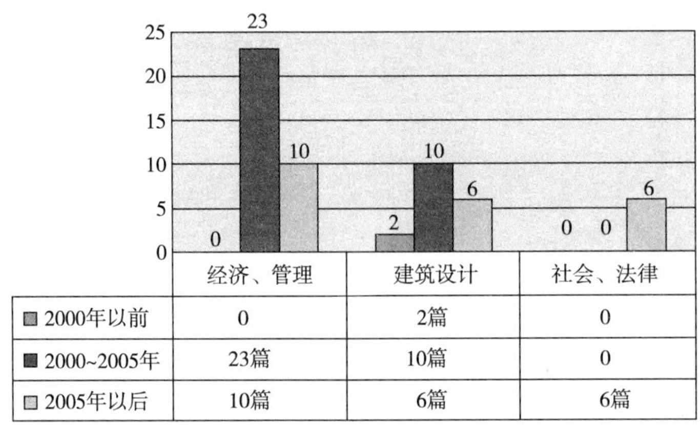

	经济、管理	建筑设计	社会、法律
2000年以前	0	2篇	0
2000~2005年	23篇	10篇	0
2005年以后	10篇	6篇	6篇

图1－2　国内硕士论文统计

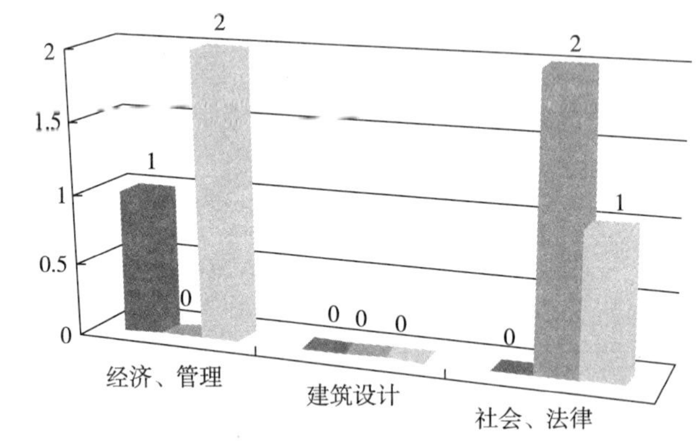

	经济、管理	建筑设计	社会、法律
2000年以前	1篇	0	0
2000~2005年	0	0	2篇
2005年以后	2篇	0	1篇

图1－3　国内博士论文统计

1.2.2 国外相关研究综述

西方发达国家的住房补贴政策基本可分为以市场为主导的政策和以社会福利为主导的政策。前者以美国为代表，以市场为主导，即通过住房优惠券将住房补贴转化为收入补贴的政策，美国事实上也经历过以社会福利为主导的阶段；后者包括以英国、荷兰、瑞典、芬兰等为代表的绝大多数欧洲国家，主要实行以社会福利为主导的补贴政策。北欧有这样的说法："福利从住宅开始，以住宅结束。"[1]胡戈·普瑞茅斯（Hugo Priemus）等人对两类政策进行比较分析发现：两类住房补贴政策的根本差异在于二者的根本出发点不同[2]。美国的住房补贴政策的宗旨是应尽量少地干预房地产市场，希望促使低收入人群外出求职并尽量找便宜的住房。美国国内普遍认为福利制度应成为一种劳动力调节手段，当劳动力需求高时可以规范劳动力市场，而当失业率上升时又可抑制社会动荡。因此，公共住房也被当作类似的福利手段，以期达到调节城市劳动力市场、抑制社会动荡的目的。而以英国、荷兰及北欧诸国为代表的欧洲国家则在基础广泛的社会民主主义思潮的影响下，政府实施一个上不封顶的社会福利政策，较之美国似乎更富有人情味：只要政策不变动，住户收入不超出享受补贴的上限，就可享受相对稳定的补贴，人们一旦住上有补贴的公共住房就再无安身之虞而可一劳永逸地住下去。然而，一旦经济波动，人们收入降低，政府就将不堪重负。

发展中国家目前总体处于市场化萌芽阶段，大多数政府尚未形成系统、成熟、完善的住房市场干预机制，存在大量居民自发形成的住区，其规划、设计、建造和基础设施都较差，且密度高，居住条件很差，但也有学者或机构对此进行过一些研究[3,4,5,6]，由于各国经济条件、人口条件、生活习惯等千差万别，也很难有"放之四海而皆准"的研究成果。

1. 西方发达国家城市低收入阶层住房政策的变迁

1）低收入人群的构成和变迁

---

1 （日）早川和男．居住福利论——居住环境在社会福利和人类幸福中的意义［M］．李桓 译．北京：中国建筑工业出版社，2005：8.

2 Hugo Priemus. Rent Subsidies in the USA and Housing Allowances in the Netherlands：Worlds Apart ［J］．International Journal of Urban and Regional Research，2000，24（3）：700－712.

3 Demet Irkli，et al. An evolutionary housing supply mode towards design of the quality environments for low-income groups in Turkey［J］．Open House International，1989，14（3）：44－48.

4 Viviescas M. Fernando. The myth of self-build as popular architecture：the case of low-income housing in Colombian cities［J］．Open House International，1985，10（4）：44－47.

5 Boyowa A. Chokor. Changing urban housing form and organization in Nigeria：lessons for community planning［J］．Planning Perspectives，2005，20（1）：69－96.

6 United Nations Human Settlements Programme（UN-HABITAT）．Rental Housing-An essential option for the urban poor in developing countries［EB/OL］．http：//www.unhabitat.org/housing/pub，2007.

美国 1937 年开始实施《公共住房法案》(Public Housing Act),主要针对劳工阶层(如美洲黑人)、少数族裔、移民者、失业者和贫穷的老人等。进入 20 世纪五六十年代,随着城市化发展,大量公共住房被拆除,社会的变化导致单身母亲、吸毒酗酒者、精神病和艾滋病患者也加入了上述人群[1 2]。20 世纪 90 年代后期,受经济发展的影响,包括教师、消防员及警察等在内的劳动阶层在城市中心地带购房也越来越困难,而成为新兴的城市低收入阶层[3]。

对加拿大安大略省汉密尔顿市(Hamilton)的研究显示,19 世纪套房和单房公寓中的居民大多数是劳动阶层和中等收入的劳动者。战后,上述情况发生了变化,更贫困的阶层如失业者、贫穷的工人等住进了这些房屋而将这些地区变成了城市的贫民窟[4]。

2)低收入住房模式及管理机构的变迁

自 18 世纪末,住房问题开始逐渐受到各国政府的重视。各国政府对住房的干预大致可分为三个阶段:第一阶段是一战前以增进卫生和安全为目标的小范围干预时期;第二阶段是一战后大规模的租金管制和补贴阶段;第三阶段是二战后有选择的干预和恢复市场阶段[5]。

英国政府 1914 ~ 1939 年间制定和实施了 14 个有关住宅发展的专门法案,在住宅发展中扮演了十分重要的角色。从其政策的实施主体看,中央政府通过制定一系列的政策法案确定住宅政策的主要目标和框架,地方政府在住宅政策实施中扮演了积极的角色。到第二次世界大战前的 1939 年,英国已经形成了与原有的自由市场经济政策不同的住宅发展政策体系,促使社会住宅供需中家庭户和住宅存量达到了基本的平衡状态[6]。

美国、日本、加拿大等拥有依赖于市场机制的住房供应体制,在这种体系中,获得住房的可能性取决于人们支付随供求关系而浮动的住房价格的能力[7]。如果需求不足以产生足够的利润,供应商将投资在其他地方以寻求更高的回报,这也意味着那些没有足够收入,无法把他们的住房需求转化为有效的

1 Vince Hoenigman. Homelessness in a progressive city: San Francisco is paying as much to have homelessness as it could pay to end homelessness [J]. Urban Land, 2003, 62 (1): 46 - 54.

2 Robert Herman. Bright and serene: Low-incoming housing for the elderly is a milestone of humane design and a memorial to a band of citizen activists. (Mendelson House, San Francisco, California) [J]. Architectural Record, 1991 (8): 90 - 99.

3 William H. Hudnnt Ⅲ. The housing dividend [J]. Urban land, 2003 (1): 33 - 38.

4 Erin Mifflin, Robert Wilton. No place like home: rooming houses in contemporary urban context [J]. Environment and Planning A, 2005, 37 (3): 403 - 421.

5 郭建波. 世界各国住房干预制度研究 [EB/OL]. http://blog.focus.cn/group/blogforum_detail.php? blog_ id = 682095&msg_ id = 99741916, 2007 - 12 - 25.

6 陈先毅. 城市政府住宅发展政策研究——以上海为例 [D]. 上海: 华东师范大学, 2006.

7 联合国人居署编著. 全球化世界中的城市——全球人类住区报告 2001 [M]. 司然 等译. 北京: 中国建筑工业出版社, 2004: 262.

市场需求的家庭将可能无处安身。

美国有两大住房补贴体系并存：一是公共住房项目，房屋属政府所有；一是由第八条款资助的项目，政府负担部分房费，受益者租用或购买私人所有的住房。

战后美国设立了公共住房部（Public Housing Sector），处于公共住房机构的管辖之下（Public Housing Authorities，简称 PHAs），并于 1937 年通过了《公共住房法案》。公共住房部的职责是保障赤贫人群的住房。1950 ~ 1975 年美国建成了许多公共住房，但 1974 年圣路易斯市由著名设计师山崎实设计的普鲁伊特—艾戈（Pruitt-Igoe）住宅区全部 2870 套住宅被拆除的事件从根本上动摇了至 20 世纪 70 年代以来美国的公共住房政策，显示了该部门面临的困境。拆除的原因在于该区绝大多数为非洲裔和西班牙裔人，没有工作，按政策只需将其收入的 30% 用以支付房租、水电等能源开支，而政府的住房与城市发展部 HUD（The Department of Housing and Urban Development）不得不负担其他所有费用！最终导致类似的公共住房区住房质量、居住环境很差，甚至是危房，治安状况糟糕，极不稳定，成为城市社会安全的极大隐患[1]。

圣路易斯的普鲁伊特—艾戈事件最终导致美国公共住房政策的变革，即尼克松政府于 1974 年制定的第八条款——住房优惠券和租房条件认证（Section Eight of Housing Vouchers and Rent Certificates）。时至今日，第八条款中被称为"希望—6"（Hope VI）的计划正在实施，该计划旨在重建公共住房体系，通过部分拆除和改造加固让这些房屋重新进入房地产市场，使更多的工人家庭（不仅限于低收入人群）通过房地产市场而不是政府得到住房[2,3]。

一种观点认为，让低收入者拥有房产将有助于社会安定。20 世纪 90 年代末期，随着社会骚乱的平息，廉租房政策受到质疑：媒体广泛报道靠福利为生的母亲们住在破旧的廉租房里的形象，使人们疑惑低收入阶层是否在精神上依赖于福利而不思进取，同时，廉租房占据了大片城市空间，成了城市腐烂的疮疤。因此，有些人大力宣传力图使公众确信解决城市衰败的唯一途径就是拆除廉租房。正如在芝加哥北部实施的卡布里尼—格林（Cabrini-Green）廉租房改造工程所提出的那样：如果我们能最大程度地使公众确信卡布里尼—格林这样的廉租房住区是充满罪恶的丛林，那么我们就能拆除并新建住房以推动当地住

---

1 Hugo Priemus. Rent Subsidies in the USA and Housing Allowances in the Netherlands: Worlds Apart [J]. International Journal of Urban and Regional Research, 2000, 24 (3): 700 - 712.

2 US Department of Housing and Urban Development (HUD). Experimental Housing Allowance Program. Conclusions: the 1980 report [R]. HUD, Washington, DC, 1980.

3 L. J. Vale. The future of planned poverty: redeveloping America' s most distressed publice housing projects [J]. Netherlands Journal of Housing and the buildt Environment, 1999, 14 (1): 13 - 31.

宅的发展。进入 20 世纪 90 年代，美国经济两极分化日趋严重，上述观点越发得到重视。人们普遍赞同**让低收入者拥有房产而不是租房**是唯一行之有效的稳固其收入并改善其经济状况的手段，廉租房的建造长期以来呈下降趋势并且严重不足，而政策制定者们一以贯之地将提高房产拥有率而不是出租房屋率当作解决住房问题的有效措施。

然而，这么做的结果是：目前，美国面临的最大住房问题也许就是租房问题。一方面，超过 30% 的房东因受美国经济影响无力支付维持房屋的有关费用而提高了房租；另一方面，经济适用房短缺。受上述影响最大的是低收入租房者。此外，房屋的修缮问题也已成为当今备受关注的问题[1]。本内特和里德（L. Bennett and A. Reed）指出：正是城市尤其是大型中心城市廉租房的匮乏、房租过高造成城市贫民的大量涌现[2]。其实，租房与拥有房产一样是体面的，并且对于城市大多数平民而言租房又是负担得起的。因此，大力发展适用的、可支付的出租房才是解决大城市住房问题的有效方法之一。

近年来，混合小区的概念在美国也受到越来越多的重视。2001 年，在科罗拉多州丹佛召开了“面向收入多样化的住房政策”会议（15th Meeting of the VLI/Joseph C. Canizaro Mayor' s Forum “Housing Policies to Achieve Income Diversity”）[3]，会上提出：城市是由各收入阶层混合而成的，建议可支付住宅应与按市场价开发的住宅混合在一个区域内，从而使社区由收入不同的各阶层混合而成，有多种住房可供选择。低收入住房应该与社区内其他住房混合而不是区别开来。对建造类似混合社区的开发商可提供优惠。这也许是能让中低收入家庭住在他们负担得起的较便宜的住宅里的有效办法。

在加拿大安大略省的汉密尔顿市，围绕着套房和单房公寓是否为低收入阶层和其他弱势人群提供了合适的住所一直存在争议。赞同方认为：套房提供了多样化的社区，容纳了不同的社会阶层，同时为老年租房者提供了独立生活的场所。此外，处于城市中心地带的套房和单房公寓还有社区服务、公共交通，并提供工作机会。而反对方指出：对单房公寓和公寓房的调查显示，这类地区确实存在住房者变动频繁、不稳定、住房质量差、维护差、缺乏私密性和安全性等等问题。廉租房建筑和社会现状表明：廉租房的规划设计以及相应设施的布置（卫生、公共设施等）会直接影响人们的生活交往方式。**而笔者认为，事实上，城市贫民窟的改造，也导致原有住户失去了住所，对他们而言也许就是既经济又适用的住房；失去了业已存在的社区，原有住户也就丧失了已建立**

1 Michael Turk. The Question of Rent：The Emerging Urban Housing Crisis in the New Century［J］. International Journal of Urban and Regional Research，2004，28（4）：909－918.

2 Bennett L. and A. Reed. The new face of urban renewal：the Near North redevelopment initiative and the Cabrini-Green neighborhood［M］. Westview press，Boulder，CO. 1999.

3 William H. Hudnnt Ⅲ. The housing dividend［J］. Urban land，2003（1）：33－38.

的社会关系、社会生活方式甚至赖以生存的生计。因此，如何改造贫民窟，如何安置原有居民，应该慎之又慎。

欧洲的低收入住房与北美有所不同。战后（1965～1974 年）欧洲普遍存在住房紧缺的现象，伦敦、巴黎等许多大城市都修建了集中统一的住宅小区，多为移民、低收入者聚集区，由于政府提供了大量补贴，房价便宜，又进一步刺激了住房需求。而房地产市场的发展和经济繁荣使住房紧缺很快转变为住房过剩，由于这一时期的住房千篇一律，建筑设计质量差，日常维护不好，又面临大规模的翻新和拆毁，导致欧洲国家又普遍面临住房紧缺的局面[1]。这似乎成了一个死扣：住房紧缺——大量新建——住房过剩——大面积拆除翻修——住房紧缺。在法国，住房受后工业化时代、劳动力市场不稳定、家庭人口变化等影响，1948 年至今经历了采用租房股票（rental stock），而后实行公共住房（social housing）、私有出租房（privately rented housing）发展到现在的个人拥有的单元住房（owner-occupied sector）的变化，到 20 世纪 90 年代，对混合品质住房的需求取代了低品质住房，所谓混合住房（mixed-housing）兼顾了中产阶级和工人阶级的不同需要[2]。

3）补贴方式和经费来源

美国没有欧洲那种非营利性的社会福利机构协助住房补助。第八条款实施之前，美国的住房补贴政策以公共住房为主，经费由政府承担。1972～1981 年这 10 年间，美国政府在住房补贴上花费了大量财力物力，公共住房政策给政府造成了财政负担，弊端显而易见。因此，自 1974 年起至今采用了另一政策，即第八条款的住房优惠券和租房条件认证政策。第八条款所需费用仍然由政府承担，但只占财政预算的很小一部分，远远低于实际需求。

第八条款的住房补贴有两种形式："租金证明计划"（Rent Certification Program）和"租金优惠券"（Rent Voucher Program）。享受租金证明计划的家庭用其月净收入（monthly adjusted income）的 30%、税前月收入（monthly gross income）的 10% 或全部住房福利三者中的最大值支付租金，政府贴补差额。而租金优惠券是由公共住房管理机构（PHAs）针对各户的收入、人口情况确定补贴金额，持租金优惠券的住户可租低于政府规定的市场租金的房子，允许保留未花完的优惠券下次继续使用，若高出则由住户自行负担全部差额，政府不再支付一分钱。这样可以保证低收入者在付房租后仍能维持基本的生活，并且鼓励租房者寻找便宜的住房以便省钱。

1998 年美国又开始实行新的公共住房政策。根据 1998 年《有质量的住宅

---

1 Thomas Hall, Sonja Viden. The Million Homes Programme: a review of the great Swedish planning project [J]. Planning Perspectives, 2005, 20 (7): 301-328.

2 Jean-Pierre Lévy. Change in the Social Hierarchy of French Urban Housing between 1978 and 1996 [J]. International Journal of Urban and Regional Research, 2005, 29 (3): 581-607.

与工作责任法案》（Quality Housing and Work Responsibility Act）条款[1,2,3]，公共住房政策的目的是：降低公共住房地区贫困的聚集度并创建激励居民工作的动力，从而实现自给自足。该法案的通过是美国住房政策的一个重要里程碑，该法案旨在实现以下三个目的：

（1）取缔廉租房单元从而打破原公共住房区的贫困聚集现象；

（2）将廉租房及其相应的辅助住房政策与福利制度改革挂钩；

（3）通过政府与私人合作的方式，构建新的混合社区。

从美国公共住房政策的演变可以看出，他们制定政策的基本出发点是鼓励市场竞争。美国一向不主张单方面的补贴政策，不主张高福利。如果实在需要政府提供福利补贴，经济学家建议采用减免所得税甚至负所得税[4]的方法，认为它比单纯的福利补贴更公平。对于社会福利，美国的经济学家认为：它应该具有普遍性，不附带条件。也就是说，是否接受福利应该由接受者自己决定。福利尤其是住房福利应尽可能少地干扰市场机制。

然而，美国看似设计合理、鼓励市场自由发展的住房发展机制中的关键性金融机制在2007年遭遇了重大危机——即**次贷危机**（又称次级房贷危机，Subprime Lending Crisis）并产生了一系列的连锁反应，导致了影响至今尚不明朗的全球性金融危机。所谓“次级抵押贷款”是指一些贷款机构向信用程度较差和收入不高的借款人提供的贷款。而次贷危机则是指美国因次级抵押贷款机构破产、投资基金被迫关闭、股市剧烈震荡引起的风暴，它致使全球主要金融市场隐约出现流动性不足危机。美国次贷危机从2006年春季开始逐步显现，2007年8月席卷美国、欧盟和日本等世界主要金融市场。引起美国次级抵押贷款市场风暴的直接原因是美国的利率上升和住房市场持续低迷，因为美国次级抵押贷款市场通常采用固定利率和浮动利率相结合的还款方式，即：购房者在购房后头几年以固定利率偿还贷款，其后以浮动利率偿还贷款。在2006年之前的5年里，由于美国住房市场持续繁荣，加上前几年美国利率水平较低，

---

1 M. Wood, et al. From welfare to work, using ‘HUD’ s programs to help families in transition office of policy development and research [Z]. US. Department of housing and Urban development, Washington, DC., 1999.

2 S. J. Popkin, et al. The gautreaux legacy: what might mixed-income and dispersal strategies means for the poorest public housing tenants? [J]. Housing policy debate, 2000, 11 (4): 911-942.

3 R. Smith, et al. Welfare to work, Housing voucher program: early implementation assessment office of policy development and research [Z]. US. Department of housing and Urban development, Washington, DC., 2001.

4 负所得税理论是美国经济学家米尔顿·费里德曼在20世纪60年代首次提出的。他在《资本主义与自由》中主张由政府规定一定的收入保障数额，然后根据个人实际收入对不足者予以补助，收入越高，补助减少，直至收入达到所得税的起征点为止。可见，“负所得税”是以政府向个人支付所得税来代替社会福利补助的一种形式，目的是为了既补助低收入者，又保全效率。参见：米尔顿·费里德曼．费里德曼文萃［M］．北京：北京经济学院出版社，1991.

美国的次级抵押贷款市场迅速发展。而随着美国住房市场的降温尤其是短期利率的提高，次级抵押贷款的还款利率也大幅上升，购房者的还贷负担大为加重。同时，住房市场的持续降温也使购房者出售住房或者通过抵押住房再融资变得困难。这种局面直接导致大批次级抵押贷款的借款人不能按期偿还贷款，进而引发了“次贷危机”。2008 年 4 月，耶鲁大学著名经济学家罗伯特·席勒（Robert Shiller）警告，此次美国房价可能将比“大萧条”时期的下滑程度更加严重，政府应该采取拯救行动，以防止数百万人失去住房。

尽管目前次贷危机对美国低收入阶层居住状况的具体影响尚未见到具体报告或研究，但次贷危机爆发的本身就已经充分说明了企图完全依靠市场化的手段来解决低收入居民的住房问题也存在很大的风险。

西欧国家大多仿效英国实行剩余福利国家模式[1]，国家或政府在福利或住房补贴中扮演主要角色并承担绝大多数的费用，如住房补贴在英国就是由劳动和养老部（Department of Working and Pension）负责，属社会福利。**虽然对政府应在多大程度上干预房地产市场普遍存在疑问，但是，人们一致同意私人房地产商并不能为劳动阶层、低收入阶层、少数族裔等提供良好的住房，而应由政府解决[2]。**

在欧洲，荷兰的住房政策改革可说是一个典型，它经历了三个阶段：20 世纪 50～80 年代，荷兰的住房补贴是针对房屋供应商的建房补贴，补贴经费一般提供给非营利性机构，如住房协会（Housing Associations）等，也有一部分提供给开发商；20 世纪 70 年代荷兰开始制定面向住户的住房补贴政策——住房补贴计划。申请补贴的人数从 1976 年的 34.8 万上升至 1996 年的 92.2 万，增加了 1.5 倍，超过 1/6 的住户得到了住房补贴（Housing Allowance）；1997 年开始实施新的住房补贴法案（Housing Allowance Act），由住房部（Minister of Housing）负责，是住房政策的一部分[3]。与 20 世纪 70 年代的相关政策相比，1997 年的政策对住房补贴进行了补充，若从便宜的住房搬迁至较贵的住房，住户只需支付所增加的房租的 25%，其余 75% 由政府支付。

胡戈·普瑞茅斯（Hugo Priemus）认为，这一修订虽然在一定时期内促进

---

1 剩余福利国家模式（residual welfare state）：这种模式是指在福利提供方面国家扮演的是“剩余的角色”。这种模式的提倡者认为家庭和自由竞争的市场是两个在社会中自然形成的福利提供渠道，个人的需要可以通过它们得到满足，只有当这两个渠道无法发挥自己的作用，或是某些福利需要不能从这两个渠道得到满足时，国家的社会福利服务才应介入，提供福利的运作，并且这种介入也应是暂时的。在这种模式下，市场规则起主要作用，家庭与志愿组织也扮演一个更主动的角色，只有这样才能保证个人自由与经济繁荣.

2 Laurence Murphy. Reasserting the ‘Social’ in Social Rented Housing: Politics, Housing Policy and Housing Reforms in New Zealand [J]. International Journal of Urban and Regional Research, 2003, 27 (1): 90－101.

3 Hugo Priemus. Dutch Housing Allowances: Social Housing at Risk [J]. International Journal of Urban and Regional Research, 2004, 28 (3): 706－712.

了城市住房的翻新，然而长此以往，将导致居民对住房的过度消费。在荷兰，住房补贴是公民应得的**权益**而不仅仅是一种社会福利。中央政府只要能负担对购房者按揭的财政支持，就要负担对租房者的补贴。如若经济衰退或住户收入减少，政府因负担房贴造成的财政预算将急剧增加，反过来又会影响经济。事实上，这一“负面效应”已经开始显现，使荷兰的住房补贴政策成为其自身成功的牺牲品。进入21世纪，荷兰开始再次调整住房政策，旨在减少政府在住房方面的支出，而增加住户的支出[1]。

澳大利亚和新西兰都是高福利国家，实行剩余福利国家模式。20世纪五六十年代，这两国的政府通过补贴或固定利率贷款模式将住房所有权当作社会福利提供给各个阶层的公民[2]。

20世纪30年代，新西兰整个国家的住宅建设主要面向大量的劳动阶层（working class），该阶层对住房的需求量最大。政府出资修建了大量国有住房以供出租。自20世纪50年代始，住宅建设针对其他需求阶层开始有所调整，而租金也开始与收入挂钩。政府允许租户购买国有廉租房，他们认为：人们自己拥有住房比租赁住房更自由。政府采取了一系列优惠政策：对购买者提供国家贷款，包括支付5%的首付，最长达40年利率3%的按揭，补贴房地产商以降低房价。这一时期，在奥克兰（Auckland）和威灵顿（Wellington）北部卫星城波里鲁阿（Porirua）涌现了大量高密度国有住宅小区。

20世纪80年代以来，随着人口构成和经济环境的变化，整个欧洲社会都在重新改革福利制度，远在大洋洲的新西兰也不例外。1991年的住房改革是新西兰政府在国家住房政策上最激进的一次改革，政府认为国有住房租赁者享受了比私人住房租赁更多的实惠，因此，取消了与收入挂钩的国有住宅租赁制度，而将租金与市场价统一。

1991~2000年住房改革期间，原来负责国有住房的新西兰住宅公司转为负责私有住房抵押贷款事务，新成立了“住房部”（Housing Ministry）负责国有住房的管理。此外，成立了国有的股份制企业实体“新西兰住宅有限公司”（Housing New Zealand Ltd，HNZ）。20世纪90年代，HNZ以发行股票的方式来为租房者提供补贴，并将不适合出租的房产如价位远高于低收入者租房能力的房屋出售给私人开发商（表1-1）。但整个20世纪90年代，由于租房者和市场的变化，HNZ的股票1998年跌了39%，1999年跌了33%。显然，作为最大的政府下属的“房东”，HNZ虽然有助于政府实施住房政策，但也加大了政府

1 Hugo Priemus. Dutch Housing Allowances：Social Housing at Risk [J]. International Journal of Urban and Regional Research，2004，28（3）：706-712.

2 Laurence Murphy. Reasserting the ‘Social’ in Social Rented Housing：Politics，Housing Policy and Housing Reforms in New Zealand [J]. International Journal of Urban and Regional Research，2003，27（1）：90-101.

的财政压力。

经过10年面向市场的国有住房改革后，2000年8月新西兰议会通过了《住房调整（收入房租挂钩）改善法案》[Housing Restructuring（Income Related Rents）Amendment Act]，新西兰又重新回到社会化租房体系（social rented housing）上来，重新建立了与收入挂钩的公共租房体系，政府仍然是这个国家最大的房东，其他社会可租房（social rented housing）只占总住宅市场的不到5%。**这一回归表明市场化并不能完全满足所有低收入阶层的住房需要。**

新西兰国家住房管理机制演变[1] **表1-1**

房地产机构	作用	租金结构
1974～1991年		
住宅公司（Housing Corporations）	• 房屋出租 • 按揭贷款 • 提供公共住房 • 政策建议	与收入挂钩 所得税补贴
1992～2000年		
新西兰住房有限公司（Housing New Zealand Ltd） 住宅公司（Housing Corporations） 公共住房合作社（Community Housing） 住房部（Ministry of Housing） 公共政策代理（Social Policy Agency）	• 房屋出租 • 按揭贷款 • 为残障人士提供公共住房 • 政策建议 • 政策建议	市价房租
2001年以后		
新西兰住房公司（Housing New Zealand Corporations） （2001年7月成立，合并了新西兰住房有限公司（Housing New Zealand Ltd）、住宅公司（Housing Corporations）以及公共住房合作社（Community Housing））	• 房屋出租 • 按揭贷款 • 提供公共住房 • 政策建议	与收入挂钩 （从市场价出发并基于租房者收入的方式）

4）分配、管理和监督方式

如英国、荷兰、德国、瑞典以及日本等公共住房建造及管理体系较为成熟的国家，政府、市场之外专门的住房非营利组织都扮演着主要角色，如荷兰就存在许多非营利性的住房协会。管理主体的改变有时可以令公共房屋脱离过分纠缠的行政模式。雷姆科斯（J. W. Remkes）《21世纪的住房》一文对住房协会在低收入人群的住房问题的作用作了基本的分析阐述[2]。这些非营利组织一

1 Laurence Murphy. Reasserting the 'Social' in Social Rented Housing: Politics, Housing Policy and Housing Reforms in New Zealand [J]. International Journal of Urban and Regional Research, 2003, 27 (1): 97.

2 J. W. Remkes. Mensen, wensen, wonmen in de 21 cenw. (people, preferendes, housing, housing in 21st century) [M]. Ministry of VROM. The Hague. 2000.

方面较政府部门有效率，另一方面能够集结一定的专业技术和管理知识，允许居民近距离地监督和参与，可以较好地运作政府资助，切实改善低收入家庭的居住情况。

目前，国际上整体住房（含低收入居民住房）标准较高的是美国。美国的住房标准一直很严格（其中一个重要目的是规范和管理使用租金津贴的私人出租房），品质欠佳的住房不足2%。他们采取的做法很简单，即由政府提出严格的住房标准，并严格执行[1]。在美国，对接受租金证明计划和优惠券计划者是有时间限制的，即在规定时间内若不能确定租房，就得重新排队。但这种做法需要很高的执行能力和一个比较稳定的规范和管理对象，较适合已过人口增长高峰期、住房短缺问题基本解决、经济水平较高的国家。这些国家虽然人口增长压力不大，但家庭结构持续核心化，房地产市场升温，因房屋老化而需要更替的比率较高以及较为严格的建筑和住宅规章，又加大了适合低收入居民负担能力的住房不足的问题。

5）住房福利与房地产市场之间的平衡关系以及社会效益

富裕的国家才能提供高品质的住房。因此，许多研究者和政府部门一致认为，促进经济增长是提高国民住房的最好办法，而住房建设又是发展经济的一个关键。

诚然，住房建设在促进经济发展与满足人们的需要之间不应存在矛盾，如前所述，从理论上，两者互为因果。然而事实却是，依靠住房建设来促进经济发展与满足人们的住房要求之间差距如此之大而几乎相互抵触。戈德温·阿库（Godwin Arku）等人著文分析了1929～2000年英国、美国以及世界银行投资及贷款总额的变化以及同时期房地产市场所占的投资和贷款比例[2]，分析显示房地产开发往往先于经济学家的观点和理论而行。这一事实表明，社会需求有助于经济政策的合理性。正如世界银行目前所制定的宗旨一样：没有贫民窟的城市，为贫穷者提供住所。二者均**强调的是面向社会需求而非单纯的经济发展需求。**

美国现行的低收入住房补贴政策受到投资商和房地产商的欢迎，但事实上对低收入阶层不利，不能真正解决低收入阶层的住房问题，也不能真正使低收入人群进入房屋市场以促进市场竞争。

英国也是一个例子。1945～1978年间，英国建设的住宅中有58.6%是公营住宅。房租不到租房者收入的1/6。如租房者失业还可大幅降低房租并领取一些失业保险金，所以那时的英国没有露宿街头的现象。1978年以后政府改

---

1 Grigsby, W. G., et al. Trying to Understand Low-Income Housing Subsidies: Lessons from the United States [J]. Urban Studies, 2003, 40 (5-6): 973-992.

2 Godwin Arku. Housing as a Tool of Economic Development since 1929 [J]. International Journal of Urban and Regional Research, 2005, 29 (4): 895-915.

变了住宅政策，一方面大量削减公营住宅，同时还将已有公营住宅卖给居住者，公营住宅占住宅的总量百分比由1978年的32%降至1994年的18.6%。鼓励自家买房的结果是房价激增，而公营住宅不增反减，加上其他住房政策的改变，既无法刺激房地产市场的上扬，反而导致英国大量无家可归者的出现，英格兰地方政府公布的数字1991年有146290户约42万人，民间居住团体却推测实际数字有10倍之多，政府按照法律又必须给他们提供居住设施。因此英国现在的社会保障开支越来越大，性质变成了“像是给住宅问题带来的不利后果擦屁股”！作为克服贫困和解决住宅问题的历史先驱，英国在放弃了抓住宅政策后，贫困重新席卷而来[1]。

而荷兰现行的住房补贴是一种半公共性质的（semi-public status of accredited housing）政策，住户租私人住房或公共住房得到的补贴相同。**除非改变住房补贴的这种公共性质，取消对非营利性机构的建房补贴和房租补贴并用完全针对租房者个人的房屋补贴来替代对社会性住房的补贴，荷兰的住房补贴政策是不会对房租市场进而对房地产市场产生激励作用的**[2]。

2. 发展中国家的住房问题与研究现状

广大发展中国家受经济因素和社会发展阶段的限制，普遍存在住房紧缺的情况。城市总体规划、基本设施的建设处于首要位置，从规划、设计及管理的角度解决城市低收入阶层的住房尚未置于政府的考虑之下，以南非、印度、哥伦比亚等国为例，合法或政府规划的住宅用地与非法或非正式的住宅用地并行，而后者变得越来越普遍。居民非正式或非法占用土地正成为发展中国家城市的一个日益引起关注的问题。**在有关低收入住宅开发建设条款欠缺的情况下，人们自发的非正式的开发和建设不失为解决住房供需矛盾的有效途径。**

违规的程度差距很大，从非法占有到轻微的犯法，由于这种非正式或非法的行为正日益普遍，“非法”一词是否适当受到质疑，而非正式的土地使用机制以及土地所有权的复杂多样性等问题也受到越来越广泛的重视。1996年1月在印度新德里举行的“土地拥有与使用期权限全球会议”（Global Conference on Access to Land and Security of Tenure）上，人们认识到，由于常规的土地划拨不足、方式呆板，非正规的土地开发应成为城市贫民获得土地的主要途径。该会议最后达成的章程建议在正规与非正规的条款间建立更有效的关联机制。

对于城市贫民，他们实际上更关心房屋的使用权而非土地的所有权，但是，城市发展过程中，由于土地开发、转让、买卖问题造成了比使用权复杂得多的土地所有权归属问题。因此，当传统意义上的住房使用权占主导地位时，

---

1 （日）早川和男．居住福利论——居住环境在社会福利和人类幸福中的意义［M］．李桓 译．北京：中国建筑工业出版社，2005：98－100.

2 Hugo Priemus. Dutch Housing Allowances：Social Housing at Risk［J］. International Journal of Urban and Regional Research，2004，28（3）：706－712.

非正式的土地市场交易运作良好，而当土地开发和转让大力发展时，这种非正式的甚至是非法的交易就不能有效解决问题了。于是有国际开发组织建议将土地所有权与房屋租赁权完全合并在一起，以便使房地产市场更有效地运作。

发展中国家在地理位置、殖民地历史、文化传承以及自然资源和经济基础上都有很大的不同，但是战后他们却具有以下共同之处：快速的发展伴随着不断加剧的贫穷以及越来越多无力购买高额住房的人民。第二次世界大战后发展中国家城市贫民的迁徙有两个十分重要的特征：

（1）社会等级（收入）和种族是形成住区分化的根本因素；

（2）低收入居民的住区也有所不同。斯托克斯（Charles J. Stokes）于1962年首次提出区分有希望的贫民窟（slums of hope）和绝望的贫民窟（slums of despair），特纳（J. F. C. Turner）提出城市中的贫民窟和边缘地带贫民窟的差别[1 2]，后者多为非正式的甚至是非法居民形成的贫民窟。

东非和南非由于引入了西方的土地使用法规，大部分土地用于城市开发，土地非法使用情况没有西非与撒哈拉以南（sub-Saharan）区域普遍，后两个地区绝大部分没有现代土地使用期限条文，也没有进行大面积城市开发。

以南非为例，后种族化时代的南非，解决低收入阶层的住房和城市的重建是政府势在必行的任务。1994 年，后种族化时期的住宅部制定了为低收入及无房家庭建造 100 万套住房的计划[3]。据 2000 年的估计，南非无住房家庭为 300 万户，仅在开普敦省登记候房并有资格领取补贴的就有 20 万户[4]。后种族隔离时代，政府对全部低收入的无住房家庭实施补贴，包括收入和住房面积低于标准者，而对满足标准但从未接受过资助的房主提供一次性补贴。政府虽然较种族隔离时代做了极大努力，但仍面临越来越多的指责。因此，南非政府正着手改变战略，减小其在房改中的直接作用[5]。

与此同时，无住房家庭也在寻求不依赖于政府而自己解决住房的方法，以格林波特（Green Point）和南代尔夫特（Delft South）为例。这两个地区均为

1 J. F. C. Turner. Lima' s barriadas and corralones: suburbs versus slums [M]. Ekistics, 1965, 19: 152 - 155.

2 J. F. C. Turner. Housing priorities, settlement patterns and urban development in moderning countries [J]. International Journal of Urban and Regional Ressearch, 1968, 34: 354 - 363.

3 Sophie Oldfield. The centrality of community capacity in state low-income housing provision in cape town South Africa [J]. International Journal of Urban and Regional Ressearch, 2000, 24 (4): 858 - 872.

4 Loretta Lees. The Centrality of Community Capacity in State Low-Income Housing Provision in Cape Town, South Africa * [J]. International Journal of Urban and Regional Research, 2000, 24 (4): 858 - 872.

5 Richard Tomlinson. International Best Practice, Enabling Frameworks and the Policy Process: A South African Case Study * [J]. International Journal of Urban and Regional Research, 2002, 26 (2): 377 - 388.

位于城市边缘的贫民、失业者的非法聚居地，是自然形成的居住社区，其不同之处在于格林波特的居民集体抵制了政府的房地产开发，而南代尔夫特的居民非法占用了政府修建的新住宅而后将政府赶出了小区，并逐步扩大自己的地盘。这两个社区在形式上有相似之处，即没有规划，基础设施缺乏，公共厕所少而脏，而供水设施不足，饮用水不干净。不仅如此，居民还自发形成了自己的管理组织，成立了南非国家居民委员会（South African National Civic Organization，简称 SANCO），其运行管理十分有效。

莫桑比克于 1975 年从葡萄牙殖民下独立。在首都马普托（Maputo），1886 年对城市中心地带制定了地籍簿——对土地所有者及所有权进行鉴定并登记[1]。自 20 世纪 20 年代，上述土地所有者在自己拥有的土地上修建临时住宅并划分小块土地进行出租。直至 20 世纪 40 年代政府才修订了土地所有权条款，允许那些所谓“被同化阶层”的黑人限定在拜罗・英迪格纳区（Bairro Indigena）内享有土地住房及相关服务。事实上，大多数符合条件的黑人都享受不到这一权利，因为房价太高！20 世纪 50 年代开始城市化扩展（往北部发展），这一发展受到了土地所有权的制约，引发了一个合法争取土地的扩展城市的运动，随后进入城市化阶段。

后独立时期（post-independence）新政府推行了一项宏大的马克思列宁主义的发展计划，完全反房地产市场化——政府将土地、租赁及废弃的住房完全国有化。

1975～1989 年，政府承担了所有城市土地、住房供应的责任，而事实上并不能满足日益上升的住房和土地需求。1987～1990 年，非正式的不合法的交易行为出现。20 世纪 90 年代以后，新的条款延续房地产市场化，而政府仍然在住房分配中扮演重要角色。1990～1999 年，大量非正式的（不具备规划和土地登记手续）的开发项目实施，与此同时，政府直接提供给低收入阶层的住房以及间接提供给高收入者修建私人住房的土地仍然十分有限。

以马普托和马托拉（Matola）两大城市为例，其行政面积是 675 平方公里，然而真正具备城市意义的面积不足一半，高达 41% 的土地用于或规划为住宅用地，这其中只有 20% 具备良好的基础设施，其余 80% 的基础设施很差或欠缺。总之，以上两大城市中，绝大部分面积被居民非法或非正式占用，基础设施欠缺，居住密度小，中心城区为 80%，整个马普托市为 70%，马托拉为 100%。

与许多发展中国家一样，尼日利亚最近三四十年间也经历了快速城市化进程，无序、无规划而缺少控制的城市扩张导致了环境的恶化。**对非洲国家具有**

1 Paul Jenkins. Strengthening Access to Land for Housing for the Poor in Maputo, Mozambique * [J]. International Journal of Urban and Regional Research, 2001, 25 (3): 629－648.

普遍意义的是，受殖民化向后殖民化过渡的政治经济变化的影响，非洲国家的城市格局从中心到边缘（周边）都表现出由传统的公有化土地利用机制向市场化过渡的趋势[1]。

尼日利亚的城市人口比1900年翻了一番，大约有4800万，占总人口的40%。与非洲发展中国家一样，城市发展、房屋规划设计还处于无序状态。有大量城市贫民，300亿美元外债，因此无暇顾及环境及城市规划。以伊巴丹市（Ibadan）为例，在使用超过30年的房屋中，超过70%的破损严重、过于拥挤而且没有卫生设施。

1947～1996年，埃及开罗的低收入住宅模式基本按传统模式惯性化发展，而没有实质性变化，即社会等级仍然是影响住区划分的主要因素，向周边渗透的自建式住房发展模式构成了城市低收入者住房的主要格局。开罗的低收入住区多数仍然是自建住房（即土地拥有者自行修建），而政府和商业化行为占很小比例。这些住区有明确的地理分布特性，城区边缘的非法居住区几乎是以城区为中心向四周辐射发展，而城市中心地带的非法居住人口相对少得多。可见，社会等级仍然是住区的明显特征。

哥伦比亚政府于20世纪60年代进行了低收入住区建设试验，设置了两个低收入住区——第12奥克托布尔区和1号聚居区（Barrios 12 de Octobre和Popular No1），并任由低收入阶层在住区内自建房屋。费尔南多（Vivies M. Fernando）指出[2]：社会等级的空间表达，个体与公共空间的差别，多元的选择和系统重要性的建立（比如通过装饰、韵律、和谐、纹理和色彩的对比等），空间和体量的关联，材料的选择，连贯和转换以及建筑形式的确立——所有这一切，远不是可以偶然随意形成的，而是需要一个乃至数个密切相关的规范来共同实现。然而，在这两个社区，无论从建筑还是城市规划的角度，这些自建房都是一片混乱！

哥伦比亚国立大学建筑系研究中心对上述住区进行了研究，主要内容包括：①住区的设置；②对其发展进程进行追踪及评价。调研结果表明：这些地区的现状和发展不尽如人意，**划分低收入人群的住区并任由其自行建房，并不是解决低收入人群住房的有效手段**[3]。试验区设置者过高估计了所谓主流文化对上述地区的居民自建的主导作用。要形成一个富有文化意味的居住环境不仅需要精神和文化上的氛围，而且需要营造建筑空间的氛围。这两个试点区的现

---

1 Boyowa A. Chokor. Changing urban housing form and organization in Nigeria：lessons for community planning［J］. Planning Perspectives，2005，20（1）：69－96.

2 Viviescas M. Fernando. The myth of self-build as popular architecture：the case of low-income housing in Colombian cities［J］. Open House International，1985，10（4）：44－47.

3 Viviescas M. Fernando. The myth of self-build as popular architecture：the case of low-income housing in Colombian cities［J］. Open House International，1985，10（4）：44－47.

状和发展都表明它不能解决城市贫民的住房问题。

印度独立后，其官方住房机构经历了从乡村、城市到国家的过程，其共同目的是[1]：集中发展小型、中型以及次中型城镇，实施城镇规划，提供建房场地，保护和促进房地产市场，保障乡村和城市的基础设施，鼓励在社会经济弱势区域修建房屋，实行如贫民窟等临界聚居区的就地发展。因此，上述机构不约而同地负有土地规划、获取（开发）、发展、住房建设和分配等多项任务，同时，这些职责的实施过程又是非常刻板的，在面对人们的现实住房要求时缺乏灵活性。因此，在房地产市场中，上述官方运作方式发挥不了作用，取而代之的是非官方机构。

印度每年有1200万住房单元投入房地产市场，近30年来，每年仅有不到35000套是由官方机构兴建的。此外，还有大量的辅助机构协助市政当局，如自治住房管理委员会（Autonomous Housing Boards）、供水和卫生设施管理委员会（Water Supply and Sanitation Boards）、贫民窟清除委员会（Slum Clearance Boards）等。上述机构设置重叠，任务交叉，造成严重冲突。比如对同一个镇，可能同时设有住房委员会、贫民窟委员会和发展部，分别负责提供该区域的常规住宅、贫民窟住房以及制定总体规划和用地规划，然后，似乎嫌问题不够复杂，上述机构又分别向不同部门进行汇报。可以说，印度的官方住房发展是一场内讧。

由于受自身臃肿机制的束缚，上述政府机构在提供建房土地上也明显不力，尤其对于德里（Delhi）这类城市，非正式的土地占有和聚居十分盛行。显然，花样繁多的政府机构并没有使大多数人受益而沦为了作秀。尽管出发点是好的，但印度官方所作的住房努力正朝着事与愿违的方向发展。正式和非正式机构之间的冲突不仅徒劳无益，而且对住房的发展自身也有害。因此，政府的住房机构应走出内耗的境地而寻求更有效的模式，这同时也需要住房设计和分配观念的改进。然而，专家之间、专家与穷人的意愿之间又常常相互矛盾。事实上，**只要设计者、规划者与居民需求之间的矛盾存在，政府机构就无法真正满足人们的要求。**

维克拉姆（Vikram Bhatt）等人指出：**我们应当认识到所谓建设规则或条款是一种死板、主观、绝对的教条，而住房是变化的，是一个长期发展的过程。政府机构总是在一到两年内完成建造和分配，而居民们10～15年后还在扩建或改建是十分普遍的。如果质量得以保障，我们的住房为什么不可以在使用若干年后进行扩建、改造，以空间换取功能，场地换取空间，使用的灵活性换取可支付性呢？**[2]

---

1 Vikram Bhatt, Mulkh Rai. Towards a housing revolution [J]. Open House International, 1986, 11 (1): 43-45.

2 Vikram Bhatt, Mulkh Raj. Towards a housing revolution [J]. Open House International, 1986, 11 (1): 43-45.

在不断加速的城市化进程中，土耳其同样面临住房供求的矛盾。无论是政府有组织的开发还是居民非正式的自建都不能解决这一矛盾。低收入者为了解决自身的住房问题，非法乱占城市用地搭建房屋，造成严重的环境问题，形成混乱无序的城市格局。德梅特等人（Demet Irkli，et al.）提出了一个具体的低收入住区规划设计修建分配的方案，与传统的方法相比，被作者称为“渐进式供给模式”[1]（evolutionary supply mode）。

所谓“渐进式供给模式”有以下特点：

与自建相比，二者都需要居民参与，在使用过程中都允许房屋的改建和扩建。所不同的是，居民自建从一开始的选址、建筑面积和材料的确定以及施工等是无序随意的，而“渐进式供给模式”在这一点上是有计划有组织的，即它既是有组织有计划的又是变化和灵活的，从城市规划的角度来看，是人性化的城市发展模式（humanist urban development）。考虑到土耳其的通货膨胀，现有的大规模修建模式在较长时期内反而是划算的，而大规模的修建模式更容易实现对建筑密度的控制，从而保障居住环境。

“渐进式供给模式”的优势在于：①它构建了一个中央政府、地方管理部门和居民家庭之间共同参与的机制，是一种“共建的社会化生活”（participatory social life）模式；②住房的规模和发展能得到计划和控制，这二者是居住空间和生活环境的根本要素；③它既能面向居民需求又能适应社会经济的发展和民主的变革。

3. 小结

综合发达国家与发展中国家的公共住房发展历程、政策与效果来看，无可否认的是：什么是适合的住房？怎样的福利或市场机制是最好的？怎样的管理机构是更高效的？这些也许永远没有唯一正确的答案！

无论是北美这样市场经济高度发达并且笃信利用市场机制解决一切问题（包括低收入阶层住房问题）的国家，同样经济发达但奉行社会福利主义，对低收入居民进行较高的物质性补贴的欧洲、大洋洲国家，还是经济发展水平各异的广大发展中国家，面对低收入阶层居住问题时都在苦苦寻觅着适合自己的解决之道。以政府住房补贴而言，无论美国还是荷兰的住房补助系统都易成为滋生信誉危机的温床，市场化的以帮助低收入人群解决住房问题为目的的次级贷款引发的危机甚至波及世界范围的金融稳定。人们为了得到最大限度的补贴会隐瞒收入，谎报实际住房大小，住户会分割或虚构住房，将家庭成员分散到两个甚至更多的住房里以得到更多补贴，或将收入分摊到更多的住户头上以降低个人收入，上述行为只有通过核查个人收入中的报税以及个人社会信息资料

---

1 Demet Irkli，et al. An evolutionary housing supply mode towards design of the quality environments for low-income groups in Turkey [J]. Open House International，1989，14 (3)：44 - 48.

才能搞清楚，而后者又无疑涉及个人隐私，因此，解决的途径似乎只能是减少住房补贴，补贴越少，欺诈的可能性越小。然而，补贴的目的又是什么呢？如此反复地追问，将使问题陷入死循环！西方监管相对更严的情况下尚且如此，遑论发展中国家！

在低收入居民住房具体建设的问题上，波约娃（Boyowa A. Chokor）认为，当代城市规划主要受西方影响，并没有考虑人们长期以来形成的社会价值观和生活习俗。**通常，人们对房屋建筑的物理质量、功能和周围环境的选择远远大于对其社会意义或传统文化意义的考虑。虽然住宅形式必然受现有文化传统和人们的社会价值观的影响，但决定其发展的根本要素仍然是经济**[1]。这显然还是回到了经济基础决定上层建筑的范畴。

中国目前的经济发展水平与住房现状均处于发展中国家与发达国家之间，房地产市场基本格局已形成，城市低收入阶层的住房问题也引起了中央政府一定程度的重视并开始实施相应的政策，但仍不时在市场自我调节和政策调控之间徘徊。参考国外的做法与研究，至少以下措施是必需的：**政府应该提供足够的具备或不具备公共配套设施的居住用地、相应的土地使用权、建筑材料，并给予经济和技术支持，保障足够的就业机会和收入，以保障住房市场并建立相应的制度，而由政府、社会组织或居民主宰房屋的建设、扩建、改造和环境维护。**

1.2.3　国内相关研究综述

国内学界对于廉租住房的深入研究基本始于2000年以后，之前的相关文章多属考察、介绍国外相关制度和实施情况的内容，这一点在1.2.1小节的资料数据分析中有明显反映。与国外同类研究综合比较来看，国内除管理和社会学科的几本相关博士论文研究从方法、过程、数据和结论都较为具体、深入以外，更多的相关研究都流于表面、定性和概念化，缺乏具体实证。研究的学科领域大致可以分为政策、社会、规划、建筑等几个方面。

1. 与城市贫困阶层及其居住问题相关的政策、制度方面的研究成果

曾赛星（1999）从管理科学与工程学科的角度，以面向中国中低收入者的住房为对象，结合中国内地与香港的实际对住房政策、建设、施工及管理的全过程进行了比较研究[2]。其研究在分析发达国家及发展中国家解决中低收入者住房问题所采取的各项政策基础上阐明了政府的主导作用，探求了不同发展阶段政府对住房市场进行干预的适度区间，分析了建立多层次住房体系的可行性，并构造了基于房价收入比的界定中低收入者的概念模型；采用工效研究技术，分析了标准化设计与工业化生产对提高生产效率的影响，揭示了创新技术

1　Boyowa A. Chokor. Changing urban housing form and organization in Nigeria: lessons for community planning [J]. Planning Perspectives, 2005, 20 (1): 69 -96.

2　曾赛星. 中国大陆与香港中低收入者住房问题比较研究 [D]. 哈尔滨：哈尔滨建筑大学，1999.

对缩短工期、节省劳动力和减少成本的促进作用；构造了施工质量影响因素的评价模型，通过对涉及管理、文化及劳动力等因素的分析，论述了实现质量不断改进的具体措施。由于研究的时间等原因（1999 年以前），国内相关问题矛盾并不特别突出，其研究偏重于介绍香港中低收入住房的管理政策和建筑质量管控体系，并未对国内具体的应对措施作出明确结论。

柯年满（2000）则对社会主义经济体制下的廉租住房体系的操作模式做了研究，提出廉租住房资金来源包括财政性住房资金、公积金收益、公房的出售收入、彩票的发行收入等六个方面，指出土地使用权行政划拨的必要性、划拨程序，同时建议通过改造旧公房、购买空置商品房、政府部门兴建、私人机构提供等四种方式来解决廉租住房的房源问题[1]。

李国敏（2000）在研究贫困理论的基础上，从经济学和社会学等角度对中国城市贫困问题进行了较系统的探讨，分析了城市低收入居民住房贫困的成因及其与住房社会保障制度的内在联系，提出了社会保障住房的合理租售比和租金补贴的定量分析方法，建立了住房社会保障制度的基本框架和体系结构以及实施住房社会保障的对策建议[2]。

方凯（2002）研究并介绍了美国历史上主要的低收入家庭住房计划及其取得的效果；深入分析了美国政府在立法、金融、税收等方面提供的具体支持；分析了中国现行廉租房制度，并指出其不足之处；借鉴美国经验，结合中国实际，提出现阶段强化中国廉租房制度建设中政府支持的具体做法，认为如果没有政府的支持，低收入家庭的住房问题将难以解决[3]。

李长江（2003）通过研究 20 世纪 70 年代美英日瑞四国以及 80 年代中后期中国香港、新加坡住房政策的发展演变，认为 70 年代住房政策出现转折的主要原因是四个指标的变化：①人均 GDP 水平；②全社会住房拥有水平；③房价与住房消费水平；④住房质量体系。该文对这四个指标进行研究，并作为住房效率是否可以转向住房公平的判断依据。通过这四个指标与深圳的对比得出深圳目前住房政策仍然应该注重效率[4]。

此外，有不少研究针对全国各地的具体情况也探讨了当地保障性住房的制度建设与实施方案，例如，胡斌（2004）着重探讨了杭州住房租金补贴的实施方式[5]，袁学军（2005）提出湖南应对城镇失业人口进行技能培训，对城镇低收入家庭收入、住房情况建立户主信誉档案，通过多种途径筹措资金，改革

1 柯年满．中国城镇廉租住房问题研究［D］．武汉：武汉科技大学，2000.

2 李国敏．城市低收入居民住房社会保障研究［D］．武汉：武汉城市建设学院，2000.

3 方凯．美国低收入家庭住房实现中的政府扶持研究及对我国借鉴［D］．武汉：湖北大学，2002.

4 李长江．从效率到公平——部分发达国家和地区住房政策的演变对深圳的启示［D］．深圳：深圳大学，2003.

5 胡斌．杭州中、低收入家庭住房问题调查和住房政策研究［D］．杭州：浙江大学，2004.

现有的廉租房建设模式，利用政策杠杆调动私人房地产公司建设廉租房，最后建议通过立法的措施使得所有政策的落实“有法可依”[1]。

金江（2004）探讨了廉租房建设的融资模式，提出了“住房保障税”的概念并设计了实施住房保障税的基本构架与税收体系[2]。李杰（2006）认为目前北京“住宅市场无效供给过剩与有效供给不足并存的状况造成了结构性供求失衡的局面”，研究认为解决中低收入家庭的住房困难要从公共住房政策、住房保障的方式、政府财政和金融上的支持以及公共管理四个方面着手[3]。

陈先毅（2006）以城市政府的住宅发展政策为研究对象，分析了城市住宅发展基本特征和城市政府住宅政策特征，明确指出“市场机制、商品化发展、产业化运行是市场经济体制对于住宅发展制度安排的基本要求，政府的住宅政策一方面可以对于市场发展发挥重要的调控调节作用，另一方面是协调社会发展的必要手段，住宅政策属于社会政策范畴”[4]。

贾康（2007）在较为系统地研究了我国住房制度改革的推进过程以及国际比较的基础上，提出了坚持“低端阶层基本住房需求由政府保障，进一步改善居住需求通过市场来解决”的原则；在住房制度转轨变革的过程中政府要“注重把住房保障和住房市场化进程结合起来”，“注重多种调控政策手段的运用推动有关制度和政策的改革、调整和创新”，并特别提出尽早出台《住宅法》，从根本上完善公共住房的法律保障体系[5]。

2007 年出版的建设部课题组主编的《住房、住房制度改革和房地产市场专题研究》一书对当前全国的廉租房制度建设和实施情况进行了较为全面的研究，文中总结了健全和完善廉租住房制度的必要性以及当前的基本进展和主要特点，提出了健全和完善廉租住房制度的总体思路，认为“廉租住房制度是住房保障体系的重要组成部分，是目前解决最低收入家庭住房的重要途径”，其研究把“建立和健全廉租住房制度”的意义提高到了“关系到房改的成败，关系到城镇化的健康推进，关系到社会主义和谐社会的建设”这样的高度[6]。这一研究成果可以认为是政府主管部门对“建立健全廉租住房制度”这一问题的最新政策宣示。

2. *从社会学、法学等相关学科方面研究城市贫困问题的成果*

张鹏（2002）研究了目前重庆市城市贫困人口的致贫原因[7]，指出城市贫

---

1 袁学军．湖南省城镇低收入家庭住房问题及对策研究［D］．长沙：湖南大学，2005.

2 金江．廉租房融资模式研究［D］．西安：西安建筑科技大学，2004.

3 李杰．北京市中低收入家庭住房保障研究［D］．北京：首都经济贸易大学，2006.

4 陈先毅．城市政府住宅发展政策研究——以上海为例［D］．上海：华东师范大学，2006.

5 贾康，刘军民．中国住房制度改革问题研究——经济社会转轨中“居者有其屋”的求解［M］．北京：经济科学出版社，2007.

6 建设部课题组．住房、住房制度改革和房地产市场专题研究［M］．北京：中国建筑工业出版社，2007.

7 张鹏．重庆市城市贫困的现状与反贫困对策研究［D］．重庆：重庆大学，2002.

困人口外在客观性致贫因素有社会经济体制改革的负面效应、社会保障制度的缺陷、收入分配不均、产业结构调整等，贫困居民主观性致贫因素主要是贫困人口素质的弱质性和思想观念落后。

刘玉亭（2003）从社会地理学角度[1]分析了当前中国城市新贫困现象的组成，认为主要是“下岗失业人员贫困、离退休人员贫困、困难企业职工贫困和农民工贫困”，其产生机制主要是因为结构或制度性的“产业结构调整、收入分配不公、城市化进程加速、社会保障体制改革以及个体原因”，研究认为“城市贫困阶层在整个城市空间范围上的分布具有一定的规律性”，“主要集中于城郊结合部和老城区，但并没有产生与其他社会阶层较为明显的居住空间分隔现象”，这一点与黄怡、田野等人的研究结果可以相互印证。在微观层次上，其研究认为“在社区或邻里的层次上，城市贫困阶层在居住空间上逐渐甚至已经在一定程度上出现了相对集中的现象，且居住条件和居住环境较差”。此外，该文还对城市贫困阶层的日常生活行为和范围进行了调研，认为他们一般是“在以家庭住所为中心，以家和街道空间范围为主体的比较狭小的空间范围内从事各种类型的活动”，时间上“不具有明显的规律性”。但由于其研究的地域范围明确为南京地区，对贫困人口规模和空间分布由于资料的收集原因难以精确统计等原因，本研究并没有对不同地域、不同等级规模城市的相关问题以及转型期城市贫困的综合治理和解决措施作具体的探讨。

唐晓岚（2007）则从城市社会学的角度以南京市城市居住社区为具体研究对象探讨了当代中国城市居住分化现象[2]。其研究指出，当代中国城市居住分化的基本动因是“政策制度改革与房地产投资的多元化，消费社会的来临与生活方式的转型以及社会阶层的流动与重组”等，认为居住分化这一社会分化现象是“正功能与负功能的同构体”，正功能方面是“对城市社会的发展起促进作用”，成为“改善居民生活的催化剂”，而负功能则是指居住分化“进一步加大社会成员间的差距，加大贫富分化从而加大了对城市空间的分割”。其研究认为应该从“强化政府的管理作用，避免恶性竞争，寻找途径增进居住空间对城市变迁的适应性”，同时“发挥市场力量的推动作用，创建社会各阶层居住利益的社会公平”。文中研究结论以定性为主，显得较为空泛，缺乏具体的可操作性。

3. 城市规划领域中研究城市低收入阶层居住问题的成果

聂敏（2004）剖析了深圳市流动人口聚居区的形成及其特点，总结出以城中村、工厂宿舍区、棚户区等三种形态为深圳市流动人口的典型聚居形式，并分别研究和分析这几种典型聚居形态的空间、居住形态及生活环境[3]。鞠德

1 刘玉亭．中国转型期城市贫困问题研究——社会地理学视角的南京实证分析［D］．南京：南京大学，2003.

2 唐晓岚．城市居住分化现象研究［M］．南京：东南大学出版社，2007.

3 聂敏．深圳特区流动人口弱势群体聚居空间环境研究［D］．深圳：深圳大学，2004.

东（2004）也以城市化为背景，以廉租住宅建设为切入点研究了城市流动人口问题给城市住宅建设带来的影响[1]。

黄晨（2004）针对低收入者社区及其主体的诸多问题进行了研究，提出了居住环境营造的一般和特殊设计原则[2]，主要内容是：应处理好社区与城市的关系，区位选择应考虑经济性因素和就业机会；社区空间层次应注重公共空间与相邻使用功能的交互作用、公共空间的开放性以及使用者对公共空间的感受等等；对于建筑空间环境，强调小套型面积功能的合理设置、紧凑布局，以及空间的高效利用和共享设计，并提出低造价住宅的多样性和可识别性设计方法。但研究未对混合居住模式的可行性进行深入论证，与具体设计的方法结合有待继续探讨，且某些研究有“跑题”之嫌。

黄怡（2006）较早地研究了国外城市社会学界关于隔离和居住分离的概念及其理论发展脉络，并对其主要研究方法和成果进行了梳理，将相关理论结合我国现实城市居住发展的状况分析了大城市居住隔离的特征和导致居住隔离的内在机制因素，详细阐述了住房政策与制度、土地供应制度、住房市场机制以及城市历史对居住隔离的影响，总结出“城市居住隔离是广泛的城市政治、经济和文化、社会进程的产物”，认为居住隔离虽然因为其固化的空间特征强化了社会成员的不平等地位，使得社会分层刚性化，但在一定条件下、一定程度上也可能对社会起到一定的激励作用，其研究还定性地探讨了促进社会融合、缓解消除居住隔离的意义与对策，以及城市规划在消除居住隔离，实现社会空间融合中的作用与地位[3]。但在进一步的社会分化与隔离程度研究方面，研究并未给出明确有效的技术判定模型，也因此导致其研究成果在提供决策参考与规划技术层次理论两个方面都有了较为明显的不确定性。

张永波（2006）以北京为例研究了旨在解决城市中低收入阶层居住问题的可承受成本住宅（包括经济适用住房和廉租住房）的空间问题[4]，总结出中低收入阶层居民的主要居住空间需求，即就业需求、低价位公共交通需求和福利型公共设施服务需求，对后期居住成本影响较高的就业提供、公共交通服务、公益型公共设施服务是影响中低收入阶层居住空间选择的主要因素。

田野（2007）则针对转型期我国城市不同阶层的混合居住进行了较为深入的探讨[5]，认为“混合居住在城市空间发展诸多模式之中具有一定的可操作

---

1 鞠德东．快速城市化背景下流动人口廉租住宅建设初探——以宁、苏、锡为例［D］．南京：东南大学，2004.

2 黄晨．低收入者社区的居住环境营造——以北京市为例［D］．北京：北京建筑工程学院，2004.

3 黄怡．城市社会分层与居住隔离［M］．上海：同济大学出版社，2006.

4 张永波．城市中低收入阶层居住空间布局研究——基于可承受成本居住的北京实证研究［D］．北京：中国城市规划设计研究院，2006.

5 田野．转型期中国城市不同阶层混合居住研究［M］．北京：中国建筑工业出版社，2008.

性和优点”，明确提出“不同阶层在城市空间中形成的‘大混居、小聚居’的马赛克镶嵌式混合居住是当前居住空间面向现实问题和未来发展的合理选择”，“在住区规划中应该尽量避免贫困住区大面积连片发展的情况”，应“保持贫困住区的适当规模并发展多种混合居住模式”。其研究引介了社会网络和社会距离等相关学科的理论，在实证分析的基础上提供了一种计算居住区社会空间综合指标的方法，认为“社会网络应该可以作为评价住区质量的指标之一”，“可以采用包括社会网络指标在内的一系列指标形成指标体系，从社会要素和物质要素两方面对住区进行社会空间综合评价”。

4. 住宅建筑设计领域中与城市低收入阶层居住问题相关的研究成果

微观层面的廉租住房规划与住宅建筑设计相对来说是国内研究较少的部分，但由于住区规划与住宅建筑是建筑学专业的重要研究方向，一直以来也进行过一些相关的研究。如同济大学黄一如（2004）等的国家自然科学基金重点项目《城市住宅可持续发展若干问题的调查研究》[1]，主要针对高层住宅的适居性，三室二厅二卫住宅套型的可持续设计，向小套型居住功能转换的空置建筑改造，丁克家庭的居住以及太阳能热水器与住宅建筑一体化设计等五个方面的问题进行了深入研究，其研究成果在较低标准的住宅设计方面取得了积极的进展，对廉租住房的建筑设计具有较大的参考价值。2007 年 10 月出版的《住区》第 27 期“社会住宅探讨”专辑中，周燕珉等（2007）在一篇论文中调研了北京市的一些新建廉租住宅，提出了廉租房建筑设计的一些思路性建议[2]，这几乎是笔者查到的为数不多的专门针对廉租住房建筑设计进行探讨的论文。**总的来说，直接针对廉租房建筑设计的研究成果还是定性多、定量少，原则多、规则少。**

何新颂（1996）较早地针对商品房市场中的中低收入者购房难的问题分析了可由规划、建筑设计所影响的各种价格因素，从规划中的选址、住宅组团布置方式以及建筑设计中的平、立、剖面等方面探讨了降低住房造价和增强住房适应性（以刺激居民的购房欲望）的具体措施与途径[3]。乔晓燕（1998）则归纳了居住环境层次中社会住宅的设计原则，包括长效原则、生态原则、社会共生原则，并通过技术、方式、方法等多种手段的可行性、有效性、实用性的探讨将其落实在社会住宅的四个层次的空间构筑上[4]。

许广（2006）从建筑设计的角度研究了低收入住宅的设计原则和方法[5]，从规划总体上对布局、环境与住宅的关系、构成体系等等方面进行了分析，从平面组合的角度阐述了低收入者住宅的平面组合关系，提出了平面组合的多种可能性

---

1 黄一如，陈秉钊．城市住宅可持续发展若干问题的调查研究［M］．北京：科学出版社，2004.

2 周燕珉 等．我国廉租房建筑设计研究［J］．住区，2007（5）：22－27.

3 何新颂．城市中低收入者商品住宅运作模式研究［D］．重庆：重庆建筑大学，1996.

4 乔晓燕．中国城市社会住宅模式新探［D］．重庆：重庆建筑大学，1998.

5 许广．我国城市低收入者住宅设计研究［D］．长沙：湖南大学，2006.

并对涉及功能、流线、空间和环境等各方面的住宅组成要素进行了讨论。

黎岩[1]（2001）、王立新[2]（2002）等着眼于广东、北京等不同地区，对经济适用住宅套型的发展趋势、套型选择、面积选择、地段选择、价格选择等方面进行研究和分析，对套型设计的标准提出了一些建议。王茹（2003）研究认为较为理想的低收入住宅应满足包括“成套，菜单式灵活可变，满足2～5人家庭人数的居住需求”等要求，还给出了理想条件下低收入住宅内部空间位置关系模型[3]。

傅燕（2003）以现状调查为基础归纳了“功能不完善，空间布局不合理，管线布置缺乏协调，厨房中油烟污染严重，资源能源的利用不合理，适应发展的能力不强”等六大问题，结合现代生活行为模式和对厨卫的使用行为规律，依据人体工效学原理，获得了经济、适用的空间组合尺度和布局关系；同时，还对厨卫设备的配置、环境、节能环保等方面进行了分析和论证[4]。

总之，最近10余年来，国内对于城市低收入居民的居住问题从不同专业角度进行了一些研究，包括相关政策制度的建立与实施、空间规划理论与住宅建筑设计等方面，这些都为本书的研究提供了一定的基础和参考。

1.3　研究对象、思路、方法

1.3.1　对象

按照经济学和我国统计年鉴的界定，将所有被调查户依户人均可支配收入由低到高排队，按10%、10%、20%、20%、20%、10%、10%的比例依次分成最低收入户、低收入户、中等偏下收入户、中等收入户、中等偏上收入户、高收入户、最高收入户等七组，总体中最低5%的户为困难户[5]。

城市中低收入居民的政策性住房保障体系总体而言应该包括上述最低收入户到中等收入户这60%的人群[6]，已有的具体住房形式有经济适用房、经济租赁房、廉租住房等等，其中的政策与技术性问题涵盖面十分广泛，全面覆盖住房保障体系，不是本书研究所能及的。因此，笔者将本书的研究对象限定为：**以重庆市主城区为例的城市常住人口中10%的最低收入户和困难户这一城市最低收入阶层的住房问题。具体内容是一方面试图从保障人民居住权利的公共住房政策层面探讨住房保障制度的建立与实施，另一方面则是研究技术层面的**

1　黎岩．广东地区城市经济适应住宅设计探讨［D］．西安：西安建筑科技大学，2001年6月．

2　王立新．北京现阶段中低收入家庭住房建设困境与对策研究［D］．北京：清华大学，2002.

3　王茹．城市低收入阶层住宅研究［D］．天津：天津大学，2003年6月．

4　傅燕．经济适用住宅厨、卫空间的设计研究［D］．西安：西安建筑科技大学，2003年6月．

5　重庆市统计局，国家统计局重庆调查总队．重庆统计年鉴2007［M］．北京：中国统计出版社，2007：162.

6　建设部部长汪光焘同志在全国建设工作会议暨建设系统党风廉政建设精神文明建设工作会议上的报告，2007年12月28日．

城市最低收入阶层的居住选址和住宅建筑设计标准与套型模式，所指的住房一般被称为“廉租房”。

所谓“廉租房”，应该有广义和狭义之分。广义的“廉租房”是指社会上可供租用的，房租相对市场平均租价较低的所有住房，房屋的产权形式可能多样，拥有产权的既可以是政府或其指定的部门、机构，也可以是社会组织、企业或个人。至于租金多少算是“廉租”应该根据各地区的实际租房市场租金情况加以界定，出租对象也没有特别身份限定。而狭义的“廉租房”按建设部2002年的《房地产统计指标解释（试行）》则是专指“政府和单位在住房领域实施社会保障职能，向具有城镇常住居民户口的最低收入家庭提供的租金相对低廉的普通住房”。这一定义有两层含义：其一是住房由政府或单位提供，产权不属于个人，住户不拥有房屋产权；其二则是出租对象必须拥有“城镇常住居民户口”且属于“最低收入家庭”，它既不面向进城农民工或其他流动、暂住人口，也不面向其他低收入家庭。**本书研究的具体对象即狭义的廉租房。**

1.3.2 思路

研究的基本思路是以调查问卷的数据统计和相关文献的政策分析总结为基础，对比国内外特别是国内其他城市已有的政策和实施情况，理论研究和实证研究相结合，构建符合我国国情的城市最低收入居民居住制度的基本理论框架，并通过对重庆市的实证研究，深入剖析城市最低收入阶层居住问题产生的背景、现有的结构特征以及适应重庆市实际的制度建立方案；同时定性分析和定量研究相结合，采用数理统计的分析方法，对调研资料进行数据统计和处理，建立相应的数据库，通过定性分析确定城市最低收入居民住房的建筑品质要求，利用定量手段研究城市最低收入居民住房的特征和生活实态，制定其住宅建筑的基本设计标准。

1.3.3 方法

1. 调研分析法

低收入阶层住宅研究作为综合了城市社会学、建筑学等学科内容的“跨界研究”，大量的深入细致的社会调查工作是必不可少的。本书研究主要通过问卷调查和访谈调查的形式获取研究的第一手数据，主要包括对城市现有低收入人群聚居区常住与流动、暂住人员以及城市入住廉租房的居民的住房状况与生活实态调查、典型家庭访谈、典型社区环境调查等。

2. 比较分析法

城市低收入阶层住宅问题既是一个政策性非常强的课题，同时又是一个阶段性、实践性非常强的课题，其解决方案一定是一个动态的变化过程。这一问题在世界上任何国家的解决都离不开中央和地方政府的政策，这些政策或措施必然都是动态变化的。因此，研究中采用了比较研究的办法对“古今”“中外”的相关研究进行总结分析。所谓“古今比较”即沿时间展开的纵向比较，主要结合国内相关问题的浮现、研究、解决方案的时间过程进行总结分析；“中外比较”则是对国内外相关政策措施的横向比较，主要对比与我国目前的经济发展阶段有类似经历和相关社会问题并已取得了成效的国外相关措施，同时也包括国内不同城市间政策措施的比较，力求探索适合重庆市经济社会发展现状的政策模式与解决方案。

3. 技术分析法

突破过往建筑学领域研究重定性轻定量、重原则轻规则的研究模式，本书在研究中将运用综合数据分析软件SPSS、地理信息系统（GIS）技术等IT时代的新技术、新软件对调研取得的数据进行进一步整理统计和相关性分析，对城市低收入阶层住区的规划建设问题和建筑标准进行空间结构分析和建筑标准分析，力求研究结果的科学性、准确性与实用性。

1.4 研究内容与结构框图

本书共分为7章，其中主要研究内容在第2章到第6章展开。

第1章“绪论”介绍研究的背景，指明研究的目的与意义，对国内外相关问题的研究现状进行综述，界定本书研究的对象、研究的思路与方法并介绍主要的研究内容。

第2章“当代中国房改历程与境外模式对比”主要对我国住房制度改革历程和成果进行梳理，论述我国住房市场供应体系中各类住房的性质、地位、作用与运作模式并探讨房地产业现状与存在的问题，同时对境外国家或地区对居民住房问题进行政府干预的历程、经验以及主要模式进行分析与归纳，其结论既是研究成果的一部分，同时也是本书后续政策理论探讨的基础。

第3章“城市最低收入居民居住问题的调研与分析”则在简单地介绍了本书研究的调查方法与调研问卷的设计思路后，以先后两次调研的大量数据整理和分析、归纳为主要内容，是本书创新研究的重要基础。

第4章“居住公平理论与廉租住房保障体制的建构”从理论和制度层面对城市最低收入居民的住房问题进行探讨，建构住房公平理论和住房保障体制的框架。通过对重庆市与国内其他主要城市的现行廉租住房保障制度的建设与实施情况进行系统的分析并找出问题，提出针对重庆市的廉租住房保障制度解决方案。

第5章“基于GIS的廉租房用地选址规划布局”是从城市规划的技术层面探讨城市廉租住房的用地选址规划布局及建设原则与策略。本章以重庆市主城区为研究范围，采用理性、量化分析的方法构建城市低收入住区用地选址影响因素的AHP模型以及廉租房用地选址规划模型，运用GIS软件完成对重庆市主城区廉租房用地适宜度评价的多因素量化、图形化分析，完成“重庆市主城区廉租房用地选址规划布局图”，同时提出廉租房住区建设的基本原则、建设策略及推进机制。

第6章“廉租住宅建筑设计导则探析”则是从建筑设计的层面研究廉租住宅的设计问题，建构廉租住宅建筑模式的基本理论和建筑设计的基本原则，建议性地提出具有多元多层次性的廉租住宅建筑指标，并以重庆市某拆迁安置房项目的概念性方案设计进行了理论成果的探索性运用。

第7章“结论与展望”则总结了全书的主要研究成果和创新意义，并对相关研究尚待深入探讨的问题进行了展望。

本书研究内容的基本结构框架如图1-4所示。

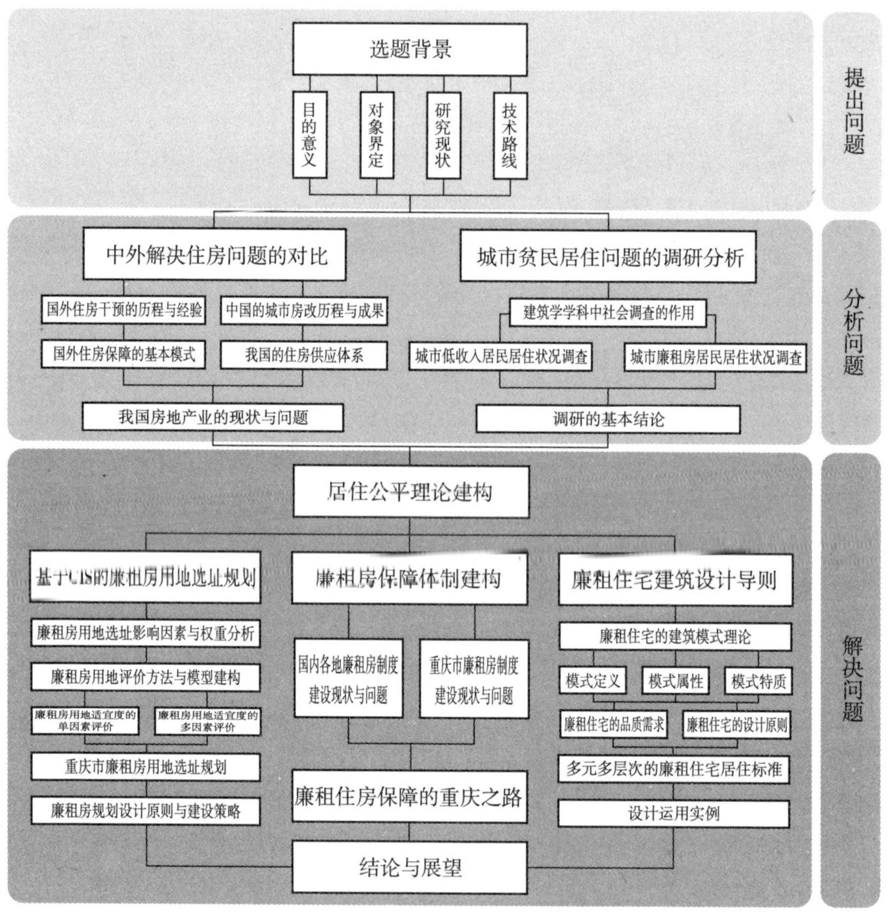

图1-4 本书内容结构框架图

第 2 章　当代中国房改历程与境外模式对比

2.1　当代中国的城市房改历程

正如绪论指出，我国自 1978 年改革开放以来，以时间和主要文件的出台为标志点，城镇住房制度改革已经经历了四个主要的阶段，具体的政策则随着住房制度改革的进程大致走过了公房出售、提租补贴、住房商品化、住房市场化加住房保障等手段。每个发展阶段的进展、主要政策、重要政策的具体内容以及产生的社会效果各不相同，既取得了很大的成绩，极大地改善了城市人民的平均居住水平，也引发了一些不良后果，特别是在城市最低收入阶层住房保障方面。虽然城市最低收入居民住房问题不是纯粹的居住制度问题，而是牵涉面甚广的社会问题，但在我国却也跟城市住房制度有着密不可分的关系。

2.1.1　第一阶段：探索和试点阶段（1978～1990 年）

第一阶段的主要工作是提出住房制度改革的问题并开始自上而下地试点推动，主要工作和进展为：

（1）1978 年邓小平同志提出了关于房改的问题。1978 年 9 月，中央召开的城市住宅建设会议传达了邓小平同志的一次重要谈话，大体精神是：解决住房问题能不能路子宽些，譬如允许私人建房或者私建公助，分期付款[1]。

（2）1979 年开始实行向居民全价售房的试点。

（3）1980 年 4 月 2 日，邓小平同志就住宅问题再次发表了重要讲话。他指出："城镇居民个人可以购买房屋，也可以自己盖。不但新房可以出售，老房子也可以出售。可以一次付款，也可以分期付款，10 年、15 年付清。住宅出售后，房租恐怕要调整。要联系房价调整房租，使人们考虑到买房合算。因此要研究逐步提高房租。房租太低，人们就不买房子了。繁华的市中心和偏僻地方的房子，交通方便地区和不方便地区的房子，城区和郊区

1　贾康，刘军民．中国住房制度改革问题研究——经济社会转轨中"居者有其屋"的求解［M］．北京：经济科学出版社，2007：73.

的房子，租金应该有所不同。将来房租提高了，对低工资的职工要给予补贴。这些政策要联系起来考虑。建房还可以鼓励公私合营或民建公助，也可以私人自己想办法。”[1]

（4）1980 年 6 月，中共中央、国务院批转《全国基本建设工作会议汇报提纲》，正式允许实行住房商品化政策，正式拉开了中国城镇住房制度改革的大幕。

（5）1982 年开始实行补贴出售住房的试点，即政府、单位、个人各负担房价的 1/3。截至 1985 年底，全国共有 160 个城市和 300 个县镇实行了补贴售房，共出售住房 1093 万平方米。

（6）1986 年 2 月，成立了“国务院住房制度改革领导小组”，下设办公室，负责领导和协调全国的房改工作。自 1986 年以后，城镇住房制度改革取得了重大突破，掀起了第一轮房改热潮。

（7）1988 年 1 月国务院召开了“第一次全国住房制度改革工作会议”，同年 2 月国务院批准印发了国务院住房制度改革领导小组《关于在全国城镇分期分批推行住房制度改革的实施方案》，标志着住房制度改革进入了整体方案设计和全面试点阶段，但同时也遭遇了一些诸如土地使用权等等的瓶颈问题。

2.1.2 第二阶段：全面推进和配套改革阶段（1991～1993 年）

进入 20 世纪 90 年代以后，住房商品化概念逐渐深入人心，人们基本上已经接受“住房也是一种商品或财产，不应该由国家或单位始终大包大揽”的概念。这一阶段的主要标志性政策是：

（1）1991 年 6 月，国务院《关于继续积极稳妥地进行城镇住房制度改革的通知》（国发［1991］30 号文）和《国务院办公厅转发国务院住房制度改革领导小组关于全面推进城镇住房制度改革意见的通知》（国办发［1991］73 号文），是切实推进城镇住房改革的两个重要文件。文件强调要通过房改缓解居民住房困难，改善居住条件，引导住房消费，逐步实现住房商品化，发展房地产业。

（2）1991 年 10 月，国务院批转国务院住房制度改革领导小组提出的《关于全面推进城镇住房制度改革的意见》，在继续提出合理调整现有公房租金、出售公房的同时强调实行新房新政，新建住房不再进入旧的住房体制。这是城镇住房制度改革的一个纲领性文件，明确了城镇住房制度改革的方向，标志着城镇住房制度改革已从探索和试点阶段进入全面推进和综合配套改革的新阶段。

2.1.3 第三阶段：深化和全面实施阶段（1993～2003 年）

在这一阶段中确立了“住宅商品化”、“产业化”、房地产“支柱产业化”

1 贾康，刘军民. 中国住房制度改革问题研究——经济社会转轨中“居者有其屋”的求解［M］. 北京：经济科学出版社，2007：73.

的大方向，全国房地产业得到了极大的发展，成为国民经济的重要支柱产业之一。以重庆为例，1993年末房地产业创造的GDP为9.12亿元，占重庆市当年GDP的比重为1.2%，而到2003年末这一数字上升到113.69亿元，同比上升了266%，占GDP的比重也上升到了5.0%，同比上升了4.17倍[1]。但这一阶段的最大误区就是将居民住房问题完全推向市场并使城市最低收入阶层住房问题成为主要的社会问题之一。这一阶段的主要政策与工作有：

（1）1994年7月18日国务院下发了《关于深化城镇住房制度改革的决定》（以下简称《决定》），确定房改的根本目的是：建立与社会主义市场经济体制相适应的新的城镇住房制度，实现住房商品化、社会化；加快住房建设，改善居住条件，满足城镇居民不断增长的住房需求。房改的基本内容可以概括为"三改四建"。"三改"即改变计划经济体制下的福利性的旧体制，包括：改变住房建设投资由国家、单位统包的体制为国家、单位、个人三者合理负担的体制，改变各单位建房、分房和维修、管理住房的体制为社会化、专业化运行的体制，改变住房实物福利分配的方式为以按劳分配的货币工资分配为主的方式。"四建"即建立与社会主义市场经济体制相适应的新的住房制度，包括：建立以中低收入家庭为对象，具有社会保障性质的经济适用住房供应体系和以高收入家庭为对象的商品房供应体系；建立住房公积金制度；发展住房金融和住房保险，建立政策性和商业性并存的住房信贷体系；建立规范化的房地产交易市场和房屋维修、管理市场。《决定》要求全面推行住房公积金制度，积极推进租金改革，稳步出售公有住房，加快经济适用住房的开发建设，做好原有政策与《决定》的衔接工作等，标志着城镇住房制度改革已进入深化和全面实施阶段。

（2）1996年7月1日上海市出台了我国首部比较规范的住房公积金地方性法规《上海市住房公积金条例》，在我国率先建立了住房公积金制度，也标志着一个由国家支持、单位资助和家庭、个人力量多方合力解决城市居民住房问题的市场化机制开始形成。

（3）1998年7月3日发布的《国务院关于进一步深化城镇住房制度改革加快住房建设的通知》（国发［1998］23号文），彻底宣告了福利分房制度的终结和新的住房制度改革的开始。

这一全文只有3000多字的"通知"彻底改变了中国人的住房命运。该文宣布全国城镇停止住房实物分配，实行住房分配货币化，从1999年1月1日后参加工作的"新人"，政府和单位不再提供福利房，而是发给住房补贴，然后通过市场解决自己的住房，同时建立和完善以经济适用住房为主的住房供应

---

1 重庆市统计局，国家统计局重庆调查总队．重庆统计年鉴2007［M］．北京：中国统计出版社，2007：42.

体系，同时**在我国首次提出了“最低收入家庭租赁由政府或单位提供的廉租住房”**，所谓“廉租房”是指政府以租金补贴或实物配租的方式，向符合城镇居民最低生活保障标准且住房困难的家庭提供社会保障性质的住房。

鉴于“23号文”在中国当代住房制度改革历程上产生的重大影响，我们不妨看看其主要内容包括哪些：

① 调整住房投资结构，重点发展经济适用住房，加快解决城镇住房困难居民的住房问题。

新建的经济适用住房出售价格实行政府指导价，按保本微利原则确定。经济适用住房的成本包括征地和拆迁补偿费、勘察设计和前期工程费、建安工程费、住宅小区基础设施建设费（含小区非营业性配套公建费）、企业管理费、贷款利息和税金等七项因素。计入房价的企业管理费原则上控制在2%以下，并以征地和拆迁补偿费、勘察设计和前期工程费、建安工程费、住宅小区基础设施建设费（含小区非营业性配套公建费）等四项成本因素为基础计算，经济适用住房开发利润控制在3%以下，使经济适用住房价格与中低收入家庭的承受能力相适应。

② 对不同收入家庭实行不同的住房供应政策。

最低收入家庭租赁由政府或单位提供的廉租住房。廉租住房可以从腾退的旧公有住房中调剂解决，也可以由政府或单位出资兴建。最低收入家庭住房保障原则上以发放租赁补贴为主，实物配租和租金核减为辅。城镇最低收入家庭人均廉租住房保障面积标准原则上不超过当地人均住房面积的60%。廉租住房的租金实行政府定价，廉租住房租金标准由维修费、管理费两项因素构成。

③ 发放住房补贴。

停止住房实物分配后，职工购房资金来源主要有：职工工资、住房公积金、个人住房贷款，有的地方还有由财政、单位原有住房建设资金转化的住房补贴等。房价收入比（即本地区一套建筑面积为60平方米的经济适用住房的平均价格与双职工家庭年平均工资之比）在4倍以上，且财政、单位原有住房建设资金可转化为住房补贴的地区，可以对无房和住房面积未达到规定标准的职工实行住房补贴。

同时，“23号文”对房改的基本原则定了调，这就是**“坚持在国家统一政策目标指导下，地方分别决策，因地制宜，量力而行；坚持国家、单位和个人合理负担；坚持‘新房新制度、老房老办法’”**。其最重要的核心，就是“建立和完善以经济适用住房为主的多层次城镇住房供应体系”，从这点来看，“23号文”这篇房改的“纲领性文件”的基本思路与导向是正确的，即兼顾公平和效率，既保证了普通大众的公民居住权利，保障了弱势群体（最低收入者）的基本居住需求，又对高收入者实行了市场化的住房供给，使人们具有了在自身经济条件的支持下享受更好居住条件的可能性。

（4）建设部1999年4月22日发布《城镇廉租住房管理办法》（建设部令第70号），并自当年5月1日起实施。

该办法对城市廉租住房的定义、保障对象、实施主体、房屋来源、租金标准、申请核查程序等有一系列原则性的规定，但短短13条不到1500字的内容实在没有什么约束力和可操作性，故而在其后数年从未得到认真执行，成为后来住房保障巨大缺口的源头。

（5）2003年4月央行发布121号文件。

中国人民银行下发《关于进一步加强房地产信贷业务管理的通知》。规定对购买高档商品房、别墅或第二套以上（含第二套）商品房的借款人，适当提高首付款比例，不再执行优惠住房利率规定。出台文件本有抑制房地产业畸形发展、控制炒房牟利的用义，但由于对何谓“第二套商品房”没有明确定义而再次陷入“上有政策下有对策”的怪圈。

（6）2003年8月20日，国务院发出《关于促进房地产市场持续健康发展的通知》（国发［2003］18号）。

通知虽然宏观地要求各地、各部门完善住房供应政策，加强经济适用房的建设和管理，增加普通商品住房供应，建立和完善廉租住房制度，控制高档商品房建设，但在第三条却明确要求“逐步实现多数家庭购买或承租普通商品住房”！在第四条中，对经济适用房的性质和和功效进行了进一步限定，不仅首次在官方的文件中提出“经济适用住房是具有保障性质的政策性商品住房”，而且还特别规定“经济适用住房，要严格控制在中小套型”。与此同时，“增加普通商品住房供应。……采取有效措施加快普通商品住房发展，提高其在市场供应中的比例”。也就是说，**市场上供应的主体将是普通商品房！**

表面上看，这样的中央文件精神似乎并无不妥，甚至文件中还出现了“努力使住房价格与大多数居民家庭的住房支付能力相适应”的条文内容，但该文显然对国人经济条件和居住状况缺乏整体思考，在看似漂亮的统计数字面前轻率地否定了之前实行数年的“23号文”“向70%～80%以上的家庭提供经济适用房”的精神，将中国城市居民的住房问题几乎完全地推向了市场。而随着中国经济的高速发展、资本市场逐利的本能和城市居民收入差距的迅速拉大，中国城市的低收入阶层居民住房问题很快如本书绪论中所描述的那样凸显了出来。

2.1.4 第四阶段：推进房地产业发展与注重住房保障的阶段（2004年起）

在住房发展逐渐走向矛盾激化而不是解决问题的背景下，本届中央政府充分认识到了解决住房问题特别是城市低收入居民的住房保障问题就是解决社会和谐发展的基础问题，出台了一系列的文件力图扭转房地产市场泡沫化以及低收入人群居住矛盾激化的趋势，以2004年3月1日正式实施新的《城镇最低收入家庭廉租住房管理办法》为标志，中国住房制度改革开始进入第四阶段。

进入第四阶段以来，迄今为止国务院及相关部委近年来逐步颁布的文件有：

（1）2004年3月1日正式实施新的《城镇最低收入家庭廉租住房管理办法》。

作为解决中国城市低收入群体住房需求的重要举措之一，从2004年3月1日起正式实施新的《城镇最低收入家庭廉租住房管理办法》，该办法旨在帮助更多无力购房的特困家庭解决居住难题。但本办法在具体实施层面配套措施不足，特别是资金来源等方面。

（2）2004年3月“8·31大限”。

国土资源部、监察部在2004年3月联合发文，严令各地须在当年8月31日前将协议出让土地中的“遗留问题”处理完毕，否则国土部门有权收回土地，纳入国家土地储备，被业界称为“8·31大限”。

（3）2005年3月房贷优惠政策取消。

央行决定从即日起调整商业银行自营性个人住房贷款政策，宣布取消住房贷款优惠利率。

（4）2005年3月“国八条”出台。

国务院出台八点意见稳定房价，业界简称“国八条”。

（5）2005年5月1日，国家发改委、建设部联合下发的《城镇廉租住房租金管理办法》正式施行。

该办法规定，廉租住房租金要实行政府定价，租金调整必须向社会进行公示，租金标准原则上由房屋的维修费和管理费两项因素构成，并与城镇最低收入家庭的经济承受能力相适应。因收入等情况变化不再符合租住廉租住房条件而继续租住的，应当按商品住房的市场租金补交租金差额。

（6）2005年5月建设部等7部委意见出台。

国务院办公厅发出通知，转发建设部等7部委《关于做好稳定住房价格工作的意见》，要求各地区把解决房价上涨幅度过快等问题作为当前加强宏观调控的一项重要任务。

（7）2006年5月“国六条”出台。

国务院总理温家宝主持召开的国务院常务会议提出了促进房地产业健康发展的六项措施，后被业界称为“国六条”。业内人士认为，这六条措施开启了2006年房地产调控序幕。

（8）2006年8月19日，建设部印发《城镇廉租住房工作规范化管理实施办法》的通知（建住房［2006］204号文），要求“逐步建立起科学有序、行为规范、办事高效、公开透明的廉租住房管理机制，不断提升规范化管理水平，强化政府住房保障职能，切实解决最低收入家庭住房困难”。

（9）2007年3月5日，第十届全国人民代表大会第五次会议上，温家宝总理在《政府工作报告》中承认：政府工作在“一些涉及群众利益的突出问题解决得不够好。……土地征收征用、房屋拆迁、企业改制、环境保护等方面损害群众利益的问题仍未能根本解决。不少低收入群众生活比较困难”。报告还特别指出：“房地产业应重点发展面向广大群众的普通商品住房。政府要特别关心和帮助解决低收入家庭住房问题。加大财税等政策支持，建立健全廉租房制度。改进和规范经济适用房制度。”

（10）2007 年 8 月 7 日国务院发布《国务院关于解决城市低收入家庭住房困难的若干意见》（国发［2007］24 号文）。

文件要求切实加大解决城市低收入家庭住房困难工作力度，规定经济适用住房供应对象为城市低收入住房困难家庭，并与廉租住房保障对象衔接。同时，文件要求“健全廉租住房制度保障方式”。在 2007 年 8 月 24 日召开的全国住房工作会议上就贯彻落实《若干意见》进行了部署。文件要求各级政府把解决城市低收入家庭住房困难作为维护群众利益的重要工作和住房改革的重要内容，并作为政府公共服务的一项重要职责，把“保障性住房”提到了前所未有的高度，是我国房改历程中一个新的里程碑。

（11）《廉租住房保障办法》2007 年 11 月 8 日出台并自 2007 年 12 月 1 日起施行。

建设部、发改委、监察部、民政部、财政部、国土资源部、人民银行、国家税务总局、国家统计局等九部委 2007 年 11 月 8 日联合发布了《廉租住房保障办法》（第 162 号令），自 2007 年 12 月 1 日施行，2004 年 3 月 1 日起实施的《城镇最低收入家庭廉租住房管理办法》同时废止。财政部为此配套发布了《廉租住房保障资金管理办法》，进一步明确了廉租住房保障资金的来源渠道，对廉租住房保障资金实行专款专用以及预算管理、资金拨付、决算管理、监督检查等作出详细规定。此外，中央编制办还批准了建设部独立设置住房保障与公积金监管司，负责住房保障制度的建立、完善与实施等[1]。

这次由九部委联合发布《廉租住房保障办法》，财政部同时配套“资金管理办法”与以往相关政策发布的力度对比来看，可以说中央政府已经空前重视困难群众的住房保障问题，相比 2004 年的《城镇最低收入家庭廉租住房管理办法》，新办法的改进主要是在以下五个方面：一是进一步明确了中央及地方各级政府和政府职能部门的相关职责；二是扩大了廉租住房保障范围，将保障范围从最低收入家庭扩大至城市低收入住房困难家庭；三是扩大了廉租住房保障资金来源，把土地出让净收益作为廉租住房保障资金的重要来源，明确规定不得低于 10%，中央财政对中西部财政困难地区给予支持；四是增加了廉租住房建设有关规定，明确廉租住房单套建筑面积控制在 50 平方米以内，主

1　建设部副部长齐骥就《国务院关于解决城市低收入家庭住房困难的若干意见》和全国住房工作会议答记者问 . 2007－08－30.

要在经济适用住房、普通商品住房项目中配建，并对用地、规划、费用减免等作出规定；五是完善了申请审核程序和有关监督管理制度，确保廉租住房保障资源真正落实到低收入住房困难家庭。这些政策与配套措施可以说为解决我国城市最低收入阶层的住房问题奠定了非常良好的基础，关键就看实施层面的各地方政府如何落实了。

2.2 我国住房问题现状分析

2.2.1 我国的住房供应体系

正如本章前文总结的我国城市住房制度改革基本历程中所述，新中国成立后城镇居民的基本住房供应体系经历了前30年的完全计划经济下的国家（或单位）供应体系和近30年的迈向市场供应体系的改革过程。

改革开放前1949～1979年的30年间，国家从经济体制上是以单一的全民所有制下有计划的产品经济模式为主，一切有利于发展商品经济、发展其他所有制的东西都作为“资本主义的苗”而被铲除。在“左”倾思想的指导下，与有计划的产品经济模式相适应，我国在城镇住房问题上也长期实行“国家包、低租金”的福利制。虽然国家投入了大量的资金建设住房，但由于限制城市个人投资建房、住宅建设标准过低、基础设施严重缺乏、人口又迅速增长，长期的低房租不仅不能收回建房投资，连住房的维修、管理经费都不能应付，也因此严重地阻碍了住房问题的解决，造成住房建设的长期停滞状态。新中国成立后的前30年时间里，城镇职工的居住水平居然是不升反降，由新中国成立初期的人均居住面积4.5平方米下降到1978年的3.6平方米[1]，住宅问题成为一个严重的社会问题。

自1978年改革开放以来，我国的城镇住房制度经历了公房出售、提租补贴、住房商品化、住房市场化加住房保障四个阶段，房地产业从无到有、从弱小到成为国民经济特别是地方经济的重要支柱性产业，房地产市场得到了很大的发展。总的来说，住房制度改革极大地提高了城市人民的平均居住水平，2005年末城市人均住宅建筑面积已经达到26.1平方米[2]，换算成居住面积约为13平方米，是1978年的3.6倍，成效非常显著。然而，人均数字的提高并不等于人人都真正拥有了这些面积，城市人均住宅建筑面积的漂亮数据并不能掩盖改革过程中因为政策的偏差和执行面的扭曲引发的一些明显不良后果，特别是在城市最低收入阶层住房保障方面，问题相当明显。近几年来，国务院每年的政府工作报告中均有较大篇幅的文字要求各级政府保障城市弱势群体的基本生活水平，国家也于2007年12月起执行了新的《廉租住房保障办法》并配套

---

1 陈默．世界住宅概况［M］．香港：励志出版社，1993：285.

2 国家统计局．中国统计年鉴2007［M/OL］．北京：中国统计出版社，2008．http：//www.stats.gov.cn/tjsj/ndsj/2007/indexch.htm，2008－01－20.

了一些相应的具体政策，为解决我国城市最低收入阶层的住房问题奠定了良好的基础。

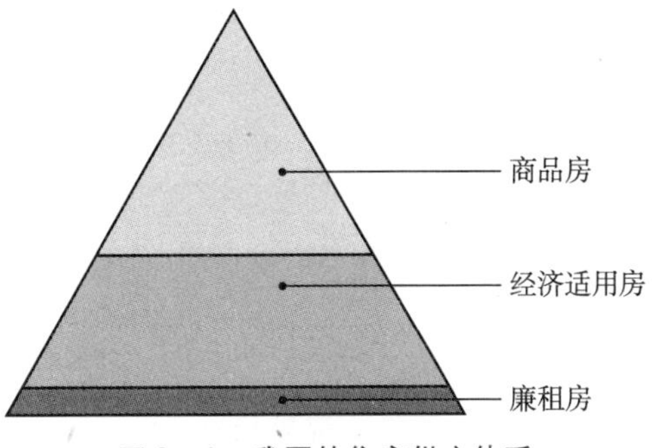

图2－1 我国的住房供应体系

1998年6月在全国住宅建设与房改工作会议上，中央政府首次提出了对不同收入家庭实行不同的住房供应政策，并以1998年7月3日发布的《国务院关于进一步深化城镇住房制度改革加快住房建设的通知》（国发［1998］23号文）终结了福利分房制度，提出建立和完善以经济适用住房为主的住房供应体系，同时在我国首次提出了“最低收入家庭租赁由政府或单位提供的廉租住房”。自1998年至今10年间，历经政策和市场的调整，无论还存在着怎样的问题，我国城市新建住宅的市场化供应体系已经基本建立起来，城市低收入人群的住房保障制度也在加快建设中。目前的城市住宅中，除了只占极小比例的祖传住房、合作建房外，综合分析大致可以按城市居民家庭收入的层次将新建住房的供应体系分为三个主要的部分（图2－1）：

中高收入、高收入的家庭和个人购买或租赁按市场价格供应的商品房，中等收入和中低收入家庭与个人购买或租赁由政府或单位建造、政府限价的经济适用房，城市最低收入家庭和个人则租赁由政府或单位建造、提供的廉租住房，其中，经济适用房和廉租住房都属于政策性、保障性住房。

实践中，从一般意义的经济适用房中又分离出了“租赁型经济适用房（或经济租用房）”、“限价商品房”、“公共租赁房”等几个子类型，廉租房中也有“共有产权房”的试点，这些创造性的细分类型一般均处于前述三大类住房的边缘交叉地带，适应因目前住房政策所不能覆盖的“夹心阶层”的住房需求。由于迄今为止均未形成统一的国家政策，因此上述类型的住房暂不列入本书具体讨论的范畴。

商品房、经济适用房和廉租房这三大类住房在住房供应体系中有着不同的地位与作用，其供应量与各地的社会、经济状况密切相关。下文则分别针对这三类住宅的定义与性质、服务对象、基本运作模式以及在我国住房市场中的不同地位与作用进行探讨。

1. 商品房

1）商品房的定义、性质与类型

商品房是指由开发商投资建设、完全按市场经济规律运作的住宅类型。

商品房区别于住宅供应体系中其他类型住房的基本特性就表现在住宅产品从项目策划、建设标准、设计、建造与施工到销售、物业管理运营以及二手房交易等方面应完全遵循市场经济规律运行，是一种完全市场化、商品化的住宅产品，其服务对象主要是中高收入和高收入人群，且不限于城市户口居民。

目前国内市场上的商品房主要有粗装修、中小面积的普通商品房，精装修、大面积的中档商品房，以及连排别墅和独栋别墅等高档商品房几个类型。

2）商品房的基本运作模式

商品房的基本运作模式就是市场化的模式，具体运作过程包括：商品房的项目策划一般是由开发商或专业策划公司根据目标人群需求，对未来市场的分析预测等基本信息来选择开发建设场地，进行投资决策与项目策划；由于投资数额较大，商品房开发过程中一般还会按市场化模式进行必要的融资行为；建设、设计和施工标准和建造数量主要是在满足国家住宅设计规范及其他法律法规的前提下，根据目标人群的住房需求和支付能力进行产品功能定位；除个别城市如深圳在商品房市场发展初期有对购买者的户口限制外，其他城市对销售对象基本不作限制，因此选择合适的销售方式和有效的营销手段向目标人群推销产品成为商品房走向用户的必由之路，其销售价格由市场供求关系调节且开发商一般会以收益最大化为原则；而在使用中，商品房住宅区的物业管理等日常运作也完全采用市场化的方式由住宅区的业主委员会聘请专业物业管理公司进行；商品房的拥有者在二手房市场上对所拥有的商品房进行交易一般不受任何限制，因而也带来了私人对商品房的投资获利可能。总之，商品房的运作模式主要体现了商品市场交易行为“自主决策、自负盈亏、自担风险”的自由市场基本原则。

3）商品房的地位与作用

正如图2－1中所示，商品房在住房供应体系中处于顶端的位置，主要适应有足够经济能力的人群需要，它在住房供应体系中主要有以下三个方面的作用：

首先，商品房在住房市场上应该起到培育住房市场、提高住宅自有率的作用。我国在改革开放前的几十年间由于“左”的影响，对私人财产一直没有明确的法律保护，直到2007年10月1日起施行的《物权法》才首次从国家法律的层面明确了国家对公民私有财产的平等保护[1]。在国家法律保障的前提下，拥有完全产权的商品房是国民家庭积累财富、提高社会信誉的标志之一，住房自有率也成为考察国民富裕程度的重要指标。因此，具有保值增值作用、可以作为财产继承的商品房在合理的政策引导下必然成为居民的消费热点，商品房市场的建立和培育最终就能起到提高住宅自有率的作用。

其次，商品房在提高居民居住质量、改善和创新住宅建筑设计方面应该起

1　物权法将于2007年10月1日施行［EB/OL］. http：//news. sohu. com/s2007/07wqfsycc/，2007－11－21.

到导引作用。我国城市住宅商品房市场发展的历史较短，普通市民对住宅建筑及居住环境的功能质量认识都较为肤浅，商品房由于面向收入较高的人群，无论是从住宅建筑面积、套内空间关系、设备设施配置，还是从外部空间环境、建筑造型艺术、建筑材料质感等各方面，都可以实现较高的标准，从而有机会创作出建筑造型更加美观、室内外空间更具特色的住宅建筑，引领全社会追求较高质量居住水平的方向。

第三，商品房可以在住宅建筑的新技术、新产品创造和利用方面起到示范作用。住宅产业是对国民经济有着重要贡献的支柱性产业之一，这一产业中的很多新材料、新技术、新设备和新工艺也因为商品房造价的相对宽松而成为这些材料、技术和设备工艺的率先使用者。因此，商品房必然成为我国住宅产业科技发展的示范性建筑类型。

2. 经济适用房

1）经济适用房的定义、性质与类型

经济适用房是指根据地方住房建设规划，由城市政府组织房地产开发企业或集资建房单位建造，以微利的价格向城镇中低收入家庭出售的住房。

经济适用房是一种具有社会保障性质的特殊商品住宅。一方面，经济适用房的目标人群是特定的城市中低收入人群，政府在经济适用房的建设和销售中不仅要在计划立项、建设规模等方面考虑实际的数量需求，还要在土地成本及税赋成本等方面减轻开发企业的负担，因而政府对经济适用住房的销售价格要严格按照主要由七项因素（征地拆迁费、勘察设计费、配套费、建安费、管理费、建设贷款利息、3%以内的利润）构成的建设成本来核定，实行政府指导价并不允许擅自提价销售，保证中低收入人群可以负担，因此，经济适用房是保障性住房的一种类型；另一方面，经济适用房又是住户必须购买的一种住房，在满足一定条件后也可以进入二手房市场交易，因而它也是一种特殊的商品房。

经济适用房同时具有经济性和适用性的特点。经济性是相对于市场中的商品房交易价格而言，经济适用房的价格是明显较低、中低收入家庭可以承受的，一般售价约相当于市场价格的50%～80%；适用性则是指经济适用房在套型面积标准、设计建造质量、设备设施配置等方面较为实用，可以适应绝大多数中低收入家庭的户型结构和居住质量要求。

目前我国的经济适用房主要有三种类型：一种是由政府提供专项建设用地，由开发企业统一开发组织建设、群众自主申请、政府管理部门按一定的程序组织分配的经济适用房；一种是房地产开发企业在原本是商品房项目用地上将本应作为商品房开发的一部分住宅调整为经济适用房，在享受相应政策优惠的同时也受到政策约束；还有一种就是一些大型企事业单位以自建、联建方式在本单位的划拨土地或政府专项拨付用地内建设，面向本单位职工的经济适用房。

2）经济适用房的基本运作模式

经济适用房的性质与特点决定了它的基本运作模式在项目立项、开发建设、销售对象与销售渠道以及二手房交易等各阶段都与商品房有较大的不同。在计划立项阶段，经济适用房项目必须由政府根据本地区的住房建设长远规划以及中低收入家庭的实际需求情况进行确定，项目的土地一般都是以行政划拨方式提供，几乎没有或只有很少的土地成本；在开发建设阶段，政府通过减免税赋、适当控制建设标准、严格开发各阶段的招标管理等手段严格控制建设成本；在销售阶段，经济适用房的销售对象首先必须是具有当地常住户口的中低收入家庭，应有严格的、制度化的申请、审批和登记备案制度，而销售价格则必须以政府物价部门审定核准的微利价格限价销售；同时，为防止经济适用房成为非法获利的途径，经济适用房在二手房市场上的交易一般会受到购买居住年限（目前一般是5年）、销售价格（补交土地费用等）等条件的限制，不可以全面自由地流转，也不允许一个家庭购买多套经济适用房。

只有在物业管理、运营方面经济适用房和商品房的运作是类似的，一般都应实行社会化的物业管理以保持经济适用房住区的良好运行状态和居住环境。

3）经济适用房的地位与作用

经济适用房是我国在住房制度改革过程中为适应新的社会经济形势、完善住房供应体系而由政府推出的新型房产种类，早在1991年6月国务院《关于继续积极稳妥地进行城镇住房制度改革的通知》中就已经提出要“大力发展经济适用的商品房，优先解决无房户和住房困难户的住房问题”。它在住房市场中的地位与作用主要体现在以下三个方面：

首先，经济适用房是住宅供应体系中最重要的组成部分。经济适用房是政府提供给城市中低收入家庭的保障性住宅，即使是按字面的意思来理解并与国家统计指标相适应，“中低收入家庭”也应占到城市居民家庭总数的60%，而国务院“国发［1998］23号文”甚至有“向70%～80%以上的家庭提供经济适用房”的精神。因此，在政府政策的支持下，通过市场行为满足超过半数的城市中低收入居民家庭提高居住水平、拥有私人财产性物业的梦想是经济适用房在我国住房供应体系中的主要作用之一。

其次，经济适用房体现了我国住房制度改革的市场化取向。尽管经济适用房在运作过程中需要有政府的计划和政策进行指导与约束，各地区因经济发展水平和社会状况的不同而对经济适用房数量、标准等有不同要求，但其基本思路都是通过市场化手段的有效运作来解决中低收入居民家庭的住房问题。在住宅市场应占有较大份额甚至是最大份额的经济适用房的开发建设，既可以带动国民经济又好又快地增长，又体现了我国现阶段住房政策的核心是关注中低收入居民家庭的住房问题。这也是我国2008年在全球金融海啸后出台“4万亿元刺激内需十大措施”中第一条就是“加快建设保障性安居工程”[1]的重要原因。

第三，经济适用房完善了住宅市场供应体系，实现了住宅市场上不同类型住宅的自然衔接。经济适用房介于完全市场化的商品房和完全非市场化的廉租房之间，其“政府少资助、商家获微利、家庭可支付”的模式完成了住宅供应中市场与非市场的过渡，符合家庭消费的梯级发展规律，对建立稳定、协调、可持续发展的住宅市场具有重要作用。

3. *廉租房*

1）廉租房的定义、性质与类型

廉租房从字面上理解就是廉价的出租房，正如本书第一章所指出的，所谓“廉租房”，应该有广义和狭义之分。广义的“廉租房”是指社会上可供租用的，房租相对市场平均租价较低的所有住房，房屋的产权形式可能多样，拥有产权的既可以是政府或其指定的部门、机构，也可以是社会组织、企业或个人。至于租金多少算是“廉租”应该根据各地区的实际租房市场租金情况加以界定，出租对象也没有特别身份限定。而狭义的“廉租房”按建设部2002年的《房地产统计指标解释（试行）》则是专指“政府和单位在住房领域实施社会保障职能，向具有城镇常住居民户口的最低收入家庭提供的租金相对低廉的普通住房”。这一定义有两层含义：其一是住房由政府或单位提供，产权不属于个人或家庭，是一种完全非市场化的社会保障性住宅；其二则是出租对象必须拥有“城镇常住居民户口”且属于“最低收入家庭”，它既不面向进城农民工或其他流动、暂住人口，也不面向其他低收入家庭。本书及本节所讨论的廉租房是狭义的“廉租房”。

纵观世界各国的住房供应体系，廉租房的基本特点是以满足家庭基本居住需求为原则并只面向城市最低收入家庭，主要由政府提供并监管。廉租房供应总量虽然在整个住房供应体系中的比例并不是很大，但因为事关社会公平与稳定，政府必须建立一套严密的制度来限制廉租房申请者的准入资格、核查制度和退出机制并严格控制租金水平，廉租房的租金通常只有市场同类住房租金的10%～30%或占入住家庭总收入的10%以下。

我国目前的廉租房主要有两种类型：一种是政府划地、出资、集中新建的廉租房小区或政府适当政策支持下在经济适用房甚至商品房小区中插建的新建廉租房；一种是从包括直管公房和单位自管公房等旧有住房中调剂出的廉租房，一般从单位自管公房中调剂出的廉租房主要用于解决本单位的最低收入家庭，若有剩余则可纳入社会统筹分配。

---

1 国家4万亿元计划刺激内需，十大措施利百姓［EB/OL］. 人民网，http：//news. china. com/zh_cn/domestic/945/20081110 /15177846_ 1. html，2008－11－10.

2）廉租房的基本运作模式

廉租房的非市场化特性决定了其基本运作模式的特殊性。廉租房一般由政府专门机构或社会化的保障机构提供，政府应为此设立专门的机构来负责廉租房的建设和使用，廉租房的建设数量与标准应根据各地区的经济发展水平与实际需要来确定，廉租房的准入资格、申请程序、审批轮候、入住退出以及租金标准的制定与调整和廉租住宅的日常管理运营等都应置于政府相关部门的严格监管之下，廉租房数量应以缩短符合资格的申请家庭的轮候时间为原则，而房屋租金则只能依靠政府定价来适应最低收入居民家庭的负担能力，绝对禁止廉租房进入二手房市场流通或转租的行为。

3）廉租房的地位与作用

首先，廉租房是城市居民最低收入家庭进入住宅市场的基础和过渡。经济再发达的国家或城市也会有低收入家庭的群体存在。但当前贫困不等于永远贫困，对具体的家庭而言其支付能力可能得到逐步改善，政府或社会在这些家庭最需要帮助的时候所提供的住房一般也只会限于某一个时期，一旦经济情况有所好转，这些家庭就可以去尝试取得更好的住房。因此，廉租房是最低收入居民住房向市场化逐步过渡的基础。

其次，廉租房体现了社会对城市最低收入家庭的关怀。如上文所述，任何城市在不同的发展时期都会存在缺乏从市场上获得住房支付能力的家庭，政府和社会为这些家庭提供基本的住房保障，使之获得与社会经济发展状况相适应的基本居住条件，体现了文明社会的基本人文关怀。

第三，廉租房有利于社会经济的稳定协调发展。住房条件的好坏是贫富差距的直接表现形式，过大的贫富差距引发的各社会利益集团之间的冲突将影响社会稳定与经济发展。廉租房的供给可以使政府将居住方面的贫富差距控制在一个相对合理的范围内，这不仅有利于住宅市场本身的完善与协调，同时也是追求社会公平正义、国民经济稳定发展的必要基础。

2.2.2 当前房地产市场分析

我国的房地产市场已经随着改革开放的不断推进而逐步建立起来，房地产市场的牵涉面之广、相关问题之多、学科研究之深显然不是本节短短几千字所能穷尽的，也不是本书研究的重点。本节将主要探讨我国当前以商品房为主的房地产市场的现状和主要问题，从完善住房的市场供应体系的角度探讨大力发展廉租住房的必要性。

1. 当前房地产市场发展的基本形势

经过30余年的住房制度改革，我国的房地产业从无到有已经基本建立起来，人们的住房观念也随着房改的逐步深入而改“等、靠、要”为“挣、租、买”，接受了应该在住房市场上根据自身的财力和需要租赁或购买住房的观念，住宅产业也逐步成长为国民经济特别是地方经济的重要支柱。在此推动下，最近10余年我国的房地产市场总体上出现了向上发展的基本趋势（表2－1），主要表现在以下几个方面：

（1）商品房开发投资增长较快，房地产市场迅速成长。

我国房地产市场部分统计数据 **表2－1**

年份	商品住宅销售面积（万平方米）	商品住宅销售额（万元）	住宅竣工套数（套）	住宅销售套数（套）	全社会固定资产投资总额（亿元）	其中：房地产开发投资总额（亿元）
1990	—	—	—	—	4517.0	253.3
1991	2745.17	2075979	—	—	—	—
2000	16570.28	32286046	2139702	—	32917.7	4984.1
2006	55422.95	172878070	4005305	5049094	109998.2	19422.9

资料来源：国家统计局编．中国统计年鉴2007［M/OL］．北京：中国统计出版社，2008，http：//www.stats.gov.cn/tjsj/ndsj/2007/indexch.htm。

从表2－1的数据可以看到，十余年来，不仅房地产开发投资总额的绝对值在迅速上升，2006年达到了1990年的76.68倍，它占全社会固定资产投资总额的比例也从1990年的5.6%上升到了2000年的15.14%，2006年更是达到了17.66%，显示了房地产业已经成长为国民经济的支柱性产业之一。

（2）住房消费热点逐步形成，商品房销售面积与销售额均大幅增长。

在住房货币化分配、住房消费信贷及各地方政府促进房市等政策的推动下，全社会随着房地产市场的成长迅速接受了“住宅是一种特殊商品”的观念，居民对住房消费的个人投入迅速增加，形成了新的消费热点，商品房销售面积与销售总额均呈迅速增长的态势。同样从表2－1中可以发现，2006年的商品住宅销售面积是1991年的20.19倍，销售总额更是达到1991年的83.28倍之多，涨势惊人。

（3）住房商业信贷的推出和住房公积金制度逐步建立和完善使个人消费性住房贷款迅猛发展。

流传甚广的“中国老太太和美国老太太在天堂关于自己住房的对话”虽然是个笑话，但也确实是东西方传统消费观念不同的生动写照，这样的差别随着我国的住房消费信贷的迅速发展而得到了很大的改观。有统计显示自1998年我国大规模开展个人消费贷款业务以来，个人消费贷款余额急剧扩大，到2004年6月已经超过17000亿元，比16年前扩大了20多倍，而住房贷款在其中占据了主要的比例[1]。同时，中国人民银行对住房消费性贷款政策的调整也

1 城市居民步入举债消费时代，住房贷款占大比例［EB/OL］．http：//www.soufun.com/news/2004－11－04/339412.htm，2005－02－10.

逐渐成为中央政府调控房地产市场的一个主要手段[1]。

(4) 二、三级市场逐步建立并渐趋活跃，成为房地产业持续发展的推动力之一。

在较为成熟的国外市场，二手房交易量与新房交易量的比例可以达到6：1[2]，美国市场上的一手房交易量也只占市场总交易量的15%[3]。我国过去几乎不存在二手房交易市场或房地产中介市场，房地产二级、三级市场也是随着房改和住房商品化的进程而逐步建立起来的。无论是消费还是投资，供求关系始终是出发点，从科学的发展观来看，要节约房地产资源就必须盘活存量房、二手房、租赁房，发挥存量房在促进房地产市场健康发展方面的作用。目前，我国的房地产二、三级市场已经建立并较为活跃，成为住宅市场发展的一个推动力。

(5) 保障性住房逐步成为政府的关注重点。

随着住房市场供应体系的建立，房地产市场中“资本逐利”本性的逐渐暴露，城市中低收入居民的住房问题也逐步凸显出来并被中央政府所认识。近年来，中央已经出台了一系列政策力图在住房市场供应的基础上改善和保障城市中低收入居民的住房状况，并且取得了一定的成绩。

总体来说，我国的住宅市场供应体系已经建立，面对快速城市化过程中迅速增加的城镇人口[4]，增加住房面积的刚性需求、提高居住品质的柔性需求和投资房市获利的弹性需求都将使我国的房地产市场具有非常广阔的发展前景。

2. 房地产市场面临的主要矛盾

目前，我国以住宅为主体的房地产市场在快速发展中也面临着一些深层次的矛盾，结构性、阶段性、体制性供给过剩的现象较为突出，市场有效需求明显不足，出现了走向买方市场的趋势。具体来说主要有以下几个方面的表现：

(1) 地方政府的错误发展观与资本逐利本能的畸形结合，促使房价高企。

目前，在我国现行的土地制度和财税体制下，地方政府在房地产市场中卖地越多、地价越高、房价越高，收益就越多，国务院发展研究中心组织的“中国土地政策改革课题组”指出：“从土地上产生的收入占到地方财政收入的一半以上，发达地区的地方财政成为名副其实的‘土地财政’”[5]，地方政府

---

1 三部门七大举措房地产新政重磅出台［EB/OL］. http://www.mof.gov.cn/pub/czzz/zhongguocaizhengzazhishe_ daohanglanmu/zhongguocaizhengzazhishe_ caikuaishijie/200810/t20081023_ 83723.html，2008-11-16.

2 房地产中介发展趋势［EB/OL］. http://hi.baidu.com/loyrealtor/blog/item/fe0f4144ada 77787b3b7dc0f.html，2008-07-15.

3 天津房地产中介发展峰会实录［EB/OL］. http://www.tjfdc.gov.cn/showarticle.asp? id = 18860，2004-08-13.

4 国家统计局. 中国统计年鉴2007［M/OL］. 北京：中国统计出版社，2008. http://www.stats.gov.cn/tjsj/ndsj/2007/indexch.htm，2008-04-11.

5 土地财政凶猛［EB/OL］. http://news.sina.com.cn/c/2008-11-10/150616624308.shtml，2008-11-10.

对收益的渴求、腐败者对寻租空间的争抢、拆迁带来的纷争、房价升降上的政商互动、财税体制中的上下博弈均纠缠其中。日本住宅问题专家早川和男指出："土地利用规范的不严格所带来的弊病之一是，无法控制'拆旧建新'型的城市开发，导致社区解体。"[1]这也正是近年来我国城市房地产开发中的突出矛盾之一，各地都屡有被拆迁对象与开发商甚至政府对簿公堂的事情见诸报端[2]。同时，房地产业作为支撑GDP增长的重要产业在某种程度上与地方官员的政绩直接挂上了钩，而无论以何种方式介入房地产业的金融资本注定是以利益最大化为唯一追求的。近年来，二者的畸形结合迅速推高了国内的城市房价，房价高企成为公众最为关注的热点问题，自2007年6月全国70个大中城市房屋销售价格涨幅达23个月以来的最高纪录7.1%后，7月这一数据又高了0.4个百分点，而新建商品住房的销售价格更是同比上涨8.1%，全国房价再创新高[3]。

（2）商品房市场供给动机强烈而需求动机不足。

在住房市场供应体系中，住房的供给方主要包括三类：房地产开发商、商品房成品投资获利者（炒房者）以及政府。除政府作为保障性住房特别是廉租住房的供应者不应有强烈的投资获利欲望外，前两类供应主体都有较为强烈的供给获利动机。首先，绝大多数开发商均有较重的融资成本和还贷压力，央行为控制房地产市场虚高而实行的货币紧缩政策则加剧了开发商的困境，资金周转或上市融资的不顺促使开发商必须加快销售回笼资金以避免资金链的断裂；其次，前些年暴涨的楼市中涌入的炒房者囤积了大量的房源，而当前房地产市场已有明显的下滑趋势，这类住房供给者也有尽快"出货"套现的需求。而供求关系的另一方面，房地产市场的需求者主要是购房自住者和购房投资以图转手获利者（炒房者）两类。就一般购房自住者来说，高企的房价不免让人望而生畏，即使有银行信贷或住房公积金提供支付未来收入的方便，但"房奴"之苦也不断见诸报端，加上其中的主要需求群体年轻人流动性较大、"买房不如租房"的观念改变，市场上持币待购的趋势非常明显；对炒房者来说，房价的高涨不仅加大了资金风险，也使投资住房不再是一项有价值的投资，转手越发困难。这些都导致了商品房市场的需求已大为减少，阶段性、体制性供大于求的局面悄然形成。

（3）商品房空置量持续上升，消化空置房压力加大。

与上述局面相适应的是，每年各级统计数字中的"人均住房建筑面积"

---

1 （日）早川和男著．居住福利论——居住环境在社会福利和人类幸福中的意义［M］．李桓 译．北京：中国建筑工业出版社，2005：92.

2 让危改名副其实——北京城市拆迁矛盾调查［EB/OL］．焦点房地产网，http：//house. focus. cn/msgview/4123 /84394454. html，2007－08－21.

3 叶红玲，王晓颖．房价高企主因在于需求畸高［M］．中国国土资源报，2007－09－05.

在节节攀升，房地产投资额度和完工套数均在迅速增长，但商品房的空置量也在年年增长，成为社会财富的巨大浪费。有数据显示，截至2007年11月底，全国商品房空置面积为11797万平方米，其中空置商品住宅5766万平方米，空置面积分类指数比10月上升1.26%，同比上升了6.54%[1]。空置房一般都是套型较大的高档房，以平均每套120平方米粗略计算一下，高达48万套以上的新建商品住房成为空置房，形成了巨大的消化压力。

（4）住房市场引领高档化、奢侈化趋势，忽视民生需求而政府调控力度不够，保障性住房需求旺盛而供应严重不足，导致了住房供应结构严重失衡。

近年来，市场上开发商为推销商品房绞尽脑汁，住宅广告中“奢华大宅”、“贵族享受”等等不绝于耳，仿佛我国城市居民的居住水平都在走向高档、奢侈，按表2－1中的2006年住宅销售面积与套数毛算下来也达到了平均每套110m^2。但正如本书绪论中指出的那样，尽管国务院要求各地方政府建立城市低收入人群住房保障制度，为他们提供经济适用房和廉租房等保障性住房，但这些制度更多只是停留在各级政府的政策性文件里，操作层面的相关办法无从寻觅，廉租房政策更是因为只有投入没有产出而在各地方政府得不到认真执行，保障性住房需求旺盛而供应严重不足，城市住房结构性失衡非常明显。在城市霓虹的阴影下，大量的中低收入居民的居住水平恐有不升反降之虞。

（5）市场整体发育程度偏低，地区之间发展严重不平衡。

与西方发达国家对社会各阶层的住房问题都有较好的解决方案，制度建设相对完善的住宅市场相比，我国的房地产市场就全国范围而言还明显存在着市场整体发育程度较低，中、高端市场发展较快而中低端的保障性住房市场发展滞后，各地相关制度建设与执行程度不[illegible]，地区发展不平衡等问题。

以上几个方面的矛盾充分反映了我国当前房地产市场中，地方政府以及资本大鳄因追求利益最大化而在国际金融形势和实体经济均不容乐观、国内有效需求严重不足的情况下面临的困境。

3. 我国房地产市场的发展方向

尽管存在前述诸多矛盾，但从总趋势来看，由于存在以下三个方面的原因，我国的房地产市场仍然是一个有着巨大潜力的市场：首先，我国是一个有着庞大人口的发展中国家，而发展中国家不可避免的城市化进程在不断推高对城市住房的刚性需求；其次，我国的住房制度改革作为经济体制改革的重要方面将解决城市居民住房问题的主体由过去的国家或单位推向了市场，已经催生了一个巨大的房地产市场；第三，随着社会经济的发展和人民生活水平的不断

1　2007年全国商品房空置面积及增长趋势分析［EB/OL］. http：//www.chinahyyj.com/news/w_20080229085010844322.html，2008－02－29.

提高，人们对高品质居住生活的追求也为房地产市场的持续发展提供了巨大的柔性需求。因此，我国房地产市场发展的前景总体应该是乐观的。

房地产市场不仅需要发展，更需要的是健康发展。要解决目前我国房地产市场特别是住房市场中存在的各种矛盾，总的来说办法只能是深化改革、理顺关系、启动有效需求市场。为此，政府可以从以下几个方面采取措施：

第一，坚持住房商品化方向，确保保障性住房供应，完善住房供应体系。

在深化住房制度改革、建立健全住房市场机制的过程中，政府首先应坚持住房的商品化方向，摸清住宅市场的有效需求，使房地产市场按照自身的经济规律不断发展；其次就是政府应该认清自身在房地产市场中的地位与作用，取消地方政府不顾城市居民和房地产市场长远利益的政策与短期行为、真正回归中立角色，做市场的“裁判员”而不是场内的“运动员”，切实维护住房市场的健康发展。

第二，加强宏观调控，理顺流通环节，完善房地产市场运行机制。

在完善的住房供应体系中，政府应加强宏观调控，利用合理的政策手段和市场手段，如调整利率、税赋、各类住房供应量等等，在确保商品房市场正常运行的同时保证普通商品住宅和保障性住房的有效供给。政府应调整居住用地供应结构、保证保障性用房合理适量的土地供应，应限制开发商的开发周期、抑制囤地和投机性炒房行为。各地方政府则应根据本地区的实际情况合理安排保障性住房的建设供给，满足中低收入家庭的住房需求。在保障住宅供给的同时，应理顺不同类型住宅的不同流通环节，减少商品房空置率，缩短保障性住房轮候时间，使建设好的各类住房都能顺畅流通，及时进入消费领域。

第三，建立房地产法律法规体系，规范房地产市场运行秩序，促进我国房地产市场良性发展。

毋庸讳言，市场经济首先就是法制经济，只有健全的法律法规体系才能保障市场平稳健康地运行。我国目前与房地产直接相关的全国性法律有《中华人民共和国土地法》、《中华人民共和国城市房地产管理法》、《中华人民共和国城乡规划法》、《中华人民共和国物权法》等等。这些法律都属于原则性的大法，对市场运行中各种具体行为的规范性、操作性明显不足，政府还应根据市场的实际需求制定更多的针对性高、操作性强的法律法规来规范房地产市场的运行秩序，保障房地产市场的健康良性发展。特别是针对牵涉面广、具体情况复杂多变的保障性住房，更需要从中央到地方的各级政府高度重视，在扎实研究的基础上出台详细的、可操作的政策措施，才能逐步解决城市中低收入居民的住房问题。

总之，我国的房地产及住宅市场的发展正面临着一个关键时刻，机遇与挑战并存，希望与困难同在。只有抓住主要矛盾、解决关键问题，才能促使我国房地产业与整个国民经济和社会发展相协调，为改善我国人民的居住环境作出其应有的贡献。

2.3 境外的主要住房保障制度

2.3.1 境外住房干预的历程

对居民的住房保障在西方发达国家主要是通过“住房干预政策”来实现，住房干预指的是政府通过法律或政策对本属于个人行为或市场行为的住房建设和住房市场进行程度不同的管理和调控的行为。即使在市场经济高度发达的今天，几乎所有的西方发达国家都在对住房市场进行或多或少的干预，在我国高等院校房地产教材《房地产经济学》中就有这样的表述：“西方发达国家无一不运用国家权力干预住房市场来达到住房保障的目的，只不过社会背景与历史发展过程不同，各国的干预程度有所不同。”

政府为什么应该对住房市场进行干预？简单地说，社会上并不全是随时可以一掷千金购买商品豪宅的富裕家庭，还有许多中低收入阶层的家庭，事实上是占社会结构中大部分的家庭买不起过于昂贵的商品住宅，单纯依靠市场机制来调节住房市场的发展是远远不够的。也就是说，在解决中低收入家庭住房的问题上，单纯的市场机制是失灵的。因此，政府就有责任通过“住房干预政策”直接或间接地帮助这些家庭获得与社会发展水平相当的住房条件。

在境外经济相对发达的国家与地区中，政府对住房市场的干预历程也因为其国家或地区的经济发展过程而经历了或长或短的不同阶段。概括来讲，西方发达国家经历了几个世纪的资本主义市场经济发展，这一过程中政府与个人、政府与市场、自由主义与国家主义等等关系的复杂哲学思考也导致了其政府住房干预政策发展的过程相对较长，情况也相对复杂，历经曲折之后才较好地解决了居民的居住问题。而以日本、新加坡、香港等为代表的二战以后兴起的新兴经济体则基本上是自20世纪中叶住房市场发展之初政府就开始干预住房市场，加上有西方国家的发展先例为参照，使得这些国家或地区的住房干预政策本身及其实施都较为完善和有效。

1. 西方的住房干预历程

欧洲中世纪以后，随着资本主义经济的发展和当今的国家格局基本形成，以20世纪上半叶的第一次世界大战和第二次世界大战为节点，西方各国政府对住房的干预大致经历了三个阶段：第一阶段是“一战”之前以增进卫生和安全为目标的小范围的干预阶段；第二个阶段是“一战”后到“二战”前的大规模租金管制和补贴阶段；第三个阶段则是“二战”后有选择的干预市场阶段[1]。

---

1 郭建波．世界住房干预理论与实践［M］．北京：中国电力出版社，2007：73.

1）第一阶段——增进卫生和安全的干预政策

在第一次世界大战以前，即使是当时经济最发达的国家如英国也没有采取除保障卫生或安全的管制措施以外的政府对住房的干预措施。在工业革命以前，英国、美国等国家只是以慈善的形式设立了一些济贫院，给穷人和流浪汉提供住所。19 世纪后期，路易丝·帕丝特等人提出疾病细菌理论以后，卫生设施作为一种住房的要求，开始得到加强。1851 年，英国颁布了第一部住房法案《沙夫茨伯里法案》，法案要求地方当局建立合适的卫生设施，限制住房的高度和密度，并禁止居住者在居住期里毁坏建筑物，甚至授权地方当局清理贫民区。在其后相当长的时间里，其他的欧洲国家在住房管制政策方面基本都是仿效英国，对住房的安全和卫生标准提出了一些限制性的要求，但这类政策的目的并非解决居住空间的数量与质量，因而基本上不能影响住房的供给。

美国 1867 年通过的《出租房屋法案》规定了部分出租房屋的最低标准，如水的供应、卫生和维修等。1901 年，后来担任美国总统的西奥多·罗斯福制定了纽约州的第一个《出租房屋法案》，尽管这个地方性法案适用范围有限，但它仍被视作是美国的第一部现代住房法，该法律的强制条款比以往的法案更严格，并且将法案的执行单位从健康委员会转移到出租房屋部门。随后美国有多个州仿效了这一做法，规定了本州的最低住房标准。

然而，这一阶段中对什么是体面的住房，如何提供数量充足的住房，整个社会的认识都是模糊不清的，同时，从封建的中世纪专制下刚刚脱胎不久的资本主义早期社会对自由的渴望以及对市场的迷信又导致了对政府干预的强烈抵触情绪。因此，整个社会最初改善住房条件的努力主要来自于个人、一些合作组织以及慈善家的努力。但总体来说，由于个人的能力有限、资金匮乏、政府又没有系统而有力的支持措施，这一阶段改善居民居住条件的行动大多虎头蛇尾，未能解决长期的问题，正如常被引用的 1848 年 5 月《经济学家》杂志上的一段论述："痛苦和罪恶是自然的警告；它们不能被摆脱；希望立法和善行能把它们消除，但在善行获知它的目标和结果之前，总有比善行更多的罪恶产生。"

2）第二阶段——大规模租金管制和补贴阶段

随着社会经济的发展，人们逐渐意识到自由竞争并不会自动带来社会福利的最大化，在住房市场利润的驱动下，住房的供给与需求也不会自动地调节到均衡的状态。西方社会中要求政府政策干预住房市场的压力开始增加并与利己主义、自由主义的经济思想产生了尖锐的矛盾。改革者开始将精力投入到住房干预中，第一次世界大战及其后果只是促使了最初的住房改革计划得以实施，并且决定了这些政策的范围。在英国和一些北欧国家，在社会主义、社会民主主义思潮等政治因素的影响下，住房作为公共事业的观念开始迅速成长。

1918 年第一次世界大战结束后，由于大量的住房在战争中被毁坏，造成了严重的住房短缺，大量的退伍军人又需要工作与住房。因此，本来是作为战时措施的租金管制就一直持续了下来。在住房短缺时期，租金管制可以防止住房租金的暴利。但租金管制同样会抑制私人或企业投资建设新住房的意愿，反过来不利于解决住房的短缺问题。欧洲各国政府原本只是希望把租金管制的住房干预政策作为权宜之计在短期执行，但政府的角色要求它帮助住房部门缓解住房的短缺和提供就业机会，政府对住房市场的干预不得不成为永久性的行为。

这一时期，住房建设的投资开始从私人转向公共部门。1920～1923 年间，英国和威尔士 61% 的住房由地方当局提供，1924～1930 年德国的公共资金占总的新住房投资比例的一半以上。尽管在不同时期、不同国家，政府的投资和国有企业的投资在总住房建造中的份额有所差别，投资形式也各不相同，但这时的住宅干预政策在住宅建设中所起的作用是不可忽视的。从 20 世纪 30 年代开始，由于经济危机后凯恩斯主义的盛行，政府干预市场对资源的配置更是成为普遍的现象。

3）第三阶段——有选择的干预市场阶段

延续“一战”后政府直接介入住房市场的经验，“二战”以后欧洲各国政府都承担了恢复和增加住房供给的责任。在英国，1945～1951 年地方当局承担了 85% 的长期住房建设，1952～1959 年地方当局则承建了 65% 的住房，到 20 世纪 70 年代早期，整个英国住房储备的 30% 归地方住房局所有和管理。在统一之前的原联邦德国，20 世纪 50 年代所有新建住房的 56% 是“社会住房”，以较为廉价的租金提供给社会的中低收入阶层家庭居住。尽管各国的住房干预政策都取得了较大的成绩，但以全额投资或补贴建设的形式形成的公共支出过高也使得各国财政逐渐不堪重负，对住房市场仅进行适度的、有选择的干预势在必行。

各国政府希望在继续提高住房服务的同时减少公共预算中补贴所占的份额，新的干预措施应使租金补贴和租金管制协调一致，并能更快速地调整住房补贴的数额和租金管制的幅度。对住房消费者进行的直接补贴规定了严格的、可核查的条件，将直接消费性的补贴只限于低于一定的收入标准和其他规定的居民，因为单纯实行现金消费补贴会导致住房租金上升并引发通货膨胀，抵消给低收入群体带来的大部分甚至是全部好处。

美国经历过以社会福利为主导的阶段以后，发展了一种以市场为主导，通过住房优惠券将住房补贴转化为收入补贴的政策。美国国内普遍认为福利制度应成为一种劳动力调节手段，当劳动力需求高时可以规范劳动力市场，而当失业率上升时又可抑制社会动荡。因此，公共住房也被当作类似的福利手段，以期达到调节城市劳动力市场、抑制社会动荡的目的，住宅干预政策的宗旨是政府尽量少地直接干预房地产市场，并希望促使低收入人群外出求职，同时尽量找便宜的住房。

2. 亚洲的住房干预历程

亚洲各国在“二战”以前基本上都是在处于半封建、半殖民地的政府统治下，人民的基本生存条件尚且不保，完全谈不上“住房干预”的问题。战后，亚洲地区很多国家不仅政治上获得了独立，经济上也获得了长足的发展，成为世界领先的新兴经济体。居民的住房问题也成为经济发展过程中这些国家（或地区）政府着力解决的问题之一，并且取得了举世瞩目的成绩。

“二战”以后，亚洲国家（或地区）政府对住房市场的干预大约也经历了三个阶段：第一个阶段是解决住房短缺的阶段，第二个阶段是改善居住质量的阶段，第三个阶段是住房干预走向成熟的阶段。

1）第一阶段——解决住房短缺的阶段

作为第二次世界大战主战场之一的亚洲各国在战争中有数亿人民流离失所、无家可归，战后各国（或地区）政府的住房发展任务相当沉重。20 世纪 40 年代末，因为国共内战而大量涌入香港的居民大都聚居在自行搭建的棚屋（寮屋）中，1953 年九龙石硖尾寮屋区的一场大火就使超过 5 万名居民一夜之间失去了家园。1959 年新加坡住房严重短缺到平均每户居民不足一间房，40% 的居民居住在贫民窟和窝棚内。住房问题引发的各种社会问题迫使亚洲各国（或地区）政府在政局逐渐稳定之后的 20 世纪五六十年代相继将发展住房放在了国家（或地区）经济发展的重点位置。

20 世纪 50 ~ 60 年代是亚洲住房制度发展的第一个阶段，或者说是试探性阶段。这个阶段中各国（或地区）政府对住房发展进行干预的手段比较单一，一般是成立一个专门的政策性住房发展领导机构来负责制定和实施建房计划，并大量地建造廉价公共住房，清除城市中的贫民区，重点解决广大中、下阶层居民的住房困难问题。所建的房屋只提供最基本的居住条件，廉价出租或以成本价、准市场价出售。如 1953 年九龙石硖尾寮屋区的大火成为港英政府解决低收入居民住房问题的开端，1954 年因此成立了半独立的香港屋宇建设委员会，兴建廉租屋并提供设备齐全的居所给中下收入家庭，1958 年建成了第一个由香港屋宇建设委员会建设的屋村——北角村，1961 年就推出了政府的第一个廉租屋计划。新加坡住房发展局成立于 1960 年，在 1960 ~ 1964 年四年间就建造了 5 万多套廉价公共住房，在其第一个五年建房计划（1961 ~ 1965 年）完成时，新加坡就有 23% 的居民住进了公共住房。

2）第二阶段——改善居住质量的阶段

20 世纪 70 年代以后，亚洲各国（或地区）进入了经济快速发展的轨道。随着经济水平的提高和住房绝对短缺时期的过去，亚洲各地的住房发展进入了逐步改善居住质量的第二个阶段。

从 20 世纪 70 年代初开始，世界银行以及其他非政府组织和国际机构开始为解决发展中国家城市的贫民住房问题提供资金支持，大多数国家（或地区）的政府不仅直接提供住房，也通过提高规划与设备设施标准，鼓励居民自建或合建房屋，提供用地和财政金融等方面的支持等各种方式促进本地区的住房建设迈上更高的台阶。与此同时，各地也因为政策及经济发展水平等方面的差别而在居住问题的解决方面逐步拉开了差距。香港、新加坡等地已经基本解决了居民住房的数量问题，开始着力提高住房质量，但也有国家进展缓慢，住宅数量、质量及配套标准低劣，公共住房建设在官僚机构的拉锯中步履蹒跚、障碍重重，印度即是其中的典型。

3）第三阶段——较为成熟的住房干预阶段

随着经济的进一步发展、国民收入的逐步提高、深层次的住房问题逐渐暴露与逐步解决，亚洲各国（或地区）的住房政策自20世纪80年代以来更加趋于规范和全面，逐步成熟。各国（或地区）政府陆续组建了国家（或地区）级的住房发展权威机构，利用各种有效力量共同致力于住房发展目标，开始从供需两方面着手推动住房发展，并注意政府和私人力量的联合以及对国际机构和资金的引进和利用。例如，马来西亚政府就对私人开发企业承建廉价住房提供了土地、物资及金融上的支持，大大促进了马来西亚住房事业的发展。

在住房的供给方面，各国（或地区）政府一般采取政府承担公共住房建设用地的基础设施建设，制度化和规范化土地与住房开发行为以及合理组织住房产业，实现全社会范围内资源的最佳配置来保障住房的供给；而在住房需求方面，各国（或地区）政府则大多从发展住房财产权，促进住房私有化，发展住房抵押金融，鼓励居民个人贷款购房和给中低收入居民提供合理的财政补贴等方面来刺激需求。

当然，由于亚洲各国的发展差异性非常大，上述亚洲住房干预政策发展的基本过程并非是全面而完整的，只是针对住房干预政策实施较为成功的几个国家（或地区）的基本总结。各国（或地区）对住房市场的干预力度和时间点都有较大的区别。对其他一些国家，特别是原有计划经济体制下在住房供给和分配上具有强烈福利色彩的越南等国家，其住房政策的发展方向面临的是如何减少政府干预，加强市场力量并取得适当平衡的问题。

2.3.2 境外住房保障的典型模式

为改善低收入居民的居住条件，世界各国（或地区）大都根据自己的国情和经济发展水平采取了不同政策和措施对住房市场进行政府干预。

正如本书绪论对国外研究现状的综述中所指出，政府干预住房政策设计与实施相对成功的例子主要来自经济相对发达、政府管理体制相对成熟并运作顺利的国家或地区，而具体来说，这些干预政策大多是分别从土地供应政策、房屋金融政策、公共房屋供应、房屋补贴、租金管理、房屋设计与建造标准、房地产市场监管等方面入手对低收入阶层居民的住房进行保障（表2－2）。这些政策和措施的类型虽然有限，但其应用规模，互相之间的比例配搭，众多不同的政治、经济、文化、政策体制下政策措施的具体制定和执行能力，甚至一些偶然的因素都会对政府的政策取向产生影响，在实践中非常复杂，即使同一国家（或地区）也在经常调整。

世界各国政府干预低收入阶层住房的政策选择　　表 2-2

政策选择		典型例子（一般多种政策同时采用）	目的
建造（Provision）	直接建设与供应（建造公共房屋作出售或出租之用）	英国、新加坡、中国香港、荷兰、瑞典、智利、美国、日本	政府大多鼓励住户成为业主，或让受助者可以选择成为业主或租客
出资（Finance）	资助供方，如提供低息贷款，让他们以低于市场价格建房、出售或出租房屋	英国、荷兰、日本	
	资助消费者，如住房津贴、购房税务优惠、改善贫民建筑资助、提供可建屋地及基本设施（site and service）、提供低息按揭等	美国、英国、墨西哥、巴西、印度、马来西亚	
	资助金融中介组织，提供担保等	泰国	
规范和管理（Regulation）	租金管制	瑞典、德国、美国、日本	
	住房储蓄计划（政府强制或统筹）	新加坡、马来西亚、智利、德国	
	私人出租房屋质素及设施要求	美国	
	为建房、购房或地产金融中介提供税务优惠	大部分国家	
	规定私人地产商将部分住宅单位留给低收入户	马来西亚	
创造空间（Creation of Conducive Environment）	容许、鼓励甚或委托非营利组织建房、管理房屋	英国、荷兰、德国、瑞典、日本、印度	
	创造楼宅按揭的再保险、债券等市场	美国、荷兰、马来西亚	

资料来源：施育晓．低收入人士住房政策——国际比较及其启示［Z］．香港：香港理工大学，2003。

由于住房干预及中低收入居民住房保障政策与各国（或地区）的经济水平和发展历史密切相关，并无通例可循，但本着“他山之石可以攻玉”的精神，下文将对几个住房保障方面较为成功的国家（或地区）的现行住房保障制度模式进行简要论述，作为本书研究我国住房保障制度的参照。

1．“政府福利＋市场”的欧洲模式

欧洲国家由于资本主义发展时间较长，19～20 世纪受到社会主义思潮的巨大影响，同时客观上又因为两次世界大战造成了巨大的刚性的住房需求，在住房保障方面就逐步形成了“政府福利+市场”的欧洲模式。这种模式以英国、荷兰和北欧国家为典型代表。

例如在英国，为解决二战后严重住房短缺问题，政府采取了以集中建设出租公房为重点，大力促进住宅建设，增加住房供应的政策，政府建房成为英国福利制度的重要组成部分，成为英国福利社会的支柱之一。但是，由于公房建设速度太快，房屋质量较差，维修养护负担很重，居民居住质量落后于居民的需要；同时，集中建设公房，低收入居民聚集，公房成为“贫民区”的代名词和一些社会问题的高发地。1980 年，撒切尔政府开始通过公房出售的方式改革原有的公房使用制度，此项政策吸引了大量租户购买公房，成为当前英国居民住房自有率较高的重要原因。

目前，英国的住房政策大致可以分为两个部分：市场交易政策和面向低收入居民的住房保障政策。市场交易政策针对目前 80% 的居民，即 70% 的自有住房者和 10% 的租住私人住房者，其主要目标是保持一个畅通、方便的住房交易市场以及满足居民购房的要求。政府管理住房交易市场的主要手段是住房法律，并通过规划和住房信贷等进行调控，其住宅金融体系的特点是以住宅金融合作社（Building Society）、商业银行等民间金融机构的住宅贷款为主；住宅金融合作社在住宅贷款中占绝对优势，商业银行在近几年由于工业贷款下降而进入住宅金融市场。目前住宅金融合作社正在采取合并等措施，以提高竞争能力。

对于低收入居民，政府鼓励现行的、隶属于地方政府的管房机构转变为私人合作及非营利性质的住房协会，由住房协会整体购买现在管理的公房而成为社会性房产主。同时扩大财政预算中原来仅能用于住房建设和维修的住房保障资金的使用范围，用于发放低收入居民的房租补贴，以应付住房协会提供其租住的公房必须通过租金收入来维持管理和维修住房等方面支出的需要。目前，在转让给住房协会的住房中，70% 的居民按照其住房支付能力的不同，已经不同程度地领取了政府的住房补贴。房租补贴计划的实施，是几十年来英国低收入居民住房保障制度的一个根本性的转折。

最近制定的英国住房蓝皮书《质量和选择——人人拥有适当的住房》，提出要解决公房选择性差的问题，同时提出了针对教师、警察、护士等低收入的公职人员的“初次购房资助”计划。该计划针对第一次购买房屋的公职人员，由政府部分出资作为资助，鼓励他们购买自己的房屋并不再收回此项资助资金，但购房人也仅享有部分收益权，出售所购房屋所得要与政府按比例分成。这正是典型的“政府福利+市场”的模式。

2.“市场+救济”的美国模式

美国自新中国成立以来总体经济社会发展较为平稳，虽然经历过 1860 年内战和20世纪30年代的经济大萧条时期，但在前后两次世界大战中都扮演的“只赚不赔”的角色加上引领了20世纪下半叶的信息技术革命风潮，使美国成了世界第一的经济巨鳄。因此，尽管学术界也曾出现过各种不同的声音，但总的来说美国是一个信奉“市场是万灵药”的国家，倡导充分的自由市场竞争。美国一向不主张单方面的补贴政策，不主张高福利。对于社会福利，美国有经济学家认为：它应该具有普遍性，不附带条件。也就是说，是否接受福利应该由接受者自己决定。福利尤其是住房福利应尽可能少地干扰市场机制。如果实在需要政府提供福利补贴，经济学家建议采用减免所得税甚至负所得税的方法，认为它比单纯的福利补贴更公平。

市场经济同时也是法制经济，住房市场也不例外，美国在住房保障方面最具特色的就是各项措施通过立法来保障落实、实施。美国在二战以后就先后通过了《住房法》(1949年)、《城市重建法》(1954年)、《国民住宅法》(1961年)、《住房与城市发展法》(1968年)、《住房和社会发展法案》(1974年)等一系列法案来规范住房的市场交易行为。

美国的住房供应基本是通过市场机制来解决。有资料显示，美国的住房建设中97.8%的比例为私人投资，属于政府投资的公共住宅仅占全社会住宅存量的2.2%，并且主要是临时收容性的住房。在美国政府和绝大多数美国人看来，住宅买卖、投资和消费都是私人的事情，都把解决住房问题及实现公平居住的目标作为市场经济体系内自我完善的一个内容，政府管理部门只需要进行最低限度的干预就可以解决问题了。

美国的住宅金融体系由储蓄贷款合作社、商业银行、抵押贷款等组成，民间金融机构向居民提供住宅贷款，政府机构除对低收入阶层实行有条件的贷款外，主要是给予民间金融机构以支持，发挥民间金融机构的作用。虽然对于低收入者美国有两大住房补贴体系并存——一个是公共住房项目，房屋属政府所有；一个是由《住房和社会发展法案》(1974年) 第八条款资助的项目，政府负担部分房费、受益者租用或购买私人所有的住房，但自1980年以来，美国联邦政府一直在大力削减低收入者的住房补贴，于1983年终止了新建住房补贴计划，补贴额从320亿美元减少到了75亿美元，住房补助占财政拨款的2.2%～2.5%左右。显然补贴的受惠面在不断地减少中，逐渐成为一种“救济”性质的临时性补助。

美国住房保障的基本做法是[1]：①扩大房屋抵押贷款和保险；②提供低租金公房；③提供低利息建房贷款；④提供房租补贴；⑤帮助低收入家庭获得房屋所有权；⑥禁止住房中的种族与宗教歧视。

3. “市场+公团+公营”的日本模式

日本的社会保障是一种社会全体的互助制度，主要有保障生活、再分配

1　远立. 美国中低收入家庭住宅保障 [J]. 中国房地信息，1997 (4)：50-51.

收入、防止贫困三种职能，也有调节经济、稳定需求等作用，住房保障在社会保障中占有突出地位。作为市场经济国家，除了引导企业、私人、社会建设住宅外，日本政府也积极进行普通居民住宅的建设与经营，对国民的住宅供应采用的也是按经济收入分档次供应的办法：高收入家庭完全由房地产市场提供住房，低收入家庭的住房主要由地方政府的住房部门解决，而作为居民主体的中等收入家庭则租赁或购买由国营的住房都市整备公团建造的住房。日本的住房政策法制化程度较高，早在20世纪50年代就先后制定了《住宅金融公库法》《公营住宅法》和《日本住宅公团法》等法律予以规范[1]。

在日本，“公团住宅”和“公营住宅”是两个不同的概念。公团住宅的运作完全按照市场规律进行，盈利用来补贴住房建设。公团所建住房标准按中等收入家庭的需求能力设计，高于地方政府建造的住房。20世纪80年代以来，半数以上住房供出售，平均价格为中等收入家庭年收入的5.3倍；其余出租，平均月租金约占租户家庭收入的15%。为了贯彻执行政府的住房政策，同时又确保公团的收支平衡，公团住房不向低收入者开放，也不接受高收入者。

而日本的公营住宅则是脱胎于二战战败后政府建造的大量供居民越冬的简易住宅，1951年颁布的《公营住宅法》明确指出其受益对象为低收入家庭。该法还就国家对公营住宅建设的补贴方式作出规定，指出由地方建设的被列入住宅建设五年计划的公营住宅，其建筑费用的一半由国家支付。公营住宅的建设标准略低于公团的住房。1945~1995年的51年间，日本共建设公营住宅约302万户，平均每年建设约6万户[2]。但公营住房在日本住房构成中比重很低，约为6.5%左右，供需矛盾十分突出，符合条件的需求与供给比率在35:1左右。1996年，日本对《公营住宅法》进行了修改，提出拓宽公营住宅房源的新思路，即改变过去单一由地方公团建设公营住宅为同时包括由地方公团收购民间住宅和租用民间住宅等三条途径[3]，试图通过这样的方式扩大公营住宅的供给。

日本公营住宅的基本分配方式是：政府定期公布家庭收入标准，向低收入家庭出租，每年2~3次在本地区内公开募集入住者。确定家庭申请资格的基本原则是，公营住宅受益对象的家庭收入应该位于所有家庭按照收入由高到低排列的后25%以内，但对满足一定条件的特殊家庭可以放宽到40%。住房分配方式除了采取抽签选房的方法之外，也有按照申请时间的先后决定住房分配

---

1 远立. 英美日三国住房社会保障 [J]. 住宅科技，1997 (4)：35-37.

2 芦金锋，王要武. 借鉴日本公营住宅经验建立我国低收入家庭住房租金模型 [J]. 土木工程学报，2005，38 (12)：128-132.

3 伊豆宏. 貌する住宅市场と住宅政策 [M]. 东京：东洋新报社，1999.

结果的。入住公营住宅的家庭收入越低支付的房屋租金就越少，一般为成本租金的2/3～1/2。

4. “社会住宅＋可持续”的荷兰模式[1]

荷兰国家小人口多，但它是全面责任型住房政策的代表，其政府一直有意识地全面介入住房市场。荷兰住房政策的出发点是要建立一个既保障低收入户的居住权利，又使他们不致集中在某些被歧视的地区而遭社会排斥。与美国和欧洲其他国家的公共住宅有所不同的是，荷兰的社会住宅并未因为居住环境质量而成为低收入人口聚居的“标签”或居民“贫困”的标志。

从1901年荷兰住宅法案制定开始，政府就给予了社会住宅更多的支持，并允许私有机构在政府的监督下建设社会住宅，这些社会住宅机构被规定必须要努力完成六个任务：①确保所有住宅具有良好的质量；②保证企业财政的延续性；③优先将住宅租给“政策关注的特殊群体”；④将租户纳入到机构的政策和管理中来；⑤要为邻里和街区生活质量作出贡献；⑥为需要照顾和监护的人的住房供给作出贡献等等，主要针对低收入人口。

在广泛研究的基础上，荷兰政府较早地认识到住宅的可持续性不只是指建筑材料的使用和土地利用的集约化等方面，还包括对原有住宅和环境的利用以及居民对居住价格上的可承受性、交通上的可达性、使用上的有效性等等的评价。这种住宅理念在于尊重不同社会阶层人群对于住宅需求的差异，希望将不同社会阶层的人混合在一起，使他们在社会习惯、行为和价值体系上相互补充，并且产生更多住宅经济平衡的可能性。它强调住宅类型的不同，创造不同的居住环境，通过在建筑和环境设计、区位、价格和产权方式的差别吸引不同的目标人群。在地方政府以及社会住宅机构新的住宅政策的支持下，不同类型的住宅在相同的地段内实现了整合，可以吸引不同社会阶层的人居住在同一街区，从而缓和社会隔离和居住区衰败的问题[2]。因此，社会住宅机构一直在尽力通过当地住宅市场的分析洞察住宅存量的现状，从而了解市场对哪些类型是需求的，然后决定对哪些住宅进行改建。从住宅的可持续性角度来讲，荷兰的做法是更多关注由于标准的落后而进行的维修和改善，通过提高住宅质量、改善居住区外部空间环境带来的变化，使住宅的价值得以提高。在住宅分配出租时采用双向选择的模式，并且较好地实施了社会住宅机构与租户间的互相监督。

20世纪90年代以后，荷兰的社会住宅机构发展成社会企业，它们通过出售社会出租住宅以及多种项目的结合进行投资和经营。通过这些方法，各种住

---

1 曲蕾．荷兰社会住宅的运作方式及其在城市更新中的作用［J］．国外城市规划，2004，19（3）：57－61.

2 罗泽曼教授（H. J. Rosemann）在“第七届中国城市住宅（国际）研讨会”上的讲演稿［Z］．重庆．2008－09－27.

宅类型的质量都得到了保证并实现了为低收入群体服务的社会目标，这也是为什么荷兰的社会住宅没有沦落到欧美其他国家公共住宅那种衰败的悲惨境地的原因。目前社会住宅运作的基本原则是，使每个人都可以在任何地方找到住房，许多中产阶级家庭在没有选到合适的住宅之前，也同样会租住社会住宅，并不因此觉得降低了自己的身份。政府和社会住宅机构共同努力推行的社会住宅政策作为一个有力的工具，成功地缓和了社会隔离问题，保证了低收入群体居住质量和社会各阶层的适度整合。

罗泽曼（H. J. Rosemann）教授总结荷兰社会住宅的经验时指出[1]：社会住宅可以促进城市的可持续发展，缓解社会对立，并可以为建设更加交融与和谐的城市社会作出贡献。但社会住宅并非解决所有社会问题的万灵药，在一定条件下，社会住宅也会导致社会隔离和排斥，它也需要适应新的社会条件与需求。

5. “国家 + 公积金”的新加坡模式

新加坡 1959 年 6 月从英国殖民统治下实现自治，迟至 1965 年 8 月才又脱离马来西亚独立，其新中国成立之初经济急剧衰退，住房严重短缺，政府把住房建设作为摆脱困境、振兴经济的战略性问题而放在了最优先的位置上，并于 1960 年 2 月就成立了后来声名鹊起的建屋发展局（HDB），其主要职能包括为低收入和中等收入居民提供住房和住房物业管理，包括实施政府确定的建屋计划、征用土地、拆迁旧屋、规划设计住宅区、策划基础设施建设、安排承包商承建房屋以及负责公共住房的出租、出售和管理。

新加坡住房模式中最具特色的就是建屋发展局这个机构本身。作为国家开发部下属的法定结构，它既代表新加坡政府行使政府对公共住房的管理职能，又可以制定住房政策，全权负责所有的公屋房产及其规划、建设和管理业务，在财政、土地、人力等资源上有调配权，具有绝对权威性；另一方面，HDB 又是一个公司化的经营机构，它可以自行决策经营管理，具有较大的灵活性。HDB 的主席、副主席和 6 名委员会委员由部长指派，首席执行官（CEO）则由委员会指定并报部长备案，下辖经营和财政部门、建设和开发部门、房产和地产部门、内务审计部门及再安置部门，至 1988 年时已拥有超过 10 万名经过严格培训的高素质专业人员，保证了公屋建设的高效管理和良性维护（图 2 - 2）。

新加坡住房模式的另一个突出特点就是其住房金融由政府直接控制，一方面，中央公积金局直接行使住房金融职能，邮政储蓄银行则为建屋发展局以投资政府债券的形式筹措资金，它们成为解决住房资金问题的重要工具。另一方

---

1 罗泽曼教授（H. J. Rosemann）在“第七届中国城市住宅（国际）研讨会”上的讲演稿［Z］. 重庆 . 2008 - 09 - 27.

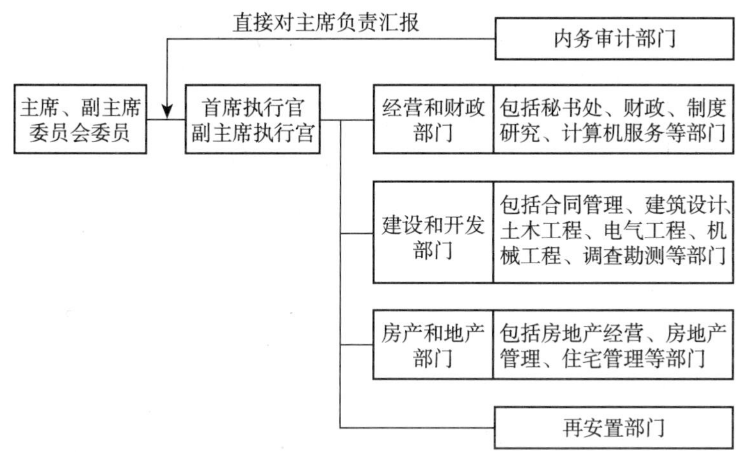

图2-2 新加坡建屋局（HDB）的组织结构图

图片来源：根据《HDB（1987～1988）年度报告》自绘。

面，中央公积金制度为公共住房资金的良性循环提供了条件。新加坡不但为负责公屋事务的建屋发展局提供了必要和充足的资金，还通过中央远大基金（CPF）这种强制性的全民存储机构为国民购买公屋提供经济保障。1968年《中央远大基金法》规定，新加坡国民必须按月将规定的金额存入个人的CPF账户，这一金额几十年中随经济波动是雇员薪金的10%～50%不等（雇主和雇员各承担一半），CPF成员购房时可以提取他们在CPF储备中的80%～100%用于购房。

新加坡建屋发展局1961～1995年间共实施了7个“建屋发展五年计划”，共计建设公共住房超过70万个单位。1964年，HDB正式提出了著名的“居者有其屋计划”（Home Ownership Scheme），目的是倡导和帮助没有能力购买私人住宅的家庭购买（而非租赁）公屋的使用权。到1968年9月中央公积金局即开始允许会员使用其公积金存款购买HDB的公屋，如果国民账户的存款不足，则可以向HDB贷款并用将来的公积金偿还，个人购屋的步伐因此大大加快。据统计，到1995年新加坡的公共住房在总住宅中所占的比重高达88.2%，2000年新加坡人口普查显示已有88%的家庭住在公共住宅，92%的家庭拥有了自己的住屋[1]。

到今天，公屋在新加坡已经不仅是一个为低收入阶层提供庇护的福利项目，它逐渐演变成了一项旨在改善国民整体生活标准并最终达到社会充分拥有房产目标的庞大计划，成为当地实现社区良性发展、经济稳定增长和政治平等民主的多元化社会的有效途径之一。因此，建屋发展局在政策的实施过程中始终获得了政府高层强有力的政治支持和制度承诺，通过其法律权力的外延和资

1 王宁楠. 新加坡的公共住宅政策及其借鉴［J］. 南洋问题研究，2001（2）：43-48.

金、土地及人力资源的配给得以呈现。可以说，政府机构和政策法规的绝对支持与重点关注是新加坡模式的突出优势，同时也是新加坡住房制度的成功经验所在。当然，这一政策的成功也有特殊的背景，如新加坡独立时人口仅100余万，政府对住房问题重视较早，行动较快，领导独立并长期执政的人民行动党拥有绝对的权威等等。

6. “政府主导 + 土地公用 + 双轨制”的香港模式

以解决中低收入阶层的居住问题为目标，香港政府从1954年起逐步确立了一整套较为完善的公屋政策和住宅建设体系，其住房政策大致经历了三个阶段[1]：第一个阶段（1954～1972年），主要目标是清理棚户区、安置灾民、为低收入家庭提供低租金的公共住宅，主要采取低租金、低标准和只租不售的政策，公屋数量从无到有，安置了约41%的人口；第二个阶段（1973～1986年），提高标准，以公屋带动新城建设，公屋机构逐渐形成了完整高效的运作机制并制定了较为长远的发展计划，逐步建成了以低收入人口为服务对象、以出租为主要供给方式的高人口密度、低面积标准的高层住宅区；第三个阶段（1986年以后），公屋发展逐步由重数量到重质量，推出了鼓励个人买房的“居者有其屋”计划，鼓励私营企业参与公屋建设，增建老人住宅低价出售，但公屋的基本特征和运作方式并没有太大改变。目前，香港特别行政区政府的房屋政策是：维持公平和稳定的环境，让私营物业市场可以持续健康发展，同时为没有能力租住私营房屋的人士提供资助公共房屋[2]。

整个香港公屋建筑标准也经历了逐步提高的过程。从20世纪50年代最初的外廊式、单间无分隔、套内不供应水电、合用公共厨卫、11.15平方米居住5个成人的第一型大厦演变到内廊式，有不同套型，水、电、煤气、有线电视等设备设施配套齐全，三卧室套型面积达到52平方米的和谐式大厦[3]，建筑面积标准和套型空间质量都得到了明显的提高和改善（表2－3）。

香港公屋发展中的建筑特色与标准　　　　表2－3

	时段	设计概念	楼栋特点	套型特点	套内设施	平均套型面积
20世纪50年代	第一型大厦 第二型大厦	徙置计划 难民/寮屋 天然灾难	公共厕所浴室 户外走廊 工字形平面 楼高6～7层 每层60～72套	单一房间 没有间隔	套内没有水电供应	11.15平方米供5个成人的家庭居住

1　刘云，宁奇峰，陈伟．香港保障性住房供应体系的特点及其启示［J］．现代城市研究，2002（4）：71－74.

2　香港公共房屋发展［EB/OL］．香港房屋署网站，http：//sc. housingauthority. gov. hk/gb/www. housingauthority. gov. hk/ b5/aboutus/resources/progress/0，，，00. html，2007－02－13.

3　杨汝万，王家英．香港公营房屋五十年——金禧回顾与前瞻［M］．香港：中文大学出版社，2003：46－47.

续表

	时段	设计概念	楼栋特点	套型特点	套内设施	平均套型面积
20世纪60年代	第三型大厦	中央走廊 独立阳台 柱梁式结构 提供房间多样性	公共厕所浴室 单一长型大厦 楼高8层 每层32套	单一房间 没有间隔	套内**没有自来水但有电力**供应	14～21平方米供4～6个成人家庭居住
	第五型大厦	中央走廊 独立阳台上设有厕所 4种套型	单一长型大厦 楼高15层 每层58套	单一房间 可自行间隔	套内有水电供应 每3层通电梯	14～27平方米供4～8人家庭居住
20世纪70年代	双塔形大厦	单边房间走廊 独立阳台、厨房及厕所 2种套型	中央天井式 楼高20～23层 每层34套	单一房间 可自行间隔 对流通风	套内有水电供应 电梯通往各层 外露电线 每套只可用1部冷气	36～44平方米供4～8人家庭居住
	工字形大厦	单边房间走廊 独立阳台、厨房及厕所 1种套型	双工字形平面 楼高27层 每层30套	单一房间 可自行间隔 对流通风	套内有水电供应 电梯直通各层 外露电线 每套只可用1部冷气	40平方米供4～6人家庭居住
20世纪80年代	Y一型大厦	高层楼宇 中央走廊（开敞式走廊） 1种套型	三翼均与电梯厅相连 楼高34层 每层36套 3部楼梯	单一房间 可自行间隔	套内有水电供应 6部电梯直通各层 房间均可用冷气	28平方米供3～4人家庭居住
	Y三型大厦	高层楼宇 中央走廊（密封式走廊尽头） 4种套型	三翼均与电梯厅相连 楼高34层 每层24套 3部楼梯	单一房间 可自行间隔	套内有水电供应 6部电梯直通各层 房间均可用冷气	35～49平方米供4～6人家庭居住
	相连长形大厦	单边房间走廊 独立露台、厨房及厕所 4种套型	"工"字形平面布局 楼高26层 每层14套 2部楼梯	多房间套型 可自行间隔	套内有水电供应 4部电梯直通各层 房间均可用冷气	36～55平方米供4～6人家庭居住
20世纪90年代	和谐式大厦	租住公屋 标准设计及预制构件 4种套型	3种标准楼栋平面以配合不同位置	不同标准套型以配合住户人数	房间均可用冷气 设闭路电视监察系统 提供煤气 设漏电断路器 设紧急发电机	1卧室型34平方米 2卧室型43平方米 3卧室型52平方米 1人套型17平方米

资料来源：根据《香港公营房屋五十年——金禧回顾与前瞻》P46－47表3－1改绘。

香港的房屋政策事务统一由政府运输及房屋局负责（图2－3），在公共房屋方面则于1973年4月根据《房屋条例》成立了法定机构“香港房屋委员会”（房委会）来制定和推行公共房屋计划，房委会负责制定和推行香港的公共房屋计划以满足无法负担私营租住楼宇人士的住屋需要，下辖六个常务小组委员会及多个附属小组委员会和专责小组委员会，具体负责制定及实施不同范畴的政策以及监督推行情况。房委会的执行机关是房屋署，下设策略处、发展及建筑处等五个部门，拥有超过12000名接受过经营、社会、政治、法律、技术等方面的专门培训的雇员，形成了灵敏、高效、专业的反馈系统。目前全港约有1/3的人口居住在租住公共房屋里。

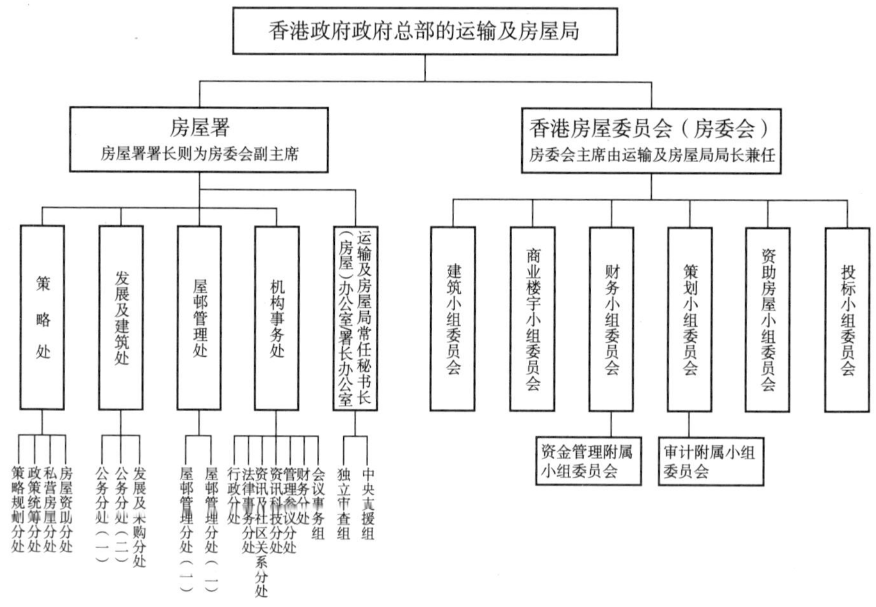

图2－3　香港政府住房管理部门的组织结构图

图片来源：根据香港房屋署网站资料自绘。

香港住房政策的基础在于**香港政府拥有整个土地的所有权**。政府可以以“公用事业”的名义依照《土地再征用条例》低代价征地，前提只是必须给原有居民或实体以一定的补偿，甚至免费征用。在为公屋的建设免费预留用地后，政府就可以将其他的土地以招标或是拍卖的形式租赁给私人开发商，并从交易中获取高额利润，开发商如果在再开发项目中将低层建筑改为了多高层建筑，也要因新增的楼面价值而成比例地另交大笔费用。香港用于公屋建设和公共设施开发的资金就主要来源于地产交易和开发项目所带来的庞大利税，而公屋用地由政府免费提供则保障了公屋的租金或售价能适应大多数居民的低收入水平。

香港住房供应的最基本途径是市场供应和保障性供应双管齐下的双轨制

（图2－4）。为此，政府在制定住宅政策时即主要针对两个方面的问题：如何保持房地产市场在正常发展的同时更加公平和高效地建设与管理公屋。虽然资本主义市场经济体制下的香港政府对私营住房市场的运作实行的是不干预政策，但事实上却通过土地政策和公房政策对其进行着宏观调控，而保障性住房供应体系则有效地抑制了住房市场的超常发展，是对土地批租制度和高度市场化机制的补充和协调措施。

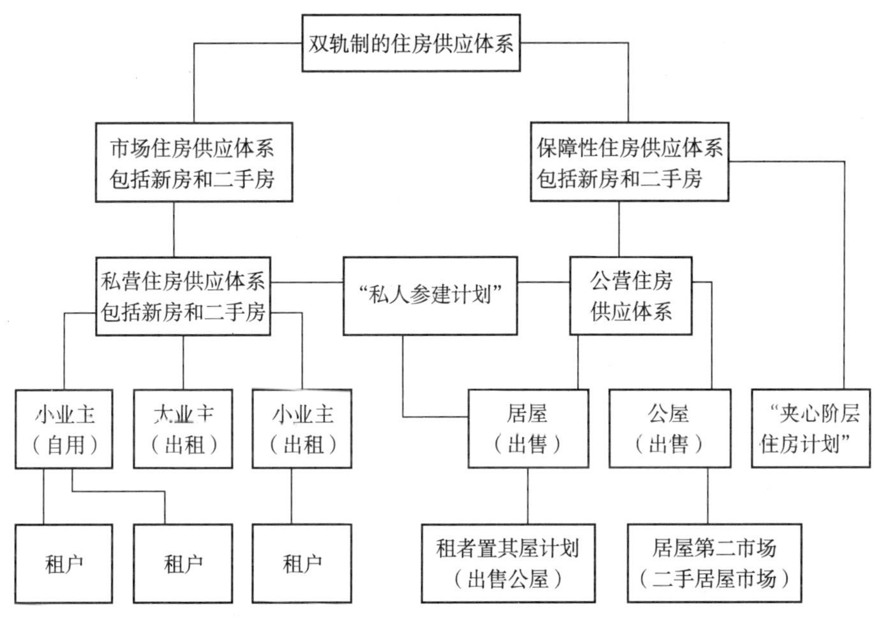

图2－4　香港的住房供应体系

图片来源：刘云，宁奇峰等．香港保障性住房供应体系的特点及其启示［J］．现代城市研究，2002（4）：72。

为更好地起到房地产市场调节阀的作用，香港的保障性住房也根据居民的不同收入情况和对住房消费的不同需求提供了双轨制的“居屋”和“公屋”两类住房：居屋供符合条件的申请者购买，公屋供符合条件的申请者租住。居屋与公屋均由房委会负责兴建，土地由政府无偿提供。公屋租金的厘定要综合考虑住宅所在的地区、设备、环境及交通设施和租户的负担能力，平均租金仅为私人楼宇租金的30%左右。而居屋的建设成本则因为土地是政府免费提供而大大降低，一般居屋的售价仅为私营房屋的1/2～2/3。尽管如此，政府虽然没有直接的资金投入居屋建设，房委会却仍然可以通过开发居屋获利并以此补贴公屋的运作。

过去的数十年里，香港的公共房屋政策在经济快速发展的过程中起到了稳定社会、稳定市场、稳定劳动力的重要作用，甚至这一政策本身就是香港经济得以持续发展的重要原因之一。

此外，在其他一些国家也有一些公共住宅政策值得我国在保障性住房制度建设中借鉴。如韩国鼓励建设中小套型住宅的“小型住宅建设义务化、小型住宅建设用地价格低廉化”政策[1]，即由政府在住宅建设规划时，首先规定中小型住宅的建设比例以保障中小型住宅的建设数量，例如在《2002年住宅建设综合规划》中要求“小型住宅义务比率”是至少保证新建300户以上住宅项目时59平方米以下的住宅比率应达到20%以上；同时，政府对建设小型住宅的开发商以低廉价格提供宅地，例如在首都圈和釜山市，政府对建设小于59平方米住宅的开发商以成本价90%的价格提供土地，建设59~85平方米住宅的则是成本价的100%，而对建设大于85平方米住宅的则按市场价格提供土地。在1988~1992年200万套住房建设计划和1992~1996年250万套住房建设计划中，政府部门投资建设了90万套和127万套的小套型公租房，主要提供给低收入家庭[2]。而马来西亚政府明确规定面向穷人出租的住宅、低造价和中低造价住宅的面积和房间数（向穷人出租的住宅每套使用面积为45平方米，低造价住宅为55平方米，中低造价住宅为75平方米），政府为保证住宅质量制定的法律和法规同样适用于这些住宅，以保证这部分住房的建筑质量[3]等政策也有一定的参考意义。

2.4 中外住房保障制度对比的启示

前文所述的境外国家（或地区）在政府干预住房市场、保障居民基本住房需求方面所经历的过程和采取的政策措施对我国正在初步建设中的城市居民住房保障体系无疑具有很好的示范作用。如何正确借鉴国外的经验，建立适合我国国情的住房保障制度，是当前中国住房制度改革面临的一个迫切任务和重大课题。对比我国当前的住房保障制度和境外住房保障制度的演变和基本运作特点，以下几个方面是值得我国政府在保障制度设计中加以注意的。

（1）我国实行土地国有制，人口众多且正处于快速城市化过程中，有中国特色的社会主义制度决定了我国的住房保障制度应当具有不同于别国（或地区）的特殊性。

这一特殊性主要表现在两个方面：首先是改革开放以来，中国共产党制定了指导改革开放和社会主义现代化建设的一整套方针政策和工作部署，成功开辟了中国特色社会主义道路。在这一制度下，党和政府视着力保障和改善民生为己任，经过30年的努力，人民生活总体上达到了小康水平，“从1978年到

---

1 金钟范．韩国低收入阶层住宅政策［J］．上海房地，2003（6）：61－63.

2 国务院发展研究中心课题组．韩国如何解决低收入家庭住房问题［J］．中国发展观察，2007（1）：45－47.

3 张学刚．马来西亚面向低收入居民的住宅政策［J］．中国房地信息，1996（9）：49.

2007年，全国城镇居民人均可支配收入实际增长6.5倍”[1]。胡锦涛同志在《纪念改革开放30周年大会上的讲话》中指出：“必须把提高效率同促进社会公平结合起来，实现在经济发展的基础上由广大人民共享改革发展成果，推动社会主义和谐社会建设。实现社会公平正义是中国特色社会主义的内在要求，处理好效率和公平的关系是中国特色社会主义的重大课题。讲求效率才能增添活力，注重公平才能促进和谐，坚持效率和公平有机结合才能更好体现社会主义的本质。”这就是说，社会主义制度下的中国更应该在土地国有、人民当家做主的基础上从根本上建立一个健全的社会保障制度，保证全体中国人民共享改革开放的伟大成果。

另一方面，我国不仅现有城市人口众多，保障压力巨大，而且在迅速工业化、现代化、城市化的过程中还有新的保障对象在不断增加着。因此，我国的住房保障制度也必须考虑“保障对象量大面广”的特点，在适用性、发展性、前瞻性等方面统筹兼顾、合理设计、严密实施。

（2）应全面认识政府特别是社会主义的中国政府的住房保障责任，在保障大多数人“居有其所”的指导思想下积极干预住房市场，加快研究和制定新时期的住房政策及优先保障领域。

当前住房问题已经成为中国城市居民最关心的问题是一个不争的事实，而住宅市场的种种乱象又显示我国的住宅政策出现了明显的偏差，盲目崇拜市场作用的危害也已被2007年以来美国次贷危机的教训所证明。住房是一种特殊的商品，保障公民的基本居住条件是国家、政府职能的基本体现。住房商品和住房市场的特殊性决定了政府必须积极干预住房市场，在住房市场上有所作为。解决低收入居民的住房问题，是构建和谐社会的重要方面。住房政策是国家社会政策的重要组成部分，要建立健全相关法律法规体系和管理机构，并且要保证必要的资金投入。

政府干预住房市场的出发点应该是优化社会资源的配置和实现社会公平，其职责是弥补市场不足、纠正市场失灵，使社会上收入较低的人群能够安居乐业，从而实现社会的稳定和经济的持续发展。因此，不仅相关法律要涉及居民居住问题，还要有相对完整的住房法律体系，明确各级政府在解决居民住宅问题中的责任。也就是说，住房保障政策要作为国家社会政策的重要内容。同时，也只有明确了政府的法律责任，才能保证社会保障资金的稳定投入。

政府对住房市场的干预是市场健康发展的必要条件，但政府干预不是万能的，存在一定的局限性，受到政府财政能力、经济发展水平的限制。我国政府

---

1 胡锦涛．在纪念改革开放30周年大会上的讲话．新华网，http：//www.xinhuanet.com/zhibo/20081218a/wz.htm，2008-12-28.

应该根据国情制定出合理的住房政策目标，慎重地选择有效的政策工具。同时，由于我国幅员辽阔、各地经济发展不平衡、住房市场的地域性强，中央政府的相关政策不宜过细过死，住房干预政策应该从实际出发，根据住房发展的不同阶段和经济发展的不同情况来确定住房政策，并为各地区、各级政府针对本地区的具体情况制定出适宜的、地区性的住房政策和法规留出余地。政府干预应侧重于修正市场自发调节的不公正后果，不能干扰市场配置资源的基础性作用，与私营经济的住房建设有所分工，主要调控私有住房和公有住房的比例。西方国家住房发展的经验表明，住房私有率过高并不一定利于经济的发展。

当然，中央政府的住房干预政策应对住房问题的长期性、艰巨性有所反应，政策选择要有前瞻性、连续性，只有长期方案的连续执行才真正有助于解决复杂的住房问题，不宜对某项具体政策有“立竿见影”的期待。

（3）住房保障体制设计的关键是要很好地与本国（或地区）的基本情况、低收入居民的实际需要等因素结合起来，综合考虑各种因素的轻重缓急和后续发展进行制度设计。因此，解决低收入阶层居民的住房问题的方式是多样化的，没有一个通用的解决方案。

首先，在住房保障制度设计中要明确低收入阶层的住房问题不是住房本身的问题，而是城市贫困问题的主要外在表现。从境外住房保障制度的演变可以看出，国家的经济政策、经济发展程度、政府的保障意愿与能力、住房发展阶段、低收入居民的住房需求等，是决定一个地区住房保障制度设计的重要因素，而且保障制度本身也要随着具体情况的变化而不断发展，没有一个一劳永逸的、简单的解决办法，而且住房保障的方式从来都不是单一的，除了住房供应和房租补贴这两种基本的保障方式外，财税政策、金融政策甚至一定的行政手段，都可以在解决低收入居民住房问题中发挥一定的作用，需要综合考虑和安排。同时，保障制度的最初选择（或一个国家住房制度的历史）对住房保障的方式也有一定的影响。例如德国的住宅储蓄制度就是在二战以后资本市场重建过程中，从解决暂时的住房资金短缺的融资安排开始，长期发展，逐步完善，成为世界范围内独具一格的住宅融资方式，对我国住房公积金制度的发展、各地住房货币化分配的改革也不无借鉴意义。而我国为数不少的存量公房改革是否可以借鉴英国从改革房管机构入手、辅以房租补贴政策的做法来改变现有格局呢?

其次，应深入开展住房保障问题的研究，对保障对象、低收入居民保障需求、保障方式、政策性金融等问题进行综合研究，其中特别需要加快建立和完善住房管理体系和统计制度，为制定住房政策提供决策的基础数据支持。

例如在韩国，住房普查制度的建立和完善对韩国政府准确把握住房市场的供求状况和国民住房需求特点、及时制定和调整住房政策，起到了非常重要的决策支持作用。相比而言，我国住房领域还没有形成比较完善的统计制度和管理体系，住房登记制度刚刚开始起步，国家也从未开展过全面的住房普查工作，目前制定的住房政策还缺乏比较全面的数据支持和准确的研究，统计数字政出多门、各说各话，常常让研究者不知所措。因此，有必要对全国特别是大中型城市的住房状况尽快进行普查，并加快推进住房统计制度和住房管理体系的建立和完善，为国家及有关部门制定切合我国实际、合理有效的住房政策，更好地解决低收入家庭住房问题提供必要的决策支持。

（4）住房供应体系必须与社会发展的实际水平相适应，发展并完善针对中低收入阶层的保障性住房供应体系。

住房政策的实现在很大程度上要靠住房供应体系的有效运作，住房供应体系的建构需要考虑多方面因素的影响，概括来说就是要与相关管理体制和地区经济发展水平相协调。

例如，作为同样成功的住房供应体系，香港和新加坡的具体政策、运作等都有巨大的差别。香港政府利用土地批租制度发挥市场机制对资源的配置效用，并从中获得巨大财政收益，这种土地制度也是导致香港住房价格超常昂贵的一个重要原因，但香港政府又以资金主要来源于土地收益的公屋政策作为补偿以解决中低收入者的居住问题；而新加坡采取的则是强制性的全民储蓄性公积金制度，同时国家直接介入公共房屋的建设和资源分配。两地的住房供应体系都有其自身的完整性，如果仅择取其中的一部分拼凑起来根本无法形成完善的体系，而且可能在住房发展中产生严重的问题。比如，如果不能同时大规模发展真正普通工薪阶层经济能力承受范围内的住房，采取公积金的方式可能达不到预期的在大范围内促进居住条件改善的目的。目前，我国政府特别是地方政府如果一味注重以发放住房补贴或实行货币分房等所谓“补人头”的方式提高广大城市居民家庭的住房消费能力，而对供给环节缺乏扶持的力度，中低收入阶层的住房问题就始终难以解决，已经过去的数年中经济适用房供应紧张的情况就是一个明证。

境外住房保障制度的发展历程也表明，保障性住房的供应方式与某一发展阶段的住房供求状况和社会经济政策取向有着密切的关系。在住房严重短缺时期，政府直接建房的方式有助于刺激住宅市场、加快住房建设与供给；而住房供求关系进入缓和时期后，房租补贴的方式则更有利于减少保障资金支出并有利于市场本身作用的发挥。也就是说，**在住房短缺时期，政府对实体住宅市场的干预有着积极的作用，“补砖头”好过“补人头”；而在住房供求关系的缓和时期，把保障机制融入市场机制之中，充分发挥市场本身的作用则是较好的选择，“补人头”好过“补砖头”**。英国的住房保障方式就经历了这样的变化过程，除了市场供求关系的影响以外，20世纪80年代以后政策取向上的撤切尔主义[1]与凯恩斯主义[2]的争论也导致了英国公有住房的改革和住房保障制度向房租补贴方式转移的变化。

（5）尽快明确界定享受城市住房保障的人群和低收入家庭标准，研究和制定促进小套型住宅建设和消费的相关政策，采取多种措施为低收入家庭提供住房保障。

在住房保障制度的实际运作中，明确界定低收入标准或资格条件是基础，在此之上才能针对不同类型低收入家庭的住房需求采取多种保障措施，如提供廉租房、经济租用房、低价房（经济适用房）、低息贷款、减轻相关类型房屋交易税收等等，来确保低收入阶层居民能够达到合理的居住标准，并逐步拥有自己的住房。日本、韩国的住房保障发展经验是这方面的很好例证。

在我国，目前的政策是把政府提供住房保障的目标对象限定在“城市低保户”，也就是说**“城市户口”**和**“家庭”**是享受住房保障的基础。但在当前经济快速发展、鼓励人口流动的形势下，就业时间较短且不稳定、城市间流动性较强的年轻人，以及进入城市就业的外来人口等群体如果不能逐步进入住房保障的覆盖范围，势必将成为未来城市发展的新问题，值得相关主管部门认真研究探讨。

此外，尽管我国当前的房地产市场调控政策中已明确了加大小套型住房供给的政策目标，但由于缺乏操作层面和宣传层面有针对性的政策引导，不仅开发商缺乏开发建设小套型住宅的积极性，许多家庭也不愿意购买或租用小套型住房。因此，有必要结合我国的实际情况研究和制定促进小套型住宅建设和消费的相关政策，例如：对于小套型住宅达到一定比例的住房开发项目优先供给

---

1 在新工党执政前主宰英国政坛近20余年的是撒切尔主义。所谓撒切尔主义是指撒切尔夫人上台后在保守党内出现的一股占统治地位的“新右派”势力的意识形态，是当代西方“新自由主义”与“保守主义”的“混血儿”。它一方面坚持新自由主义的自由市场经济理论，另一方面却又主张新保守主义的文化右翼纲领政策。它反对建立在凯恩斯经济学和对福利国家的支持之上的“共识政治”，是更为广泛的，从某种程度上说是国际性的反对平等主义和集体主义倾向的一部分。在对待平等问题上，撒切尔主义非常明显地表现出对不平等现象的漠视，或者是对这种现象的积极支持，认为平等主义的政策只能创造出一个单一的社会，而且这些政策只能借助专制力量来推行。在撒切尔主义的主宰下，经济上的不平等现象越来越严重，进而导致了在社会地位和其他领域方面的不平等。来源：百度百科，http：//baike. baidu. com/view/227963. htm，2007－01－25.

2 凯恩斯主义经济学或凯恩斯主义是建立在凯恩斯的著作《就业、利息和货币通论》（1936）的思想基础上的经济理论，主张国家采用扩张性的经济政策，通过增加需求促进经济增长。凯恩斯的经济理论认为，宏观的经济趋向会制约个人的特定行为。18世纪晚期以来的“政治经济学”或者“经济学”建立在不断发展生产从而增加经济产出的基础上，而凯恩斯则认为对商品总需求的减少是经济衰退的主要原因。由此出发，他认为维持整体经济活动数据平衡的措施可以在宏观上平衡供给和需求。因此，凯恩斯和其他建立在凯恩斯理论基础上的经济学理论被称为宏观经济学，以与注重研究个人行为的微观经济学相区别。来源：百度百科，http：//baike. baidu. com/view/25189. htm，2007－01－25.

土地或给予一定的地价优惠或补贴，加大对居民购买小套型项目的贷款政策支持，为小套型住宅建设提供融资支持。

2.5 本章小结

本章通过对我国住房制度改革历程的梳理和住房问题现状的分析，以及对西方与亚洲一些解决城市居民住房问题比较成功的国家对居民住房问题进行政府干预的历程与经验模式的总结，得出以下基本结论：

（1）我国自1978年以来实行的城市住房制度改革取得了很大的成就，极大地改善了城市居民的平均居住水平。由商品房、经济适用房和廉租房构成的住房供应体系已经初步建立。三大类住房的性质、地位、作用以及基本运作模式各不相同，分别适应不同收入阶层的居民家庭需要。我国房地产市场从无到有也取得了长足的发展，但在快速发展中也面临着一些深层次的矛盾，结构性、阶段性、体制性供给过剩的现象较为突出，市场有效需求明显不足，居住方面的贫富差距迅速增大，急需建立与完善适应中国国情的城市最低收入居民的廉租住房保障制度。

（2）政府根据本国本地区的实际情况对住宅市场进行适度的干预是解决低收入居民居住问题的必由之路，一般都会经过解决住房短缺的阶段、改善居住质量的阶段和住房干预走向成熟的阶段等三个阶段。

（3）“政府福利＋市场”的欧洲模式、“市场＋救济”的美国模式、“市场＋公团＋公营”的日本模式、“社会住宅＋可持续”的荷兰模式、“国家＋公积金”的新加坡模式和“政府主导＋土地公用＋双轨制”的香港模式等六大类较为成功的现行住房保障制度模式是我国建立健全住房保障制度的有益参考。

（4）有中国特色的社会主义制度决定了我国的住房保障制度应当具有不同于别国（或地区）的特殊性。应全面认识社会主义中国政府的住房保障责任，在保障大多数人“居有其所”的指导思想下积极干预住房市场，加快研究和制定与社会发展的实际水平相适应的、综合考虑各种因素的新时期公共住房政策及优先保障领域，尽快明确界定享受城市住房保障的人群和低收入家庭标准，采取多种措施为低收入家庭提供住房保障。

第3章　城市最低收入居民居住问题的调研与分析

3.1　调研的理论背景

正如前文所述，本书力图在城市社会学与建筑学的广阔领域中为中国城市最低收入居民的居住问题找到一条现实而可行的道路。那么，城市社会学与建筑学的基本概念和研究方法又如何呢？

城市社会学（Urban Sociology）作为一门社会学的分支学科或分科社会学的一种，创立于20世纪20～30年代的美国芝加哥大学社会学系[1]。当时西方社会城市化开始进入高速发展阶段，大量城市问题不断涌现并引起了人们越来越多的关注。芝加哥学派正是基于关注城市社会快速工业化、城市化过程中社会互动形式、社会联结体、聚居方式的改变以及各种社会问题的产生而创立的。以芝加哥学派的创始人罗伯特·帕克（Robert Park）发表的《城市》一文为城市社会学制定了研究工作规划，其研究影响的扩展不仅标志着芝加哥学派本身的确立，也标志着一门新的分支学科——城市社会学的产生。

简单来说，城市社会学是运用社会学的理论对社会系统中城市系统这一特殊的结构性单位进行研究的产物，它运用社会学的基本理论对城市系统的社会结构、空间要素及发展规律等进行认识、描述、解释和预测，研究针对各种城市社会问题的解决途径，促进城市系统的持续、快速、健康和协调发展，进而推动全社会共同进步[2]。

在建筑学学科发展的历史中，传统意义上的建筑学主要研究建筑物及其环境的学科，旨在总结人类建筑活动的经验以指导建筑设计创作、构造某种建筑形体与环境等等，其研究对象包括建筑物、建筑群以及室内家具的设计、风景园林和城市村镇的规划设计。随着建筑事业的发展，城市规划学和风景园林学逐步从建筑学中分化出来，成为相对独立的二级学科。这两者使得建筑学有时看上去更像一门人文社会科学，其服务对象不仅是自然的人，而且也是社会的人；不仅要满足人们物质上的要求，而且要满足他们精神上的要求。

1　王颖．城市社会学［M］．上海：上海三联书店，2005：59－60.

2　李和平，李浩．城市规划社会调查方法［M］．北京：中国建筑工业出版社，2004：5.

建筑学学科伴随着人类整个的发展历程到今天，正如吴良镛先生在世纪之交的国际建协第20次大会的主旨报告中明确指出的那样：“在人类历史上，长期以来，主观判断始终是建筑设计和城市设计的主导因素，但是到了20世纪里它已让位于科学方法和理性思维。”[1]吴先生为此提出了广义建筑学的概念：“广义建筑学，就其学科内涵来说，是通过城市设计的核心作用，从观念上和理论基础上把建筑、地景和城市规划学科的精髓整合为一体，使得建筑师能在较为广阔的范域内寻求设计的答案。”[2]可见，对于当今的建筑学研究而言，宏观而综合地研究我们面前的城市与建筑环境已是一条必由之路，而对于走在这条路上的科研工作者来说，科学和理性已是必不可少的方法与思维方式了。

对于社会科学而言，艾尔·巴比认为：“社会科学定律并不像自然科学定律那样具有普适性。……但是这并不是说社会生活无序到无法预测或解释。……社会行为有模式可循，而这些模式是有道理的，只不过你们要透过表象，发掘其逻辑。”“社会科学理论的终极目的，在于寻求社会生活的规律性。”[3]要想在纷繁复杂、包罗万象的社会活动中针对任何一个或一系列社会问题来发掘其中的逻辑规律，经过科学设计和实施的社会调查都是必不可少的基础和出发点。

所谓**“社会调查”，一般是指“人们有目的地通过对社会事物和社会现象的考察、了解和判断、分析、研究来认识社会事物和社会现象的本质及其发展规律的一种自觉活动”**[4]。由于社会现象具有主观性、偶发性、多变性和不确定性等多种特征，这些特征也必然反映到人们的聚居、居住的生活中。因此，要对这样复杂多变且不确定的居住生活进行研究，对城市社会学和建筑学领域进行的社会调查而言，田野调查的行动之前就必须确立必不可少的三大要素——目的性、综合性和科学性，下文将从社会调查的目的与意义、对象和方法两方面对本书研究所进行的调研中的三大要素加以阐述。

3.1.1 调研的目的与意义

1. 调研的目的

本研究进行的社会调查目的有三：

（1）通过实地调研，可以详细地、定量地而不是粗略地、定性地了解到城市最低收入居民的居住生活现状，数字化地展现城市最低收入居民的真实生活场景。

---

1 吴良镛．世纪之交展望建筑学的未来——国际建协第20届大会主旨报告［J］．建筑学报，1999（8）：6－10.

2 同上.

3 （美）艾尔·巴比 著．社会研究方法（上）［M］．邱泽奇 译．第8版．北京：华夏出版社，2000：70.

4 李和平，李浩．城市规划社会调查方法［M］．北京：中国建筑工业出版社，2004：8.

了解和描述社会现象的实况是人们认识和解决这些社会问题的基础。通过调研，可以收集和观察了解城市贫民的真实居住生活现状，为后续研究获取第一手资料。通过对这些材料的加工整理、去粗取精、去伪存真，可以相对真实地再现研究对象的客观现状。唯有这样，才能使研究的问题从现实中来，最终的解决方案又能服务于社会现实。

（2）发现和总结重庆市城市最低收入居民住房政策的不足，为研究提高地方政府政策措施的有效性提供可靠数据。

在我国现行行政体制下，中央政府的政策相对来说比较倾向于确立一些原则，可操作性较差，这就有赖于各地方政府制定的实施细则。而城市最低收入者住房问题本身又是一个复杂而敏感的社会问题，仅仅依靠地方政府主管部门的少数工作人员也很难有所作为。本次研究的社会调研也试图在地方政策的制定、贯彻、实施方面深入了解现实，力图通过调研发现重庆市城市最低收入居民住房政策的不足，为研究提高地方政府的制度政策措施的有效性提供可靠的数据与解决方案。

（3）发现和总结重庆市廉租房制度在城市规划与廉租住宅建筑设计方面的具体问题，借以检验和改进现行技术政策。

实物配租作为解决城市最低收入居民居住问题的一种重要手段，也是在我国当前的廉租房政策中被采用的一种主要方式。但是，廉租房在城市规划和建筑设计方面应有哪些具体特点？当前建设的实物配租的廉租房小区和建筑有什么优缺点？城市最低收入居民负担得起怎样的住房？他们需要怎样的廉租房？政府在现行政策和经济条件下又能够提供什么标准的廉租房？这一系列问题的答案，都有赖于我们通过实地调查和总结分析来详细研究。

2. 调研的意义

“调查研究”对于社会科学研究的重要意义是不言而喻的。作为中国当代最伟大的哲学家之一，毛泽东在1930年5月《反对本本主义》中第一次提出了“没有调查，没有发言权”的著名论断。[1] 毛泽东本人在建党之初所作的《中国社会各阶级分析》、《湖南农民运动考察报告》等对中国革命产生过重大影响的调查报告充分说明了他本人就是“没有调查，没有发言权”这一理论的伟大践行者。

在社会科学领域，著名社会学家费孝通先生1939年出版的《江村经济》被他在英国留学的导师马林诺夫斯基誉为“人类学实地调查和理论发展工作中的一个里程碑”[2]。改革开放后，费孝通先生又把调查研究的重点放在了作为农村聚居中心的小城镇上，在深入调查研究了当代中国的小城镇问题之后于

1 冷兆松．“没有调查，没有发言权”和“不做正确的调查同样没有发言权”考辨［J］．党的文献，2007（6）．

2 李和平，李浩．城市规划社会调查方法［M］．北京：中国建筑工业出版社，2004：15.

1983 年发表了《小城镇大问题》的研究报告，费孝通先生毕其一生的辛勤工作为后人树立了一个严谨求实、脚踏实地的社会学研究者的杰出形象。

前人的工作成果和工作态度对于后辈学者来说不仅是高山仰止，更应该是指路明灯。**对本书研究而言，社会调查的意义正在于：充分认识城市社会系统的发展是一种客观的、不以人的主观意志为转移的活动，要想正确把握这一系统本身及其发展变化规律，就必须从社会实际情况出发，以辩证唯物主义和历史唯物主义的基本原则为指导思想和理论基础，以科学的研究方法为指导原则，勤奋、踏实地深入社会生活的第一线去调查、发现问题，在调研中既能培养良好的工作作风，训练踏实的工作方法，又能真实客观地发现问题并为解决这些问题奠定坚实的基础。**

3. 1. 2　调研的对象与方法

1. 调研的对象选择

除了在研究过程中采访相关管理部门的人员和研究人员以外，本研究前后进行过两次较大规模的问卷式社会调查。两次调查由于目的各异，调研对象也就有所不同。

2000 年 9 ~ 12 月间进行的第一次城市低收入居民居住状态调查（以后简称“第一次调查”）重点在了解住房制度改革以来重庆市区低收入居民的空间分布，住房与居住生活的现状以及对未来居住状态的愿景，因此，调查对象很显然应该锁定在城市中居住生活的低收入居民。

然而，茫茫人海，偌大一个重庆城，这些在城市中居住生活的低收入居民又该上哪里去找呢？

研究首先要做的就是在城市中辨别区分出哪些地区是城市的贫困区。在我国，由于对城市贫困区并没有明确的定义，目前政府采用定量的方法对居民按收入加以区分[1]，用最低生活标准（即低于最低保障收入线的家庭可以向政府申请补助）来对贫困居民加以保护。然而初步研究之后发现，采用上述贫困线的方法不能有效地将社会低收入群体区别出来，因为最低生活标准也是近几年才被建立起来的，也不是每一个贫困家庭都向政府申请了最低生活保障，这就意味着政府也没有统计完整的低收入居民名单。何况低保政策的目标主要还是针对城市常住居民，并不包括城市外来人口。由于统计系统的原因，城市调查队所收集到的抽样调查数据从来不提供公众查询，研究者很难得到低收入家庭的准确数量和他们收入的可靠数据，只能从每年公布的统计年鉴中去寻找蛛丝马迹。收集低收入人口信息的另一个可能的渠道是通过当地公安机关来收集当地居民的名单，虽然从理论上说它有助于我们对这些地区进行抽样调查，但取得当地政府同意并使用公安局的登记记录本身是一件相当困难的事情，就算

1　参见《重庆统计年鉴 2007》第 162 页对“城市家庭居民收入分组方法”的解释．

从公安机关收集得到信息也不一定就用得上，最主要的原因是公安机关在这些特殊居民区收集的数据对科研需要来说同样并不是十分准确。实际上，户口登记在这些地区的居民有很大一部分本人并不住在那里，他们保留当地的户口只是为了今后这些地区经济一旦发展他们就可以获得相应的补偿，而暂住居民（租房居住的居民）的登记制度在执行上也是相当不完全。因此，要想事先取得具有统计意义的详细的城市低收入人群的信息，再来从中挑选调研对象，本身就是一个不可能完成的任务。

由于特殊的地形地貌以及长江、嘉陵江的重要影响，重庆的居住区大部分分散在各个地方，而非集中在一个或者两个大的区域。尽管这些过去修建的住宅区大部分在近几年都经历了重建，但依然有一小部分传统的、老的贫民房存在于中心区。基于以上原因，经过一些初步的理论准备和调研之后发现：用地区来划分低收入群体的方法最为有效。因为随着经济体制改革和社会主义市场经济的建立与完善，以江泽民同志 2001 年 7 月《庆祝建党八十周年大会上的讲话》归纳概括了改革开放以来我国出现的新社会阶层为标志，社会分层在中国已经不是一个讳莫如深的问题，2002 年中国社会科学院课题组发表的《当代中国社会阶层研究报告》以职业分类为基础、通过对组织资源、经济资源和文化资源的占有状况划分出了当代中国的“十大社会阶层”[1]。作为社会分层的外在特征之一，住房空间与社会分层之间有着很大的关联性[2]，因此，低收入群体的居住区可以很容易被找到。一般来说，在重庆这样的大城市中这些地区包括：

（1）传统的老居民区：在过去 30 年，大部分这样的老居民区的经济都有所发展，但是仍然有一些地区的居住条件很差，居住人口主要是有城市常住户口的城市贫民。

（2）国营大厂的单位宿舍区：这些居住区与那些有着严重问题或者是已经倒闭的工厂有密切联系，这里居住的人们大多数是工厂的退休或下岗失业职工。

（3）城市郊区的城乡结合部，在这里居住着大部分城市外来暂住、流动人口。

笔者首先根据公开的信息和自身的观察对重庆市区内低收入居民聚居的区域进行了梳理，然后按照研究预设的立场选定了四个区域进行调查，分别是渝中区的厚慈街与十八梯片区、石板坡片区、王家坡片区以及沙坪坝区的土湾片区（图 3 - 1），这四个区域都是比较“著名”的而聚居人口性质各异的低收入居民区，随后在这四个片区中采用等距离采样法对抽中的居民进行了具体的问卷调查，有效问卷共计完成 599 户，其中常住人口 351 户，暂住人口 248 户。

1　陆学艺. 当代中国社会阶层研究报告［M］. 北京：社会科学文献出版社，2002：9.

2　黄怡. 城市社会分层与居住隔离［M］. 上海：同济大学出版社，2006：67.

图3－1　本书研究的调查区域区位图

鉴于目前国内公共住房政策因为户口政策、地区经济发展差异等因素基本无法覆盖城市流动、暂住人口（主要是农民工）[1]，因此，下文调研报告及论述部分采用的调查统计数据中不包括调查中的暂住人口数据。

第二次城市低收入居民居住状态调查——城市廉租房居民住房状况抽样调查在2007年10月至2008年2月间进行（以下简称“第二次调查”）。由于这次调查是在我国以及重庆市廉租住房制度初步建立和实施以后进行的，重点在于调查廉租房规划建设情况、廉租房制度执行情况以及廉租户居住状态，因此对象相对明确和集中。笔者根据从国土房管部门了解到的已经建设完成并实物配租给居民的廉租房小区中挑选了九龙坡区华龙家园、江北区山水丽群和南坪上新街茶亭廉租房等三个项目对入住的廉租户进行了问卷调查，有效问卷共计完成156户。

在本院多达70余位建筑学专业的大学生志愿者调查员和4位同事的努力工作下，上述两次调查反馈的调查问卷数据质量相当高。在进行数据统计处理之后，总计507份的常住人口调查问卷按两次调查分别采编进数据库进行了统计分析。

2. 调研问卷的设计

1）问卷的设计原则

在我国，在建筑学领域以往进行过的大部分大规模问卷调查，如1986年

1　国务院关于解决城市低收入家庭住房困难的若干意见（2007年8月7日）.

"改善城市住宅功能与质量"科研进行的调查，主要采用的是向住户发放调查表，回收并统计数据的形式对调查结果进行分析，这个方法由于受到答卷人的知识水平、对住宅的了解程度、对问卷的理解程度以及问卷本身设计的限制，因而难以对居民居住生活中存在的一些潜在要求得出正确答案，并且由于调查量大面广，研究人员不可能亲自进行全部调查（有的需聘请大量的临时工作人员去发放和回收调查表），缺少对居住生活状况客观细致的记录，使调查的深度及结论的权威性受到了限制。

而"大胆假设，小心求证"的方法，即事先拟定假设而在调查中有目的地去求证的方法，可以更加直接地将已有的研究成果注入问卷之中，通过对这样的问卷结果的数据统计分析，既可以检验已有的成果是否真正发挥了应有的作用，也可以为切实解决一些悬而未决的问题求得较为真切的答案。假设的产生来源于以往的调查成果以及文献阅读中发现的普遍问题和发达国家的同水平住宅曾经达到的水平等等。笔者在这两次城市低收入人群居住状态调查的问卷设计中都采用了这种指导思想，两份问卷都是事先通过以往的调查成果（如每年公布的城市统计年鉴）、文献阅读中发现的普遍问题和发达国家的公共住宅政策与实施效果等等来有目的地拟定主要的问题与假设答案群，然后在调查中去证实或证伪。

在本次研究的问卷设计中还注意把握了这样几个基本原则：

（1）必要性原则。所有设计的问题应围绕研究的主题展开，不应设置一些无关紧要的问题。比如本次研究的问卷中虽然需要了解被调查者的基本家庭人口结构，但他们是否结婚以及何时结婚就属非必要性的问题，不应纳入问卷。

（2）客观性原则。问题与答案尽量符合客观实际和具体情况。比如对居民家庭现有存款数额的答案设计，考虑到调查对象的"城市最低收入"性质，设计中的答案就是5000～50000元，以1万元为区间。

（3）可识性原则。问题与答案应该充分考虑被调查者的理解能力和识别水平。比如关于被调查者的房屋结构的相关问题，就应该采用非专业人员能够理解的语言和词汇来表达。

（4）曲线性原则。设计问卷时就应充分考虑到由于各种原因，被调查者对某些敏感问题是否愿意回答，对于有可能不愿或不真实回答但又必须了解的问题就应该采用"曲线救国"的形式来委婉地提出。比如本次研究由于对象都是城市最低收入者，由于种种原因他们对于个人或家庭的收入问题都比较敏感，在问卷中直接询问其每月收入多少显然不易得到真实答案，但如果把这个问题改为"每月用在饮食上的消费是多少？大约占月收入的比例？"就可以让被调查者较为"放松警惕"并乐意回答，而研究者也可以很容易地据此数据推算出他的月收入。

2）问卷的基本内容

本书研究过程中进行的两次问卷调查主要采用了四份不同的问卷，第一次调查采用的是“城市旧区居民住房状况及需求抽样调查表”（附录A）和“城市暂住、流动人口住房状况及需求抽样调查表”（附录B），第二次调查采用的是“重庆市廉租房居民住房状况抽样调查表”（附录C）和“重庆市廉租房规划与空间分布状况抽样调查表”（附录D）。

前三项针对住户的调查问卷表主要内容如下：

（1）被调查者的基本背景，包括“家庭人口”、“职业与就业”、“家庭经济收入与消费”等。具体问题主要是“家庭居住人口数量及户型、教育程度、收入及变化情况、消费额度及变化情况、工作时间性质”等等。

（2）被调查者的住房建筑本身的状况，包括“住房现状”、“过去的住房状况”等。具体问题主要是“住房的修建年代、楼层、套型、主要设备设施、房屋产权情况”等等。

（3）被调查者对现行住房政策的了解与期待，包括“廉租房”、“住房公积金”和“住房补贴”等。具体问题主要是“住户对相关政策制度的态度和了解程度，相关政策执行过程中的问题与对策”等等。

（4）被调查者的居住实态和对未来住宅建筑的期待，包括“住房需求”、“拆建意愿”、“主城宜居地选择”，以及“套型选择”等。主要问题则包括了“换房意愿”、“选房影响因素”、“现有家庭设备设施与未来购买意愿”、“房屋装修水平”、“套型面积与模式”、“与父母（或子女）同住的意愿”等等。

其中城市暂住、流动人口的抽样调查表中还针对被调查人到达并居住工作在当地的时间及工作、收入状况设计了一系列的问题，意在考察城市化进程中城市最低收入居民的构成变化情况及相关居住情况。

第二次调查问卷的同时调查员还通过绘图和照片的方式记录被调查者的套型平面及基本生活实态。而针对已建廉租房小区的规划布局问题的“重庆市廉租房规划与空间分布状况抽样调查表”则主要针对现有廉租房小区的“区位”、“周边交通条件”、“区域景观与生态条件”、“用地与环境影响条件”以及“市政及社会服务配套条件”设置访问调查式问卷，主要由调查员直接观察填写。

3. 调研的方法

1）调研对象的选取方法

在社会研究中，可能每一个社会单位，大至公司、社区，小至家庭、个人，都可能成为潜在的研究对象，但显然很难有人或机构能对这样一个数字无比庞大的对象进行完全的观察或统计，这也是为什么我国的全国人口普查或经济普查之类的大规模调查不可能年年进行的基本原因。因此，**社会调查的第一个问题就是“调查谁”或“不调查谁”**，伴随美国大选民意测验发展起来的

"抽样调查"最终成为这一问题的答案。

所谓"抽样"，其实就是选择调查对象的过程，它可以"使研究者根据相对较少量的观察，推论到远为广泛的总体"[1]。抽样调查的随机选择（random selection）并非我们想象中的"随意选择"，而应是一个在科学方法指导下的精确的过程。特定的抽样技术能帮助我们确定并有效地控制所选择的个体样本的相似性。抽样调查有两种主要方法：概率抽样（probability sampling）和非概率抽样（nonprobability sampling）。前者的技术核心是从一份名单中选出"随机样本"，而这份名单包含了研究总体的每个人的姓名；后者则针对无法选择概率样本的情形。非概率抽样主要有就近抽样（reliance on available subjects）、目标式或判断式抽样（purpostive or judgmental sampling）、滚雪球抽样（snowball sampling）和配额抽样（quota sampling）等四种方法[2]。

对本书调查的对象而言，无论是第一次调查还是第二次调查，都无法预先取得所有符合条件的研究对象的名单，而研究对象的群体又是如此庞大（2006年底统计的重庆市非农业人口的845.43万人[3]中，以10%[4]为最低收入人口计有近85万人之多）。基于上述原因，**本研究中的社会调查采用了非概率抽样的方法**。

为尽量保证样本的公平性和代表性，**在调研地区选择时采用了目标式或判断式抽样（purpostive or judgmental sampling）方法**，即根据现有的信息直接按研究需要抽取了被调研的区域。**而在具体问卷调查对象选择时则采用了改进的就近抽样（reliance on available subjects）法——等距离采样法**，根据每一个调研地域的面积和人口数量，样本被按比例分配在每个调研区域之内。每个区域又选择两条主要街道（或楼栋）将区域大概划分为四个部分，首先沿着这两条主要街道（或楼栋）每隔3户家庭进行采样。例如，样本应该包含第一、第四、第七、第十户家庭（或一楼、四楼、七楼住户）。当这两条街道（或楼栋）的采样工作完成后，剩下还需要调研的家庭数量则从四个部分中随机抽取完成。在第一次调查中，由于很多的暂住居民混杂在常住居民区之内，调查者无法事先选择调查对象的这一属性（户口性质），故在调研中抽取样本时并未特别区分，但调查人员准备了两种调查问卷，一种是针对常住居民，另一种则是针对暂住居民。

---

1 （美）艾尔·巴比. 社会研究方法（上）[M]. 邱泽奇 译. 第8版. 北京：华夏出版社，2000：244.

2 （美）艾尔·巴比. 社会研究方法（上）[M]. 邱泽奇 译. 第8版. 北京：华夏出版社，2000：247.

3 重庆市统计局，国家统计局重庆调查总队. 重庆统计年鉴2007 [M]. 北京：中国统计出版社，2007：61.

4 居民收入取样比例参见《重庆统计年鉴2007》162页对"城市家庭居民收入分组方法"的解释.

2）调研的具体方法

在当今社会学领域的调查研究中，问卷调查法（Questionnaire Research）是被最广泛应用的调查方法之一。所谓问卷调查法是指调查者使用为一定的调查研究目的而统一设计的、具有一定的结构和标准化问题的表格式答卷，向被调查对象了解情况或征询意见的调查方法[1]。本次研究的社会调查主要就是采用问卷调查法进行的。

在调查的具体实施过程中，为了控制调研的质量及确保使用适当的采样方法，所有参与数据收集的调查员被分成了小组，并在开始数据收集之前对其进行了一系列培训，让调查员本身对设计好的问卷先有一个较为深刻的理解。调查人员在利用问卷调查法完成问卷填写的同时，还采用了实地观察法（Local Observe）与访问调查法（Visit Research）完成了对调研地区的相关信息采集、居民住宅的室内外环境信息的采集以及居民对问卷以外的相关问题的意见采集。

最后，其实也是相当有效的一个小技巧：所有调研都安排在周末进行，这样不仅保证了大部分被抽中的调查者都在家，并且还可以互相影响。同时，由于调研的对象都是城市的最低收入阶层，为了感谢居民们付出的时间，鼓励他们更加合作，以便调查员更容易接近他们并了解到问卷之外的更多信息，我们为每一户接受调查的居民都准备了一份小小的礼物：一条毛巾、一块香皂或是一盒牙膏，希望这些生活必需品可以为他们的生活提供微弱的帮助。

3.2　城市最低收入居民住房状况调研报告

3.2.1　重庆城市基本背景条件

1. 地理与气候条件[2]

（1）重庆位于北纬28°10′~32°13′，东经105°11′~110°11′之间，地处较为发达的东部地区和资源丰富的西部地区的结合部，东邻湖北、湖南，南靠贵州，西接四川，北连陕西，是长江上游最大的经济中心、西南工商业重镇和水陆交通枢纽。1997年3月14日，第八届全国人民代表大会第五次会议通过了设立重庆直辖市的决议，与北京、天津、上海同为四大直辖市。

（2）重庆属中亚热带湿润季风气候区，具有夏热冬暖、光热同季、无霜期长、雨量充沛、湿润多阴等特点。2006年平均气温19.2℃，年总降雨量839.6毫米。最热月平均气温为28.5℃，极端最高气温可达42.2℃，因夏季炎热素有长江“三大火炉”之称；冬季不冷，少下雪，最冷月平均气温7.4℃，极端最低气温为-1.8℃。相对湿度较大，最热月为77%，最冷月为81%。常

1　李和平，李浩．城市规划社会调查方法［M］．北京：中国建筑工业出版社，2004：173.

2　重庆市统计局，国家统计局重庆调查总队．重庆统计年鉴2007［M］．北京：中国统计出版社，2007：4.

年主导风向为北风、西北风，风速很小，夏季平均为1.2米/秒，夜间不退凉、无风。

（3）重庆幅员面积8.24万平方公里，南北长450公里，东西宽470公里。2006年全市共辖19个区、21个县（自治县）。地势由南北向长江河谷逐级降低，西北部和中部以丘陵、低山为主，东南部靠大巴山和武陵山两座大山脉。流经辖区的主要河流有长江、嘉陵江、乌江、涪江、綦江、大宁河等。

（4）重庆主城区是著名的山城，地形起伏较大，一般地基为岩石。按我国《建筑设计抗震规范》中对我国主要城镇抗震设防烈度、设计基本地震加速度和设计地震分组的规定，重庆整个市域范围“抗震设防烈度为6度，设计基本地震加速度值为0.06g”，属地震影响较轻的地区。

（5）重庆有“雾都”之称，春秋冬三季常有大雾，加上工业污染，保护和改善居住环境十分重要。

2. 社会环境条件[1]

（1）中央政府对重庆建设的总体要求是：把重庆加快建成西部地区的重要增长极、长江上游地区的经济中心、城乡统筹发展的直辖市，在西部地区率先实现全面建设小康社会的目标。重庆将按照建设“三中心、两枢纽、一基地”（即商贸中心、金融中心、科教信息文化中心，交通枢纽、通信枢纽，以高新技术产业为基础的现代产业基地）的战略构想，加快经济社会发展，发挥对外窗口和经济辐射作用，推动西南地区和长江上游地区的发展。

（2）重庆抓住直辖、三峡工程建设、西部大开发和城乡统筹发展实验区等几大历史性机遇，大力调整经济结构，积极扩大开放，深化体制改革，加快基础设施建设，经济社会全面发展，综合力进一步增强，主要经济指标在西部12个省区中均排列前5位以内。2007年，全年实现地区生产总值4122.51亿元，按常住人口计算，人均地区生产总值达到14660元。

（3）重庆携长江、嘉陵江两江通衢之利，交通较为便利，是西南地区的物资集散地和长江上游最具活力的商贸中心与交通枢纽之一。但公路人均面积较少，车辆增加较快，道路交通比较拥挤。

（4）2007年底城市居民家庭恩格尔系数为37.0%，城市居民人均住房建筑面积27平方米，年末享受城市最低生活保障的居民有83.32万人，增加了2.04万人，增长2.5%；农村享受最低生活保障的农民为71.85万人。

（5）主城区人口密度很大，比如本书研究调查的核心区域的渝中区“全区陆地面积18.54平方公里，户籍人口60万，常住人口70万，日均流动人口30万人次左右”[2]，人口毛密度达到5万~6万人/平方公里，净密度可超过每

---

1 重庆市政府公众信息网，http://www.cq.gov.cn/cqgk/zhsl/，2008-02-13.

2 渝中区情——序言［EB/OL］. http://www.cqyz.gov.cn/web1/circs/index.asp，2008-4-20.

平方公里10万人，是世界上人口密度较大的城市之一。

3. 地方生活习惯特点

(1) 夏季炎热，建筑的主要矛盾是防暑降温，住宅平面空间要组织好通风，并防止西晒，对顶层隔热措施要重视。

(2) 冬季常年气温虽然在零度以上，但因湿度较大、日照很少且没有集中采暖设施，人们感觉较为阴冷。主导风向为北风，居室南北向均可。

(3) 因地形起伏大、道路崎岖狭窄且没有专用车道，日常交通工具不采用自行车，2006年末每百户居民摩托车也仅有3.33辆。居民比较习惯步行。公共交通工具主要为公共汽车和轨道交通。

(4) 重庆人喜食辛辣食品，“麻辣火锅”为饮食的一大特色。做川菜时的辣味和油烟对居室有较大影响，必须慎重处理。家庭常备泡菜，厨房要考虑泡菜坛的位置。

(5) 因气温较高，天然气资源丰富且供应充足，城市居民家中基本都安装有天然气热水器，夏天一日多淋浴数次，2006年末城区居民每百户拥有淋浴热水器102.67台；空调器普及率高，2006年末城区居民每百户拥有空调器174.33台[1]。普通住宅设计中均需要妥善安排热水器与空调器位置，使管道安装方便并保证通风和安全。

3.2.2 城市最低收入居民的居住现状

1. 家庭及人口基本情况

被调查的总户数中，超过66%的家庭是由户主及其家人居住的，几乎全体家庭成员都居住在被调查的居所内，有家庭成员长期居住在外并仍需户主供养的不到13%。

在被调查的户主中，调查时年满60岁的占10.5%，满50岁的占29.7%，满40岁的占11.4%，满30岁的占18.9%，满20岁的占23.3%，这样比较平均的分布说明了两个问题：①城市低收入阶层与户主年龄关系不大，任何年龄阶段均有贫困家庭；②相对来说，50岁以上和30岁以下的贫困户主比例较大，30～50岁区间的相对较少，又表明**城市贫困问题有两极化发展的趋势，即老年家庭和青年家庭相对趋于更加贫困，**

图3-2 老龄化明显的旧区居民（重庆石板坡）

1 重庆市统计局，国家统计局重庆调查总队．重庆统计年鉴2007［M］．北京：中国统计出版社，2007：150.

这显然应该在廉租房建设时加以注意（图 3－2）。

从居住在同一套（栋）住房内的人员数量和结构看，代际关系主要为父子两代或祖孙三代。家庭人口规模为：2 口之家占 17%，3 口之家占 30.6%，4 口之家占 18.8%，值得注意的是家庭人口在 5～9 人的也占了 25.4%，这同 1992 年“中国城市小康住宅模式研究”的调研中“重庆 3 口之家占 54%，4 口之家占 28%，5 口之家占 8%，2 口占 6%，1 口和 6 口各占 2%”[1]的数据相比可以看出，**尽管时间过去了 10 多年，低收入居民的户型小型化、核心化倾向却发展缓慢，多人口、多代际的主干户、联合户比例明显偏高，调查中有 3 个以上子女的家庭比例超过 39%，廉租房建设的套型设计必须认真考虑这一问题。**

从户主的教育程度来看，城市贫困人口的基本教育水平明显较低，高中毕业以上文化程度的仅占 19.9%，而初中文化的有 29.2%，小学文化的有 23.7%，未上过学或小学未毕业者占到了 27.3%。虽然本书研究的不是贫困的成因问题，但贫困人口的受教育水平肯定是造成其现状的原因之一却是不争的事实。在未来为城市最低收入居民建设的居住区中显然应该充分考虑他们子女的教育问题。

2. 户主的职业与工作

家庭成员中户主有工作的仅有 20%，整个家庭中只有 1～2 人有工作的占到了 89.3%，而与此同时户主离退休、失业或从未工作过的占 79.7%，家庭中有 1～2 人已经退离休的占到了 97.5%。虽然户主身体健康的超过 82.5%，但 93.3% 的家庭有 1～2 人长期生病需要有人照顾，可见城市最低收入居民家庭人员失业化、老龄化、病员化倾向非常明显（图 3－3）。

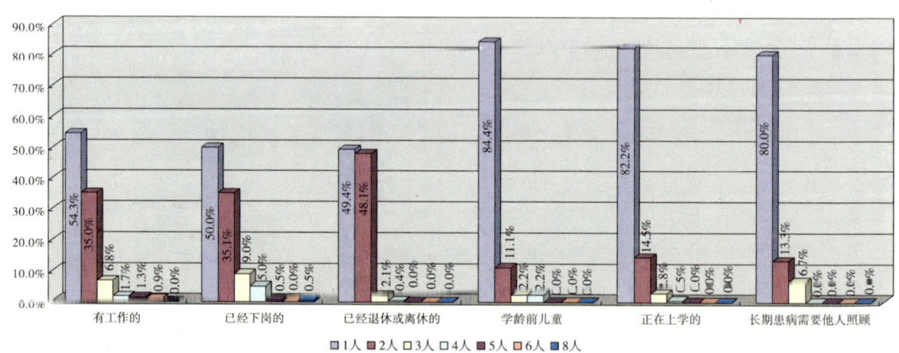

图 3－3 低收入居民家庭人口生存状态

从户主的工作单位和本人的工作性质来看，超过 74.1% 的人虽然曾经或正

1 龙灏．中国城市小康住宅模式及重庆地方性设计方案研究［D］．重庆：重庆建筑工程学院，1993：13.

工作在国营或集体企业单位，但其中的82.2%工作性质都是工人，且其中的89.5%都是没有技术级别的普通工人；干部或企业管理人员只占到10.6%，但其中69.7%的人也只是科级以下的一般干部。在被调查的尚未达到退休年龄的户主中，有多达46.1%的人下岗失业已经超过一年，已经下岗的超过一半，仅有25.5%的人认为自己不可能下岗；而已经下岗的人员中复岗或找到哪怕是临时工作的只有19%，有24.3%的人正在找工作，剩下的超过一半的人基本都在家赋闲。

有72.2%的被调查者没有购买医疗保险、养老保险、失业保险等任何保险，只有17.1%的人购买了养老保险、5.4%的人购买了医疗保险、2.7%的人购买了失业保险。同时，在那些还能够取得收入的下岗人员中，仅有4.6%的人在领取政府救济金，40%的人则依靠原单位的工资或补贴，剩下的53.4%也许是有新的工作收入，也许已经从事个体经营取得收入了。

被调查的居民的住处与工作地点的距离不超过1公里（步行适宜距离）的占到了59%（图3-4），步行上班的超过58%，显示目前的居住地更有利于他们寻找到工作机会（说成一般都就近寻找工作似乎更合适）。

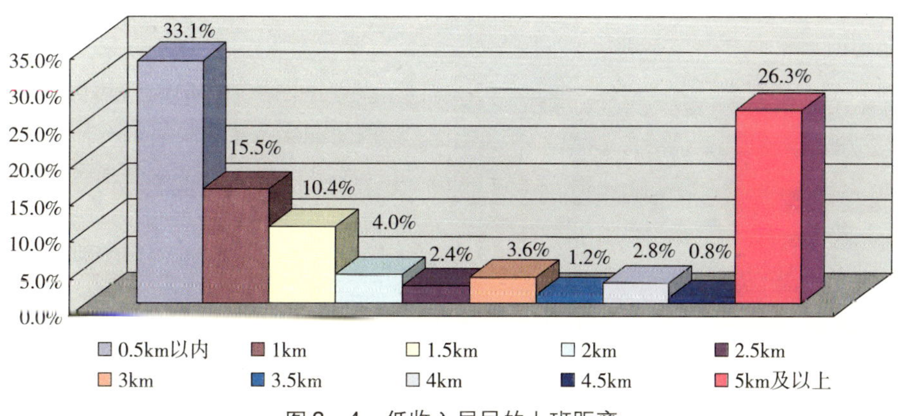

图3-4　低收入居民的上班距离

从以上两组数据可以看出，**虽然城市最低收入阶层的人员从未有过工作的比例并不多（8.9%），但即使有工作也往往是工资收入不可能很高且很容易失业下岗的低端工作，而且一旦下岗失业就很难再找到工作，大部分人又没有购买任何保险，政府救济也跟不上，更多的得靠居民自谋生路**。这既与前述调查的户主文化程度较低导致贫困相互印证，也为政府应该如何为居民创造就业机会提出了挑战，对廉租房住区建设来说，这同样是一个挑战。

3. *住房现状*

这一部分是本次研究调研的重点之一，调研的主要目标是了解居民现住房的基本状况。

1）房屋的建造与居住年限

根据调查，目前重庆市居住在这些城市旧区的居民大部分（44.5%）在

1960 年以前就搬入了现住宅居住，1990 年以后搬入的仅有 16.1%，而超过 64% 的住宅都修建于距离调查时间超过 40 年的 1960 年以前，1990 年以后修建的仅有 5.7%（图 3－5、图 3－6）。

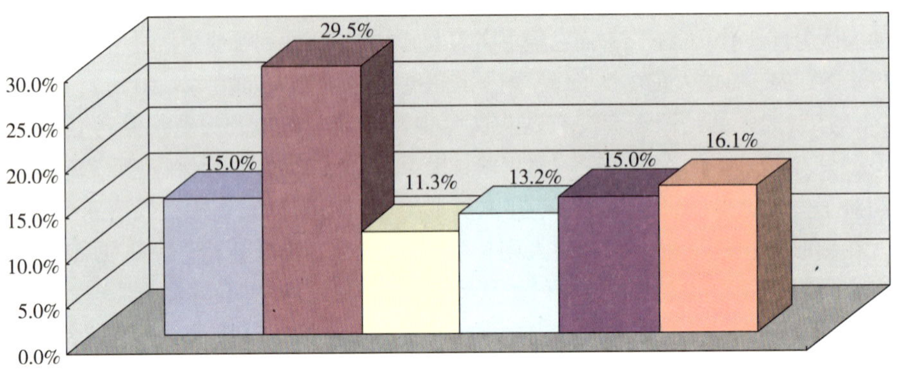

图 3－5　低收入居民搬入现住房的时间段

图 3－6　重庆市中心某低收入居民聚居区建筑全貌（重庆十八梯）

考虑到被调查对象大都是在重庆市居住生活了一辈子的居民，几十年的时间有可能使他们的居所产生一些特别的情形，为更加全面地了解被调查者所拥有的房屋情况，本次研究在调查问卷中还特别询问了他们是否有其他居所。

92.4% 的居民在本市没有其他产权属于自己的房屋。只有 7.6% 的被访者表示还另有住房，但其中的 84.8% 表示只有一处，且面积小于 60 平方米的超过 68.9%，大部分是亲戚在居住（35.5%），出租给他人居住的（有收入）占 38.7%。此外，98.3% 和 97.8% 的被调查对象在其他城市或农村都没有产权属于自己的住房，即使有的也大都只有一处住房且面积较小，一般都是亲戚在居住，出租谋利的并不多（9.1%）。

以上数据说明，**大部分城市最低收入者都只在城市里拥有一处居住了数十年的房屋**，一旦现居所发生任何不测事件，他们将无家可归。

2）房屋的建筑类型

被调查的住宅有 79.3% 都是属于自建简易房的类型，建造年代又距今较为久远，不仅建筑平面功能不能适应当代生活的需要，建筑结构安全性也十分脆弱（图 3－7）。正因为如此，本次调研未对调研对象的住宅进行套型平面图的记录。

同时，超过87.6%的住户住在3层及3层以下的位置，4层及以上的只占12.4%，与前述房屋建筑类型的比例结合起来考虑可以发现，被调查者的现住房主要就是这种3层以下的简易自建房。

图3-7 年代久远、结构脆弱的低收入居民住房（重庆十八梯厚慈街）

3）居住建筑面积

被调查的住户中，超过48.4%的住宅建筑面积小于30平方米，36.2%的住宅建筑面积在30~60平方米之间，超过60平方米的占15.4%（图3-8）；而他们搬进现居所以前的住宅有75.4%建筑面积小于30平方米，超过60平方米的仅占住区的5.5%，可见搬进现有住宅对这些居民自身来说，居住条件已经得到了很大改善。

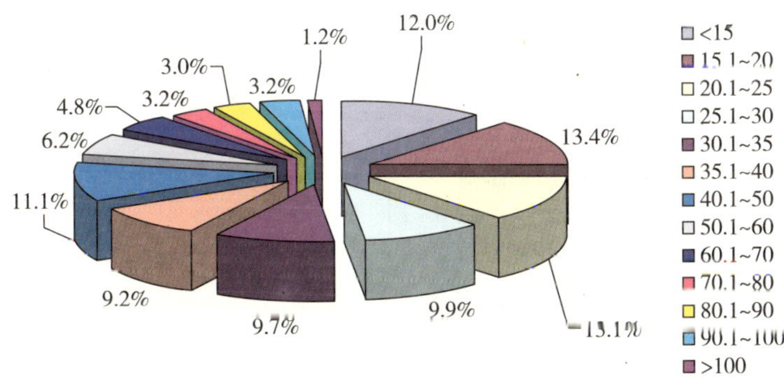

图3-8 低收入居民现住宅的建筑面积

同时，调查居民的人均建筑面积小于8平方米的有42.7%，8~16平方米的有36.6%，人均建筑面积超过16平方米的仅占20.7%（图3-9），而2000年的重庆城市居民居住面积指标达到了“人均房屋居住面积10.72平方米”[1]，折算成建筑面积大约是19平方米，也有统计认为重庆市2000年“人均住房建筑面积”达到了26.67平方米[2]。与此相比，**城市最低收入阶层的住房面积水平显然远远低于了城市的平均水平。**

1 重庆市统计局，国家统计局重庆调查总队．重庆统计年鉴2007［M］．北京：中国统计出版社，2007：150.

2 国务院人口普查办公室，国家统计局人口和社会科技统计司编．中国2000年人口普查资料（上）［R］．2004-06-24.

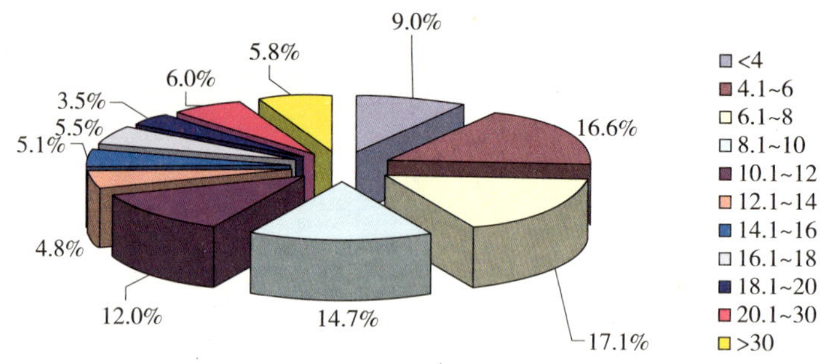

图3－9　低收入居民的人均住宅建筑面积

4）住宅套型与功能

除了厨房、厕所、楼道以外，超过76.7%的住宅拥有两个以上的房间，只有1.1%的需要与其他家庭共用一间房（图3－10）；成套单元房中的住户有92.7%是自家独立居住。

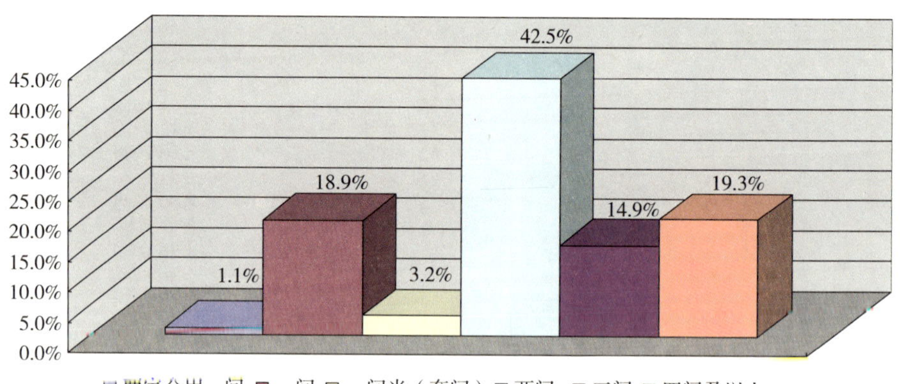

图3－10　低收入居民住宅套型的居室数量

住宅中厨房自用率达到64.8%，但没有厨房的也有26.2%，其余9%为与他人合用厨房。卫生条件相对较差（图3－11），自家独用厕所的仅占26.8%，楼内合用或使用室外公共厕所的占36.5%，甚至还有高达36.7%的住宅及其附近没有厕所。

住宅污水仅有51.2%是有组织地排入污水管道中，30.6%只能排入室外明沟，另有16.1%的污水自由排到室外（图3－12）。垃圾处理方式则有86.2%是散倒或袋装后倒入室外垃圾堆，仅有10.9%的垃圾进入了机械式垃圾桶或袋装分类处理。

室内设施方面，94.8%的住宅没有浴缸，69.6%的连淋浴设施也没有，仅有27.8%的住宅有独用淋浴设施。自来水入户率达到94.5%。78.2%的住宅没有阳台。在重庆市这样一个20世纪70年代就开始铺装管道煤气设施的城市的市中心，低收入居民中高达58%的家庭没有管道煤气，管道煤气独自拥有率仅有41.4%，瓶装煤气拥有率也仅为28.4%（图3-13）。

以上数据说明：①低收入聚居区居民们的住宅建造时代久远、质量堪虞，基本功能和设备设施配套不完善，只能大体满足居民们的基本生活需要；②以小康生活水平对住宅的要求来衡量，低收入居民住宅的卫生设备配套有明显的差距，住宅完整成套率较低，厕所独用率以及洗浴设施配套率更是明显偏低，污水排放和垃圾处理方式很不卫生，总体卫生条件较差；③住宅基本没有阳台，意味着住户洗晾衣物大多得占用公共空间，更加剧了城市空间的混乱。

图3-11　露天的厨房与卫生设施
（重庆石板坡）

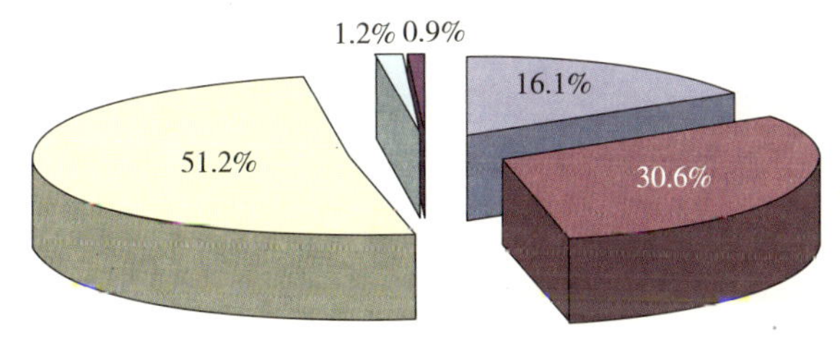

图3-12　低收入居民住宅排水方式

5）对现有住房及环境的满意程度与对拆迁安置的态度

（1）调查中，有80.2%的被访者认为过去5年其住房条件没有任何变化，认为有改善的占17.5%；有80.3%的居民对现住房条件不满意，满意的只有19.7%；希望房屋被拆迁的占79.3%，而不希望拆迁的有20.3%（图3-14）。对现有住房的面积、房屋结构和室内设施分别有64.4%、67.5%和68.1%的住户表示不满意或很不满意。可见长期以来这些居民居住条件的改善大多数处于一种基本停滞的状态。他们大都对目前的住宅条件表示不满，希望房屋能够被拆迁重建。

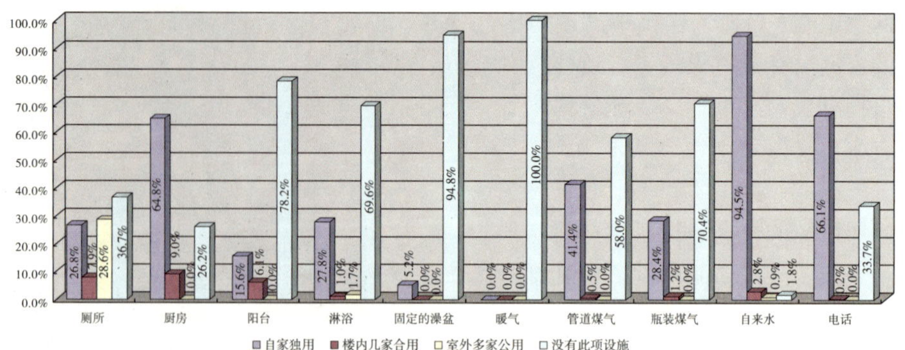

图 3－13　低收入居民住宅卫生及设备条件

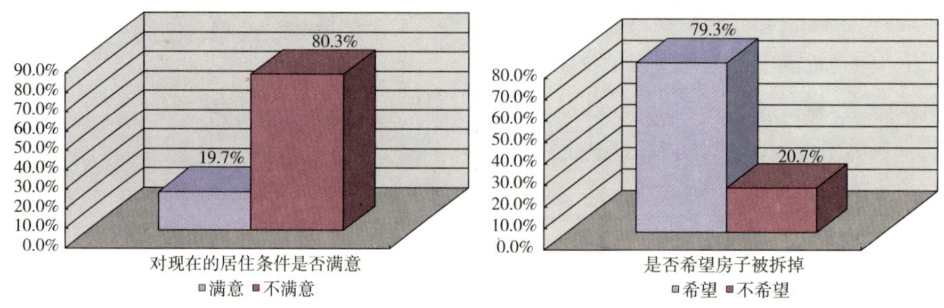

图 3－14　低收入居民对现住宅的态度

（2）尽管被调查者大多数对住房条件本身很不满意，但他们对现有住房所处的社会环境却表现出了截然不同的态度。对居住地段有 57.2% 的人是表示满意的，表示不满的只有 23.1%；对邻里关系表示满意的高达 83%，不满意的仅 1.2%；对本地社会治安表示满意或不满意的基本持平，分别是 34.9% 和 34.5%；而对于上下班交通情况、农贸市场、商业、医疗服务、学校等基本生活配套情况均有超过 50% 的居民表示满意或非常满意，表示不满意的一般都只在 20% 上下（图 3－15）。**这充分显示了一般城市最低收入阶层所聚居的区域往往具有良好的社会、人际关系，较好和较方便的生活配套服务，是很有生活活力的聚居区**，而并非外人想象的外表看上去的那么“脏乱差”。

（3）对照上述两部分数据可以充分说明下列数据产生的原因：与强烈的被拆迁愿望同时展现的是超过 83.4% 的被调查者希望拆迁后能进行房屋实物安置，74.6% 的居民希望能返回原住地。这对于我国大规模的城市更新中拆迁、还建、安置的政策制定，城市规划与建设中如何“以人为本”，考虑人民群众的原有生活环境、生活习惯和根本利益无疑具有重要的参考意义。

6）房屋产权与住宅经济

由于城市最低收入居民聚居区大多经过数十年的变迁，加上房改以来各种渠道的资金和房改方式进入房地产市场，被调查的房屋产权成分可以说是相当复杂，仅笔者调查的区域房屋产权就有继承遗产的祖传私房（17.9%）、购买他人

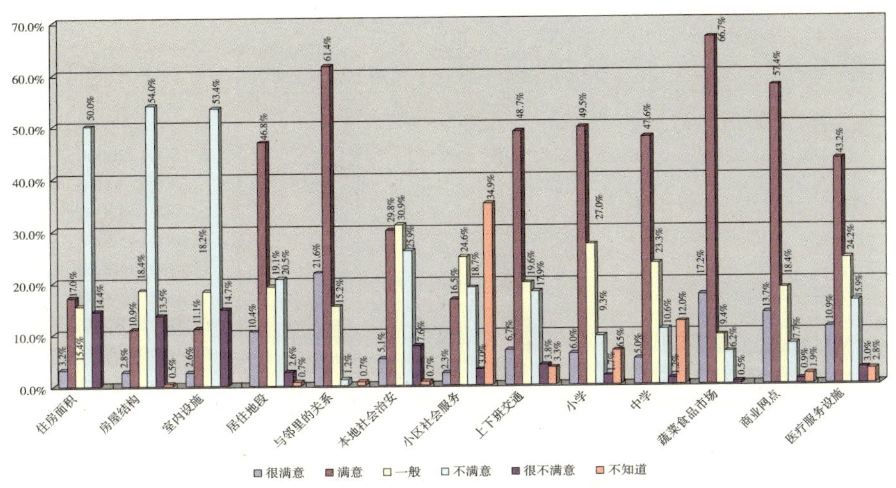

图3－15　低收入居民对现居住地各项条件的满意度

的私房（20.9%）、租赁私房（包括公房转租，3.2%）、租赁的拆迁安置房（0.5%）、已经购买的拆迁安置房（0.9%）、租赁统管（房管所）公房（21.6%）、社会集资合作建房（0.9%）、租赁单位公房（12.6%）、单位集资建房（3.7%）、部分产权已售公房（0.2%）、全部产权已售公房（4.8%）、自购安居经济实用房（4.4%）、自购商品房（0.2%）等10余种，另有8.3%的被调查者不清楚其房屋产权状况。如果简单按照住户是否自己拥有产权（包括可继承的居住权）来区分，自有房约占53.2%、租赁房及其他约占46.8%（图3－16）。

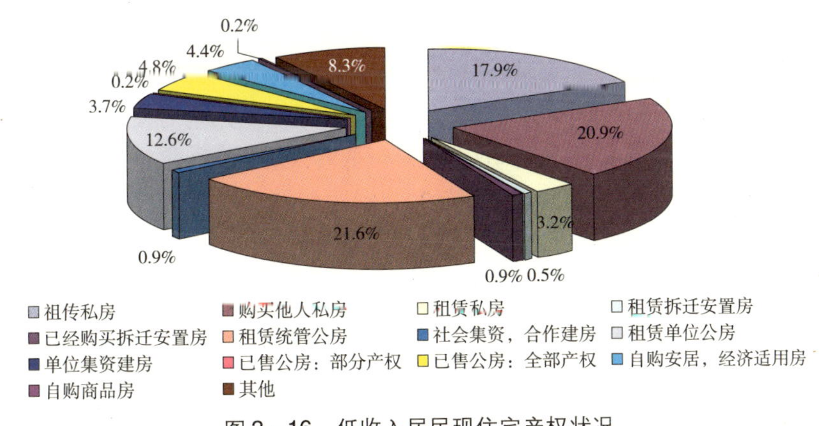

图3－16　低收入居民现住宅产权状况

产权的复杂性导致了这些地区实施改造时的意见分歧并最终导致城市更新过程中拆迁的重重矛盾，类似事件全国各地屡有报道，本书不赘述[1]。

1　王军．城市拆迁之惑［J］．瞭望，2005（6）：13.

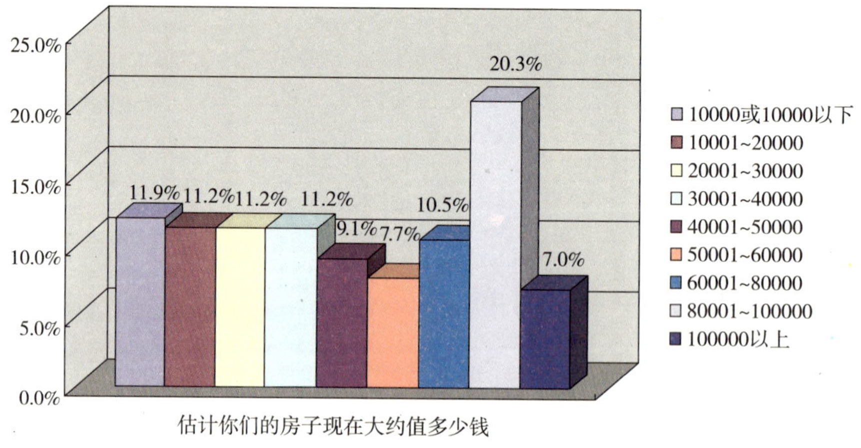

图 3－17　低收入居民现住宅估价

在问及被调查者为何不购买所租住的公房时，51.3%的回答是“单位不卖”，而31.6%的回答是“买不起”，这显示了一方面房改政策尚有可改进之处，另一方面也再次显示了作为城市最低收入阶层的居民要求其走“买房”这唯一的一条路未免过于强人所难了。

对自有住宅的估价，仅有7%的人认为价值超过10万元，认为低于5万元的有54.6%（图3－17），这意味着以当时当地的房屋市场价格来计算，大部分居民出售其现有住房所获得的收入只能购买不超过20平方米的商品房，居住面积条件还不如现在的住房。

在购买了房屋产权的被调查者中，仅有6.4%的人购房资金来源于拆迁安置费、银行贷款或公积金贷款，其余93.6%的人都是个人储蓄或私人赞助、借贷，可见在城市住房制度的改革过程中，住宅金融业因为对象偿还能力明显不足等种种原因，还远未覆盖到这些城市最低收入阶层。

在居民家庭消费分类比例中（图3－18），62.6%的居民认为饮食是其家

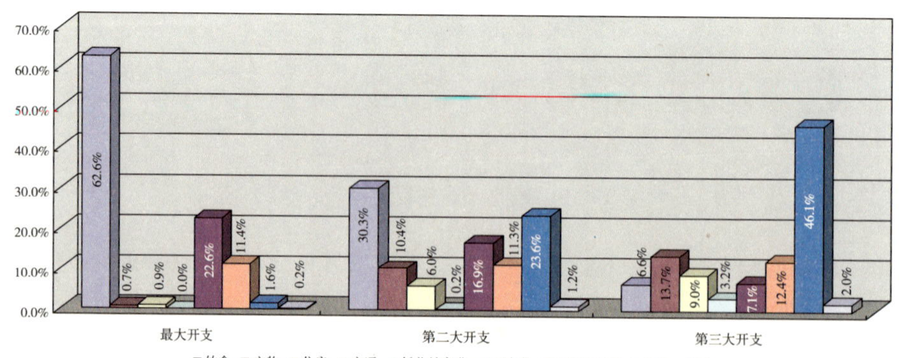

图 3－18　低收入居民家庭消费开支分类比例

庭第一大消费，仅有0.9%的家庭认为住房消费是其家庭消费第一大开支；30.3%的居民认为饮食消费是其家庭第二大开支，有6%的家庭认为住房消费占其家庭消费第二位；有9%的家庭认为住房消费占其家庭消费第三位。综合来看，在现有住房产权结构下，住房消费本身对城市最低收入居民来说还不算是很大的负担，最高的仍然是饮食部分，这也符合这类贫困家庭恩格尔系数通常较高的预期。

在住房消费额度方面，被调查者每月消费大都不高，每月住房消费在20元以下的1995年占73.2%（不含“没有任何住房消费”的部分，其余均同），1997年占66.5%，2000年占58.9%（图3－19）；住房消费占居民家庭每月总收入的比例为3%的被调查者数目1995年是68.5%，1997年是66.9%，2000年是58.9%，这两组数字都呈递减趋势；而住房消费所占家庭月收入的比例超过10%的数量1995年为13.6%，1997年为14.9%，2000年为21.6%，呈上升趋势（图3－20）。**综合对比这三组数据可以看出，城市低收入居民的住房消费虽然大部分绝对数字不是很高，但随着城市经济的发展，物价水平逐渐升高，城市最低收入居民住房消费的增长幅度明显大于其家庭收入的增长幅**

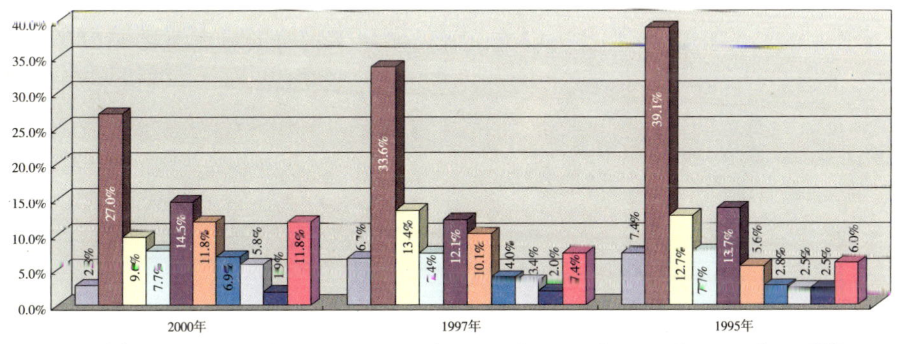

图3－19　低收入居民家庭住房消费月支出金额

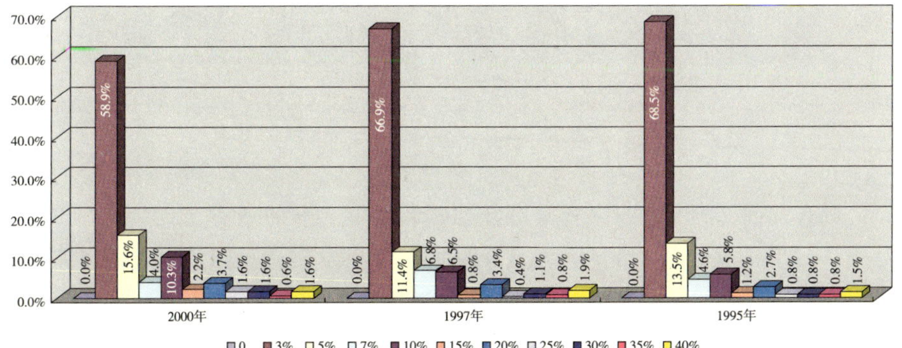

图3－20　低收入居民家庭住房消费占家庭总收入的百分比

度，这笔消费占其家庭月收入的比例在逐年上升，长期下去将导致住房消费成为影响居民生活水平的重要因素。

对大多数低收入居民（90.1%）而言，现住房仅能满足其居住生活需求而已，有9.9%的居民在利用部分住房从事有收入的家庭经济活动，但大部分也仅限于一些小型商业活动，从调查区域来观察，收入不会太高，这在少数有其他房屋出租收入的被调查者每月收入在300元以下的占到了82.2%中也可得到验证。

7）家庭经济收入

61.3%的家庭除了户主及其配偶以外，其他人没有经济收入，在其他人有收入的家庭中（38.7%），超过80%的只有1~2人有收入，对比一般低收入家庭人口数量可以发现（5人以上的家庭占25.4%），城市低收入家庭大多数都只能依靠1~2人的经济收入支撑家庭生活，供养负担很重。

户主月收入在100~600元之间的占76.6%，其中200~400元的占49.2%；户主配偶月收入在100~600元之间的占63.3%，其中200~400元的占38.4%；家庭中其他人有收入的相对数量和比例比较分散，100~600元之间的占34.9%，600元以上的占28.6%，其中月收入1000元以上的仅占9.5%（图3-21）。对比2000年重庆市城市居民"年平均每人可支配收入6176.30元"[1]的数字可以看出，笔者调查的对象家庭绝大多数都远远处于城市平均收入线以下，是真正的最低收入家庭。同时，家庭里如果有多人取得经济收入，对其家庭生活的改善帮助作用很大。

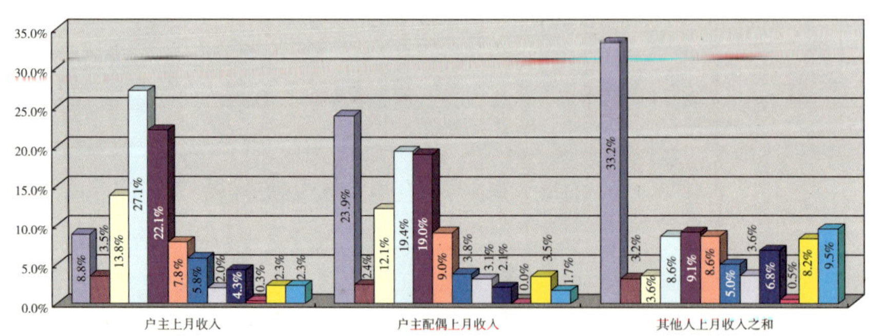

图3-21　低收入居民家庭收入水平

调查发现，70.6%的家庭没有任何银行存款，有银行存款的29.4%的家庭中92.6%的存款额少于3万元，并且47.8%的家庭不足5000元，与此同时

1　重庆市统计局，国家统计局重庆调查总队．重庆统计年鉴2007［M］．北京：中国统计出版社，2007：143.

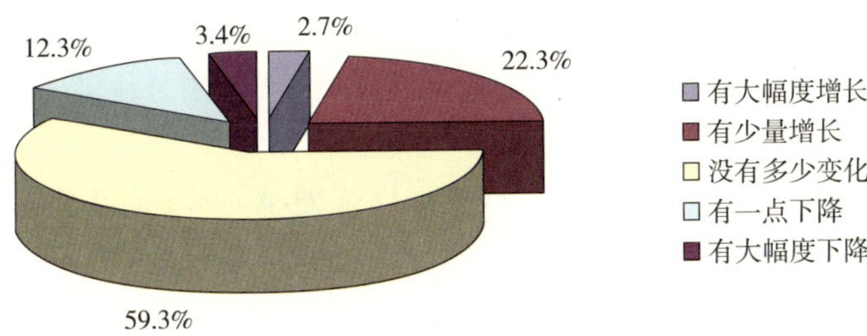

图 3－22 低收入居民近年来生活水平的变化

重庆市“城乡居民年度人均人民币储蓄存款余额”是 3511 元[1]。存款数量远低于城乡统计平均数不仅意味着这些家庭本身的贫穷，同时还意味着一旦遭遇任何风险，如果没有及时而可靠的社会救助，这些家庭就可能面临灭顶之灾！

在调查之前的两年中，家庭总收入有增长的有 21.8%，61.1% 的家庭收入没有多少变化，有 16.4% 的家庭收入在下降；同时，认为自己的家庭生活水平有增长的占 25%，持平的有 59.3%，而认为生活水平有下降的占到了 15.7%（图 3－22）。这再次说明**在国家宏观经济高速增长的同时，城市最低收入居民却大都没有享受到高增长带来的好处，甚至成了社会的牺牲品。**

8）住房政策

本书研究过程中进行的社会调查是在国家已经正式逐步停止了住房实物分配，实行货币化分房两年以后进行的，然而从调查中可以很明显地看出，对城市最低收入阶层的居民而言，似乎政策与他们无关。

仅有 35.6% 的住户对现行住房政策有表态，其中 18.2% 表示赞成，17.4% 表示反对，基本持平；有 23.4% 的住户认为与己无关，而多达 41% 的住户根本不知道有这样的政策（图 3－23）。对于住房货币化分配对自己住房的影响，有 55.4% 的人不知道会有什么影响，25.5% 的人认为不会有什么影响，

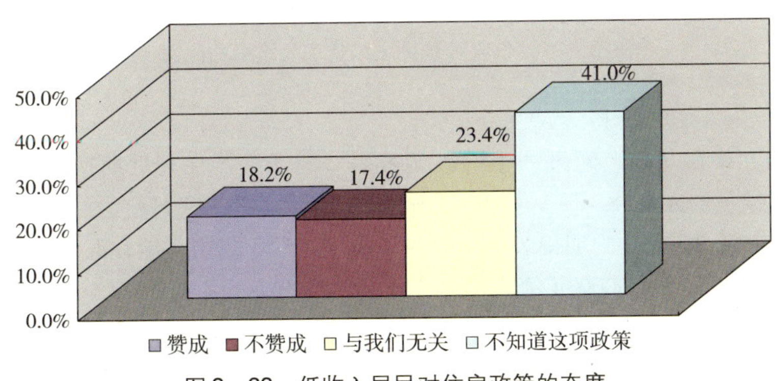

图 3－23 低收入居民对住房政策的态度

1 重庆市统计局，国家统计局重庆调查总队．重庆统计年鉴 2007［M］．北京：中国统计出版社，2007：143.

仅有8.3%的人认为对改善自己的住房条件会有积极的影响，同时9.5%的人认为从此失去了单位分房的机会，可以说大多数人都不看好住房货币化分配这一政策。

有89.9%的户主、95.3%的户主配偶以及94.3%的家庭其他成员从未交过住房公积金（图3－24）；在那些缴纳了住房公积金的被调查者中，大部分是1995年以后开始缴纳的，虽然超过95%以上的人在开始之后就没有中断过，但超过70%的人每月交纳比例都不超过每月工资的10%，数额大都在30元以下，至调查时公积金的积存数大多在2000元以下且半数左右仅有不到500元。与此同时，在住房补贴政策方面，97.4%的户主没有领取过房租补贴，96.9%的没有领取过住房货币化补贴，超过98%的户主配偶或家中其他人也从未领取过这两项补贴。几组数字充分说明，**住房公积金制度和住房补贴制度的覆盖率跟保障力度都有较大的缺口。**

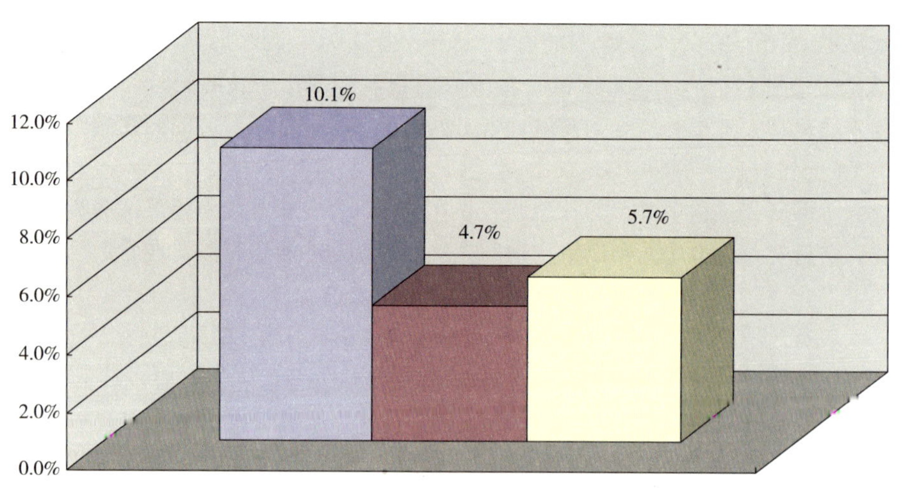

图3－24　低收入居民缴纳住房公积金的比例

9）未来住房需求

（1）换房意愿。超过一半的被调查者（51.6%）没有近期换房的打算，在打算换房的人（48.4%）中有69.6%不知道自己什么时候会换房（5年以上），有14.2%的住户明确表示半年内会换房；近5年内可能在改善现有居住条件上投入不超过5000元的占67.5%，超过2万元的不过10.2%。换房的主要原因是为了改善居住条件和居住环境（81.2%），也有部分（9.8%）是因为现房屋拆迁或其他原因不能再住了（图3－25）。超过76.7%的不愿换房者是因为没有足够的资金支持，显示这些居民并非不愿而是不能换房。不管怎样，这组数字说明无论因为什么原因，有相当数量的城市最低收入者短期内都不会换房，现在的居住条件和居住环境还将在未来较长时间内继续下去。

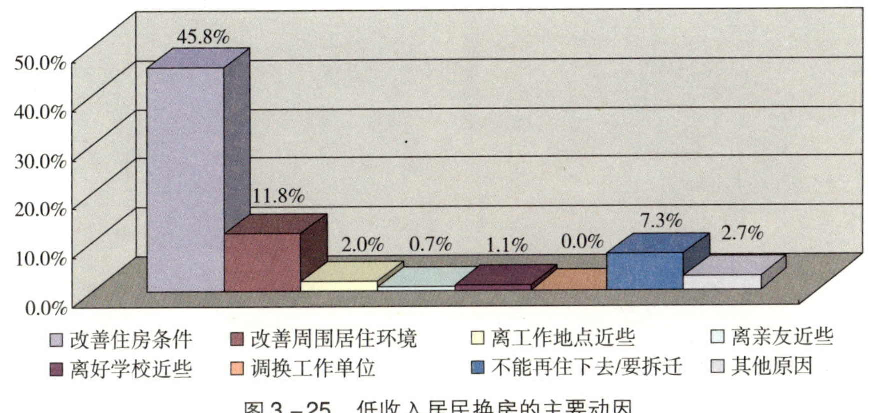

图 3－25　低收入居民换房的主要动因

（2）理想的房屋类型。在回答“根据现在的收入，下列何种住房可以负担得起”时，有 47.7% 的住户选择了“现在的住房”，22.1% 的住户选择“政府廉租房”，二者合计占 69.8%；其余 15.2% 的住户选择“购买经济适用房/安居房”，只有 14.5% 的住户选择购买市场上的商品房；而面对“如果以后收入提高了，下列哪种房子对你们最为理想”的问题时，仅有 8.1% 的住户选择“现在的住房”，选择“政府廉租房”的也仅有 7.8%，合计不过 15.9%；25.3% 的人会选择“购买经济适用房/安居房”，48.4% 的人选择了购买市场上的商品房，甚至有 20.4% 选择的是“购买中高档商品房”（图 3－26）。

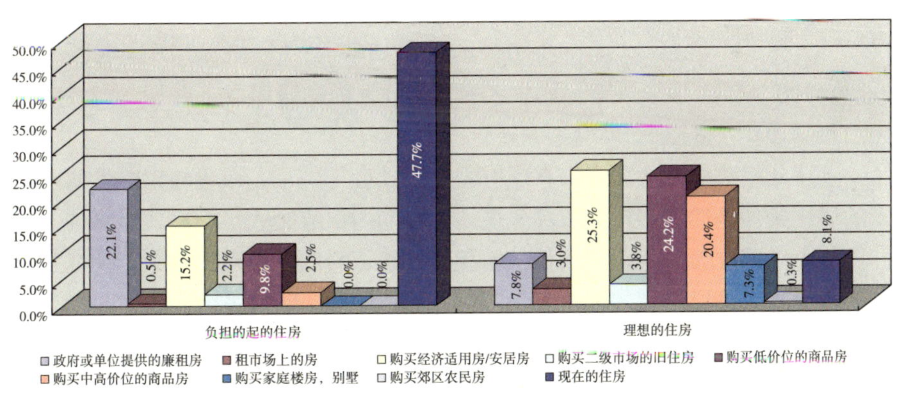

图 3－26　低收入居民理想和现实的住房类型选择

同时，在被调查的居民对“假如您家平均人均月收入达到 1000 元以上时最愿意首先解决的问题”的回答中有 24.2% 的住户选择了“就地改扩建住房”，19.4% 选择“改变居住地”，10.5% 选择“装修现住房”，合计多达 54.1% 的选择都与改善居住条件有关，另有 27.6% 的住户选择的“改善日常饮食条件”也展示了最低收入居民生活现状的窘困（图 3－27）。

在不考虑价格因素的条件下，被调查者最喜爱的住宅形式分别是“多层

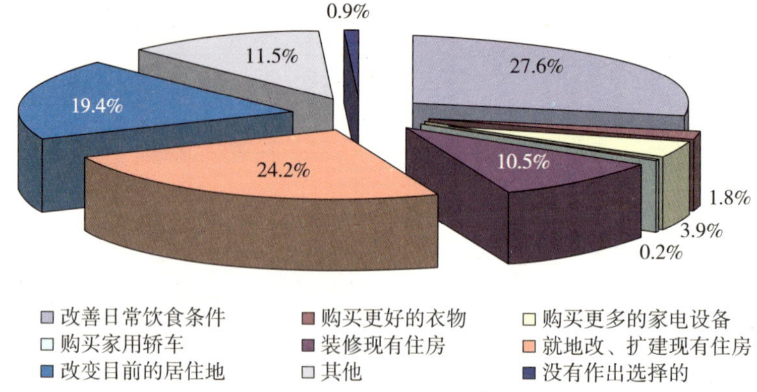

图3－27 低收入居民解决不同生活问题的迫切度

无电梯楼房”（36.8%）、“平房、院落式住房”（27.3%）和“带车库的别墅”（13.1%）。

（3）选房的重要因素。在被调查者选择“选房的重要因素”时，认为第一重要的选项里有26.6%的住户选择了“价格”，24.7%选择了“小区的环境、卫生和绿化”，23.3%选择了“建筑面积”，9.5%选择“房屋结构（功能）”；认为第二重要的选项里有27%的住户选择“建筑面积”，18.1%选择“房屋结构（功能）”，17.1%选择了“小区的环境、卫生和绿化”，11.8%选择了“价格”；认为第三重要的选项里有17.6%的住户选择了“小区的环境、卫生和绿化”，17.2%选择“建筑面积”，14.5%选择“房屋结构（功能）”，14.2%选择了“价格”。排在前四位的选项始终是“价格”、“建筑面积”、“结构功能”和“小区环境”四大因素，与普通商品房市场上购房者的要求并无二致（图3－28）。

上述几组数据发人深省。在现有经济、社会条件下，改善城市最低收入居民的居住条件显然不能走纯市场化道路，短期内依靠个人、家庭或市场的力量并不能太大地改善自身居住条件的希望，必须依靠政府合理的政策调控来实现城市最低收入阶层的“安居之梦”，这一政策所能提供给居民的必须尽量是面

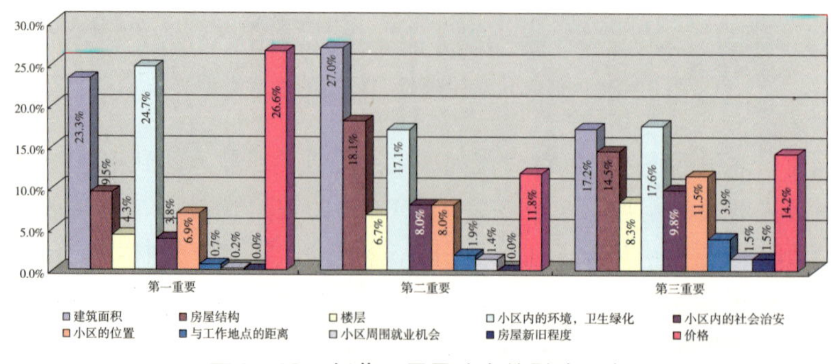

图3－28 低收入居民选房的影响因素

积适用、规划合理、设计得当、环境适宜的住房，因为那才是低收入居民理想中的住房，穷人也有梦想的权利！

（4）理想的住宅区域位置。对于重庆主城区的宜居区域，大部分居民都选择了城市的商业中心区附近（图3－29）。考虑到商业中心区生活的种种方便之处可以发现，**城市最低收入阶层的居民在对居住区域进行选择时还是把“工作生活方便”作为了首选。**

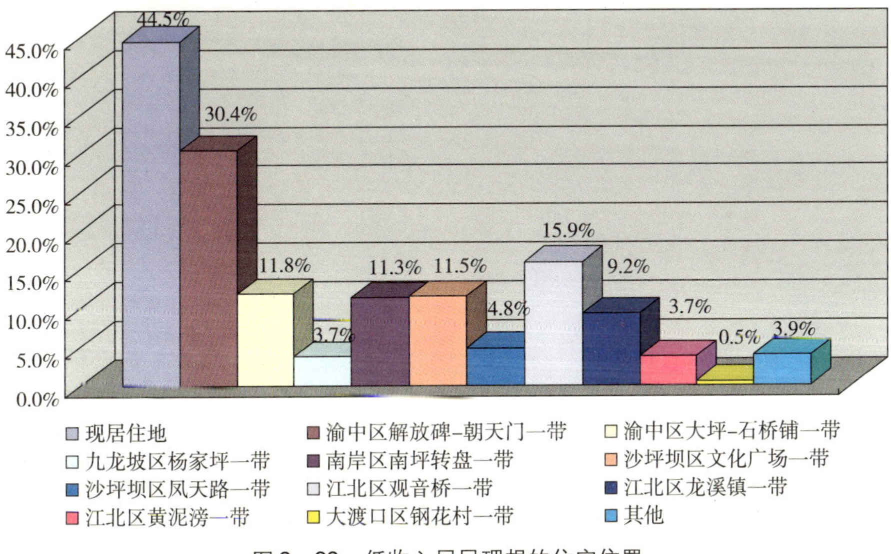

图3－29　低收入居民理想的住宅位置

（5）理想住宅套型与装修。在本次研究的社会调查中，特别设计了这样一个问题：“假设您已婚，您是否愿意长期与您的父母（或已婚子女）同住？”调查得到的答案是：50.9%的被访者表示不愿意，主要原因是“生活习惯、态度不同”（81.4%）和“容易引起家庭矛盾”（13.1%）；有40.6%的住户还是愿意长期与父母（或已婚子女）居住。**这组数字提醒我们在住宅建筑面积与套型设计时要注意兼顾不同户型，同样面积的住宅如果有多种套型可供选择将大大提高住宅的适应性，**这在被调查者对套型和面积的选择中也有同样的反映。

对于套型建筑面积和套型（图3－30），43.1%的被调查者选择了40～60平方米的二室一厅套型；而对60～90平方米的建筑面积，19.4%的住户选择了三室一厅，只有8.1%的选择二室二厅，说明城市低收入群体由于家庭人口相对较多，**在套型设计中更需要较多的卧室；**此外，选择40平方米以内的一室一厅和90～120平方米的三室二厅套型的住户分别有13.1%和7.4%，说明**相对较小和较大的套型也存在一定的需求。**

对于“今后可随生活变化”，在不多花钱的前提下有55.1%的住户愿意尝试，而一旦需要为此多付代价，愿意尝试者的比例立即下降到了34.8%（图

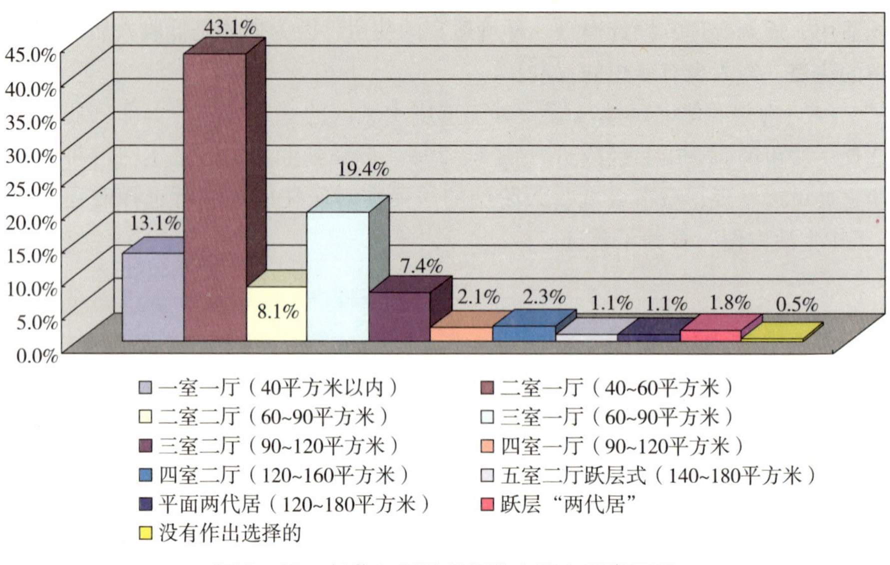

图3－30　低收入居民理想住宅的套型及面积

3－31)，显示低收入住户在经济条件有限的前提下并不愿意在某些不确定的问题上更多地花钱去尝试，这要求我们在为低收入群体进行住区和建筑设计时注意考虑经济性和实用性，不宜过于理想化，但对于有利于套型灵活性的大开间住宅，居民在不多花钱的条件下接受度较高，显示未来政府出资建设的廉租住房建筑也可以考虑一些新的有助于可持续发展的建筑技术。

对于租住的政府公房，66.6%的被调查者认为普通装修即可接受，但也有12%的选择了“初级精装修”，16.6%的选择了“初装修清水房”，可见虽然有部分低收入居民希望在室内空间上有较好的形象和自己个性的展示空间，但政府在提供廉租公房时达到最低入住标准即能满足多数居民的要求；对自购商品房，有超过一半的52.8%的住户认为普通装修即可，这也符合一般市民对商品房的装修期待。

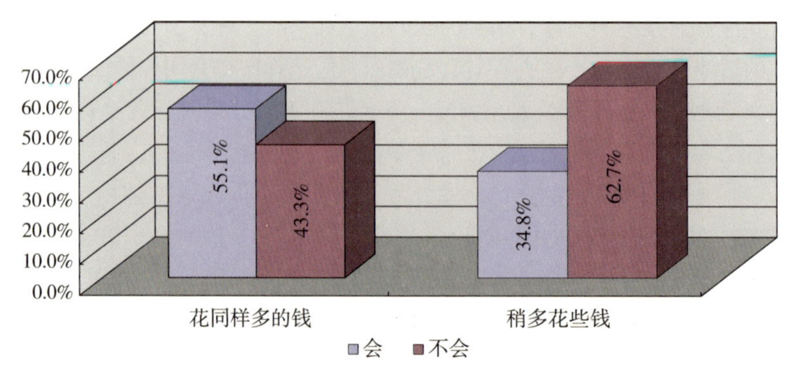

图3－31　低收入居民对新型住宅的态度

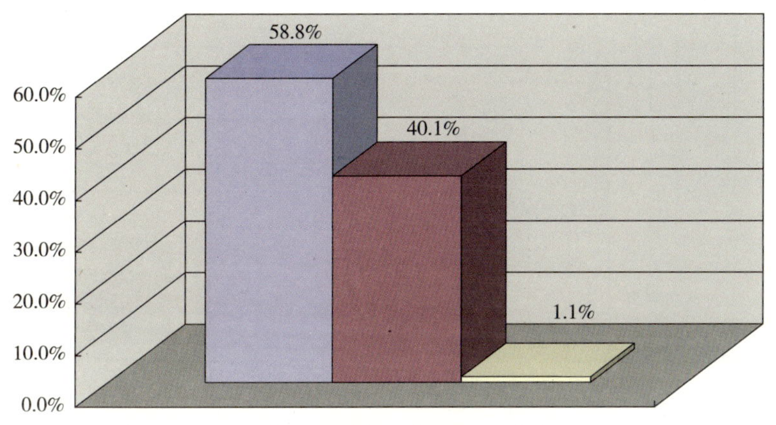

图 3－32 低收入居民对 DK 式厨房的接受度

（6）理想住宅的厨卫用房及设备空间。在保证使用面积的前提下，有 58. 8% 的被调查者表示愿意在厨房用餐（图 3－32[1]），主要原因是使用方便（72. 25%）和利于居室卫生（18. 4%）；而不愿意的 40. 1% 中有 90. 8% 的人是因为厨房油烟污染大，觉得进餐环境不佳。

对于卫生间的设备，62% 的住户选择蹲式便器，36. 9% 选择坐式便器；82. 9% 的住户选择淋浴，只有 16. 4% 的住户选择浴缸；而对卫生间的洗脸、洗澡和如厕三大主要功能的分隔方式选择则呈两个极端，47. 5% 的住户认为应该全部分开，22. 6% 的则认为可以不作任何分隔，选择将其中一种功能分隔开来的接近 10%（图 3－33）。**这些数据与现行规范的比较提示我们，符合我国住宅规范的基本配置能够满足城市最低收入居民对未来住宅内设备配置的期望。**

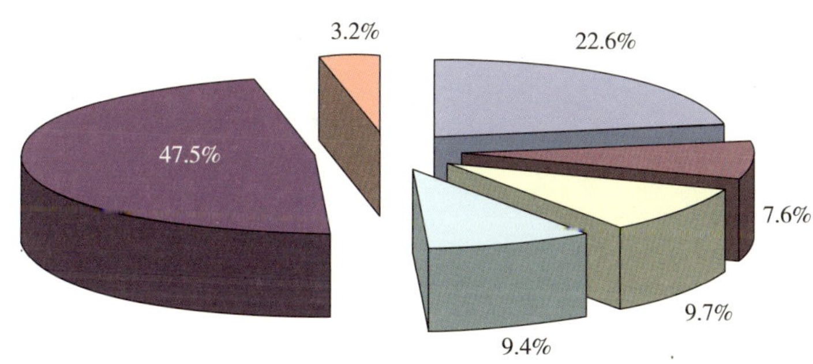

图 3－33 低收入居民对卫生间功能分隔的意愿

1 “DK 式厨房”是指炊事与就餐合用同一空间。见朱昌廉．住宅建筑设计原理［M］．第 2 版．北京：中国建筑工业出版社，1999：28－30.

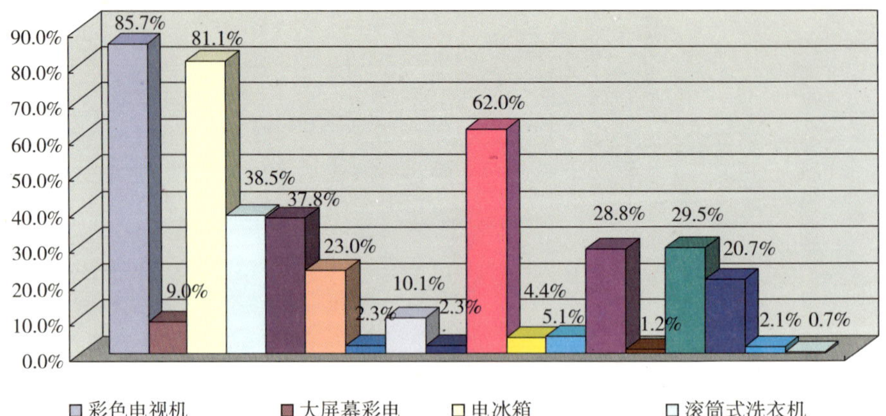

图 3－34　低收入居民家庭现有家电设备比例

图 3－35　简陋的居室中家电齐备（重庆土湾）

调查中，冰箱、彩电、电话、洗衣机、空调机、电脑等家电在低收入居民现有住宅中已有一定的拥有率（图 3－34、图 3－35），而未来的购买意愿中这几件最占空间或需要外界系统提供服务的家电设备也名列前茅（图 3－36），可见**未来为城市最低收入居民设计的住宅建筑中也必须考虑这些家电设备的适当摆放位置以及适宜的电气容量配备。**

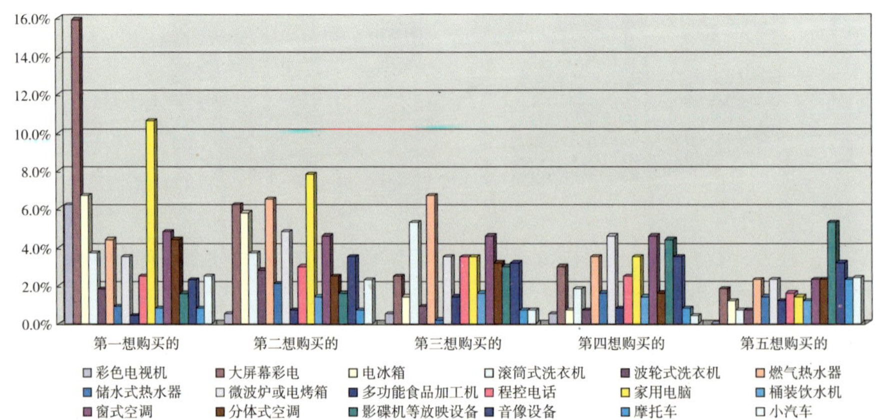

图 3－36　低收入居民家庭未来的家电购买意愿

3.2.3 第一次调研的基本结论

（1）改革开放巨大成就的背后是城市最低收入居民对社会救助十分迫切的需求。

从1949年直至20世纪80年代中后期，中国城市住房都是由社会主义国家计划体系统一调配的。同工作机会的“铁饭碗”一样，住房供给是社会主义体制下中国福利体系的重要组成部分，到20世纪80年代中期，80%以上的城市居民要么居住在工作单位提供的住房内，要么居住于政府修建的房屋当中。因此住房制度改革及住房商品化、私有化对社会及经济有着深远的影响。虽然改革开放给中国城市带来了根本性的转变，同时让大部分城市居民的生活水平得到了巨大的提高，但在过渡时期，不是所有的家庭都能获得平等的利益，贫富差距明显加大了。

在城市化过程中获益的群体大都是政府和大型国营企事业单位的人们（例如政府公务员），同政府部门有着密切联系的群体（如学校及专业研究机构）也是改革进程中的巨大受益者。而那些从古至今同政府部门联系甚微（如企事业单位的工人），或者是根本同政府部门没有直接关系的群体（包括集体单位的工人），则在改革进程中没有获得任何利益，甚至有些人发现在这一过程中他们的利益被侵占或削弱了。其结果就是传统工业部门中的非技术性工人、无业人群以及集体单位的绝大部分工人成为城市最低收入居民的主要组成部分。他们当中的大部分都居住在老旧的居住区以及已破产单位的住宅区中。尽管也许近在咫尺，但这些贫民区（一般包含几百甚至几千户家庭）已经同城市现代繁华的商住区有了明确的物理或心理区隔。

调查发现，任何年龄阶段均有城市最低收入阶层居民的贫困家庭，但老年家庭和青年家庭相对趋于更加贫困。居住在同一套住宅中的代际关系主要为两代或三代，但受教育程度明显偏低，家庭人口偏多。家庭成员失业化、老龄化、病员化倾向非常明显。

城市最低收入家庭大多依靠1~2人的经济收入支撑4人以上的家庭生活，绝大多数收入都远远地处在城市的平均收入线以下，供养负担很重。大部分家庭没有任何银行存款，大部分居民曾经从事过的往往是工资收入不可能很高且很容易失业下岗的低端工作，多数人下岗失业后很难再找到工作。大部分人没有购买任何保险，政府救济也跟不上，更多的得靠居民自谋生路。

多数家庭认为，在调查之前的两年中自己的家庭收入“没有多少变化或在下降”，这说明了在国家宏观经济高速增长的同时，城市最低收入居民大都没有享受到高增长带来的好处，反而成了社会的牺牲品。调查充分说明，在重庆乃至整个中国经济高速发展的今天，城市贫富差距在迅速拉大，2002年国家统计局宣布全国平均的贫富差距基尼系数已经超过国际警戒线（0.40）达到了0.417[1]，而占到非农业人口10%左右的大量城市最低收入居民由于各种自身条件的限制谋生相当不易，急需政府社会救助政策进行完整而全面的支持。

（2）多数城市贫困人口的住房虽可维持生活，但离小康居住水平相差甚远，改变现状要求迫切但又希望维系原有的社会生活关系。

大部分城市最低收入者在城市里拥有一处居住了数十年的自建简易房类型的住宅，建造年代距今较为久远，建筑平面功能不能适应当代生活需要，建筑结构安全性也十分脆弱。住宅建筑面积大部分小于60平方米，一般都拥有两个以上的房间，人均建筑面积10平方米左右；自来水入户率超过9成，住宅厨房自用率较高，但天然气使用率不到一半；卫生条件较差，仅有3成住宅有独用淋浴设施，公用厕所居多，污水未经收集，垃圾也大都是露天堆放；大多数住宅没有阳台。总体来说住宅功能不全面，质量较差，只能大体满足居民们的基本生活需要。

大部分的被调查者因为没有足够的资金支持而无近期换房的打算，而且近5年内在改善现有居住条件上所投入的金额大多也不超过5000元，这显示城市最低收入居民目前的居住条件和居住环境还将在未来较长时间内继续下去，处于一种基本停滞的状态。多数居民对现有住房条件不满意，在希望房屋能够拆迁重建的同时，又对现有住房所处的社会环境表示了高度认同，大部分居民希望拆迁后能进行房屋实物安置并返回原住地。这主要源于他们长久以来聚居的区域所形成的良好的社会、人际关系，以及具有较好和较方便的生活配套服务。这些社区其实是很有生活活力的聚居区，在我国大规模的城市更新中如何把拆迁、还建、安置的政策制定、城市规划与真正“以人为本”，考虑人民群众的原有生活环境、生活习惯相结合无疑是需要认真思考的。

（3）城市低收入居民聚居区房屋产权复杂，住房几乎是这些居民仅有的财产，改造更新需谨慎。

城市最低收入居民聚居区经过数十年的变迁和房改以来以各种渠道或方式进入房地产市场，使城市低收入聚居区的房屋产权成分变得非常复杂。在现有住房产权结构下，虽然随着城市经济的发展和物价水平的逐渐提高，城市最低收入居民住房消费的增长幅度明显大于其家庭收入的增长幅度，但住房消费仍然是城市最低收入居民家庭消费中较小的部分。同时，在无法过多考虑住房所处地段的土地价值的前提下，由于建筑本身质量等问题，被调查者对自有住宅的估价均较低，现有住宅金融业因为对象偿还能力明显不足等种种原因还远未覆盖到这些城市的最低收入阶层，因此，大部分居民出售现有住房所获得的收入或拆迁所获得的补偿只能在当地购买远小于现住房面积的商品房，居住质量反

1　杨帆．中国贫富差距基尼系数超国际警戒线［N］．文汇报，2002-10-06.

而将大幅下降。这就造成了尽管居民本身有强烈的改善居住条件的意愿，但产权的复杂性、拆迁政策本身的不明确性和价值背反导致了这些地区的城市更新过程矛盾重重，显示今后应该更为慎重地对待城市低收入聚居区的更新改造。

（4）国家房改政策在最低收入居民中宣传不够，政策保障本身覆盖明显不足。

从调查中可以很明显地看出，对城市最低收入阶层的居民而言，似乎国家住房政策与他们无关。多数低收入居民都认为，住房制度改革政策和住房货币化分配对自己的住房不知道会有什么影响或不会有什么影响，绝大多数最低收入居民家庭成员中从未有人交过住房公积金或领取过房租补贴、住房货币化补贴，极少数缴纳公积金的累计数额甚至不够购买 1 平方米的商品住宅，显示国家房改过程中试图以住房公积金制度和住房补贴制度来保障最低收入居民的住房改善是没有效果的，其政策执行范围、覆盖率和保障力度都有较大的缺口。

（5）地方政府应尽快制定并实施可操作性强的城市最低收入居民住房保障制度，人均住房面积和套型应不低于其现有水平。

大多数城市最低收入居民认为自己“负担得起的住房”是“现在的住房”或“政府廉租房”，他们在住房消费上的承受限度一般在家庭收入的 10% 以下，显示在现有经济、社会条件下，改善城市最低收入居民居住条件的途径不能走纯市场化道路，城市最低收入居民依靠个人、家庭或市场的力量在短期内并不能带来太大的改善自身居住条件的希望，必须寄希望于政府的安居、廉租房制度惠及他们。

而在未来住房建设方面，价格、建筑面积、结构功能和小区环境四大因素将主要影响居民们的选房意愿，显示政府安居房和廉租房政策所能提供给居民的也必须是面积适用、规划合理、设计得当、环境适宜的住房，而居住区域的首选还是工作、生活方便的地段。

普通装修的多层无电梯楼房应该是多数低收入居民能够接受的基本住宅建筑形式。面积标准不低于目前低收入居民的多数住宅面积，经测算至少应该达到人均居住面积 6 平方米，这也是小康住宅的最低居住标准；套型面积为 25 ~ 60 平方米，套型中房间面积可以不大，但至少要有 2 居室到 4 居室，以适应低收入家庭人口结构相对复杂的要求。

（6）DK 式厨房有较高的接受度，个人卫生空间有要求分离的趋势。

在保证使用面积的前提下，多数被调查者表示愿意在厨房用餐，主要原因是使用方便，不污染其他空间并利于居室卫生。由于有调查显示在现有厨房面积基础上只要增加 2 平方米就可以实现厨房就餐[1]，笔者认为在政策性住房整

1　龙灏. 中国城市小康住宅模式及重庆地方性设计方案研究［D］. 重庆：重庆建筑工程学院，1993：23.

体面积偏小的情况下，应该通过DK式厨房的精心设计最大限度地提高厨房空间的利用率。

住宅中的个人卫生生活包括洗浴、便溺、盥洗和洗涤等四项内容，同在一个空间进行不仅互相干扰，也使空间利用率降低。随着居民生活水平和文明水准的提高，对于卫生间空间分隔和卫生设施的要求都有提高。调查表明，大多数低收入居民选择蹲式便器和淋浴，要求几种功能有所分隔。对比现行规范可以看出，符合我国住宅规范的基本配置即可满足城市最低收入居民对未来住宅内卫生设备配置的期望。

3.3 城市廉租房居民住房状况调研报告

3.3.1 调研情况概述

在第一次调研过去5年后，国家在住房保障方面已经顺应形势作出了很多重大决策。作为解决中国弱势群体住房需求的重要举措之一，2007年12月1日建设部、国土资源部、财政部等九部委联合颁发的《廉租住房保障办法》正式实施，替代了之前的几部相关法规，该办法旨在帮助更多无力购房的特困家庭解决居住难题。新的操作性更强的廉租住房管理办法充分表明中国政府对城市特殊困难家庭住房需求的高度关注，但伴随住房制度改革开始的廉租住房制度在中国尚处于起步阶段，资金渠道不稳定，保障方式不完善，覆盖范围比较小，许多城市甚至还没有把解决最低收入家庭住房问题纳入政府职能，也有的城市只关注房地产市场发展对当地经济的贡献，而忽视了廉租住房制度建设。新出台的廉租住房管理办法特别强化了地方政府在解决最低收入家庭住房问题中的职责和作用，并明确提出政府财政支持是建立廉租住房制度的最主要的资金来源。此外，新管理办法还结合北京、上海等城市的运行经验，倡导推广建立以发放住房租赁补贴为主、实物配租和租金核减为辅的多种保障方式，对于大多数符合条件的申请家庭由政府发放补贴，由其到市场上租赁住房，而对于孤、老、残、病等特殊群体，则由政府提供住房，按廉租住房租金标准收取租金，已承租公房的家庭则可给予租金减免。

在这样一个大背景下，重庆市的城市最低收入居民对国家的这一政策了解程度如何？重庆市的廉租房政策建立和执行情况如何？对比之前的第一次调研结果我们又能从中发现什么？带着这些疑问，笔者进行了“重庆市廉租房居民住房状况抽样调查”，试图对重庆市已建廉租房的使用现状以及享受廉租房实物配租的居民居住满意度进行深入的调查研究。

调研选择了重庆市九龙坡、江北以及南坪三个区，三个区的廉租房都具有一定的代表性。九龙坡区的华龙家园一、二期是重庆市较早投资修建的规模较大的廉租房小区（图3-37），还曾经作为廉租住房建设的典型被中央电视台报道过，这里居住的大部分人是原中梁山煤矿的下岗职工及家属。江北区的山水丽群是重庆市已建的较为成熟、完善的低收入人群聚居区（图3-38），小区中包含廉租房、低价租赁房和还建房，小区住户大部分是重庆江北城CBD改造拆迁户，由于以前住房被拆建而由政府集体安排至此，集中但偏远。南岸区的廉租房则分布较散，多建在远离道路的山上，且由于部分房屋配套设施不齐全（主要是没有通天然气、煤气等），所以入住率较前两个区为低。在九龙坡区、江北区以及南岸区分别调研了54户、73户和29户，共调查统计了156户廉租房居民的居住状况，同时调查员还对这些廉租住区的外部环境进行了调研记录。被调查的小区区位见图3-1。

图3-37　华龙家园小区一、二期卫星照片

图3-38　山水丽群小区卫星照片

3.3.2　廉租房居民的基本状况

1. 家庭人口及工作情况

被调查的总户数中，超过82.1%的家庭户主是被调查人或其配偶，这首先保证了后续调查数据的真实可靠性。户主及户主配偶大部分都持有“本市本处城镇户口”，也符合重庆市现行廉租住房申请的基本条件。

调查对象家庭成员以2～4人居多，分别占总数的24.4%、27.5%和25%（图3-39），户均约为3人。身份主要是“户主”、“户主的配偶”以及“户主的儿子或女儿”组成。被调查的家庭几乎全体家庭成员都居住在被调查的居所内，有家庭成员长期居住在外并仍需户主供养的不到11%，略低于第一次调查的13%。

在被调查的户主中，调查时年满60岁的占10.5%，满50岁的占29.7%，满40岁的占11.4%，满30岁的占18.9%，满20岁的占23.3%，显示廉租房住户中青壮年还是占了大多数。

在调研对象中，有家庭成员在工作的仅占总数的41.7%，其中工作人数不超过2人的超过97%；有下岗人员的家庭占总调查数的38.5%，其中超过

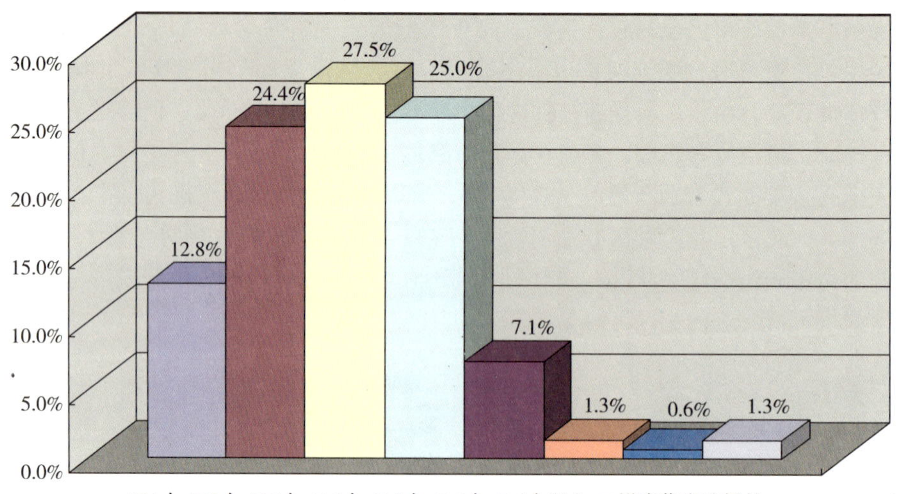

图3－39　廉租住房家庭人口数

91.6%的家庭有1～2人下岗；28.8%的家庭有离退休人员；33.97%的家庭里至少有1名学龄前儿童或正在上学的小孩；有17.31%的家庭里有1～2人长期患病需要他人照顾；有10.9%的家庭有住在其他地方但需要依靠他们资助而生活的人，一般是上学的子女或独居的父母；60.2%的家庭里收入最高者为户主。以上数据表明，大部分的被调研家庭收入主要依靠户主一人，其他家庭成员中有直接收入的人数较少，需要别人照顾、需要经济支持的家庭成员较多。

所有的被调研对象户主及其配偶的受教育程度都不高，"没上过学或未读完小学"、"小学毕业"以及"初中毕业"三个阶段的户主分别占到了16.0%、22.4%和46.2%。接近70%的户主身体"健康或基本健康"，其余大部分是"有病，不能工作，但生活可以自理"，只有极少部分人"长期有病，而且需要他人照顾"。

在工作方面，户主"从来没有工作过"、"失业或者下岗"以及"已经退休或者离休"的人分别占到总调研数的22.4%、34.6%和26.9%，合计达83.9%，显示廉租住房居民工作情况不容乐观（图3－40）。即使有过工作，其工作性质也主要是"给个体户打工"、"城镇集体企业"和"国营工厂"三大类别，且其中71.2%的都只是"普通工人，没有职称"。在没有退休的人中，"长期合同"和"打零工（钟点工）"人数相当；而已失业或者下岗的人则大部分都是"下岗后找到临时工作"、"正在寻找工作"以及"在家处理家务"。

在保险方面，28.8%的户主有医疗保险，22.4%有养老、退休保险，多达35.3%的人没有任何保险（图3－41），显示这些家庭的抗风险能力很差。

以上数据说明，廉租房居住区中的居民（户主或其配偶）大都是具有本市户口的城镇居民，这也符合现行廉租住房保障办法的规定。每户家庭人口基

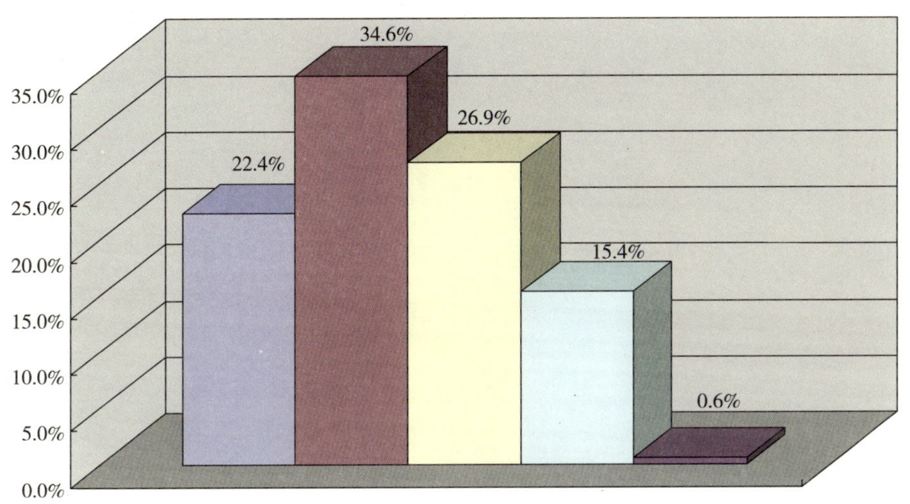

图 3－40　廉租住房户主的工作情况

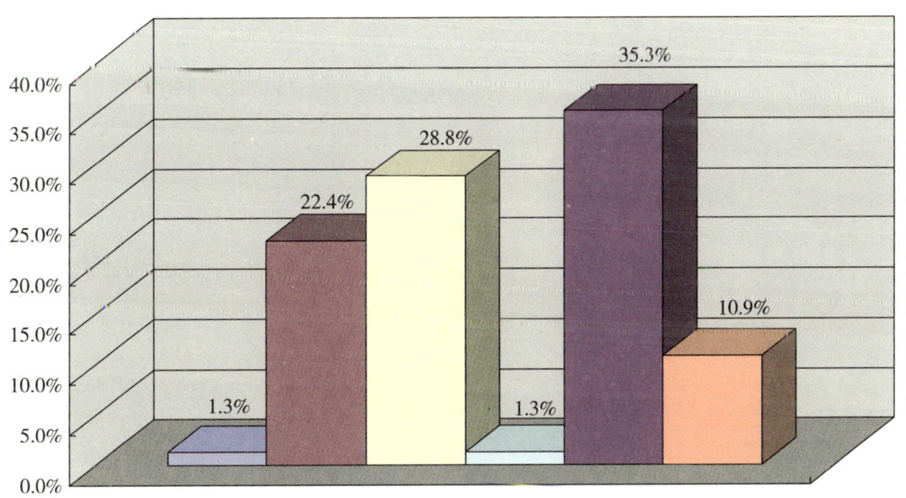

图 3－41　廉租住房户主购买保险比例

本与普通人家相似，为 2～4 人的主干型家庭，主要家庭成员均居住在一起。家庭主要劳动力基本健康但学历不高，拥有固定工作和经济收入的人不多，家中有下岗、退休赋闲在家或者有疾病不能出去工作的数量较多。因此这些家庭的经济收入不高，且不稳定，大部分人没有购买任何形式的社会保险或商业保险，家庭依靠政府发放的社会最低保障过日子。事实上，低保家庭也是目前重庆市政府申请廉租住房保障的前提条件之一。

2. 家庭经济状况

75.0% 的家庭除了户主及其配偶外其他人均没有经济收入（图 3－42）。

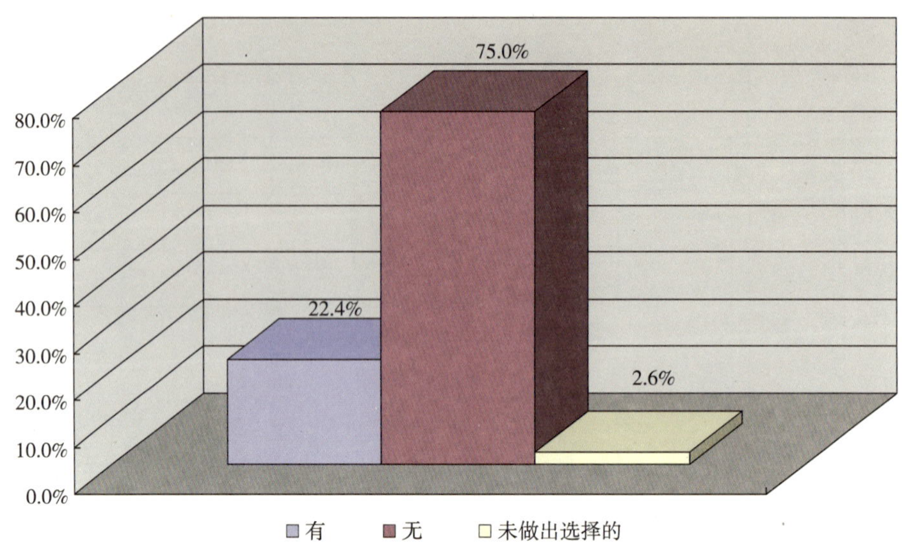

图 3-42　廉租住房居民家庭其他经济来源

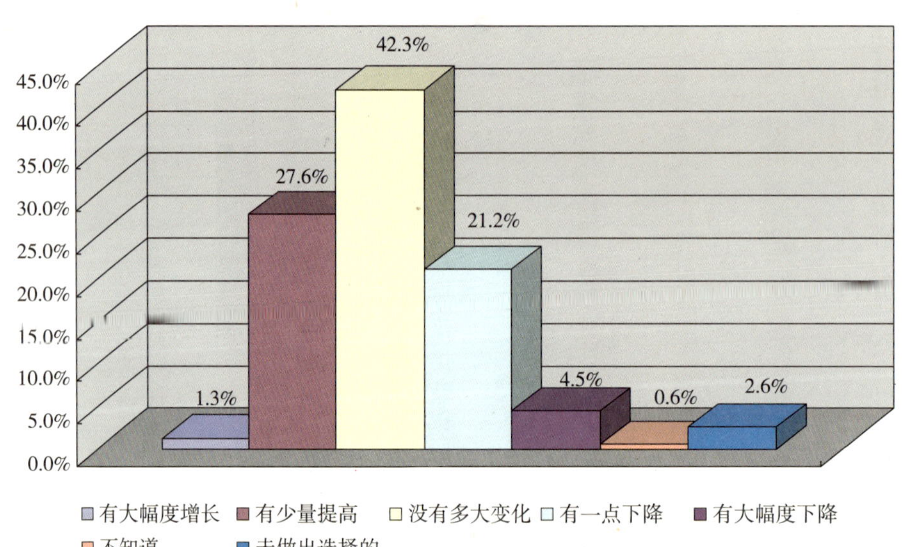

图 3-43　廉租住房居民家庭生活水平的变化

户主及其配偶的月收入大都在 200～300 元之间。主要原因是：按政策廉租住房申请者首先都必须是政府的最低生活保障对象，按当时的标准一般都是每月 240 元或者 260 元。70.5% 的家庭没有存款，有存款的家庭存款数也都低于 5000 元。在过去两年中，37.9% 的家庭总收入有增长，44.2% 的家庭没有多少变化，15.4% 的家庭收入有所下降；而认为生活水平方面有提高的家庭占 28.9%，42.3% 的家庭自认为没有多大变化，认为家庭生活水平有所下降的占到了 25.7%（图 3-43）。对比第一次调查中居民自认生活水平下降的 15.7%

的比例可以发现，廉租住房保障制度的执行虽然一定程度地改善了居民的家庭生活水平，但在贫富差距拉大的大环境作用下，居民自身的“幸福感”似乎在下降中。

调研发现，在家庭消费中，“饮食”是这些家庭每个月的最大开支，有69.9%的人选择此项；“住房”是第二大开支，有44.9%的人选择此项；“水煤电气费”是大部分家庭的第三大开支（图3－44）。这也印证了重庆市统计局的抽样调查中最低收入家庭的恩格尔系数尚未达到小康水平的数据。

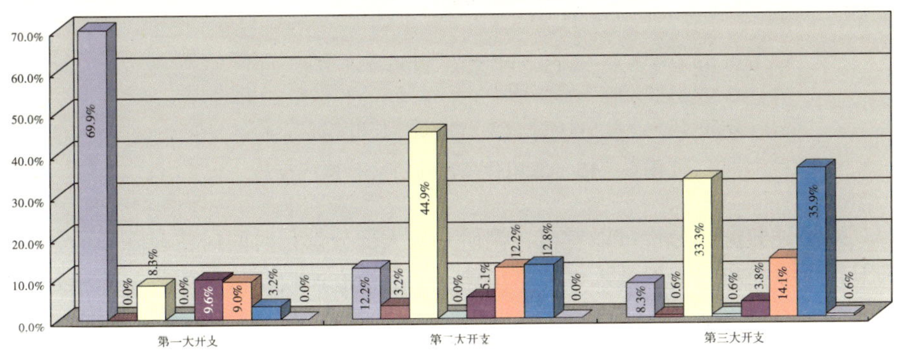

图3－44　廉租住房居民消费开支

综上所述，廉租房小区中的居民整体收入水平不高，基本没有存款。同时，他们的消费水平也偏低，大部分的家庭收入主要用于满足最基本的生活需要，其他开支基本没有保障。用笔者调查的华龙家园一位居民的话来说，就是：“我们根本不敢生病！”

3.3.3　廉租房居民的居住现状

1. 过去的住房状况

由于调研对象中包含了很多原重庆中梁山煤矿的下岗职工以及原重庆江北城旧城中的老居民，因此被调查对象39.7%的家庭原住房都是“本市其他单位住房”，17.9%的是“本市同一单位住房”。他们在原居住地居住的时间以“5～10年”、“10～15年”和“20～25年”的居多，分别占19.2%、17.9%和19.2%。这些住房面积都较小（图3－45），30平方米以下的占了总调研户数的49.3%，超过60平方米的仅有9%。

调研对象原来的住房类型62.8%都是“简易房，平房”，且以“一间”和“两间”的套型居多，分别有40.4%和39.1%。但成套住房的单独使用率较高，90.5%的家庭“没有与别人合住”。这些住房28.8%属于“租赁私房，含公房转租”，35.3%属于“租赁公房”，二者占了调研户数的六成以上，祖传私房也有12.2%的比例。这些房子最后大部分都是“被拆除”，显示调研对象多数确属拆迁安置对象，如果没有拆迁，其居住状态较为稳定。

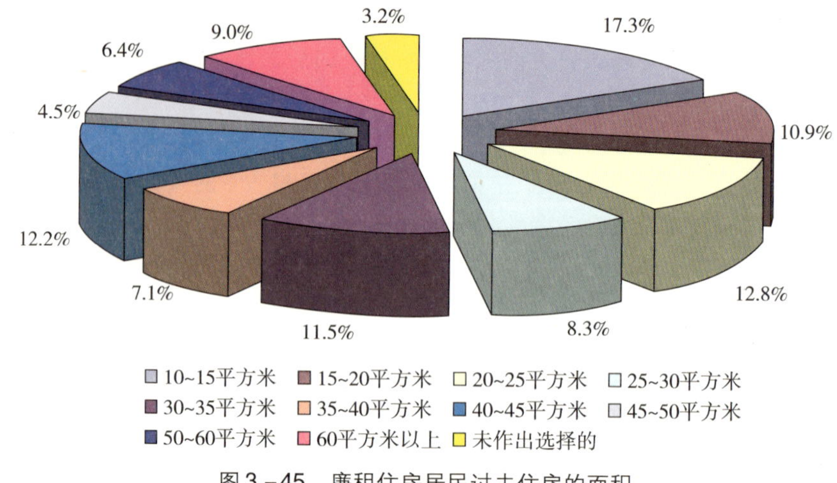

图3-45　廉租住房居民过去住房的面积

对上述数据的分析可以看出，调研对象大部分都长时间居住在陈旧的公房或私房中，面积不大但基本成套，虽然大部分没有产权，但居住稳定性相对还是较高的。

2. 现在的住房状况

由于调研的三个地区51.9%的廉租房都是2005年修建的，所以大部分调研对象都是2006~2007年搬入廉租房小区，所占比例分别是31.4%和44.9%。

由于调研的廉租住房是由各区自行投资建造的，各区经济发展水平和对廉租住房保障的重视程度各不相同，因此住房面积和类型的差异也较为明显。

图3-46　华龙家园小区主要建筑类型

九龙坡区华龙家园的建筑为6层无电梯的多层建筑，因此调查对象选择的房屋类型几乎都是“无电梯多层楼房”（图3-46）；住宅单套建筑面积主要以“16~20平方米”、“31~35平方米”以及“51~55平方米”三种标准为主，分别占调研的54户居民总数的22.2%、16.6%和16.6%，套型从一室户到两室一厅都有（图3-47）。

江北区山水丽群小区则因为最初修建的几栋廉租房都是“有电梯高层楼房”（图3-48），其中有些住宅的性质是“还建房”，所以面积相

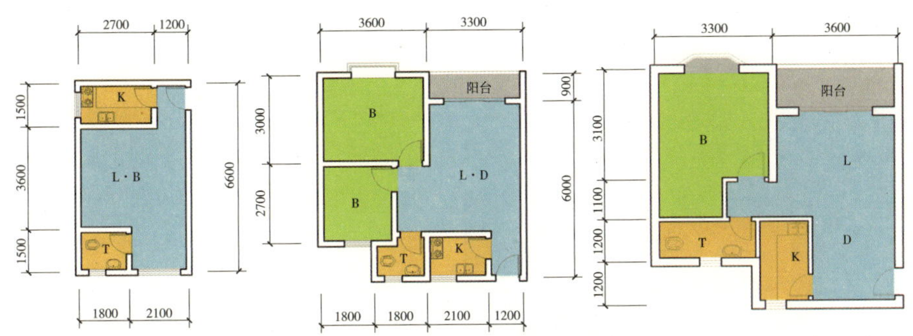

图 3－47　华龙家园小区部分住宅套型图

对较大。在调研的 73 户居民中，单套“31～35 平方米”和“60 平方米以上”的分别占了 15.1% 和 19.2%，其他较大面积的也有一定的比例，套型以一室一厅和两室一厅为主（图 3－49）。

图 3－48　山水丽群小区主要建筑类型

南岸区廉租房的修建时间较早、面积不大且品质较差，多为“无电梯多层楼房”（图 3－50），29 户居民中建筑面积“21～25 平方米”和“31～35 平方米”的分别占到了 30.9% 和 20.7%。

总体来看，现有廉租房建筑类型以多层为主，单套建筑面积超过 60 平方米的不多（仅有 10.4%），30 平方米以下的占 27.3%，30～50 平方米的占 50.7%，符合现行制度要求（图 3－51），套型则以一室一厅和两室一厅为主，有少量一室户和三室一厅的套型。96.8% 的被调研对象表示没有与别人合住，说明目前已建成的廉租房成套使用率较高。在现有套型建筑面积下，房

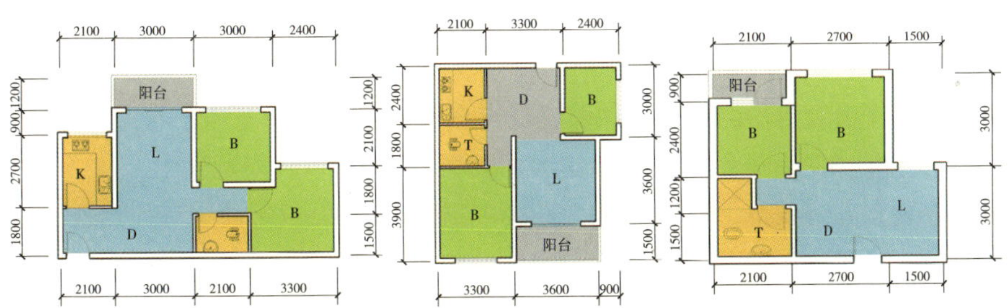

图 3－49　山水丽群小区部分住宅套型图

图3－50　南岸区弹子石某廉租房

屋的居住空间数量以“一间”和“两间”的占大多数，分别为32.7%和47.4%，由于廉租房小区中的家庭往往都是一家人挤在一套房屋内，现在的廉租房虽然可以满足居民的基本生活需要，但对比他们以前居住的房屋，居住空间数量并未增加多少，导**致调查中人们大都希望廉租房的面积标准能够加大并提供更多的居住空间，这对廉租住房建设提出了挑战。**

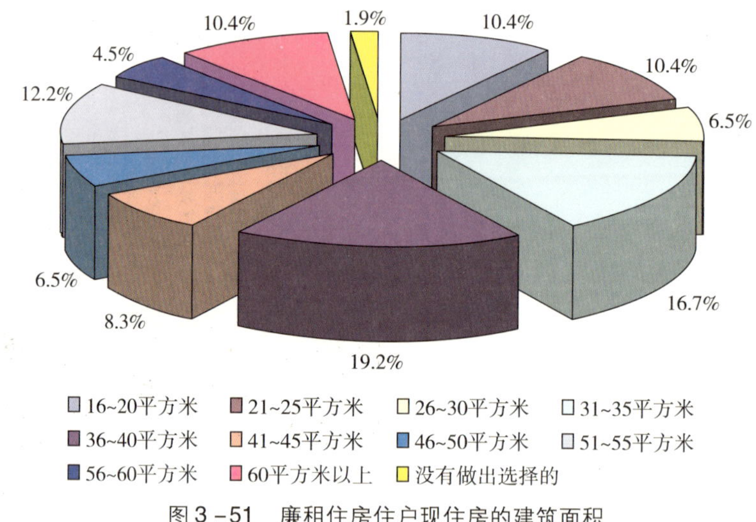

图3－51　廉租住房住户现住房的建筑面积

室内外设施方面，由于各区的房屋设计和房屋配套各不相同，除了成套住宅必要的厕所、厨房以外，各个区的建筑设计和设备设施设计情况都有所不同。

九龙坡区华龙家园一期的四栋多层楼房在设计时均未考虑阳台，二期的设计则有半凹半凸阳台。调查的63.0%的家庭安装有淋浴设备，90.7%的家庭使用管道煤气，53.7%的家庭使用有线电视，但同时有68.5%的家庭没有电话，87.0%的家庭没有安装空调机，显示其生活品质较一般市民确有差距。

江北区山水丽群的每套房屋都设计有阳台，只是部分套型仅有服务阳台，部分套型既有生活阳台又有服务阳台，设计标准较高。调查对象中，84.9%的家庭安装有淋浴设备，93.1%的家庭使用管道煤气，76.7%的家庭使用有线电视，有63.0%的家庭没有电话，71.2%的家庭没有安装空调，显示这里的住户生活水平要略高于九龙坡华龙家园的住户。

南岸区的廉租房由于分布较散，各自规模较小，甚至只是独栋住宅，因此各廉租房之间的情况也不大相同。部分房屋没有通煤气，还有很多家庭在使用瓶装煤气。调查中，91.3%的家庭安装有淋浴设备，100%的家庭在使用有线电视，82.8%的家庭没有使用管道煤气但75.9%的家庭使用了瓶装煤气，55.2%的家庭有电话，69.0%的家庭没有安装空调。

总体来看，调查的家庭中21.2%的住宅套型没有阳台，19.9%的家庭没有淋浴设施，94.3%的家庭没有固定澡盆，76.3%的家庭没有安装空调机，25.7%的家庭没有有线电视（图3－52），显示目前廉租住房制度的实物配租虽然为城市最低收入居民家庭提供了一定的生活居住空间，满足了他们的基本生活需求，但其生活水平与城市平均水平相比还有较大的差距，有待提高。

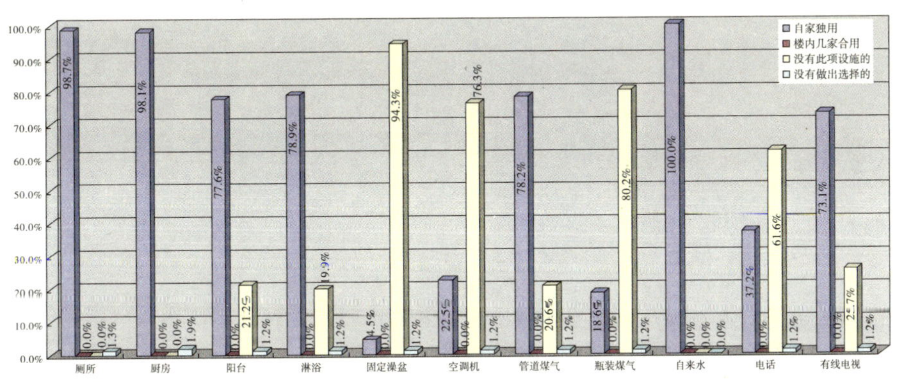

图3－52　廉租住房住宅设备设施配置

认为过去5年中住房条件“有一点改善”的居民占48.7%，25.6%的居民认为“有很大改善”，仅有1.5%的人认为其居住水平下降了。但同时在目前住房及周围设施的满意度方面，半数以上的居民对“住房面积”、“房屋平面功能”和“室内设施”表示“满意”或者“一般”；对于“居住地段”、“与邻居的关系”、“本地社会治安”、“小区社会服务”、“小学”、“中学”、“蔬菜食品市场”以及“商业网点”，多数居民却选择了“一般”和“不满意”。

现有廉租房的交通条件普遍较差，一般多方向的公交系统还未辐射至此。区域内大多只是开通一两班由居住地通向最近的市区繁华地段的公交班次。如华龙家园小区，服务整个小区的公交车只有一班807，调查员在中午12点左右等了半个小时也未见到一辆公交车，可见居住在此地的居民出行的不易。正是由于区位交通的不便，廉租住户的活动范围大受限制。对于“上下班交通”和“医疗服务设施”，则觉得“不满意”和“很不满意”的居多（图3－53），由于现有廉租住房的用地、选址问题，导致廉租房居民的住处与工作地点的距离超过1公里（步行适宜距离）的占到了89.2%，而超过3公里的也有35.1%（图3－54）；乘公共汽车上班的高达58.9%，剩下的41.1%中“步行”或“在家上班”几乎各占一半。事实上，居住地点的偏远将使最低收入

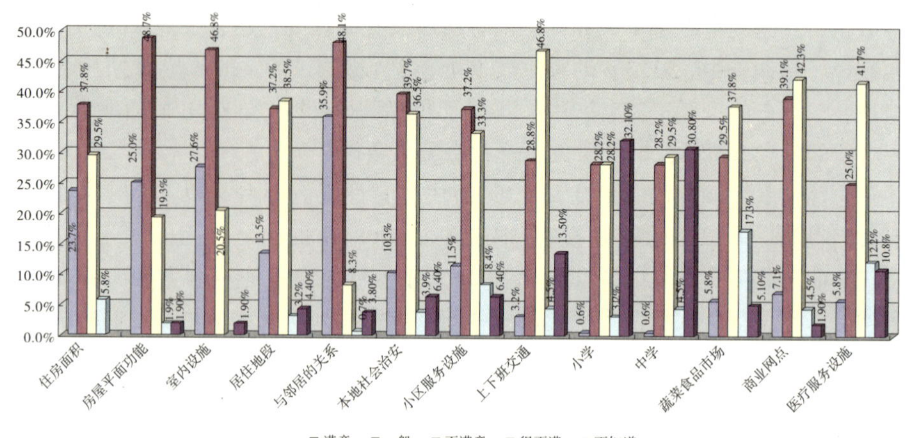

图 3－53　廉租住房居民对现住房及周围设施的满意度

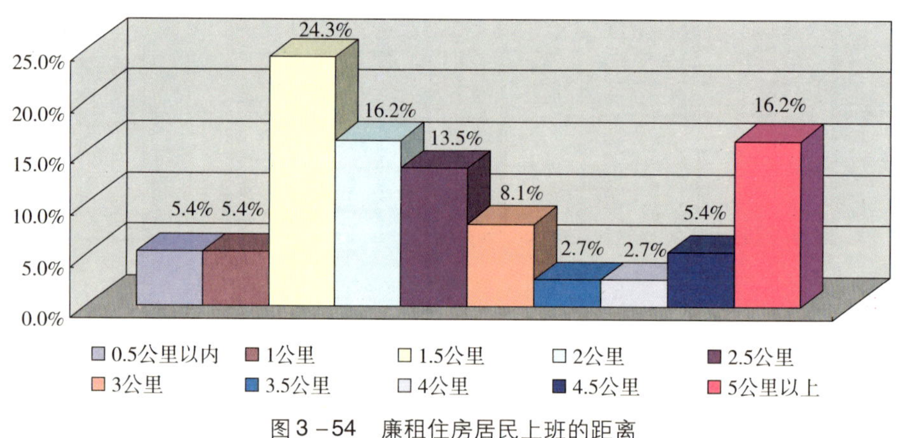

图 3－54　廉租住房居民上班的距离

居民失去更多的就业机会或者原本来之不易的工作。可见，廉租住房选址的问题引发的不仅仅是社会居住空间隔离的问题，对低收入人群摆脱贫困、避免产生新的贫困和社会矛盾都非常不利。

这一现象说明，廉租房让城市最低收入居民的居住水平有了较大的提高，但目前建设的廉租房小区包括物业管理等社会服务在内的相应配套设施还不完善，人们的居住、生活、购物以及出行都不太方便，特别是在交通出行方面，人们往往需要步行很久或是要转几次公交车才能到达工作地点或城市的商业中心地区，这提示了今后的廉租住房建设应该注意的问题。

调研同时发现，受访的绝大部分居民除了现有住房以外，在其他地方没有房屋，现有住房也仅仅只是用来自己居住，并未出租给他人或者在住房内从事有收入的家庭经济活动。住房消费占家庭总收入的比例在10%及以下的家庭，2005年为40.7%，2007年为37.7%；而住房消费占家庭总收入的比例在10%～30%的家庭2005年为51.6%，2007年为43.7%，这一比例超过

30%的家庭2005年为7.9%，2007年为12.8%。**城市最低收入阶层居民的住房消费在其家庭总收入中的比例在缓慢提高，**究其主要原因应该是这一阶层的居民谋生能力有限，收入涨幅无法赶上物价消费涨幅，揭示廉租住房租金应该具有动态管理的机制。

3. 未来的住房需求及愿望

调研中，76.9%的人不打算换房，主要是由于“没有足够的资金”。想换房的原因则是以“改善住房条件”、“改善周围居住环境”以及“离小孩的学校近些”为主。

在“负担得起的住房”选择上，83.3%的人认为是“现在的住房（廉租房）”；而“购买经济实用房/安居房”、“购买低价位的商品房”和“购买中高价位的商品房”分别占了“理想住房”的17.9%、12.2%和12.2%，可见人们居住理念中最理想的还是要“买”房，要拥有房的“产权”（图3－55）。

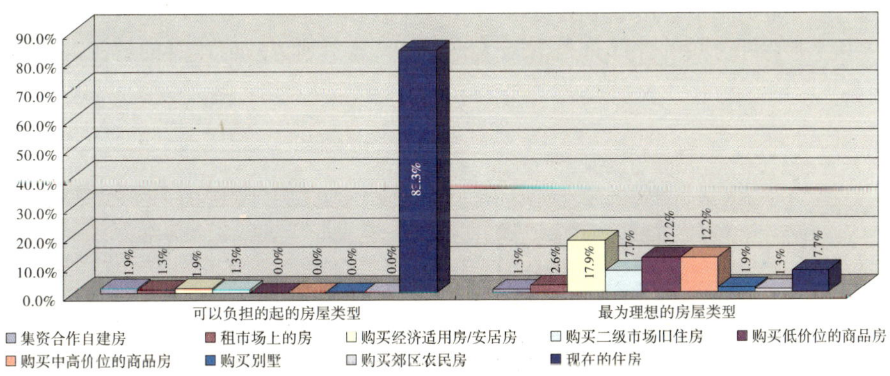

图3－55　廉租住房居民负担得起的住房与理想的住房

在房屋类型方面“高层有电梯楼房”和“平房，院落住房”比较受到人们的青睐，分别占24.4%和17.3%，而选择住房时最看重的因素，主要还是“建筑面积、结构”和“价格”，其次就是“小区内的环境、卫生绿化”（图3－56）。

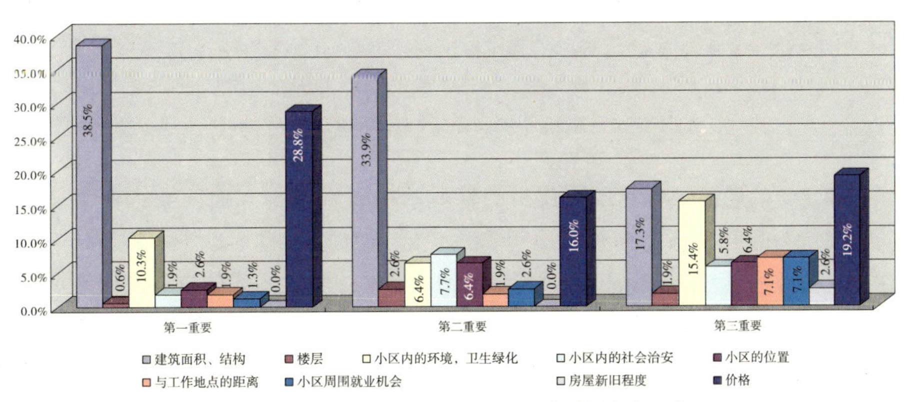

图3－56　廉租住房居民购房选择的影响因素

总体来看，现有的廉租住房居民基于经济的原因基本满足于现有住房条件，但对理想住宅的憧憬却与常人并无太大差异，同样希望拥有产权住房，同样注重于小区环境、住宅套型及价格。

3.3.4 廉租住房制度的实施情况

1. 廉租房政策

调研中了解到，只有58.3%的被调查居民了解政府现有的廉租房政策，主要了解渠道是通过“各种媒体宣传”以及“原住地居委会宣传”（图3-57）；51.3%的居民表示目前申请廉租房比较方便，41.7%的居民觉得不方便，其主要原因有“手续繁杂”、“房源不足，僧多粥少”以及“暗箱操作，廉房不廉”，显示当前的廉租房制度的实施还存在较多漏洞，需要加强廉租房制度建设与实施管理。申请廉租住房实物配租的主要手续是需要“家庭人口证明”、“家庭收入证明”、“家庭原居住状况证明”，这符合现行政策的要求。66.7%的廉租房租户同政府管理部门签订了合同（图3-58），合同一般为期一年。未签订合同的大部分是南岸区的居民，显示地方政府本身的管制有明显疏漏。

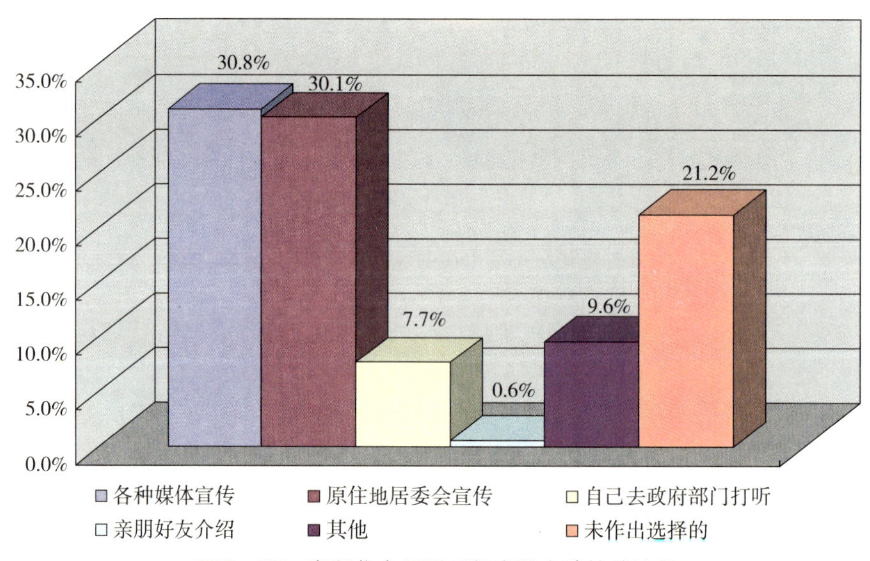

图3-57 廉租住房居民了解廉租房政策的途径

60.3%的居民了解其现有住房的性质。在事后核查方面，虽然有59.6%的居民认为政府应当定期核查廉租房住户的当前经济情况，但只有27.6%的住户表示政府管理人员来核实过情况，69.9%的住户表示入住以后政府相关部门从未前去核查过其家庭情况（图3-59），更有超过90%的住户表示相关管理部门从未要求其主动上报。而对于“政府是否应该收回不符合政策要求的住户的住房以分配给其他更需要的住户”这一问题，51.9%的住户认为不应该

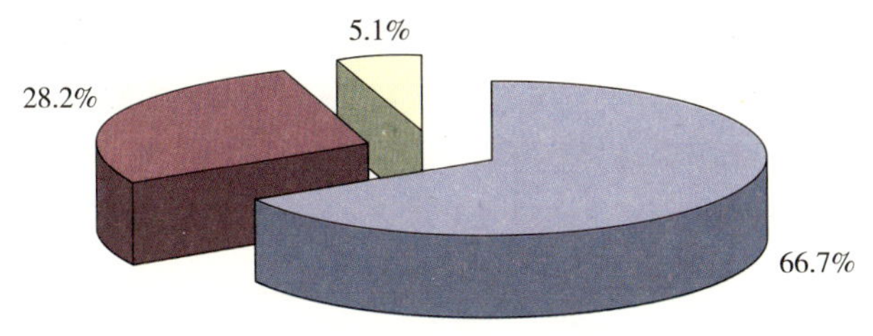

图 3－58　居民入住廉租房签合同的比例

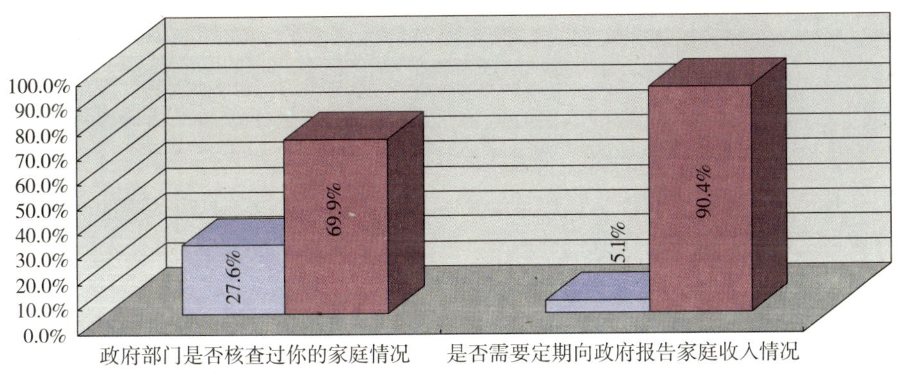

图 3－59　政府对廉租住户的核查比例

收回，而 40.4% 的住户认为应该收回。

以上数据显示，尽管目前的廉租住房居民大都了解国家政策的基本要义，但仍有相当数量的居民既不清楚政策，也不愿意执行合理的退出机制。其中的主要原因除了市民的法治意识薄弱、“政府的便宜占了白占”的心理作祟以外，更多的还是表现出政府相关政策及实施细则的严密程度，对政策的宣传力度不够以及政府管理机构人力物力的不足，需要在今后的工作中尽力弥补。

2. 住房货币化补贴

对于实行住房货币化分配这项政策，有 56.4% 的居民认为该政策与他们无关或根本不知道这一政策，同时有 27.6% 的居民不赞成。不赞成的原因是这部分居民认为住房的货币化分配可能只会导致他们没有房住，直接的住房实物分配更能帮助他们。

与第一次调查结果相似，由于大部分被调查对象都属于下岗、失业或退休人员，没有单位帮他们交纳住房公积金，其个人交纳住房公积金的能力也有限，对于住房公积金政策几乎没有人了解，也无人关心。84.0% 的居民表示他们及家人未领取单位发放的房租补贴，82.7% 的居民表示他们及家人也从未领取过单位发放的住房货币化补贴。

从以上调查可以看出，城市最低收入阶层的居民尽管有部分住进了实物配

租的廉租住房，但大部分仍属“边缘人”，政府的其他保障居民住房的政策如住房公积金政策和货币化分房补贴覆盖不到这部分人群，需要更进一步研究如何实施真正解决这一阶层居民住房困难问题的政策与方法。

3.3.5 第二次调研的基本结论

1. 廉租住房制度的实施改善了部分城市最低收入居民的住房状况

廉租住房制度的建立与实施已经开始改善部分城市最低收入居民的居住状况。相对于第一次调查中超过48.4%的住宅建筑面积小于30平方米、42.7%的家庭人均建筑面积小于8平方米的数据来看，现有廉租房建筑单套建筑面积超过60平方米的占10.4%，30~50平方米的占50.7%，人均面积也有较大提高。套型以一室一厅和两室一厅为主，同时，住宅厨房卫生间成套率、设备设施拥有率都较第一次调查的数据有明显提高，显示廉租住房制度明显改善了入住廉租房的这些城市最低收入居民的居住条件，起到了其应有的作用。在调查中，有相当数量的廉租房住户满怀感激之情很真诚地告诉调查员：感谢党和政府通过这样的方式改善了我们的居住条件！

2. 重庆市的廉租住房制度尚不完善

尽管廉租住房制度的实施起到了改善部分城市最低收入居民居住条件的作用，但对调研结果的数据分析也可以明显地发现重庆市现行廉租住房保障制度中还存在较多有待完善的问题。

其一是政策宣传力度不够。

仅有60%的住户是通过媒体或居委会了解到现有政策，尚有为数不少的居民是自行前往政府打听或“被动”安排的，说明相关政策的管理或执行机构对廉租住房制度这样一个惠及民生、事关社会和谐的重要政策重视不够、工作主动性较差；有相当数量的入住廉租房的居民不明白现有住房的产权关系，对自己一旦经济条件好转、不符合廉租住房制度规定的条件就应该搬走或按市场行情缴纳住房租金不能够认同，这些都说明政策本身的宣传还不到位。

其二是廉租住房实物配租申请、配租、入住和事后核查等整个过程透明度不强，执行力度有限。

相当数量的廉租住房住户不明白自己申请到实物配租的原因，入住以后未与管理部门签订租房合同，管理部门在住户入住以后对住户的经济状况也从未进行过核查，这既显示现行廉租住房制度中的政策条文缺乏执行的力度，也反映出相关管理部门有行政不作为的表现。此外，调查中还发现某些政府部门把廉租住房本身作为了解决社会矛盾的“避风港”，未经正常程序而将不少有过特殊经历的人安排在同一个区域居住。尽管这些人确实基本都是符合廉租住房制度的救助对象，这样的做法看似暂时解决了眼前的矛盾，但有可能引起的社会后果却不能不让人担忧！

其三是部分廉租住房居民的生活水平未升反降。

调查发现，尽管入住的是廉租住房，可居民的住房消费占家庭总收入的比例却在逐年缓慢上升中，居民认为自身生活水平下降了的比例也高过第一次调查的数据，显示廉租住房本身虽然能在居住条件方面改善居民的生活，但由于这些居民家庭自身各种条件的限制，在国家和重庆市的经济都在高速发展的情况下，他们的经济状况改善程度却较为有限甚至赶不上物价的上涨程度。新建廉租住房的选址可能造成其上下班交通费用的上升，小区式的管理可能造成日常住房物业管理费用的增加，配套在天然气费用中收取的垃圾处理等费用也可能因为廉租房小区天然气使用率的提高而抬高住户的日常开支，如此种种，显示重庆市的廉租住房制度配套政策、实施细则等都还很不全面，需要尽快完善。

3. 廉租房小区规划与建筑设计质量亟待加强

首先，建设规模模式不明确。

对于重庆市实物配租的廉租住房是应该成片大量修建还是与经济适用住房小区或普通商品房小区配建，没有一个明确的指导思想，缺乏相关的实施细则。调查中就发现，在重庆主城区，廉租住房的建设很明显地出现了几种完全不同的建设模式，有华龙家园这种相对大型的片区，也有南岸区完全呈点状分布的零散建筑。

第二，规划用地选址不恰当。

已有廉租房建筑的用地选址缺乏对城市最低收入阶层居民生活状态的认真思考。相比第一次调研主要在闹市区附近的低收入聚居区来说，本次调查的居民上班必须乘坐公共交通工具的超过58%，而前者却有相同比例的人是“步行上班”。廉租住房小区位置偏僻、交通不便还同时带来生活配套的不便，除了离商业中心相对较远以外，医疗、学校等日常生活配套也很不完善。笔者在调研中甚至还发现小区附近连像样的小商店、小超市都没有，询问居民，原因居然是“这里的居民消费水平很低，大商场不愿意来，私人开店也都做不好!”据媒体报道，某拆迁居民原来居住在重庆市中心的渝中区，拆迁办给她的两种选择之一“现金安置”在原来的地段买不回同样的房子，而另外一种安置方式是迁到政府在郊区为其修建的安置房中居住，可是住户“就想住在渝中区，一辈子住习惯了”。[1]

可见在廉租房建设选址方面，政府有关部门更多考虑了土地价值等因素，而忽略了城市最低收入阶层居民生活的现实水平与需求，把好事办成了窝心之事!

第三，套型设计规范尚缺失。

---

1 张晓晖．重庆政府百亿救市是非［N］．经济观察报，2008－08－03．

这一问题导致各廉租住房项目面积标准各异，楼栋形式从多层到高层花样百出，住宅套内的空间数量与尺度，对住户户型的适应性以及各种设备设施的配置都缺乏明确的标准。调研中很多住户都反映部分两室一厅、一室一厅套型的卧室设计就差一点儿尺寸就可以放一张大床，多解决一个人的睡眠空间。事实上这成了一种最大的浪费，急需出台专门的《廉租住宅设计导则》一类的标准性文件或在现行《住宅设计规范》增加廉租住宅设计相关内容，以供各地方政府及建筑设计单位对照执行。

第四，建筑模式特色不突出。

无论是对小区环境还是对住宅套型，住户对廉租住宅的基本要求都与普通市民的要求无二。例如，餐室厨房（DK 型或 D·K 型）已在廉租住宅中得到一定的发展，调查中有相当比例的住户已开始使用餐室厨房。实例分析表明，厨房内能否扩展炊事进餐活动与面积大小、设备完善程度、卫生条件有密切的关系。一般认为，一家人在厨房内进餐具有既方便又不污染其他空间的优点。调查显示，由于廉租住户家庭人口一般不太多，只要在符合现有《住宅设计规范》的厨房面积基础上加上 1～2 平方米就可实现厨房就餐，并且住户意愿调查显示，大多数人认为只要具备一定面积加上足够有效的排风设备，就愿意选择使用餐室厨房。此外，将烹调行为封闭在较小的空间内从而与进餐备餐活动适当分离，可以隔绝辛辣油烟气味的 D·K 式餐室厨房将可能成为重庆餐室厨房的特有形式。个人卫生空间要求分离的趋势加强，由于居民生活水平的提高，洗浴频率普遍增加，因而对浴、厕空间分离的要求和卫生设施水平的要求都提高了。基于当前有限的面积条件和经济条件，居民对卫生空间的布置意愿只要求将便溺、洗浴与洗脸、洗涤等行为分为两个封闭空间（2.5～3 平方米），基本能满足卫生行为的私密要求；较低的要求则是将洗涤行为单独分离。如此种种，都需要结合廉租住房居民的“低收入、低支出、高要求”的生活水平给出恰当的套型模式，以最大限度地实现廉租住宅“标准不高水平高、面积不大功能全”的目标。

第五，住宅质量标准太低下。

廉租住宅设计中对廉租住户最急需解决的问题——如何“住得下、住得好”研究不透，处理不当，导致一方面住宅套内装修标准过低、缺乏储藏空间，另一方面又存在不少被浪费的空间。目前重庆市的廉租住宅中几乎没有考虑适应时代发展的住户合理的生活品质需求，电器插座数量和容量都不足。而廉租住户较一般家庭需要储藏的杂物更多，包括用于家庭劳动的生产工具以及可以换来一点收入的废旧物品等等都需要存放空间，调研中可以发现很多廉租住宅的室内和公共交通空间都堆积和存放着各类物品，说明当前建设的廉租住房储藏空间等辅助设施的奇缺（图 3－60）。而室内外装饰装修落后导致现有不少新建廉租房看上去就像“贫民窟”（图 3－61），实在有违廉租住房建设的初衷。这些具体问题都应引起廉租住房的投资者和设计者足够的重视，避免“建设即浪费”的现象。

图3－60　储藏空间奇缺的廉租房
（重庆华龙家园廉租房）

图3－61　“新建贫民窟”？
（重庆弹子石廉租房）

第4章　居住公平理论与廉租住房保障体制的建构

4.1　居住公平的理论建构

1000多年前，唐朝“诗圣”杜甫一句“安得广厦千万间，大庇天下寒士俱欢颜”诗意地表达了居所之于人类的意义。这句诗被誉为世界上解决居民居住问题最有效的新加坡政府建屋局（HDB）用作了局训[1]，其建屋计划——“居者有其屋计划”（Home Ownership Scheme）更是让中国传统的“居者有其屋”理念深入人心。然而，“居者”真的应该“有其屋”吗？应该“有”“屋的产权”还是“屋的使用权”？笔者认为，由于对“有”的理解很容易产生歧义，对于城市最低收入居民的住房问题更应该提倡的是**“居住要公平，居者享其屋”**的理念。所谓“享”，有“享受”之意，无碍有否。

4.1.1　人人生而平等的生存价值观

人类在数千年的社会发展史上先后经历原始社会、奴隶社会、封建社会、资本主义社会、社会主义社会等由低级阶段向高级阶段的发展。在原始社会之后、资本主义社会确立之前，自然人会因为他的出身而从法理上天然地不平等，皇帝的儿子永远是皇帝或贵族，奴隶的儿子就几乎只能永世为奴了。直到18世纪上半叶，孟德斯鸠、伏尔泰、卢梭、狄德罗等杰出的思想家和哲学家提出了一系列的资产阶级民主思想，著名的思想启蒙运动以不可阻挡之势深入人心，“人人生而平等”的思想就是他们的根本观点之一。

除了启蒙运动思想家们的论述，1776年7月由托马斯·杰斐逊（Thomas Jefferson）领衔起草的北美殖民地《独立宣言》和1789年8月法国大革命中颁布的《人权和公民权宣言》是人类历史上对“人人生而平等”作出明确规定的最早、最著名的两份法律文件。

美国《独立宣言》继承并发展了洛克的天赋人权学说，其中的民主思想主要体现在平等、天赋人权、主权在民和人民革命权利等四个方面。《独立宣言》开篇就说：“我们认为下面这些真理是不言而喻的：人人生而平等，造物者赋予他们若干不可剥夺的权利，其中包括生命权、自由权和追求幸福的权

1　王军．居者有其屋：新加坡住宅建设奇迹［J］．中华建设，2005（6）：64－65．

利。”“天赋人权”（natural rights）也可直译为“自然权利”，其基本精神是强调人具有与生俱来的权利，这些权利绝不应该被剥夺。

自1776年以来，“人人生而平等”作为美国立国的基本原则，作为人们的信念和理想，就一直在全世界为人传颂。美国坚持正义的社会改革者们在其社会发展的每个历史阶段，在反对不民主、不公正的统治和政策时，无论是废除奴隶制，禁止种族隔离与歧视，还是妇女解放与平等投票权，无一例外都是这一伟大思想的实践。

1789年8月颁布的《人权和公民权宣言》（Déclaration des Droits de l' Homme et du Citoyen，简称《人权宣言》）则是在法国大革命时期的纲领性文件。《人权宣言》以美国的《独立宣言》为蓝本，采用18世纪的启蒙学说和自然权论，宣布自由、财产、安全和反抗压迫是天赋不可剥夺的人权，阐明了司法、行政、立法三权分立、法律面前人人平等、私有财产神圣不可侵犯等原则。《人权宣言》的第一条就是：“在权利方面，人们**生来是而且始终是**自由平等的。只有在公共利用上面才显出社会上的差别。”1793年6月雅各宾派通过的新宪法前面所附的《人权宣言》又作了进一步的修改，宣称“社会的目的就是共同的幸福”。

经过200多年的发展，当今文明社会已经普遍接受了“人人生而平等”的思想并视之为人类生存和发展的基本价值观。

4.1.2 人人享有居住的权利观

第二次世界大战以后，以联合国为代表的国际组织早已把公民的居住权作为一种基本的人权而有多次明确的阐述。

1948年12月10日联合国大会通过并颁布的《世界人权宣言》中第二十五条规定：“**人人有权享受**为维持他本人和家属的健康和福利所需的生活水准，包括食物、衣着、**住房**、医疗和必要的社会服务；在遭到失业、疾病、残废、守寡、衰老或在其他不能控制的情况下丧失谋生能力时，有权享受保障。”我国是该宣言的签约国之一。

《公民权利和政治权利国际公约》在第一条中也指出：“所有人民得为他们自己的目的自由处置他们的天然财富和资源……在任何情况下不得剥夺一个人民自己的生存手段。”我国政府于1998年10月签署了这一公约。

我国第九届全国人大常委会于2001年2月28日通过决定，批准我国政府于1997年10月27日签署的《经济、社会及文化权利国际公约》。公约第十一条规定：“**本公约缔约各国承认人人有权为他自己和家庭获得相当的生活水准，包括**足够的食物、衣着和**住房**，并能不断改进生活条件。各缔约国将采取适当的步骤保证实现这一权利……”

1982年12月20日，联合国第37届大会通过决议，将1987年确定为“国际住房年”。1985年12月17日，联合国第40届大会又通过决议，将每年10

月第一个星期一定为“世界住房日”，目的在于“动员世界各国每年都能加强对解决住房问题的努力”[1]。

1996年在伊斯坦布尔召开的第二次联合国人类住区会议通过的《联合国人居宣言》（The Istanbul Declaration on Human Settlement）第七条提出了关于“**人人享有适当住房**”和“城市化进程中人类住区的可持续发展”的目标。

随后，联合国人居署推动了“全球居住权保障运动”[2]，确定了居住权保障是发展可持续住房战略的基本要素，同时也是推动住房权的关键要素。20世纪90年代，在住房权利方面取得了很多重要进步，联合国住房权利特别委员会（1992～1995）、联合国人居署在1995年4月提出了住房权利战略，联合国人居署和联合国人权高级专员办公室提出了一项致力于在探索住房权利问题方面提供整个联合国范围的导则的计划——联合国住房权利计划（UNHRP），联合国人权委员会2000年成立了住房权利特别委员会，联合国甚至在致力于创建新的关于住房权利的国际标准[3]。联合国人居署在其2005年年度报告《应对世界城市化带来的挑战》中再次明确指出：“**有保障的居住权**是城市贫民渐渐融入城市的根本，也**是实现住房权的关键**所在。”[4]

在我国，现行宪法第十条指出：“城市的土地属于国家所有。农村和城市郊区的土地，除由法律规定属于国家所有的以外，属于集体所有；宅基地和自留地、自留山，也属于集体所有。”同时宪法还特别强调：“任何组织或者个人不得侵占、买卖或者以其他形式非法转让土地。土地的使用权可以依照法律的规定转让。”从宪法的角度来讲，在我国每个公民都应该享有一块“属于”他的生存之地。

因此可以说，无论你生活在这个地球上的哪个角落，当今的文明社会已经有一个共识，那就是：作为“人人生而平等”哲学思想的外在表现之一，**人人有权享有合适的住房，居住权是基本人权之一**。

4.1.3 平等居住的资源共享观

人类只有一个地球。作为地球村村民，人人都有权平等地享受“地球母亲”所提供的自然和社会资源。就居住而言，它所需要的资源既包括土地、基础设施、环境质量、建筑材料等自然与物质资源，也包括法律、政策、资金、技术等社会与经济技术资源。这些资源应该是社会各阶层的人民都可以共享，不因财富、权利的不同而不同。

---

1 陈默．世界住宅概况［M］．香港：励志出版社，1993：1.

2 联合国人居署北京信息办公室网站，http：//www. cin. gov. cn/habitat/cn/default. htm，2007－10－17.

3 联合国人居署编著．全球化世界中的城市——全球人类住区报告2001［M］．司然 等译．北京：中国建筑工业出版社，2004：272－276.

4 联合国人居署．应对世界城市化带来的挑战——联合国人居署2005年年度报告［EB/OL］．http：//www. cin. gov. cn /habitat/cn/file/008. pdf，2007－04－25.

作为对现代国际社会结构具有绝对影响的伟大论著之一，马克思在《资本论》中揭示了资本积累的过程和对社会发展的影响，认为“商品”是资本主义社会的最基本单元，商品的流通和对利润的追求会导致社会中经济与道德的冲突和分裂，主观的道德价值和客观的经济价值会分道扬镳。也就是说，不能期望市场可以自觉地调整对社会各阶层的生存保障机制，市场和资本的天性是追逐利润。保障居住所需要的各类资源就必须依靠政府和法律来进行分配，形成对社会底层人民的居住保障。

保障人民的基本生活是社会保障制度的本质和出发点，也是最终评估该制度的标准。伴随着社会工业化、现代化过程而出现的大规模公共需求在市场机制失灵的情况下推动了由政府组织、以公共供给为特征的社会保障。迄今为止，尽管社会保障制度在各个国家有不同的模式，但是将其共同的本质抽象出来，仍然只能是为适应其本国民生需求而确定的民生目标的保障[1]。

在我国传统的对生活基本内容的描述中，“衣食住行”中“居住”排在“吃饱、穿暖”之后的第三位，显然“居住问题”是最基本的民生问题之一。因此，对居住权的保障也自然成为完善的社会保障制度必须涉及的基本内容之一。

在我国，“土地法”规定我国“实行土地的社会主义公有制，即全民所有制和劳动群众集体所有制。全民所有，即国家所有土地的所有权由国务院代表国家行使。任何单位和个人不得侵占、买卖或者以其他形式非法转让土地。土地使用权可以依法转让。农村和城市郊区的土地，除由法律规定属于国家所有的以外，属于农民集体所有；宅基地和自留地、自留山，属于农民集体所有”。这就是说，在我国的农村，每家每户都可以根据上述法律，按照一定的条件分得一块“宅基地”并在其上根据自己的经济实力修建自己的住房。看似农村土地“公有化”程度不高，但因为“土地所有权”落实到了农户甚至每个农民头上，土地关系反而责任清晰、利益分明，因为谁也不会轻易放弃自家的安身立命之所这一根本利益。

而反观城市的国有土地，尽管是“全民所有，所有权由国务院代表国家行使”，但在法律上却没有具体的要求和约定如何保障和落实城市的“国有土地”为全民所共享，“国有全民的土地”的使用权没有也不可能落实到具体的公民个人。一方土地的使用权、调配权实际掌握在了少数政府部门甚至官员个人手上，他们可以拿“土地国有”、“城建需要”等为由征用农村土地或拆迁单位和个人建筑，可是官员们并不是土地的产权所有者，他们并没有动用土地的权力。在这种情况下，土地利益“全民共享”就成了一种“抽象肯定，具体

---

1 “中国社会保障体系研究”课题组．中国社会保障制度改革：反思与重构［J］．社会学研究，2000（6）：49－65.

图4－1 拆迁的矛盾（重庆劳动路）

否定”的形而上学的意识形态，城市国有土地不仅从理论上缺少具体使用权的受益者，它的监管也缺乏利益相关的专门机构，由此引发了太多的城市拆迁矛盾和官员腐败案件（图4－1）。

房改之初，居民只要花上几万元就可以买一套几十平方米的“房改房”，这背后的原因主要是建房所需的土地是由国家划拨给单位或者房管部门的国有土地，因此房价几乎就是纯粹的“建安造价”（甚至还加上了旧房的折旧率），购房者免费享有了一份国有的土地。福州市物价部门2005年对该市市区商品房社会平均成本的测算结果是：福州市市区商品房地价、建安成本、配套设施费用分别占房价的20%、25%和14%左右[1]。而2008年，有房地产商公布了其楼盘售价中土地成本已经占到了售价的38.2%[2]。这意味着大部分城市居民为了得到自己的居住生活空间，在房地产市场上不得不花上自己十几年甚至一辈子的积蓄去购买按法理本应属于自己基本生存权的一块土地！在居住权利基本保障的问题上，现在的城市居民甚至远不如拥有宅基地的农村居民！为什么？城市居民的基本权利之一的居住权为什么必须要“购买”？我们的政府是不是应该保障每一位城市居民拥有城市土地共享的权利，拥有自己的“宅基地”？显然，**我国目前城市居民的住房问题首先就是管理部门认识不到位、责任不明确、保障制度不健全的问题**。

所幸，尽管面临各种困难和矛盾，中国共产党在2003年提出的“权为民所用、情为民所系、利为民所谋”表达了执政党“立党为公、执政为民”的根本理念，中央政府也充分认识到作为基本人权之一的城市居民居住权利的保障是政府的基本职责之一。2007年国务院发布的《国务院关于解决城市低收入家庭住房困难的若干意见》（国发［2007］24号）里就明确提出解决城市低收入家庭住房困难是政府公共服务的一项重要职责，同时在2007年12月1日起实施的《廉租住房保障办法》中也有了明确、细致而全面的规定：“国务院建设主管部门指导和监督全国廉租住房保障工作。县级以上地方人民政府建设（住房保障）主管部门负责本行政区域内廉租住房保障管理工作。廉租住房保障的具体工作可以由市、县人民政府确定的实施机构承

---

1 沈汝发．福州完成房价成本测算揭开房价黑幕［N］．经济参考报，2005－07－26.
2 胡继权．开发商首次公开房价构成土地成本接近四成［N］．武汉晨报，2008－06－23.

担。县级以上人民政府发展改革（价格）、监察、民政、财政、国土资源、金融管理、税务、统计等部门按照职责分工，负责廉租住房保障的相关工作。”这些政策已经奠定了我国解决人民的住房问题中保障居住资源全社会平等共享的基础。

同时，作为完善的居住权的一部分，贫困阶层也同样有权公平享有道路交通、水电燃气通信等市政设施、景观资源甚至国家财政收入等各种物质与社会资源。这些资源的公平分配（实质上更是倾向社会贫困阶层的分配）显然有赖于政府通过行政甚至立法的手段来进行，这也正是本书研究的内容之一。

4.1.4 社会生态的居住福利观

社会各阶层之间必然有各种矛盾，对矛盾处理的恰当与否是社会能否正常发展的关键之一，从社会学的角度看，社会各阶层在社会发展中形成了一种既互相竞争又互相依存的共生型生态关系。社会矛盾处理得不好就使社会竞争成为社会发展的破坏性因素，失业导致的贫困、贫困导致的病患、年龄导致的供养等等问题反映在居住问题上就是居住隔离加剧、居住分异明显，富裕阶层占有过多的居住资源而贫穷阶层居无定所，形成严重的社会问题；反之则会使社会各阶层在竞争中共同发展、共生共荣，反映在居住问题上则是社会各阶层都享有合理的居住资源并且可以通过适当的政策与自身的努力改善居住条件，从社会生态的角度提倡居住作为一种福利的观念。

在一个以养老、失业、医疗三大社会保险制度和社会救助制度（最低生活保障制度）为骨架的中国城镇社会保障体系中，居住权的保障是其中社会救助制度的一个组成部分。然而，国际上很多相关的经典著作和文献中都谈到，社会保障是一个整体。在这个整体中，资金保障与服务保障是相辅相成的，社会保险与社会救助是相辅相成的，养老、失业、医疗三大保障之间也是环环相扣的。个人、家庭与社会都能够健康而和谐地生活的居住环境是社会发展的基础。通过改善低收入居民的居住环境条件，可以大大减少疾病的传播和治疗的费用，提高居民的健康水平，而健康的居民又可以通过适当的劳动获得收入来改善自身的生活条件，减少对社会救助的依赖。事实上，本书研究的第二章介绍的西欧各国对住房市场进行干预的历程中，第一个阶段就是制定了公共卫生法案来改善居民的居住环境，成为重视居住福利的空间形成的开端。日本长崎综合科学大学教授早川和男（1997）用一幅漫画（图4－2）形象地说明了居住与福利的关系：住宅与居住环境是在人生的浪潮中所架桥梁的基础，基础的好坏决定着它上部所支撑的社会保障甚至国家

图4－2　居住是福利的基础

图片来源：根据早川和男《居住福利论》83页图5改绘。

与国民生活的稳定性[1]。早川和男还建议社会不仅应提供医疗、养老等服务型福利，还应该通过做好居住地整体规划、改善国民的住宅条件等手段提供环境储备型福利[2]。

市场经济条件下，城市级差地租的空间表象就是城市居民居住空间中不同阶层居民间的分化与隔离现象，这种分化与隔离带来了社会资源分配不公、市政设施重复建设、阶层之间矛盾加深等经济和社会的问题，这在当前

1 （日）早川和男．居住福利论——居住环境在社会福利和人类幸福中的意义［M］．李桓 译．北京：中国建筑工业出版社，2005：87.

2 （日）早川和男．居住福利论——居住环境在社会福利和人类幸福中的意义［M］．李桓 译．北京：中国建筑工业出版社，2005：94.

的中国也已经有了明显的表现。因此，在城市规划与建筑设计学科领域，亟待提倡社会生态的居住福利观，提倡**城市规划中居住环境社会生态的互惠共生理念**。

所谓城市规划中居住环境社会生态的互惠共生理念，就是提倡在城市规划中对住宅市场供应体系的各类住宅进行规划布局时，全面、综合地考虑不同阶层居民的不同需求，提倡不同阶层居民在邻里层面结合起来，形成相互之间利益互补的混合居住社区，有利于实现居民安居乐业与社会和谐发展。一般而言，在中高阶层居民与低收入阶层居民之间存在着某种潜在的共生关系，例如，低收入居民可以为中高收入阶层提供诸如小时工、保姆、小区保安、保洁等社会服务，一方面解决了大都远离城市商业中心的大规模住区中低收入阶层居民的就业问题，减少其长途外出工作，消减城市公交压力，另一方面稳定工作带来的收入也有可能提高低收入居民的社会稳定性，使中高收入阶层居民在享受便捷服务的同时还减少了住区安全方面的顾虑，使社区呈现和谐发展的态势。

美国芝加哥大学教授查斯金（Robert J. Chaskin，2005）从“社会网络、社会控制、文化与行为、政治经济”等四个方面提出了混合居住的必要性和可行性[1]。他认为，从社会网络角度看，混合居住有利于穷人获得更多的社会资本和工作机会；从社会控制角度看，混合居住有利于在住区中提供一种非正式的社会控制机制，有利于住区安全的提升和社会平稳发展；从文化与行为角度看，混合居住有利于减弱贫困聚集造成的“贫困文化”的影响，避免住区贫困循环恶化；从政治经济角度看，混合居住有利于提高住区的政治经济地位，使住区有能力争取更好的居住环境和基础设施，并吸引投资的进入。从任何一个角度看，混合居住都有利于实现城市规划中居住环境社会生态的互惠共生。

4.1.5　公平与效率均衡的居住发展观

吴清旺（2004）在研究“房地产开发中的利益冲突与衡平”时指出：冲突是一种普遍存在于社会生活各个领域的社会现象，这就是社会矛盾的普遍性。从这个意义上说，矛盾的普遍性可以视为社会冲突的哲学术语。事实上，无论是自然界还是人类社会都存在着冲突，人们将人与人之间发生的冲突称之为社会冲突，围绕利益而形成的社会冲突则为利益冲突。利益冲突往往体现于权利冲突，并以权利的形式显现出来。而且，权利的冲突还体现为不同价值间的冲突。例如，财产权建立在多种价值考量基础之上，包括环境保护、公共安全、他人财产权利及自身权益等各种因素。可见，法律上的利益冲突并非纯粹

1　田野，栗德祥，毕向阳．不同阶层居民混合居住及其可行性分析［J］．建筑学报，2006（4）：36－39.

的经济利益多少之争，而是利益的归属、使用、处分所隐含的效用目标（包括财产法上的效率目标）、法律价值上的冲突，以及效用（财产法上为效率）与法律价值之间的冲突。[1]

作为社会发展的管理者，政府在社会发展中面临最大的利益冲突就是社会发展效率与社会公平之间的冲突。关于“效率与公平”的关系，史瑞杰（1999）认为效率与公平是一种结构性存在，二者可划分为三级层次结构：经济效率与经济公平、社会效率与社会公平、人类效率与人类公平。这三级结构是一种层级包容关系，经济效率与经济公平既是社会效率与社会公平的基础，又包容于社会效率与社会公平之中，而人类效率与人类公平又将前两级结构包容于自身之内，并构成效率与公平的高级形态。[2]

我国改革开放之初提出的“使一部分人先富起来，先富带动后富，最终达到共同富裕”的方针，事实上是强调了社会发展的效率性而选择性地忽略了社会发展的公平性。近30年的快速经济发展所形成的社会分层、各行业各团体的部门利益以及个人人性的弱点已使我国目前的社会公平严重滞后于效率的发展。然而，社会主义市场经济的本质要求我们建立的不仅仅是一个更有效率的社会，更重要的是建立一个更加公平的社会。

公平问题的实质，是如何处理社会生活中的各种利益关系；效率问题的实质，是如何实现社会资源的有效配置。市场经济是讲效率第一、讲竞争优先、讲利益为上的，虽说良性的社会效率应创造并提供丰富的社会价值并以能够增进社会公平为其终极目标，但也必然因为贫富差距的拉大而造成一部分社会群体在资源配置上的弱势和不利地位以及基本生活上的无助和窘迫。

社会公平就是对这些社会资源的合理分配。现代社会需要建立社会保障制度，就是为了“弥补”市场原则的缺陷，通过对社会财富进行二次分配，实现相对公平，缓解社会矛盾，维持社会安定，这本身也是对市场经济体制的维护和补充。社会保障制度是保障社会公平发展的各种制度的总称，是一种相对独立的社会体制。它既包括资金筹集、发放、管理和运营等经济制度，也包括服务保障、权益保障、组织保障等等乃至精神和文化制度。对社会保障制度而言，“公平优先、兼顾效率”应该是基本原则。

联合国人居署在其研究报告中指出：“当代的城市管制牵涉众多的相关利益者……都需要更多的协调、谈判最后达成一致。因此，城市管制的最主要任务就是对各种不同的，有时甚至对立的利益进行协调、引导并融合。……**只有政府才具有这样的合法权力和能力**，将那些目的不同的参与者的行动整合起来，并引导其方向。这种引导工作需要政府的管理者之间相互协调、调整差

1 吴清旺．房地产开发中的利益冲突与衡平——以民事权利保障为中心［D］．重庆：西南政法大学，2004：1－6.

2 史瑞杰．效率与公平：社会哲学的分析［M］．太原：山西教育出版社，1999.

别、商谈合作。……中央政府在城市管治中始终保持着重要的甚至必不可少的地位。”[1]政府应通过合理的政策调控手段适当地干预住房市场，发展商品房与建设经济适用房及廉租房等社会保障性住房因相互配合而协调和均衡地发展，避免将无法负担市场价格的大量中低收入阶层推入商品房市场，造成商品房需求量虚高、房价高企，形成危险的住房市场的巨大泡沫。

因此，在社会发展的效率与公平的博弈中，政府的职能正是在科学发展观的指导下建立并实施完善、公平的社会保障制度。首先，从理念上充分理解“公平优先、兼顾效率”的均衡居住发展观，居住公平即意味着人人都有权享受社会保障；其次，就内容而言，公平意味着在国家应以法律的形式使个体的社会保障权利固定化，并对国家、社会、个体的义务作出公平规定；第三，从实施层面看，公平意味着实现社会成员权利和义务的对等，维护社会成员的基本生存权。政府应充分认识到，只有社会发展最终落实到人的发展上，社会效率的价值才能得到真正实现，社会公平也才能有充分的保障，这也正是政府的职责所在。

4.1.6　居住水平的动态演进观

辩证唯物主义（即现代唯物主义）是马克思、恩格斯批判地吸取德国古典哲学——黑格尔辩证法的“合理内核”和费尔巴哈唯物论的“基本内核”，在总结自然科学、社会科学和思维科学的基础上创立的一种系统科学的逻辑理论思维形式。在对哲学基本问题的认识上，辩证唯物论以辩证的理论思维方式发展了唯物论，科学地解决了哲学的基本问题，为人们解决疑难问题提供了科学的方法。辩证唯物主义认为：物质世界是普遍联系和永恒运动的。统一的物质世界中的万事万物都处在相互作用的普遍联系之中，都处在不断产生并不断消亡的运动、变化和发展的永恒的过程之中。事物在肯定自身存在的同时又包含着促使自身消亡的否定的方面，辩证的否定构成从旧事物向新事物的转化。辩证的否定是对旧事物的既克服又保留，是包含着肯定因素的否定。肯定与否定的统一和斗争构成事物的否定之否定的螺旋式上升的发展过程。

从哲学高度来看居住问题，社会经济的发展可以使政府拥有更多的财力、物力来提高居住保障的水平，认识水平的提高可以使政府和相关从业人员更加关注低收入阶层的居住保障问题，科学技术的进步可以使保障性住宅建筑的规划、设计标准不断提高，逐步完善的制度也可以使保障性住房的使用者提高自强脱困的主观能动性，这些不同因素之间互为因果并在相互作用下逐步提高。因此，尽管在任何一个国家或地区的社会保障制度中，居住权保障都只能保证在社会中处于中下阶层的居民有尊严并且享有最基本的居住水平和建筑标准，

1　联合国人居署编著．全球化世界中的城市——全球人类住区报告 2001［M］．司然 等译．北京：中国建筑工业出版社，2004：75，85.

但这一标准显然应该随着社会经济的发展而不断成长、提高，呈现否定之否定的螺旋上升趋势。廉租住房制度也同样如此，应该随着社会、经济水平的逐步提高而呈逐渐改善、提高的趋势。

例如，廉租房顾名思义是出租房的一种，住户显然不具有所住房屋的产权，该房屋也不能像普通商品住房一样进行买卖。但廉租住房居民有可能在长期居住之后对所住房屋及地段环境产生强烈的归宿感和占有欲，在地区经济有所发展、个人收入有所增加的情况下，廉租住房体制就应该允许在一定条件下满足居民的这种需求，允许居住者购买所住廉租房的部分或全部产权，使该廉租房成为经济适用房的一种类型，廉租居民也成为有产者的一部分。再接下去，当居住者的经济实力和实际居住需求发展到要求对现有住房进行适度的改扩建时，如果原有的规划与建筑设计对此有足够的预见和预留条件，就从物质和建设的层面既保证了原有建设的可持续性和节约性，又有了在经济条件好转的情况下改善居住条件的可能，从而实现居住环境品质的逐渐提升。

因此，所谓居住水平的动态演进观，就是在中低收入阶层保障性住宅的体制建构、用地规划和建筑设计中，要综合考虑保障体制、用地选址、设计标准、设计模式既能在当前尽可能多地满足保障性需求，又能在居民居住过程中适应其生活状态的动态变化，逐渐提高，同时还能鼓励保障性住房的居民为未来改善自身的居住条件、脱离贫困状态创造制度演进与环境改变的可能条件。

4.1.7 居者享其屋的住房消费观

改革开放和住房制度改革以前，我国城市居民除了极少数居住在祖传居所以外，绝大部分都居住在单位分的住房里，有居住权而无产权，尽管那时如果有什么意外，单位随时可以将你“扫地出门”，但绝大部分城市居民还是“有居则安”，不去想什么产权问题了。而随着城市住房制度的改革，单位公房逐渐卖给住户，房地产市场逐渐兴旺发达，在地产商“一旦拥有，别无所求”的密集轰炸和传统的“居者有其屋”思想的影响下，城市居民涌动着一股“购房”的冲动，一时间似乎只有“拥有住房产权”才算达到了“居者有其屋”的目标，同时，“住宅自有率”似乎成了衡量一个国家或地区生活质量的重要指标。按照建设部《房地产统计指标解释（试行）》的定义，住宅自有（私有）率是指自有（私人所有）的住宅建筑面积与实有住宅建筑面积的比例。

购买私人住房在华人社会几乎成为一种文化传统。比如在以华人为主的新加坡，政府从1964年起就实施的“居者有其屋”计划，倡导和帮助没有能力购买私人住宅的家庭购买（而非租赁）公屋的使用权[1]，到2000年新加坡人口

---

1 吴晓，张靖．公共住宅：香港和新加坡的政策性差异透视［J］．城市规划，2002，26（3）：44－48.

普查时显示，92%的家庭拥有自己的住屋[1]，成为世界上住房自有率最高的国家之一。据《环球时报》2007年5月25日报道：在我国台湾地区，“有统计显示，台湾民众的‘住宅自有率’高达93%，这比欧美国家百分之七八十的住宅自有率要高出不少”。不仅是华人的国家和地区情况如此，就是生活在欧美国家的华人家庭，传统的文化和观念也使得他们更倾向于自己买房居住，有报道称在加拿大的多伦多，华人家庭自住房拥有率在76%，高出当地人的67%。所以，在多数中国人（华人）的概念里，“拥有住房的产权才算有房居住”不仅仅是一种民生诉求，似乎也成了一种传统和文化观念。

近年来，国内的房地产商、媒体与官员们为了各自不同的目的也在不遗余力地鼓吹着“住房自有”的好处与成就，2007年12月29日《中国青年报》报道说“建设部公布我国城镇居民住房自有率达到83%”[2]，而有报告给出的某些城市住房自有化率水平甚至超过了95%[3]！这些存在着明显漏洞的统计数据夸大了国内房地产业的业绩，在社会上渲染了“人人都应该买房”的非理性情绪，掩饰着城市高楼阴影里城市低收入居民的简陋房屋。住房自有率几乎成了某些利益关系人的“遮羞布”！

在经济发达、私有制发展了几百年的西方国家，住宅自有率又如何呢？据联合国人居署的资料，发达国家住房自有率最高的是澳大利亚71.6%（1990），欧盟15国平均只有56%（1990），其中最高的意大利为68%（1990）、最低的德国只有38%（1990），英国1997年达到67.3%，北美的加拿大为64.1%、美国为66.8%，亚洲最发达的日本为61%[4]。

为什么在这些发达国家住房自有率似乎还远不如当今的中国呢？是他们不愿意拥有自己的住房吗？住房自有率应该是衡量一个国家住房政策和房地产市场好坏的唯一或“非此即彼”的标准吗？答案都是否定的！正如联合国人居署的报告所指出，“在许多国家，住房自有包含着很强的文化含义。自有住房曾经也仍然是‘美国梦’的关键一步。英国渴望建立‘财产所有权的民主’，比利时人据说是天生就有这种念头”[5]。但是，一个国家的住房自有率，除了受经济发展水平、政府住房政策和房地产市场因素的影响以外，还和国家的住房保障体系以及国民迁徙和就业的习惯有关。欧盟内部各国之间或北美自由贸易

---

1 王宁楠. 新加坡的公共住宅政策及其借鉴［J］. 南洋问题研究，2001（2）：43-48.

2 建设部称城镇居民住房自有率83% 遭严重质疑［N/OL］. 中国青年报，http：//news. china. com/zh_ cn/domestic /945/20080107/14597187. html，2008-01-07.

3 建设部课题组. 住房、住房制度改革和房地产市场专题研究［M］. 北京：中国建筑工业出版社，2007：29.

4 联合国人居署编著. 全球化世界中的城市——全球人类住区报告2001［M］. 司然 等译. 北京：中国建筑工业出版社，2004：127.

5 联合国人居署编著. 全球化世界中的城市——全球人类住区报告2001［M］. 司然 等译. 北京：中国建筑工业出版社，2004：127.

区的国家之间，人们自由流动、工作变换、异地就业是家常便饭，更不用说在一个国家内部了。在这些国家，由于社会保障体系成熟而周全，对很多中等以下收入的群体而言，租赁国家和政府提供的“国有房”比自己买房要实惠得多，既可以用更小的成本来解决住的问题，又为迁徙和异地就业创造了方便条件。在这样的情况下，“住房自有”成了自由流动的羁绊，住房自有率低一点岂非自然？事实上，住房自有率低不是由于买不起房或者住房保障体系的欠缺所造成，恰恰相反，正是由于健全的住房保障体系、平稳的房价以及较低的房价收入比，使得这些国家的居民在解决居住问题时可以有更多的选择，买房并不是唯一选择甚至不是最好的选择。

显然，追求和实现“居住权”并不意味着一定要追求“所有权”，联合国人居署明确指出：“将许多世界上最富裕的国家都包含在内，可以证明住房自有率并不能作为国家财富的象征。”[1]改革开放23年后的2001年12月我国正式加入世界贸易组织，到2007年7月，已有包括瑞士、澳大利亚、新西兰等国在内的60余个国家签署了承认我国“完全市场经济地位”的谅解备忘录[2]。因此，在我国的社会主义市场经济体制已经不可逆转的背景下，在市场经济的大潮中需要适当住房的一代人也应该改变传统的居住观念和住房消费观念，购买住房的产权与使用权是一种住房消费，租房居住、享有住房的使用权同样是一种住房消费。在当今社会经济与生活流动性已经显著增强的背景下，人们应该充分理解“居住权不等于所有权”的内在含义，在有完整、健全而合理的国家住房政策及地方性配套措施保障的前提下，根据家庭的经济状况选择合适的、有尊严的居所，得享其屋足矣！

4.2　廉租住房保障体制的建构

我国正在加快构建的“多层次住房保障体系”主要是针对中等偏下和低收入（包括最低收入）住房困难家庭的一系列制度安排和政策措施，住房困难标准由各地方政府结合当地居民住房状况和经济发展水平确定[3]。保障体系中面向城市低收入的住房困难家庭主要通过实施廉租住房制度来解决。廉租住房保障体制的建构可以从政策层面和运行层面这两个方面来进行，它们互为因果、互相支撑。

4.2.1　层次分明的政策保障

廉租住房保障体制在政策层面的合理建构是整个体制有效运行的基础，完

1　联合国人居署编著．全球化世界中的城市——全球人类住区报告2001［M］．司然 等译．北京：中国建筑工业出版社，2004：127.

2　瑞士宣布承认中国完全市场经济地位［EB/OL］．http：//www.fmprc.gov.cn/ce/cgmu/chn/xwdt/t338491.htm，2008－03－21.

3　建设部课题组．多层次住房保障体系研究［M］．北京：中国建筑工业出版社，2007：3.

整的政策架构可以包括宏观、中观和微观三个层次。宏观层次主要是国家从保障基本人权的高度确立廉租住房保障制度的责任主体、保障对象、保障方式、资金筹措与土地供应等方面的原则，中观层次是由各地方政府在国家政策的基础上制定适合本地区情况的廉租住房保障政策，微观层次则是出台规范性的廉租住房保障制度中的专项实施细则，如租金标准、规划与建筑设计标准等等。在我国现有行政运行体制中，政策层面的体制建构主要应由建设行政主管部门及其他相关部门来完成。

从本书2.2节所整理的我国廉租住房保障制度的建立过程可以看出，我国宏观的廉租住房保障政策的出台经历了一个认识由浅入深，政策由单部门制定到多部门联合行动的过程。目前实施的《廉租住房保障办法》已是由建设部、发改委、监察部、民政部、财政部、国土资源部、人民银行、国家税务总局、国家统计局等九部委联合发布，该办法从以下几个方面明确了我国廉租住房保障制度的基本政策。

（1）廉租住房制度的**责任主体**：明确中央和地方两级分工负责。国务院建设主管部门负责指导和监督全国的廉租住房保障工作；县级以上地方人民政府建设（住房保障）主管部门则具体负责本行政区域内廉租住房保障管理工作，各部门按照职责分工，负责廉租住房保障的相关工作。

（2）廉租住房制度的**保障对象**：明确了我国廉租住房保障制度的保障对象从最低收入家庭扩大到了城市和县人民政府所在地的镇范围内家庭收入、住房状况等符合市、县人民政府规定条件的低收入家庭。

（3）廉租住房制度的**资金来源**：财政部专门发布了《廉租住房保障资金管理办法》，明确了廉租住房保障资金从中央和地方年度财政预算、住房公积金增值收益余额、土地出让净收益以及社会捐赠等方面的来源渠道，特别是将土地出让净收益作为廉租住房保障资金的重要来源明确规定为不得低于10%，从资金角度保障了城市居民对土地的基本使用权。办法还对廉租住房保障资金实行专款专用以及预算管理、资金拨付、决算管理、监督检查等作出了详细规定。

（4）廉租住房制度的**土地供应**：政策规定廉租住房建设用地应当在土地供应计划中优先安排，并在申报年度用地指标时单独列出，采取划拨方式保证供应。同时还应明确要求廉租住房建设用地的规划布局考虑城市低收入住房困难家庭居住和就业的便利，避免少数地方政府将廉租住房建设演变成新一轮的社会分层隔离。

（5）廉租住房制度的**保障方式**：新的办法要求廉租住房保障方式实行货币补贴和实物配租等相结合，具体方式由地方政府根据各自的情况自行确定，不再要求以“货币补贴”为主。

此外，政策还对廉租住房建设的基本标准、建设模式、申请审核程序和有关监督管理制度等进行了较为详细的规定，确保廉租住房保障资源可以真正落实到低收入住房困难家庭。

在国家出台的廉租住房保障政策已经兼具原则性、操作性和全面性的基础上，中观层次的各地方政府也应按要求针对本地区的社会、经济发展状况陆续出台本地区的廉租住房保障制度实施细则，特别是在资金筹措、房屋来源等方面，必须符合地方的具体情况。而这方面的政策建构就明显表现出各地区进度不一并且良莠不齐的特点，总的来说呈现出东部领先而西部落后的趋势，直辖市和经济发达地区政策建设与执行均好于经济欠发达地区。这虽然基本符合市场规律，但从国外住房保障的发展来看经济欠发达并不是拒绝实行廉租住房保障制度的理由，这些地区也应该尽快建立起自己的地方性政策。

而微观层次的政策建构则需要有细致深入的调查和研究成果为基础，目前国内各地的廉租住房保障制度中的规范性专项实施细则除个别城市已有成果以外均处于空白状态，亟须各地加强研究并尽快出台，以便切实保证廉租住房保障制度的实施。

总之，经过近 10 年的不断改进，我国廉租住房保障制度在政策建构的宏观层面已经基本完成，为解决我国城市低收入阶层的住房问题奠定了良好的基础。但是，各地方政府在中观层面和微观层面的政策建构却还存在相当大的差距，这也是导致国家明确提出对低收入阶层实行住房保障超过 10 年而廉租住房保障制度的具体执行情况还不甚理想，廉租住房保障工作仍然是政府改善民生的首要工作的重要原因。

4.2.2 完善高效的运行机制

廉租住房保障体制在运行机制层面的合理建构是廉租住房制度实施的关键，具体来说主要是根据我国的国情和行政体制建立起各级廉租住房保障制度实施的具体机构和管理体制，建立这些机构完善高效的长期运行机制。完整的运行管理架构也应该包括宏观、中观和微观三个层次。宏观层次的管理架构当然是国务院的相关机构，中观层次的管理架构则是各地方政府的相关管理部门或专门机构，而微观层次的管理架构是指各地廉租住房保障的具体实施机构。

宏观层次上，国务院在 2007 年底出台新的廉租住房管理办法之后，全国人大批准“建设部”更名为“住房和城乡建设部”，凸显了它作为全国性住房管理机构的职能。同时，中央编制办公室还批准住房和城乡建设部新设立了“住房保障与公积金监管司”专司住房保障制度方面的管理工作，完善了国家级的廉租住房保障管理机构的建设。

而在中观层次上，各地方政府应在正确理解国家宏观政策的基础上根据本地区的实际情况成立相应的专门机构来从事廉租住房保障制度实施的具体工作。考虑到我国城市化进程的持久性和廉租住房保障制度实施的复杂性，这一机构不应该是临时性、低级别的，而应考虑与现有的建设局（建委）、房管局、国土局等机关整合设置，也可仿效香港特区或新加坡成立专门的住房委员会或建房局来专门负责。目前这一层次的管理层面建设同样呈现出明显的地区差异，既有如天津市住房委员会等机构基本完善、人员分工明确的管理架构，也有相当多的地方政府仅是在当地国土房管局下象征性地设立了“住房保障处”，寥寥数人显然无法高效地完成繁杂的廉租住房保障工作。

与政策层面的微观层次一样，运行管理层面的微观架构也几乎是一个空白，无论是在对低收入家庭的情况摸底还是廉租房制度实施中的补贴发放、租金收取、年度核查等等，目前各地几乎都是依靠辖区居委会或物管公司等少量非专职人员来进行，没有建立起专门的廉租房调查和管理队伍，这也使得很多城市的廉租住房保障制度在实施中几乎都成了一笔糊涂账。

综上所述，我国目前廉租住房保障的体制建构已初步完成，但呈现宏观基本完善、中观尚待改进而微观缺口明显的态势，这也是今后我国廉租住房保障制度建设中必须尽快解决的问题。

4.3 各地的廉租房制度建设

如果以房价增速与中等收入家庭收入增速大体同步为合理标准的话，我国自“十五”后期开始房价增速明显偏高，直接导致了中、低收入家庭购房支付能力下降，以重庆市为例，从2000年到2006年房价涨幅以2.93倍远远高于了人均可支配收入的涨幅（0.72倍），房价收入比平均超过8。由于低收入家庭收入增速一直较低，城市贫富差距基尼系数较大（1998年就已达到0.403[1]，超过国际公认的0.40的警戒线），即使房价增速降低到与我国经济发展的同步水平，这些最低收入家庭的房价收入比也依然会非常高。根据西方发达国家的经验，在市场经济条件下，中、低收入家庭不太可能短期内通过显著提高家庭收入来提高购房能力，因此基本居住权的保障和购房能力社会差距的调节需要政府制定科学和合理的住房政策来发挥作用。进入房改第四阶段以来，在国家相关政策出台并强势要求地方政府尽快落实的背景下，我国各地方政府根据各自的经济、社会状况开始逐步制定地方的执行措施，开始探索我国廉租住房制度的建立与实施并已经取得了一些成效，可以说是“成果显著、差距尚大”。

4.3.1 实施现状

1. 各地廉租住房制度的建立与推进

我国最新一轮针对房地产业的宏观调控重点就在于住房保障，而住房保障的重点又在于廉租住房制度的建设和完善。《廉租住房保障管理办法》的颁布

1 联合国人居署编著．全球化世界中的城市——全球人类住区报告2001［M］．司然 等译．北京：中国建筑工业出版社，2004：23.

和实施，把我国住房保障制度建设推向了一个全新的高度。

在各省市自治区，上海市人民政府2000年9月颁布了《上海市城镇廉租住房试行办法》并于发布之日起在长宁区和闸北区试行；在取得阶段性成果之后，上海市房屋土地资源管理局又于2001年6月颁布了《上海市城镇廉租住房实施意见（试行）》，正式在上海徐汇、卢湾、杨浦等大部分区进行廉租住房扩大试点；2002年3月该局下发了《关于加强城镇廉租住房配租管理的意见》，进一步调整了上海的廉租住房制度，统一规范操作程序，确保了廉租住房工作正常运作；2003年12月，《关于进一步扩大廉租住房受益面的实施意见》扩大了上海市廉租房的受益面；2005年4月上海市房地局又下发了《关于进一步规范廉租住房管理的通知》，根据国家政策的最新调整明确了廉租住房分类退出办法、廉租家庭定期申报制度，并采用年度复核与日常巡查相结合的办法对享受廉租住房各种优惠政策的住户进行随访复核。上述一系列地方法规性文件基本完善了上海市的廉租住房制度。

在天津，1999年6月天津市政府响应“国发23号”文而颁布了《天津市进一步深化城镇住房制度改革实施办法》，从概念上提出了对最低收入居民家庭建立廉租房保障制度；2003年10月天津市国土资源和房屋管理局发布《关于将享受城镇最低生活保障待遇对象和社会优抚对象承租的公有住房纳入廉租住房管理的通知》，扩大了天津市廉租住房的保障对象；天津市政府2004年6月颁布了《天津市廉租住房配租管理暂行办法》，同时天津市国土资源和房屋管理局配套公布了《天津市廉租住房配租操作程序》，落实了天津市廉租房申请、配租的具体操作程序；随后在2005年12月又颁布了《天津市最低收入住房困难家庭租房补贴管理办法》，对天津市享受租房补贴的对象、租金补贴计算方法、发放方法、实施主体、房补资金来源等进行了规定，同时印发《天津市最低收入住房困难家庭租房补贴操作程序》对上述规定进行了程序性说明，具有很好的可操作性。在总结经验的基础上，天津市人民政府2008年4月正式颁布了《天津市廉租住房管理办法》，共7章25条8147字，详细规定了天津市廉租住房的实施责任主体、机构、保障资金及房屋来源、保障条件及标准、申请与核准、监督管理以及法律责任，内容相当完整且操作性很强，是国内目前省级廉租住房保障制度最明晰，操作制度最完善的一部。

在北京，2001年北京市启动了廉租房政策，颁布《北京市城镇廉租住房管理试行办法》（京政办发［2001］62号），规定具有本市户籍且人均住房面积低于7.5平方米的最低收入家庭可以申请廉租房解决住房问题。也许是政府机关和大型企事业单位较多，城市居住水平相对较高的原因，直到2007年9月25日北京市才正式颁布施行了《北京市城市廉租住房管理办法》。该办法相对天津市、上海市的类似法规来说仍然显得原则性强而操作性弱，其原则

“以区为主，全市统筹；自愿申请，逐级审核；公开透明，分期轮候；定期复核，动态监管”将实施的主体下放到了各区县。2007 年 12 月又通过《北京市廉租住房、经济适用住房家庭收入、住房、资产准入标准的通知》（京建住［2007］1129 号），对北京市城市居民申请廉租住房租房补贴或实物配租的准入标准从家庭人口、收入、人均住房使用面积等几方面进行了较为细致的规定。

此外，江西、山东、湖南、南京、杭州、广州、深圳等地都出台了一系列相关政策，开始建立廉租住房制度，如兰州市房地产管理局制定的《兰州市城镇最低收入家庭廉租住房管理规定》于 2006 年 11 月 1 日起实施[1]，对兰州市内近郊区廉租住房的保障方式和标准作出了规定；深圳市民政局 2008 年 1 月印发了《申请 2007 年度保障性住房家庭收入认定办法》，详细规定了申请保障性住房家庭收入的核定办法，在其房管局网站上可以直接查阅并下载所有的文件与申请表格（图 4－3）。

图 4－3　深圳市国土房管局政策性住房管理网页

截至 2005 年底，除西藏自治区外，全国 30 个省、市、自治区已经全面启动了廉租住房工作。291 个地级以上城市中，已有 221 个建立了廉租住房制度，占地级以上城市的 75.9%，其中，河北、浙江、山西、湖南、广东、江西、山东、四川、贵州、青海、新疆等 11 个省（区），地级以上城市全部实施了廉租住房制度；江苏、安徽等 2 个省，超过 80% 的城市实施了廉租住房制度；福建、河南、云南、吉林、甘肃、内蒙古等 6 个省（区），实施廉租住房

1　兰州出台廉租房保障新规［N］. 中国房地产报，2006－11－06.

制度的城市不足50%[1]。已有18个省、市、自治区通过签订目标责任书等方式，将廉租住房制度建设纳入对市（区）、县人民政府目标责任制管理，明确了最低收入家庭住房保障目标及具体考核办法[2]，如重庆市2007年12月13日召开了“重庆市城市住房工作会议”，市政府与各区县（自治县）政府首次签订了目标责任书，把廉租住房保障目标纳入了对各区县工作的考核，并且要求将结果通报全市[3]。各地都在年度住房建设计划中开始列明廉租住房建设量，如广东要求各地年度廉租住房竣工面积要达到商品房竣工总面积的5%以上[4]。

与廉租住房保障制度建设相适应，政府从中央到地方都开始建立相应的部门或机构。国务院组成部门之一的“建设部”在2008年更名为“住房和城乡建设部”，中编办有关负责人表示，该部的主要任务是承担保障城镇低收入家庭住房和推进住房制度改革等责任[5]。同时，新设置了住房保障与公积金监督管理司[6]，其主要职责之一即是指导经济适用住房制度和廉租住房制度建设。这些举措，从国家层面明确了廉租住房制度的管理与监督机构。

各地方政府的相应机构则颇有“百花齐放”的意味，职责、权限也各不相同，多数是在当地国土房管局下设立了“住房保障处”，机构人员均显薄弱，但也有一些住房保障制度建设较好的省市有自己独特的做法。

北京市建设委员会（市房改办）是北京市廉租住房工作的行政管理机关，负责拟定并实施本市廉租住房的管理办法和政策、制定城市近郊区廉租住房实施办法等工作；隶属于市建委的住房保障办公室设有租售处、协调处、政策处等几个部门[7]；北京市建委（市房改办）、财政局等部门组成工作领导小组编制廉租住房资金需求计划，市财政局负责组织市区两级财政拨付专项资金，为廉租住房工作提供必要的资金支持；市民政局负责审核最低收入家庭的收入标准，确定合理的救助对象；市住房资金管理中心负责廉租政策的租金补贴发放工作。

而北京市建委（市房改办）下属的北京市廉租住房管理中心则专门负责

---

1 中华人民共和国住房和城乡建设部．关于城镇廉租住房制度建设和实施情况的通报（建住房［2006］63号）．http：//www.mohurd.gov.cn/zcfg/jswj/fdcy/200611/t20061101_157766.htm，2006-04-03.

2 建设部课题组．住房、住房制度改革和房地产市场专题研究［M］．北京：中国建筑工业出版社，2007：103.

3 重庆城市住房会议共识：用“责任状”落实住房保障［N］．中国房地产报，2008-01-22.

4 广东经济适用房和廉租房须占竣工总面积13%以上［N］．中国房地产报，2007-03-26.

5 住房和城乡建设部将增设房地产监管司［EB/OL］．新浪网，http：//news.sina.com.cn/c/2008-07-22/021515972366.shtml，2008-07-22.

6 孙玉波．建设部设置住房保障与公积金监督管理司［EB/OL］．新华网，http：//www.chinanews.com.cn/gn/news/2007/12-25/1114781.shtml，2007-12-25.

7 张燕．北京住房保障办成立专司政策保障房管理［N］．京华时报，2007-03-09.

本市廉租住房政策的具体实施工作，其主要职能是负责廉租住房房源筹集、配租实施、档案管理以及政策宣传咨询等工作[1]。北京各区县主要由房改办负责。

天津市则在2001年就成立了天津市住房委员会及负责日常事务的房委会办公室，负责全市城镇住房制度改革和住房公积金管理的决策与监督工作，各区也成立对应的住房委员会并下设办公室具体负责相关事务的运营，房委会及其办公室都有明确的职责并建立了定期会议制度，同时天津市国土房管局设立了社会保障住房管理办公室，从事社会保障住房和廉租住房建设、分配和管理[2]。

机构设置最为明确、完善的是湖南省长沙市，该市于2007年10月成立了长沙市住房保障工作局，按照长沙市人民政府和市房产局授权主管全市住房保障和住房制度改革工作，设有廉租住房科、房改指导科等四个科室。同时长沙市还在所辖区、县（市）设立了各级住房保障工作局，各街道、社区居委会则公开招聘设置一名专科学历以上的住房保障专职干部[3]。

此外，住房和城乡建设部副部长齐骥在2008年“两会”后会见记者时表示：“《住房保障条例》已经列入2008年国务院立法计划，很有可能在今年面世。”[4]该条例由该部住房保障司负责具体起草，形成草案后将征询财政部、国土资源部等相关部委的意见之后提交国务院审批。果真如此，将标志我国住房保障制度建设迈上一个新的台阶。

2. 租金补贴为主、实物配租为辅的保障方式逐步实行

由于建设部2004年与2007年两次发布的廉租住房管理办法都确定了“住房租金补贴为主，廉租房实物配租为辅”的原则，因此，各地在廉租房具体保障方式上也都执行了这一政策。据报道，上海市截至2005年11月底，经审核符合享受廉租住房政策的家庭共17999户，在落实了合适房源的17200户家庭中，租金配租家庭16893户，实物配租家庭307户，占经审核符合条件的家庭总数的95.6%[5]，其中实物配租的占1.78%。

青岛市从2001年12月实施廉租住房制度，至2004年底，为1542户最低收入家庭实施了住房保障，其中实物配租7户，租金补贴1090户，租金减免445户[6]，实物配租的仅占0.45%。

哈尔滨市实施的廉租住房制度2004年租金补贴442户，实物配租户43户；2005年租金补贴312户，实物配租31户。2003～2005年三年时间，共投

1 市级廉租机构职能［D］. 北京市住房保障网，http://bjzfbz.bjjs.gov.cn:8080/zfbzweb/web/jg-zn.jsp，2007－03－09.

2 天津市国土房管局网站. http://www.tjfgnet.gov.cn/jgzn/jgzn.htm，2008－02－25.

3 赵春林. 长沙住房保障专干全国首设［N］. 中国房地产报，2007－10－15.

4 宋尧.《住房保障条例》列入国务院立法计划［N］. 中国房地产报，2008－03－24.

5 梁文汇. 2005年上海落实廉租房17200户［N］. 东方早报，2006－01－19.

6 关爱低保家庭廉租住房保障范围扩容［N］. 青岛日报，2004－10－27.

入资金 1080 万元，全面解决了哈尔滨市人均住房使用面积 $6m^2$ 以下 1127 户廉租户的住房问题[1]，实物配租的占 6.57%。

武汉市 2003 年开展廉租房工作，至 2005 年底，共计购建廉租住房 356 套，为租住公房的低保户减租补贴 3584 户，调剂解决租房贫困居民 397 户[2]，实物配租的约占 8.2%。同时武汉市房产局还建议从 2005 年开始，政府只适当筹集房源用于解决特困户和急需救助家庭的住房问题，从而提高"租金补贴"覆盖面，使其成为廉租房的主要保障方式[3]。

北京市截至 2007 年 5 月共有 5603 户家庭 13977 人领取了租房补贴；共有 349 户 942 人通过实物配租解决了住房困难[4]，实物配租的占 5.86%。

此外，有报道称：由于"集中建房建设周期长、受益面窄、建设运营成本太高"，山东省 12 个已建立廉租房制度的城市都不再集中新建廉租房，全部改为租金补贴为主，仅通过实物配租方式由政府直接为孤、老、病、残等特殊困难家庭提供住房[5]。

总体来看，截至 2005 年底，全国有 32.9 万户最低收入家庭被纳入廉租住房保障范围。其中实物配租 4.7 万户，占保障总户数的 14.3%；租赁补贴 9.5 万户，占保障总户数的 28.9%；租金核减 18.2 万户，占保障总户数的 55.3%；其他方式保障 4796 户，占保障总户数的 1.5%[6]。35 个大中城市中，租金补贴为主的城市已经占到一半以上，地级以上城市租金补贴所占比重逐步提高[7]。另一个统计数据表明，截至 2006 年底，全国已经开工建设和收购廉租住房 5.3 万套，当年新增 21.9 万户低收入家庭中实物配租的家庭 3 万户，领取租赁住房补贴的家庭 7.2 万户，租金核减的家庭 9.7 万户，其他方式改善居住条件的家庭 2 万户[8]，可见可享受到实物配租的家庭仍然是少数，比例不到 14%。

3. 廉租住房保障资金的数量与来源

在当前执行的《廉租住房保障办法》中，国家规定廉租住房保障资金主要有五个来源，包括：年度财政预算安排的廉租住房保障资金，提取贷款风险

---

1 吕瑛．三年哈市投入 1080 万元千余户居民住上廉租房［N］．生活报，2006-01-21.

2 黄振琳 等．帮职工购房为廉租房出力武汉公积金功劳不小［N］．楚天金报，2005-12-17.

3 杨文平．武汉市廉租房保障方式明年可能调整［N］．长江日报，2005-11-12.

4 余美英．六千套经适房将摇号配售［N］．北京青年报，2007-12-26.

5 李琥珀，张金顺．山东不再集中建廉租房改为发放房租补贴［N］．齐鲁晚报，2006-02-26.

6 中华人民共和国住房和城乡建设部．关于城镇廉租住房制度建设和实施情况的通报（建住房［2006］63 号）．http://www.mohurd.gov.cn/zcfg/jswj/fdcy/200611/t20061101_157766.htm，2006-04-03.

7 建设部课题组．住房、住房制度改革和房地产市场专题研究［M］．北京：中国建筑工业出版社，2007：103.

8 建设部通报 2006 年城镇廉租住房制度建设情况［EB/OL］．http://www.mohurd.gov.cn/hydt/200804/t20080424_162808.htm，2007-02-14.

准备金和管理费用后的住房公积金增值收益余额，土地出让净收益中安排的廉租住房保障资金、政府的廉租住房租金收入以及社会捐赠及其他方式筹集的资金[1]。目前，财政部2007年10月印发的《廉租住房保障资金管理办法》（财综［2007］64号）是推行廉租住房制度所需资金来源的保证。此前，各地也都根据自身的条件多渠道筹集了廉租住房保障资金。

2001~2004年，武汉市从住房公积金增值收益中提取廉租住房建设补充资金，分别占当年增值收益的比例是22.41%、22.03%、27.08%、58.61%。公积金增值能力的提升，为筹集廉租住房建设资金提供了相对稳定的渠道，到2005年底，武汉市公积金累计为社会筹集廉租住房资金总额突破1亿元[2]。

2004年5月，江西省赣州市财政先期拨付了200多万元作为廉租房建设启动资金；由市财政担保、市房管局从赣州市商业银行贷款1400万元；从2003年开始，赣州市房管系统下属企事业单位通过减员增效等改革措施全系统扭亏为盈，到2007年底除税收之外累计上交近3000万元，每年由财政纳入预算后全部返还用于了廉租房建设[3]。

2005年3月全国工商联房地产业商会在全国政协大会上提出了关于建设廉租房信托基金的提案，“打包支持廉租房的社保、土地出让金等等，几方面排一下，有可能将廉租房的基金形成一种类似于国债性质的投资项目”，力图解决廉租房存在的资金缺位问题[4]，全国工商联房地产业商会报告认为：“政府每年投入的预算资金或社保资金只用来保障廉租房租金和资本市场回报率之间的缺口（差额）即可，这使有限的政府资金能够带动较大规模的社会资金来收购充足的廉租房源，满足广大低收入群体的住房需求。”[5]但此项建议目前未见有试点或实施的报道。

2007年1月，北京市财政局、建委等相关部门联合发布了《北京市关于落实城镇廉租住房保障资金实施意见的通知》，具体落实了对各类资金的来源、额度、财务制度等方面的规定，如“市财政每年从土地出让净收益中提取用于城镇廉租住房建设的资金，按照当年实际收取的土地出让净收益扣除计提用于农业土地开发的资金以及土地出支出让业务费余额后的3%~5%核定”。上海市房地局廉租房办公室2007年2月则透露，该市“有关部门正在考虑出台民间资本参与廉租房开发建设和管理的政策”[6]。

目前，全国121个地级以上城市有明确的土地出让净收益用于廉租住房制

---

1 胡春明．建设部就《廉租住房保障办法》出台答记者问［N］．中国建设报，2007-11-29.

2 黄振琳，黄锐．帮职工购房为廉租房出力武汉公积金功劳不小［N］．楚天金报，2005-12-17.

3 梁健．廉租房的“赣州标本”［N］．中国建设报，2008-01-11.

4 贾林男．房地产业商会会长：廉租房信托今年有望试点［N］．中华工商时报，2006-02-28.

5 屈红燕．被称为内地的领汇基金廉租房基金有望破冰［N］．上海证券报，2005-11-27.

6 刘笑一．上海考虑民间资本参与住房保障［N］．中国房地产报，2007-02-05.

度建设的比例，其中最高的青岛、宝鸡市定为15%，深圳、银川市定为10%，相信在新的廉租住房保障办法已明文规定这一比例不得低于10%的情况下，各地还会调整其各自的比例。全国已有37个地级以上城市将土地出让净收益实际用于廉租住房制度建设，广东、云南、福建、陕西等省级财政每年安排一定资金用于补助各市（区）或困难地区廉租住房制度建设，如青海省规定省级财政承担80%的廉租住房制度建设资金，其他20%由各州（地、市）、县财政承担[1]。

有统计数字显示，截至2006年底，全国累计用于廉租住房制度的资金为70.8亿元，其中财政预算安排资金32.1亿元（含部分上交的住房公积金增值收益），住房公积金增值收益19.8亿元，土地出让净收益3.1亿元，社会捐赠0.2亿元，其他资金15.6亿元。2006年当年用于廉租住房制度的资金为23.4亿元，占1999年以来累计筹集资金的1/3，其中，财政预算安排资金12.1亿元，土地出让净收益3.1亿元，公积金增值收益为4.7亿元，社会捐赠及其他资金3.5亿元[2]。

4. 廉租住房覆盖面的扩大与核查退出制度的执行

随着国家政策力度的不断加大与完善，各地经济实力的稳步提高，全国各城市廉租住房保障能力也在逐步加强，保障标准提高、保障范围扩大，部分城市把住房困难的归国老华侨、退休劳动模范等对象也纳入了廉租住房实物配租范围。

上海市房地局2003年12月《关于进一步扩大廉租住房受益面的实施意见》就将可以享受廉租住房保障的对象扩大到“人均居住面积低于7平方米”；“人均收入符合本市民政部门规定的城镇居民最低生活保障标准，已连续享受民政部门救助6个月以上”的家庭和“家庭人均月收入低于570元（含570元）”；“获得省、自治区、直辖市以及部以上劳动模范称号的退休职工以及特等、一级伤残军人或特等、一级伤残军人配偶、烈属、因公牺牲军人家属”。2005年，上海市对扩大受益的老劳模和重点优抚对象进行了廉租住房实物配租，已有65户老劳模和重点优抚对象家庭落实了住房[3]。

从2004年10月1日起，青岛市将廉租住房申请标准由人均住房使用面积4平方米调整到6平方米，廉租住房保障的面积标准由原来的人均住房面积8平方米调整到10平方米，接近国家规定的保障标准上限[4]。有媒体报道“青岛

---

1 建设部通报2006年城镇廉租住房制度建设情况［EB/OL］. http：//www.mohurd.gov.cn/hydt/200804/t20080424_162808.htm，2007-02-14.

2 建设部通报2006年城镇廉租住房制度建设情况［EB/OL］. http：//www.mohurd.gov.cn/hydt/200804/t20080424_162808.htm，2007-02-14.

3 梁文汇. 2005年上海落实廉租房17200户［N］. 东方早报，2006-01-19.

4 关爱低保家庭廉租住房保障范围扩容［N］. 青岛日报，2004-10-27.

市计划在2007年将廉租房的保障面扩大至1.4万户，这其中既包括实屋租赁也包括货币补偿”[1]。

南京市2005年10月起执行的廉租住房保障实施细则对住房困难的劳动模范家庭在准入条件的收入和住房面积标准方面提供比普通住房困难家庭更加优惠的政策[2]。

2005年12月，北京市建委等四部门下发通知，将北京市住房困难家庭申请廉租住房的收入标准从低保线300元提高到家庭人均月收入580元，即“人均月收入580元以下的家庭现在可以申请享受廉租住房政策”[3]。

2006年9月郑州市政府放宽了廉租房申请条件：人均住房建筑面积16平方米以下的“低保”家庭，月收入低于480元且人均住房建筑面积在16平方米以下的市级以上劳动模范等先进人物，都可以申请廉租房。市级以上劳动模范等先进人物还包括三八红旗手、见义勇为称号获得者[4]。

山东省从2008年开始要求各地市将廉租住房保障范围扩大到全部城市低收入家庭，对低保困难家庭实行全额补贴，对特殊困难家庭实行实物配租[5]。

2008年7月，天津市将廉租住房实物配租保障范围由拆迁中最低收入住房困难家庭进一步扩大到非拆迁最低收入住房困难家庭里的孤老、大病、重残家庭，以及市内六区符合享受廉租住房租房补贴条件的市级以上劳动模范家庭和享受民政部门定期定量补助的社会优抚对象中的住房困难家庭[6]。总体来说，廉租住房保障力度正在随着各城市地方经济、居住水平的上升而不断扩大。

尽管国家政策明确我国居民承租的廉租住房不得以任何理由和任何形式进行转借、转租或者改变用途，但鉴于国情的复杂性，为杜绝“开宝马，领低保”或“一旦拥有，永不退出”等怪现象，各地在逐步扩大廉租房制度保障面的同时也积极探索了廉租住房的“事前公示，事后核查”方法，建立复核和退出制度。

2002年上海市房地局颁布的《关于加强城镇廉租住房配租管理的意见》就对享受廉租保障的复核制度作出了较为明确的规定，到2005年10月底共复核42880户次，因住房、生活条件改善退出廉租2275户[7]。

---

1 王玉光．青岛拟扩大廉租房保障面至1.4万户［N］．中国房地产报，2006-12-04.

2 曾璐．南京廉租房实施细则出台不同收入享受不同保障［N］．江苏商报，2005-09-12.

3 李华良．北京建委：住房困难户廉租房申请门槛放宽一倍［N］．新京报，2005-12-21.

4 李格非．郑州：2年内建10万平方米廉租房［N］．中国房地产报，2006-10-30.

5 张海峰．山东：我省“房保”提速扩容廉租住房保障范围扩大到全部城市低收入家庭［N］．大众日报，2008-01-15.

6 吴梅，李海军．津廉租住房实物配租即日起扩大保障范围［EB/OL］．天津市国土资源和房屋管理政务门户网，http：//www2.tjfdc.gov.cn/Lists/List1/DispForm.aspx？ID=3209，2008-07-16.

7 梁文汇．2005年上海落实廉租房17200户［N］．东方早报，2006-01-19.

天津市2004年《廉租住房配租管理暂行办法》（津政发［2004］64号）则不仅详细规定了廉租住房实物配租的管理机构、申请公示和分配程序，同时也对“退出机制”作出了递进性的明确规定：“对不再具备配租廉租住房条件的家庭（含在承租期限内的家庭），应在接到退出通知后的6个月内腾退住房。对不能按时腾退的，从次月起按届时配租租金的200%收取房租，如在第12个月内仍未腾退的，从次月起按届时配租租金的300%收取房租，如在第24个月内仍未腾退的，由市住房保障管理办公室责令其退房，对拒不退房的，市住房保障管理办公室可向人民法院提起诉讼。”

北京市建委也于2007年7月发出《关于对2007年廉租住房配租情况进行复核的通知》，要求各区县对辖区内享受租金补贴和实物配租的廉租住房制度受惠户进行复核。

财政部2008年1月也以通知的形式明确要求各地“廉租住房行政主管部门、民政部门要建立廉租住房保障对象的动态监管机制，对已经享受廉租住房保障的低收入家庭的收入状况、住房状况等要进行定期和不定期跟踪复核，适时掌握低收入家庭的基本情况”。

表4－1是截至2005年底全国廉租住房制度实施的情况汇总表。

廉租住房制度建设以及实施情况一览表（截至2005年底）　表4－1

省份	已享受廉租住房保障户数					资金来源（万元）				实施廉租住房制度的地级市		
	总数	租赁住房补贴	实物配租	租金核减	其他	总数	财政预算	公积金增值收益	其他	总数	已有方案	已实施
全国合计	**328625**	**94883**	**47217**	**181729**	**4796**	**474414.5**	**200018**	**150660**	**123737**	**291**	**169**	**221**
东部地区	**204877**	**53352**	**21293**	**125822**	**4410**	**338388.9**	**130139**	**124957**	**83293**	**101**	**78**	**88**
北京	14351	3032	319	11000		33929		33929		1	1	1
天津	26600		1200	23000	2400	89300	6700	42500	40100	1	1	1
河北	21333	14750	506	6077		1052	848	105	98	11	10	11
辽宁	38283	2877	3996	31410		8702	5450	2252	1000	14	5	10
上海	45079	17768	311	27000		27844	22152	5692		1	1	1
江苏	20638	5278	2655	12683	22	33334	9184	13291	10859	13	12	11
浙江	6847	2471	1017	2087	1272	44215	13185	18447	12583	11	10	11
福建	3808	249	1401	2158		11200	10000	1200		9	3	3
山东	12367	4467	921	6979		15099	7919	7160	20	17	13	17

续表

省份	已享受廉租住房保障户数					资金来源（万元）				实施廉租住房制度的地级市		
	总数	租赁住房补贴	实物配租	租金核减	其他	总数	财政预算	公积金增值收益	其他	总数	已有方案	已实施
广东	14914	2460	8310	3428	716	68654	54101	380	14173	21	21	21
海南	657		657			5060	600		4460	2	1	1
中部地区	**74628**	**22894**	**11342**	**40006**	**386**	**67148**	**13369**	**17702**	**36078**	**102**	**56**	**76**
山西	1886	1061	443	372	10	1885	984	383	518	11	11	11
吉林	12666	1570	800	10296		5881	1538	200	4143	8	1	3
黑龙江	4057	3011	321	349	376	2344	741	955	648	12	5	7
安徽	10739	7713	2060	966		6877	1719	2313	2845	17	11	14
江西	11864	2026	713	9125		7235	2129	2466	2640	11	4	11
河南	4607	2290	599	1718		8640	156	1226	7259	18	7	8
湖北	12654	3353	2506	6795		9061	300	8750	11	12	4	9
湖南	16155	1870	3900	10385		25225	5802	1409	18014	13	13	13
西部地区	**49120**	**18637**	**14582**	**15901**	**0**	**68877**	**56510**	**8001**	**4366**	**88**	**35**	**57**
内蒙古	1214	1036	178			3477	2865	612		9	3	3
广西	4445	548	2264	1633		3305	3271	34		14	4	8
重庆	3878	1731	2130	17		15300	13702	1598		1	1	1
四川	19526	11124	4215	4187		10122	8727	503	892	21	8	21
贵州	5256	1081	2583	1592		6325	6325			4	3	4
云南	630	1	177	452		17005	16405		600	8	3	3
陕西	2088		1943	145		3829	2200	270	1359	11	4	6
甘肃	6524	58	116	6350		4892	915	3321	656	12	2	5
青海	209		209			792		215	577	1	1	1
宁夏	2320	1650	200	470		329	100	125	104	5	4	3
新疆	3030	1408	567	1055		3501	2000	1323	178	2	2	2

注：本汇总表未包括西藏自治区及港澳台地区。

资料来源：中国网，http：//www.china.com.cn/chinese/MATERIAL/1173299.htm，2006－04－03。

4.3.2 存在问题

建设部课题组在“住房保障制度研究”报告中明确指出，尽管我国廉租住房制度建设取得了一定的进展，但与建立适应社会主义市场经济要求的城镇住房新体制相比，任务还很艰巨，任重而道远[1]。由于廉租住房制度的落实必须依靠地方政府，资金来源也主要是地方财政，在“上有政策、下有对策”几乎已经成为中国制度运行中的痼疾的情况下，廉租住房制度建设从中央到地方也显然不能免俗！从全国范围来说，主要存在以下几个方面的问题：

1. 思想上：尚有不少城市未能真正重视廉租住房制度建设

据建设部2007年2月通报，截至2006年底，全国657个城市中，已经有512个城市建立了廉租住房制度，占城市总数的77.9%，其中98.6%的地级以上城市建立了廉租住房制度，但370个县级市中仅有61.9%的城市（229个）建立了廉租住房制度[2]，也就是说，尚有多达占全国城市总数22.1%的145个城市在建设部等五部委联合发布的《城镇最低收入家庭廉租住房管理办法》自2004年3月1日起已施行近三年的情况下竟然连制度都尚未形成！此外，已上报建立了相关制度的城市里也有为数不少的只是有了一纸空文，连编制确定、人员稳定、职责明定的机构都没有，更遑论廉租住房制度实施层面的各项操作细则了。

2. 机制上：廉租住房制度的具体运作机制不健全

与思想上重视不够相应的就是运作机制的不健全。尽管在城市廉租住房制度迅速推进的过程中，一些地方开始增设有关机构或增加人员编制，充实住房保障工作力量，但是各地情况相差悬殊，发展很不均衡，缺乏统一的设计和规划，工作力量得不到有效的制度保障，地方廉租房制度工作力量得以加强往往靠的是个别领导的高度重视。很多城市设在房地产管理部门的“住房保障处”一类的机构大部分都是临时抽调的工作人员，且为数不多，应付上级文件下达和下级情况上报的日常办公工作都捉襟见肘，根本没有精力顾及将国家或省一级政府颁布的廉租住房保障办法进行细化。

更多的情况是，省级或地市级住房保障管理机构有一定的加强，但基层街道办事处、社区居委会的力量不足，没有专职人员和必要的基本工作设备（如计算机），更没有专项工作经费。此外，廉租房制度对我国政府部门来说本身就是一个全新的、动态的领域，现有工作人员观念落后、信息管理经验缺乏、难以适应新的形势，也亟须加强业务培训。

以上种种，造成了运行中的廉租住房保障制度缺乏各环节的严格实施细则。各地都不同程度地存在着保障措施宣传不到位、保障程序实施不规范、保障对象核查不严格、保障数据统计不准确、保障退出机制不执行等问题，这在

---

1 建设部课题组．住房、住房制度改革和房地产市场专题研究［M］．北京：中国建筑工业出版社，2007：104.

2 建设部通报2006年城镇廉租住房制度建设情况［EB/OL］．http：//www.mohurd.gov.cn/hydt/200804/t20080424_ 162808.htm，2007－02－14.

本书研究所进行的调查结果中也有明确反映。

此外，在具体保障方式的选择上，由于发放现金房租补贴操作相对简单且不必由地方政府提供土地和建房资金，各地均乐于机械地执行国家“房租补贴为主、实物配租为辅”的政策，道理很简单：对于地方政府而言，出土地比出资金更能触动其利益。因为按国家的现有政策，出资金仅仅支付了土地出让金的10%，并且还只是净收益的10%，而出土地则显然相当于拿出了100%的土地出让金，何况建房还要一笔不菲的土建费用，地方政府怎么会有划拨土地建设廉租住房进行实物配租的动力！有研究报告指出，部分市县租金核减成了住房保障的唯一方式[1]。

3. 经济上：保障资金落实到位困难

据2008年1月媒体的报道，2007年贵州全省计划总投入3.74亿元，落实资金8184万元[2]，落实金额仅占计划的22%。江西省九江市2007年从住房公积金增值收益、土地出让净收益和财政预算安排了1500万元廉租住房资金，实际到位资金475万元[3]，占应到资金的32%。甘肃全省低保家庭中的无房户有6万户之多，每年需要资金2亿元，但其财政仅能列支200万元[4]，缺口何其大！这其中除了部分资金由于财经制度运转推迟到位以外，更多的是因为根本就没有这么多的资金可资利用。住房保障压力巨大的西部地区经济本来就相对落后，土地价值不高、转让收益有限，地方“吃饭财政”、预算赤字的很多，中央财政的相关补贴也不少被挪作了维持政府运转的资金[5]，导致地方计划中的“廉租住房保障资金”不能落实到位。

另外，国家要求将住房公积金增值收益在提取风险准备金和管理费后按规定专项用于廉租住房建设并未得到有效的执行，因为住房公积金制度本身就存在透明度不高、监管力度不够的问题。此外，各地在保障性住房计划阶段将各类保障性住房资金混为一谈导致核查不易也是廉租房资金保障不足的原因之一。

4. 标准上：保障标准依据不足，实施随意性较大

各地制定的廉租住房制度实施细则中，各种保障方式的标准如何出台始终是一个软肋。如房屋租金补助或核减标准本应建立在对辖区需要廉租住房保障

---

1 建设部课题组．住房、住房制度改革和房地产市场专题研究［M］．北京：中国建筑工业出版社，2007：105.

2 孙晓蓉．贵州：全省66个市县建立廉租住房制度［N］．贵州日报，2008－01－03.

3 九江市廉租住房制度建设基本情况［EB/OL］．九江市委市政府门户网站，http：//www. jiujiang. gov. cn/LDZC/showpage. asp？ser＝8064172&id＝44560，2008－01－24.

4 建设部课题组．住房、住房制度改革和房地产市场专题研究［M］．北京：中国建筑工业出版社，2007：105.

5 肖晋，鲁晨，鲁启峰．我国加快廉租住房的基本国情和运作机制［J］．中国住宅设施，2008（2）：16－22.

家庭的经济收入、人均居住面积、各区域市场房屋租金平均水平等多项指标进行详细且动态的调研基础上来进行测算，同时还应对申请者的家庭经济收入进行准确审核方可确定。但由于目前我国个人征信体系不健全、收入来源多元化等原因，低收入家庭的经济收入水平更是经常处于变动状态，如何对申请家庭的经济收入状况进行审核，以确保廉租住房真正保障低收入住房困难群体，发放或核减的租金额度确实可以改善其居住条件，就成了一个较为困难的问题。

例如，成都市曾通过抽样调查的方式进行过两次中低收入者住房状况调查。2004 年底成都市统计出符合住房保障条件的家庭是 7 万多户，到 2006 年进行的第二次抽查统计却显示符合住房保障条件的家庭数量为 3 万多户[1]。相差不到两年的统计竟会相差 1 倍之多，难道成都市的经济发展如此之快，以至于在短短 1 年多的时间里就减少了超过 3 万户需要住房保障的中低收入家庭吗?

住房保障的基础统计数据不明自然就导致了保障标准的依据不足。比如各地的保障标准里既有以“人均居住面积”为基本核定标准的，也有以“人均建筑面积”为基本核定标准的，还有以“人均使用面积”为基本核定标准的。建筑学领域的人都清楚地知道，这三个面积指标有些本身就很难统计核实，在此基础上的保障标准又怎么可能是科学完善的呢?

同时，实行廉租住房实物配租的廉租房建筑的建设也缺乏相应的标准。例如现行《廉租住房保障办法》规定“新建廉租住房，应当将单套的建筑面积控制在 50 平方米以内，并根据城市低收入住房困难家庭的居住需要，合理确定套型结构”。但全国统一控制单套 50 平方米“建筑面积”本身在实践中就不具有可操作性。同样 50 平方米的建筑面积在不同地域、不同的设计或建筑技术条件下住户最终拥有的使用面积数量和套型会有很大的不确定性。难道家庭人口 6 人和 3 人的一户廉租家庭都必须住进同样大小的廉租住宅中吗？而何谓“合理的套型结构”也明显缺乏一致的标准。国家法规尚且如此，各地的具体操作就更是花样百出了。

5. 成效上：距“应保尽保”的要求还相距甚远

《廉租住房保障办法》规定“城市低收入住房困难家庭是指城市和县人民政府所在地的镇范围内，家庭收入、住房状况等符合市、县人民政府规定条件的家庭”，这就把保障范围的决定权（即“应保”的范畴）下放给了各市、县政府，所谓“应保尽保”本身就有了很大的弹性。而到目前为止，绝大多数国内城市的城市廉租住房制度覆盖的范围仅包括了城市低保家庭中的住房困难户，且不说跟以瑞典为代表的“市场—福利模式”国家的城市住房保障覆盖面达到家庭总数 50% 的中等收入户和低收入户的水平比有极大的差距，就算

1　吴颖．落实住房保障成都启动房屋普查［N］．中国房地产报，2007 - 06 - 11.

按国内自身的标准也存在着极大的缺口。

例如，建设部2007年初通报：截至2006年底，累计已有54.7万户低收入家庭通过廉租住房制度改善了住房条件[1]，全国开工建设和收购的廉租住房有5.3万套[2]。按照2004年9月国务院新闻办发表的《中国的社会保障状况和政策》白皮书中的数字："截至2003年底，全国领取城市居民最低生活保障金的人数为2247万人"，全国城市低保家庭约700万户。就算这700万户低保家庭中只有1/3的是住房困难户（233万户），建设部迄今为止的"5.3万套廉租住房、54.7万户受惠居民"能算做到"应保尽保"了吗?！这成绩是否能算及格?！更何况国家统计局的资料显示，2006年底全国城市低收入家庭当中人均住房面积不足10平方米的约有1000万户之多![3]

4.4 居者享其屋的重庆之路

4.4.1 实践之效

不可否认，重庆市自1997年成为中央直辖市以来，经济已经取得了长足的发展。中央政府要求"把重庆加快建成西部地区的重要增长极、长江上游地区的经济中心、城乡统筹发展的直辖市"，目前，重庆市的主要经济指标在西部12个省区中均在前5位以内。2007年，全年实现国内生产总值3491.57亿元（表4-2），按常住人口计算，人均地区生产总值达到14660元[4]。

重庆市1996～2006年GDP发展统计 **表4-2**

年份	国内生产总值（GDP，亿元）	房地产业（亿元）	占GDP构成（%）	国内生产总值指数（以1978年为100）	房地产业指数（以1978年为100）
1996	1187.47	25.22	2.1	545.0	686.4
1997	1360.24	32.60	2.4	605.0	854.6
1998	1440.56	45.00	3.1	655.8	1046.0
1999	1491.99	50.69	3.4	705.6	1152.7
2000	1603.16	65.45	4.1	765.6	1286.4
2001	1765.68	76.38	4.3	834.5	1448.5
2002	1990.01	90.48	4.5	920.5	1648.4

1 建设部通报2006年城镇廉租住房制度建设情况［EB/OL］. http://www.mohurd.gov.cn/hydt/200804/t20080424_162808.htm，2007-02-14.

2 重庆试水廉租住房［EB/OL］. http://www.ce.cn/cysc/zgfdc/gdls/200707/10/t20070710_12114074_3.shtml，2007-07-18.

3 肖晋，鲁晨，鲁启峰. 我国加快廉租住房的基本国情和运作机制［J］. 中国住宅设施，2008（2）：16-22.

4 重庆市政府公众信息网，http://www.cq.gov.cn/cqgk/zhsl/，2008-02-13.

续表

年份	国内生产总值（GDP，亿元）	房地产业（亿元）	占 GDP 构成（%）	国内生产总值指数（以 1978 年为 100）	房地产业指数（以 1978 年为 100）
2003	2272.82	113.69	5.0	1026.4	1913.8
2004	2692.81	129.12	4.8	1151.6	1984.6
2005	3070.49	143.88	4.7	1284.0	2179.1
2006	3491.57	158.20	4.5	1440.6	2346.9

注：本表绝对数按当年价格计算，指数按可比价格计算。

资料来源：重庆市统计局，国家统计局重庆调查总队．重庆统计年鉴 2007 [M]．北京：中国统计出版社，2007。

与此同时，重庆的房地产事业和城市居民的平均居住水平也得到了很大的提高。房地产开发投资额从直辖之初 1997 年度的 67.5 亿元上升到 2006 年度的 629.6 亿元，上涨将近 10 倍，对 GDP 的贡献占到了 4.5%，上升了 2 倍多；10 年间全社会竣工住宅面积总计达到 3.56 亿平方米，城市居民的人均房屋建筑面积也由 8.65 平方米（居住面积）上升到 2006 年的 24.52 平方米（建筑面积，折合居住面积约 13～15 平方米），提高了约 50%[1]，10 年来房地产业的建设成就见表 4－3 所列。

1997～2006 年重庆市人口与房地产业的发展统计　　表 4－3

年份	房地产开发投资（万元）	全社会竣工住宅面积（万平方米）	城市居民人均房屋建筑面积（平方米）	年末总人口（万人）	非农业人口（万人）	平均每户家庭人口（人）
1997	675022	3363.04	8.65	3042.92	594.58	3.06
1998	973014	3267.26	9.21	3059.69	614.03	3.01
1999	1125135	3527.28	9.51	3072.34	635.16	3.03
2000	1396327	4087.44	10.72	3091.09	660.89	3.05
2001	1966684	3664.49	11.47	3097.91	689.52	3.05
2002	2459130	4664.91	19.56 *	3113.83	721.45	3.05
2003	3278881	4292.79	21.29	3130.10	753.92	2.97
2004	4050791	3962.33	22.76	3144.23	785.83	3.02
2005	5177291	4341.08	22.17	3169.16	817.28	3.13
2006	6296300	4097.64	24.52	3198.87	845.43	3.10

注：* 城市居民人均房屋建筑面积 2002 年前数据为“人均房屋居住面积”。

资料来源：重庆市统计局，国家统计局重庆调查总队．重庆统计年鉴 2007 [M]．北京：中国统计出版社，2007。

1　重庆市统计局，国家统计局重庆调查总队．重庆统计年鉴 2007 [M]．北京：中国统计出版社，2007.

与此同时，随着国家政策的逐渐出台，重庆市在解决城市低收入居民的住房困难问题方面也做了一些有益的工作。

1. 政策方面

2001年6月，重庆市政府批准下发了重庆市建委《关于主城区危旧房改造工程的实施意见》，要求在2005年之前对重庆主城区中渝中区、江北区等7个区城区范围内的危房和1969年12月31日以前建成投用的干打垒、捆绑式、砖柱夹壁等结构的不配套房屋进行改造，其目标是“2001年至2005年全面改造危房，基本解决旧房，改善人民群众居住条件”。

2001年10月重庆市政府第117号令颁布《重庆市经济适用住房管理办法》（渝府令117号），要求“在县级以上人民政府组织指导下，由开发建设单位负责组织实施建设，享受有关优惠政策，向城镇中低收入家庭限价出售微利商品房”。

2002年12月，重庆市政府发布了《重庆市城镇廉租住房保障办法（试行）》，对主城九区及双桥区的城镇廉租住房保障及其管理提出了原则意见，要求“市房地产行政主管部门负责我市城镇廉租住房保障行政管理工作；市廉租住房保障管理机构负责全市廉租住房保障住房的建设、筹集及廉租住房、资金的管理、分配、使用等工作；区房地产行政管理部门负责本辖区内城镇廉租住房保障工作。区廉租住房保障机构负责编制本辖区城镇廉租住房保障的具体方案并组织实施；计划、财政、民政、公安、物价、规划、建设等行政管理部门和街道办事处、镇人民政府按照各自职责，协同搞好廉租住房保障实施工作”。此办法自2003年1月1日起执行，标志着重庆市正式启动廉租住房保障制度。

2004年5月，为进一步做好重庆市的廉租住房保障工作，重庆市国土房管局下发了《关于廉租住房保障有关问题的通知》，对廉租住房的保障方式、建设、管理、资金管理、产权、租金和后期管理等问题进行了一定程度的深化和明确。

2005年12月，重庆市政府办公厅转发了市国土房管局、市民政局《关于进一步开展城镇最低收入家庭住房情况摸底调查意见的通知》，要求落实建设部、民政部联合下发的《关于开展城镇最低收入家庭住房情况调查的通知》（建住房函［2005］218号），对重庆市最低收入家庭住房困难户的基本情况进行严格的摸底调查工作，对调查工作的对象、范围、工作步骤和时间进行了详细安排。

2007年12月，重庆市政府发布了《重庆市人民政府关于解决城市低收入家庭住房困难的实施意见》（渝府发［2007］136号）。在廉租住房保障制度这一部分，意见要求各区县对廉租住房“扩大制度的保障范围，合理确定保障对象和保障标准，健全保障方式，多渠道增加房源，做好配套建设，确保保障资金来源，严格审批程序并完善退出机制”。该文件是目前重庆市地方政府指导解决城市低收入家庭住房困难的主要指导性意见。

在上述政策文件的基础上，重庆市江津区、合川区、潼南县、忠县、奉节县、城口县等几个区县也分别制定了本区县的廉租住房管理办法或实施细则，规范落实本地区的廉租住房制度。江津区政府还发文将部分国有直管公房转为了保障性住房，对符合条件的家庭实施保障。

2. 实践方面

在重庆市，廉租住房保障的对象是“双困家庭”，即指那些享受低保同时家庭人均住房面积不足 $10m^2$ 的困难家庭。自 2003 年正式启动廉租住房保障工作以来，各试点地区运用实物配租、租金补贴及旧城拆迁改造等综合措施，多管齐下推进了廉租住房保障工作，市级相关部门从资金筹集、税费政策等方面也给予了配套支持。

2004 年，重庆市九龙坡区征地 65 亩建成了重庆市第一个成规模的廉租住房小区——华龙家园。小区共有使用面积在 16 ~ 55 平方米之间的廉租房 1170 套，安置住户 3000 多人，一套 35.5 平方米的住房房租每月只需 51.3 元，极大地改善了这些居民的住房条件[1]。

2006 年，廉租住房保障工作在重庆全市 40 个区县全面推开，当年新增廉租住房保障 6935 户，超额完成了市政府下达的 2000 户廉租住房保障任务。截至 2006 年底，重庆市累计对人均住房使用面积 6 平方米以下的低保住房困难家庭实施保障 2.65 万户，其中：建（购）房实物配租 3601 户，发放租金补贴 5455 户，实施租金核减 1446 户，通过旧城拆迁改造安置实施保障 1.6 万户；主城区累计实施保障 2.29 万户，其中：建（购）房实物配租 3157 户，发放租金补贴 3961 户，实施租金核减 124 户，通过旧城拆迁改造安置实施保障 1.56 万户[2]。显然其中旧城拆迁改造安置的户数是绝大多数。

2006 年 10 月重庆市规划局公布的《重庆市住房建设规划（2006 ~ 2010 年）》中详细列明了都市区和区县的廉租住房建设计划，对未来 5 年的廉租住房建设提供了具体的目标：“主城区和双桥区在 2007 年 6 月 18 日前，对人均使用面积 6 平方米以下（含 $6m^2$）且享受城镇居民最低生活保障的家庭实现住房保障全覆盖。到 2010 年，主城区对人均使用面积 6 ~ 10 平方米且享受城镇居民最低生活保障的家庭实现住房保障全覆盖，远郊区县在 2010 年前对人均使用面积 6 平方米以下（含 6 平方米）且享受城镇居民最低生活保障的家庭实现住房保障全覆盖”[3]。这一规划对满足城市低收入市民的住房需求起到了一定的积极作用，截至 2007 年 5 月底，重庆市国土房管局表示：重庆市通过实物配租、拆迁置换和租金补贴的方式，解决了主城区 23500 户低保家庭的住房问

1 重庆试水廉租住房：困难户每月房租 51.3 元［EB/OL］. 新华网，http：//news. xinhuanet. com/house/2007 - 07/10 /content_ 6351888. htm，2007 - 07 - 10.

2 王玉光. 重庆充足资金保障廉租房建设［N］. 中国房地产报，2007 - 05 - 14.

3 邹玲. 重庆：5 年后实现廉租房全覆盖［N］. 中国房地产报，2006 - 10 - 16.

题，其中，实物保障3829户，发放租金补贴4071户，旧城拆迁安置保障1.56万户，“已经全部覆盖了解决主城区居住面积在6平方米以下的低保户”[1]。

另据2008年最新公布的《重庆市住房建设规划（2008~2012年）》透露，截至2007年底，全市累计对3.72万户城镇低保住房困难家庭实施了廉租住房保障。

为了保证廉租住房建设资金来源，重庆市于2002年下半年将“廉租住房保障”纳入惠民重大工程，市政府也将其确定为十大公益性投资项目，计划5年筹措资金3.3亿元，其中市级补助1.25亿元（含住房公积金增值收益2500万元）用于廉租住房建设。截至2006年年底，重庆市累计投入廉租住房保障资金2.79亿元[2]。

2007年，重庆市政府要求进一步加大廉租住房保障资金投入，要求各地应从土地出让金净收益或分成收入中核定5%左右的资金保障城镇廉租住房建设，仍有缺口的，区县财政应从其他预算资金中予以保证。《重庆市住房建设规划（2008~2012年）》则透露，截至2007年底，全市累计投入了资金约4.58亿元对城镇低保住房困难家庭实施廉租住房保障，表4-4是重庆市廉租住房保障领导小组办公室提供的2008年重庆市主城区廉租房建设计划，全年3827套的数量实在有限。

重庆市2008年度廉租住房建设计划项目情况表　　　表4-4

项目名称	所属区县	项目地址	套数（套）	规模（m^2）	项目性质
阳光新居	沙坪坝区	梨树湾张家堡	400	20000	新建
华福家园	九龙坡区	九龙园区B区冬瓜山地块	1000	50000	新建
李家沱廉租住房	巴南区	李家沱郭家岗21号	162	5290	新建
山水丽群二期	江北区	石马河南桥寺原罗家湾社	650	32992	新建
公房解危及廉租住房项目	北碚区	黄桷后街26号；玻璃新村14~19号等六处	500	21000	新建
廉租住房	大渡口区	E29-2/02（部分）、双山桥隆经济适用房等六处	900	45000	配建
茨竹廉租住房	渝北区	渝北区茨竹	40	2000	新建
廉租住房	渝中区	大黄路	75	3800	购买
廉租住房	渝北区	待定	100	5000	购买
主城区合计			3827	185082	

资料来源：根据重庆市廉租住房保障工作领导小组办公室提供资料整理。

1 重庆试水廉租住房：困难户每月房租51.3元［EB/OL］．新华网，http：//news．xinhuanet．com/house/2007-07/10 /content_ 6351888．htm，2007-07-10．

2 王玉光．重庆充足资金保障廉租房建设［N］．中国房地产报，2007-05-14．

4.4.2 现状之惑

尽管重庆市的廉租住房保障制度施行以来确实解决了部分城市最低收入居民的住房困难问题，但通过调研，笔者认为现状令人相当困惑。无论从国内不同城市特别是四个中央直辖市的横向比较还是以重庆市自身的经济、社会发展水平来看，廉租住房制度的推行还明显地存在着较大的问题。具体表现在以下五个方面：

1. 制度建设不健全，机构设置不完整

国务院1998年就明确要求各地“建立和完善以经济适用住房为主的多层次城镇住房供应体系。最低收入家庭租赁由政府或单位提供的廉租住房”[1]。1999年5月1日建设部第70号令《城镇廉租住房管理办法》也要求各地建立廉租住房保障制度，可直到4年以后的2003年1月1日，重庆市才实施了第一部《重庆市城镇廉租住房保障办法（试行）》对主城九区及双桥区的城镇廉租住房保障及其管理提出原则性意见，算是正式启动了廉租住房保障制度。此后又过了一年半的时间，2004年5月重庆市国土房管局才通过“关于廉租住房保障有关问题的通知”对廉租住房的保障方式、建设、管理等几个问题进行了一定程度的深化和明确，但这个“通知”的行政级别、法律效力如何暂且不论，仅以其正文6条共1630个字的篇幅想要对廉租住房保障制度这样一个对政策性、操作性要求都极高的制度进行规范，其中的疏漏是可想而知的。目前，规范重庆市廉租住房制度实施的《重庆市人民政府关于解决城市低收入家庭住房困难的实施意见（渝府发［2007］136号）》出台于2007年12月，其主要内容仍然是政策性、原则性为主，“府发文件”、“意见”的形式在制度法理上也明显缺乏法律法规的刚性。同时，该通知还要求“各区县（自治县）应严格执行《重庆市廉租住房保障申请办理办法（试行）》”即2003年出台的操作办法，对形势的变化发展和国务院相关文件的反应明显滞后。

从上述重庆市廉租住房制度主要文件出台的时间、级别和内容均可以看出，重庆市城市最低收入居民廉租住房制度的建设明显不健全，对比天津、上海等地出台的一系列针对廉租住房制度执行过程中各环节、操作性很强的实施细则文件，以及《深圳住房保障条例》列入深圳市2008年的年度立法计划并已正式面向社会征求意见[2]等情况，重庆市政府相关部门对城市最低收入居民廉租住房制度的建设重视不够、力度不足、规格不高、内容不细、操作不力，问题显而易见！

与制度建设相一致的问题是，重庆市政府廉租住房保障制度的具体办事、执行机构的设置也存在明显的差距。尽管《重庆市人民政府关于解决城市低

---

1 《关于进一步深化城镇住房制度改革加快住房建设的通知》（国发［1998］23号）.

2 刘晓云．深圳探路住房保障法制化［N］．中国房地产报，2008-01-07.

收入家庭住房困难的实施意见》要求：“成立市解决城市低收入家庭住房保障工作领导小组，负责研究解决城市低收入家庭住房困难的有关政策，协调解决工作实施中的重大问题，指导、督查区县（自治县）解决城市低收入家庭住房困难工作。领导小组下设办公室，办公室设在市国土房管局，负责日常工作，办公室下设两个工作组，廉租住房工作组设在市国土房管局，经济适用住房工作组设在市建委。区县（自治县）人民政府要成立相应的领导小组和办公室，设立专门的住房保障管理机构和具体实施机构，相关部门应配备专门人员，具体负责城市低收入家庭住房困难保障工作。”但直到2008年年中，重庆市从市一直到街道办事处的各级相关机构设置的实际情况是：

“重庆市解决城市低收入家庭住房保障工作领导小组办公室”仅有两名工作人员，并且都是从市国土房管局的下属单位临时抽调的！不知他们如何能够完成指导、督查重庆市40个区县解决城市低收入家庭住房困难的日常工作？

市国土房管局设立了“住房改革与保障处”，包括处长在内仅有五名工作人员，不知他们如何完成其处室职责中明定的“负责指导、监督全市住房改革及住房保障工作；负责拟定住房货币化分配、租金改革、公有住房出售、集资合作建房等房改政策并组织实施；负责全市中低收入家庭住房保障相关工作；负责全市最低收入家庭廉租住房保障改革政策制定、实施及管理工作；负责全市房改资金使用的监督管理；负责直管公房的房改售房、变价出售审批工作；指导直管公房管理体制改革；负责住房公积金管委会办公室工作”[1]这八大类职责？

在各区县，相关文件均以“区（县）人民政府负责指导和监督全区廉租住房保障工作，区（县）房地产行政主管部门负责本行政区域内廉租住房保障管理工作，区（县）租住房保障工作部门具体负责本区廉租住房的实施工作”的内容来明定相关部门的机构设置与责任，但据笔者了解，这个“区（县）租住房保障工作部门”往往就是设在区（县）房管局下的“住房保障科”或“房改办”，一般仅有1~2名工作人员，有3名人员就算多的了，而他们还常常被安排做很多别的工作。

再往下的街道办事处、居民委员会就更是既无人员编制，又无专项经费来源。如此机构和人员配置，如何能够完成重庆市多达数十万户的廉租住宅保障的繁杂具体工作？

再次对比一下国内其他城市，北京市建委下属负责管理的有设置了“租售处、协调处、政策处”等几个部门的“北京市住房保障办公室”，负责具体事务的有“北京市廉租住房管理中心”，天津市设立了有着定期会议制度的各

---

1 住房改革与保障处职责［D］. 重庆市国土资源和房屋管理局公众信息网，http：//www. cqgtfw. gov. cn/showmsg /show_ pub_ memo. asp？pubtype = 73&messages = 5230，2008 - 05 - 20.

级住房委员会及其办公室，湖南省长沙市更是设立了机构完善的各级“住房保障工作局”，各街道、社区居委会公开招聘设置了住房保障专职干部（参见3.3.1节）。由此可见，重庆市在廉租住房保障机构设置方面的差距也就十分明显了，这直接导致了重庆市廉租住房制度实施中其他几个方面的问题。

2. 统计渠道不畅通，基础调查不细致

由于我国目前与居民住房、购房相关的信息还分散在公安、房屋、民政、金融等各个部门，各部门内部的征信体系不完善，部门之间无法互通信息，政府主管部门又没有建立起有效的公共信息披露制度，不能充分、及时地记录和反映家庭成员的相关信息，也不能对家庭住房情况进行精确统计，整个住房征信体系很不完善，因而也不能为廉租住房制度的推行提供征信支持。由于政府不能准确掌握居民的收入和住房情况，居民也不能对政府和政府官员的行为进行有效的监督，双方存在着严重的信息不对称。如同本书研究必须通过专门细致的调研工作来总结和发现问题一样，在廉租住房保障制度的政策实施细则的制定工作中，最重要且不得不做的基础之一就是通过调查统计全面掌握一个地区最低收入家庭住房困难户的基本情况，这是编制廉租住房保障规划、健全廉租住房保障制度、完善低收入家庭救助制度、加快建立新型社会救助体系的基础性工作。

尽管国家在廉租住房制度启动之初建设部、民政部就联合下发了《关于开展城镇最低收入家庭住房情况调查的通知》（建住房函［2005］218号），要求各地切实做好本地区所有城镇最低收入家庭住房情况的普查工作。重庆市政府办公厅也于2005年12月27日转发了市国土房管局、民政局《关于进一步开展城镇最低收入家庭住房情况摸底调查意见的通知》（渝办发［2005］267号文），认为在重庆市廉租住房保障政策出台后，各区县虽然初步掌握了全市待保障“双困”家庭总体数量，但也发现部分地区调查资料不够全面具体、“双困”家庭数量变化较大等问题，有必要通过对所有城镇最低收入家庭住房情况的普查工作进一步掌握重庆市廉租住房保障的需求情况。该通知对调查的领导、实施、统计等有了详细的要求，并要求各区县于2006年2月28日前将《重庆市城镇最低收入家庭住房状况汇总表》及调查的有关情况报市国土房管局。

仔细对比分析各相关文件出台的时间以及对工作内容的要求可以发现，重庆市的廉租住房保障基础调查工作可以说做得相当粗糙。原因在于：

（1）调查对象数量庞大。按统计局公开发布的统计数字计算，2006年重庆市的最低生活保障人数已经超过80万人（表4－5），按表4－4中2006年城市平均家庭人口3.1计算，总户数超过26万户。

（2）调查方法原始、时间有限。面对数字如此庞大的调查对象，从文件下发的2005年12月27日到要求全部完成上报的2006年2月28日只有短短两个月，而下发的调查表中有不少专项都是由居民自填答案的问题，面对这类问题千奇百怪的答案都有，统计分析本身就非常困难，整个调查工作的设计也完全没有考虑电子化、信息化处理。这样的调查两个月之内就可以完成并且统计分析清楚吗？何况，其间还有从上到下的文件传达布置过程以及春节假期！

重庆市城镇低保人口统计（2002～2006）　　表 4－5

年份	城镇最低生活保障人数（万人）	享受城镇居民最低生活保障人数占非农业人口比重（%）
2002	71.83	9.5
2003	70.21	9.3
2004	69.92	8.9
2005	75.74	9.3
2006	81.28	9.6

资料来源：重庆市统计局，国家统计局重庆调查总队．重庆统计年鉴 2007［M］．北京：中国统计出版社，2007。

（3）调查人员数量与专业素质堪虞。“渝办发［2005］267 号文件”中要求：“各区县由房管部门牵头，民政、公安、财政、街道（乡、镇）等有关单位抽调专人组成调查小组，充分利用街道（乡、镇）社会救助工作平台，深入扎实做好摸底调查工作。要加强对调查人员政策及调查方法的培训工作。”第一条的论述已经说明区县的相关工作人员本身就人手不足，还能有多少人被抽调来进行详细的入户调查？而抽调的人本身对调查的理解和方法的掌握能有多深还是一个巨大的问号！

加上这次调查的经费不足、原始的后续数据处理方式等方面的问题，已经足以让人们有充分的理由质疑这次调查结果的准确性和数据的可用性了！事实上，据笔者了解，重庆市国土房管局相关部门至今没有公布这次调查的结果，在廉租住房保障工作中使用的也是重庆市统计局和国家统计局重庆调查总队提供的抽样调查数据。

不同部门的统计数字还经常出现矛盾的情况。比如，一个考察城市居民平均居住水平的“人均住宅面积”在统计局、建委和房管局系统就会有 3 组不同的数字，撇开“建筑面积”、“使用面积”、“居住面积”的专业概念不说，几组数字往往互相矛盾，也无法换算，让人莫衷一是。

作为主要的廉租住房保障形式，2003 年的《重庆市城镇廉租住房保障办法（试行）》中规定，“廉租住房租金补贴”的标准是“所租房屋地区类别市场租金标准与廉租住房租金标准的差额计算每月每平方米补贴租金标准”，2007 年的《重庆市人民政府关于解决城市低收入家庭住房困难的实施意见》中要求“市物价行政主管部门制定廉租住房租金标准的指导意见”。但是，迄今为止，我们看不到有哪一个官方机构对这个重要的、需要相关部门持续进行市场追踪的“所租房屋地区类别市场租金标准”进行统计和信息发布。对比天津市《关于发布2008年房屋租赁市场指导租金的通知》（图4-4）中对天津全市各区、各片区、分楼栋类型的详细指导数据，重庆市相关工作的差距何止毫厘！

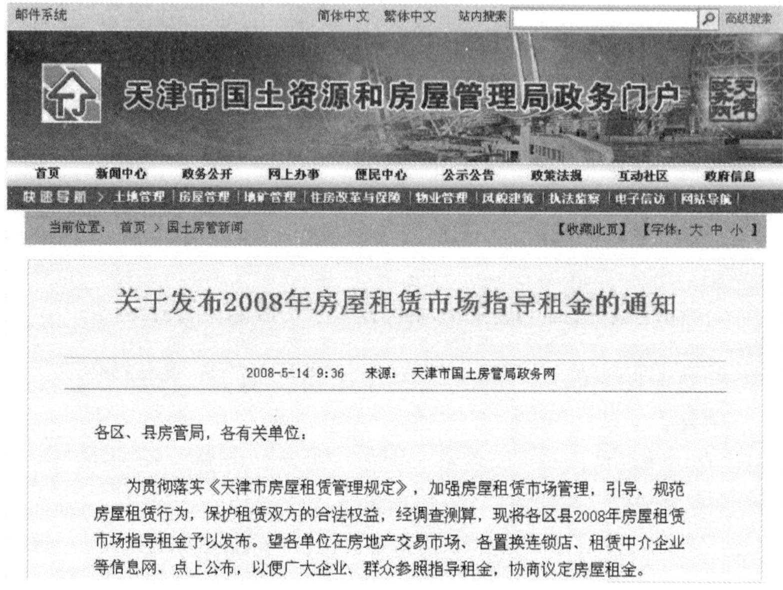

关于发布2008年房屋租赁市场指导租金的通知

2008-5-14 9:36 来源：天津市国土房管局政务网

各区、县房管局，各有关单位：

为贯彻落实《天津市房屋租赁管理规定》，加强房屋租赁市场管理，引导、规范房屋租赁行为，保护租赁双方的合法权益，经调查测算，现将各区县2008年房屋租赁市场指导租金予以发布。望各单位在房地产交易市场、各置换连锁店、租赁中介企业等信息网、点上公布，以便广大企业、群众参照指导租金，协商议定房屋租金。

图4-4 天津市发布2008年房屋租赁市场指导租金

调查统计不严谨、不细致以及不持续的后果就是科学的廉租住房保障方式、数量需求等等事实上都成了无源之水、无本之木。

3. 覆盖对象不全面，保障方式不准确

正如前文所述，由于廉租住房保障制度建设中基础研究的不深入、不全面，导致了不少制度设计中的瑕疵或漏洞。

首先，实物配租的申请标准、轮候和公示制度等既未见有明文规定的操作细则，也未得到有效执行，笔者2008年2月在重庆市国土房管局网站看到的“廉租住房保障申请公告”竟然是“没有记录”（图4-5），一片空白！对比北京、上海、天津等地相关网站上每月公示的包括廉租房申请人姓名、身份证号、居住地等详细信息，不禁让人对重庆市相关管理机构或媒体公布的大量“廉租住房受惠数量”或廉租住房制度保障的覆盖面心生疑窦。

其次，目前重庆市执行的廉租住房保障标准是“家庭人均住宅使用面积低于6平方米（三代同堂的家庭人均住宅使用面积低于7平方米）”，“‘十一五’期间，主城区廉租住房保障对象为人均使用面积10平方米以下的低保住房困难家庭，保障面积标准为人均使用面积10平方米”；租金补贴目前是每平

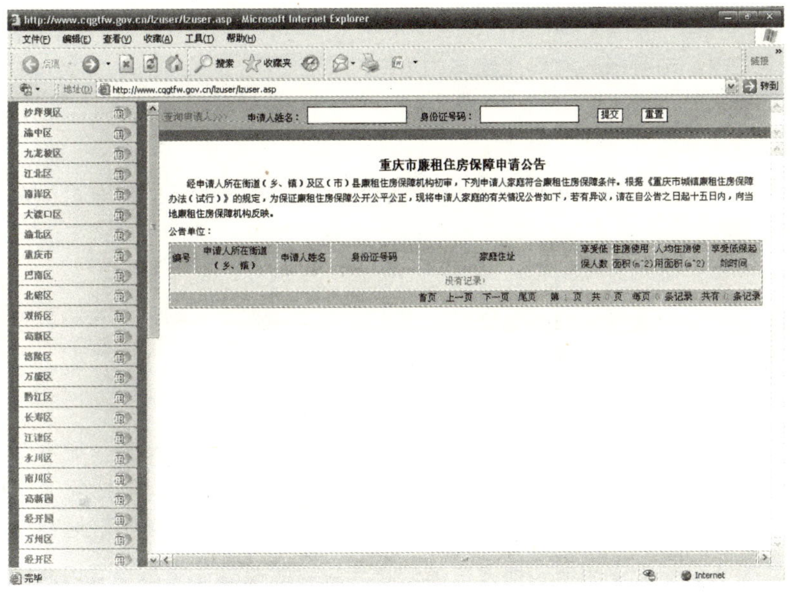

图 4－5　重庆市国土房管局“廉租住房保障申请公告”网页

方米补贴 10 元”。而 1998 年国务院相关文件制定的保障性住房补贴标准是三口之家 60 平方米，人均 20 平方米，2005 年建设部曾经公布小康社会住房标准为人均 30 平方米[1]！重庆市相关管理部门在缺乏详细统计数据和理论研究的情况下，实物配租的数量、房屋来源如何确定？每平方米 10 元的补助加上低收入居民自身的住房消费支出在重庆市什么区域才能租到住房？这样的住房是否符合廉租住户的生活工作需要？为什么补贴标准是 10 元而不是 12 元、15 元、20 元？且让我们来算一笔账：

据报道，重庆市主城区房租均价一般都在每月 1000 元以上，最高的渝中区达到 1700 元[2]，由于重庆市物价局至今尚未公布年度房屋市场租金指导价格，在本书研究调查的低收入居民聚居区附近的 60 平方米左右二室一厅成套住宅网上能查到的房租价格最低一般都在 500 元左右，就算某最低收入家庭一家 3 口全额领取住房补贴 300 元（3 人 $\times 10m^2$/人 $\times 10$ 元/m^2），加上调研中每月住户自己支付的 20～100 元左右的住房消费，仍然不足以支付其合适住房目前的市场租金。可见重庆市廉租住房保障制度实施中两个主要保障方式都存在着明显的问题，即：

（1）实物配租的廉租住房数量不明、区位不好、标准不清，不能满足住房困难群众的要求。

1　肖晋，鲁晨，鲁启峰．我国加快廉租住房的基本国情和运作机制［J］．中国住宅设施，2008（2）：16－22．

2　聂玉虎．二手房源增加 25% 拆迁户将成购买主力［N］．重庆晨报，2008－06－25．

（2）大量发放的廉租住房补贴标准依据不足、数额模糊不清、资金监管不力、金额作用有限！对真正住房困难群众帮助不足的同时给了少数人浑水摸鱼的机会。

4. 资金投入不透明，建筑标准不具体

财政部在《廉租住房保障办法》颁布实施的同时发布了《廉租住房保障资金管理办法》，并于2008年1月1日起实施。该办法进一步明确了我国廉租住房的资金来源和收支两条线，对如何确保收支两条线作了规定，确保了廉租住房保障资金的正规渠道来源，成为真正使国家加强和加快廉租住房的建设从原来大多数的纸上谈兵进入实际操作的重要指导性、规范性文件，奠定了解决城市低收入居民住房困难的资金问题得以落实的基础。

在目前国家政策尚不明朗的情况下，重庆市目前投入廉租住房制度的资金来源与数量也都不甚明了。国家政策规定的“年度财政预算安排的廉租住房保障资金、提取贷款风险准备金和管理费用后的住房公积金增值收益余额、土地出让净收益中安排的廉租住房保障资金、政府的廉租住房租金收入和社会捐赠及其他方式筹集的资金”等五项中，财政预算安排的廉租住房保障资金等四项都没有明确的基数与比例要求，而土地出让金的管理和支出在地方财政是预算外的一部分并且收支是一条线，导致土地出让净收益根本不易明确。也就是说，在现有的财税体制下，这两部分的资金真正落实到位困难不少。重庆市现在的投入有相当部分是争取到的中央财政对西部建立廉租房制度的补贴，地方政府每年在廉租住房保障制度上的资金投入基本上都是相关部门公布多少就是多少，公众很难了解资金总额是否达到了应有的水平。

最近，有媒体报道“重庆市政府将拿出100亿的资金，购买安置房，稳定房地产市场”引起了社会舆论的极大争议，在重庆焦点房地产论坛上，超过90%的网民认为政府此举很难理解[1]，笔者很想问：这100亿从哪里来？市场上一般每套建筑面积超过100m^{2}的住宅真能作为“安置房”解决低收入居民的需要吗？真有100亿为什么不好好地用来进行廉租住房制度的建设？这是想解决低收入居民的住房困难还是想挽救那曾经高企偶有下跌的楼市？

这一事件本身就说明了政府在廉租住房制度建设与房地产市场发展的博弈上明显倾向可以更好地拉动经济的后者，对前者不过是处于不得不做的应付状态。因此，早日出台实施细则对相关财税政策进行改革和规范是重庆市廉租住房保障制度建设需要尽快落实的重要基础工作之一。

在廉租住宅建筑的建设方面，重庆市也没有从自身的实际情况出发对集中建设的廉租房小区的规划选址、建筑的面积标准、套型的空间数量、设备设施的配套标准等进行详细的研究。目前重庆市的廉租住房房源主要是通过新建廉

---

1 张晓晖．重庆政府百亿救市是非［N］．经济观察报，2008－08－02.

租住房小区、收购经济适用住房等方式筹集，部分廉租住房地段偏远，申请家庭面临着生活成本增加、子女就学困难等实际压力，有的只能放弃实物配租。同时，廉租住户的相对集中安置且较偏远也会给民政部门、街道社区等部门的管理带来新的问题，这在调研中也有所反映。而调研中发现廉租住房建筑面积虽然大部分是50平方米以下的小套型，但面积超过60平方米的也超过了10%；住宅设计中对居民家中已普遍拥有的大型家用电器摆放位置、相应电气配备等均无恰当考虑；套型设计针对性不强，盲目照搬“大厅小卧”等住宅套型模式，显示目前重庆市廉租住房制度建设中廉租住宅的设计标准或导则亟待出台，以规范相关建设工作。

5. 退出机制不明晰，动态控制不落实

尽管相关政策作了一些原则性的规定，但是在住房保障的具体实施过程中，由于制度建设方面首先缺乏操作性较强的细则，机构、人员配备又不完整，而我国目前个人征信体系不健全、收入来源多元化且现金流量较大，对保障对象的实际收入情况难以核定及动态核查，使得当前如何对申请家庭的经济收入状况进行审核，确保廉租住房真正保障低收入住房困难群体，是廉租住房保障制度实施中面临的突出问题。

此外，日常管理中，重庆市的街道、社区住房保障力量薄弱，市级、区级廉租住房管理部门与民政部门、街道、社区等相关部门信息互不联通、资源互不共享，廉租住房管理的网络化体系不健全也是造成重庆市对廉租住房保障制度实施过程中享受廉租住房保障（无论是实物配租还是房租补贴）的住户缺乏必要的监督与动态控制的重要原因，加上社会诚信制度不健全，使住房保障的退出机制有名无实、形同虚设，这在笔者调研的数据中也有明确的反映，仅有27.6%的廉租住房租住户表示有机构人员对其收入现状进行过核查。

通过以上五个方面的分析可以发现，重庆市目前廉租住房保障制度的建设与实施中还存在着较为严重的问题。究其原因，首先还是相关政府部门和领导对于廉租住房保障工作这样一个“只花钱、不挣钱”的纯投入型工作重视程度不够！而具体执行部门由于人员数量、编制等现实问题，其工作方法就是接收文件，然后转发文件，看不出对相关工作应该如何进行认真严谨的思考和行动。在中央政府越来越重视民生问题，提出国民经济“又好又快”发展的背景下，重庆市相关部门和领导是到了从思想上必须重视廉租住房制度建设，从规章、机构、人员等各方面行动起来，完善本市廉租住房保障制度及其实施细则的时候了。

4.4.3 解决之道

胡锦涛总书记在中国共产党第十七次代表大会上的报告提出：“社会建设与人民幸福安康息息相关。必须在经济发展的基础上，更加注重社会建设，着力保障和改善民生，推进社会体制改革，扩大公共服务，完善社会管理，促进社会公平正义，努力使全体人民学有所教、劳有所得、病有所医、老有所养、住有所居，推动建设和谐社会。”“加快建立覆盖城乡居民的社会保障体系，保障人民基本生活。社会保障是社会安定的重要保证。……健全廉租住房制度，加快解决城市低收入家庭住房困难。”

为响应胡锦涛总书记的报告精神，完善重庆市廉租住房保障体系，推动廉租住房保障工作的深化发展，本书研究从理论的角度提出应以“完善一个体系，健全两个机制，制定三个标准，加强四个管理”的思路尽快完善重庆市廉租住房“1234”保障制度，即：完善廉租住房的政策体系，健全廉租住房的机构与管理等两个机制，制定廉租住房的保障标准和实物配租的小区规划、建筑设计导则等三个标准以及加强对廉租住房的资金、房源、申请和退出等四个方面的管理。

1. 完善一个体系

廉租住房保障工作不能有效落实的原因除了地方财政困难等因素外，最主要的原因还是地方政府在这一问题上缺乏认识、紧迫感不足、压力不大。在市场化和法制化的今天，法律约束是最公开、最有效的强制手段。因此，从中央政府的层面看，有必要通过更加有力的手段，制定必要的国家法律来固化地方政府的住房保障社会责任，从源头上保障居民的居住权利，全面推进住房的社会保障。

在地方，完善廉租住房保障的政策体系是完善廉租住房保障管理体系的中心任务。虽然包括“城市危旧房改造”等单项政策对于改善城市最低收入居民的居住条件都已取得阶段性成果，但是，由于缺乏相应的综合性的管理办法与实施细则，致使重庆市廉租住房保障工作的进一步发展和提高受到了影响。

首先，在《重庆市人民政府关于解决城市低收入家庭住房困难的实施意见》和国家《廉租住房保障办法》的基础上尽快修改2003年制定的《重庆市城镇廉租住房保障办法（试行）》，出台正式的《重庆市廉租住房保障管理办法》作为综合性管理办法。一个地方性法规“试行”了5年多难道还不能变成正式的吗？所谓“纲不举则目难张”，没有上位法，下位法即使有了也是无源之水、无本之木，不能形成一个完整、全面、系统的法规和政策体系。因此，应尽快建立起以《重庆市廉租住房保障管理办法》为总纲的重庆市廉租住房保障政策，在重庆市廉租住房保障的适用范围、实施责任主体、保障资金及房屋来源、保障基本条件及标准、申请与核准、监督与退出管理以及法律责任等方面作出更加切合重庆实际的明确规定，完善重庆市廉租住房保障的法律体系。

其次，在《重庆市廉租住房保障管理办法》的基础上，重庆市还应尽快分别制定出几个方面的具体政策和实施细则，包括：

(1)《重庆市廉租住房保障资金管理办法》。主要规定重庆市廉租住房保障资金的来源渠道、使用程序、风险防范和监督管理方面的政策与措施。

(2)《重庆市廉租住房配租管理办法与操作程序》。主要规定重庆市廉租住房实物配租的申请条件、房屋来源、新建或购买存量房屋的资金来源、配租及入住、核查与退出等政策及操作程序。

(3)《重庆市廉租住房家庭租房补贴管理办法及操作程序》。主要规定重庆市在廉租住房制度范围内享受租房补贴的对象条件、租金补贴计算方法、实施主体、发放方法、房补资金来源、核查与退出等方面的政策与操作程序。

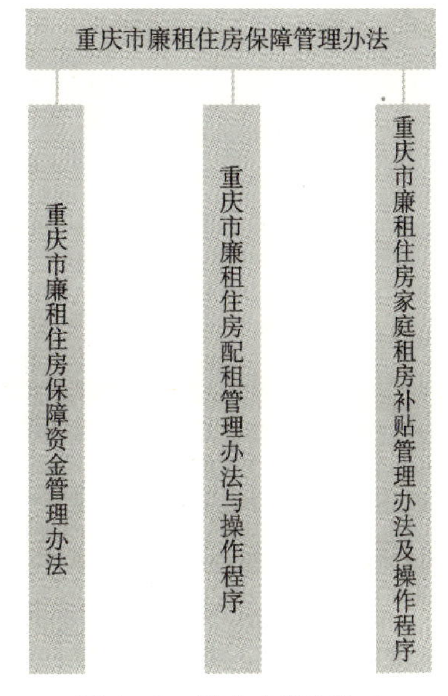

图4-6 重庆市廉租住房制度法律体系

上述地方性法规的制定与出台，将形成如图4-6所示的较为完整的重庆市廉租住房制度法律体系，从法律和制度的角度为重庆市廉租住房制度的实施打下坚实的基础。

2. 健全两个机制

所谓“健全两个机制”指的是“健全廉租住房保障管理长效机制”和“健全廉租住房保障对象准入与退出机制”。

1）健全廉租住房保障管理长效机制

不仅廉租住房保障制度，包括经济适用住房制度在内的整个住房保障制度都是政策性、社会性、连续性很强的工作，是我国建立社会主义市场经济下公平社会保障的重要内容。为了便于住房保障工作的正常运作和管理，应建立起一种职权清晰、政令畅通、监管得力、运作方便的管理体制。参考国内其他住房保障制度实施较好的城市，建议重庆市住房保障管理的基本模式为：市、区（县）两级管理，专业公司经营，相关部门监管，组织群众监督的全方位管理体制，各级相关部门的职责应在《重庆市廉租住房保障管理办法》中作出具体规定。

建议机构设置为如图4-7所示。

(1) 市级住房保障管理机构。**设立重庆市住房保障工作局**，破除条块分割，将现在一分为二（廉租房归市国土房管局，经济适用房归市建委）的住房保障工作纳入统一管理。建议该局设在市建设委员会或单独设立，要有一定的行政级别与正式编制，负责统筹重庆市住房保障工作的政策制定和重大事项决策与监督工作。将现国土资源与房屋管理局部分机构，包括房管所等都划归住房保障局管理，这样既有利于政令统一，改变现在房管所几乎无房可管的尴尬局面，又有利于适应随着经济社会发展，不同类型的保障住房需求的变化。

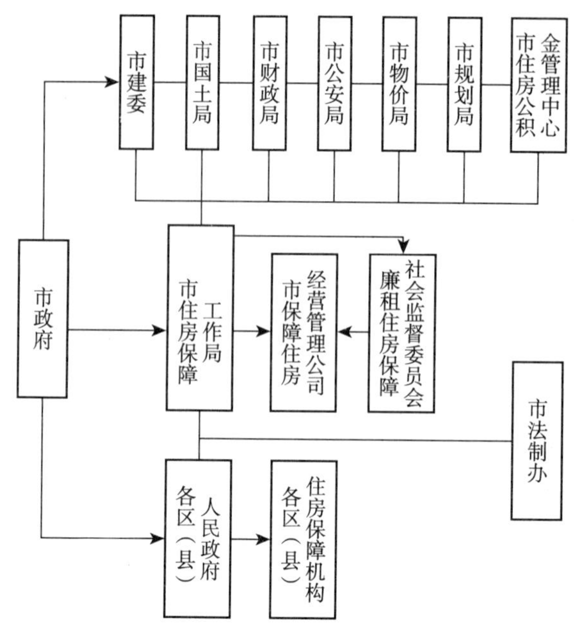

图4－7　重庆市住房保障机构设置图

在廉租住房保障方面，该局职责应包括落实国家、重庆市政府颁布的廉租住房保障政策、规定，制定全市廉租住房保障的实施计划，对各区（县）的廉租住房保障工作给予协调、指导和服务。

具体可以设置廉租住房保障管理处和经济适用住房管理处来分别负责不同类型的保障用房的实施运行。

（2）区（县）住房保障管理机构。在区（县）房管局设置区（县）级住房保障管理科或单独成立住房保障局，负责贯彻国家和市政府有关方针政策，按照市政府和上级管理部门的规划，负责本区（县）廉租住房与经济适用住房保障工作的组织落实等具体工作。

（3）成立保障住房经营管理公司。鉴于现行政策一般都倾向于新建廉租住房与经济适用住房按比例配建而后由政府回购配租，而前述两级政府部门由于编制的原因不可能人员过多、机构臃肿，可以仿效新西兰、荷兰等国成立专门的社会保障住房经营管理公司来负责社会保障住房建设、经营、管理和后期物业服务。作为执行国家和地区政策的特殊房地产开发公司，它在经济适用住房方面可以有法律规定的微利来支付其本身的运行费用，也因此可以聘请足够的工作人员满足为数众多的廉租住房申请、审核、复核、配租等日常管理工作，并密切配合协同街道、民政、财政、住房公积金管理中心及有关单位共同做好调查、统计等工作。

（4）建立市、区（县）两级廉租住房保障联席会议制度。建立由市、区（县）两级廉租住房保障机构牵头主持，建立由街道、民政、公安、工会、财政、物价、住房公积金管理中心、保障性住房经营管理公司等相关机构负责人参加的廉租住房保障联席会议制度，每季度或半年召开一次联席会议，沟通情况，发现问题，研究措施，分工负责解决问题。每次联席会后应该形成“联席会议纪要”，由廉租住房保障机构存档并报上级机构、主管领导及出席联席会议的各单位。

（5）建立廉租住房保障社会监督委员会。设立由街道、民政、房管等政府部门人员和保障性住房经营管理公司代表、廉租住房制度受惠住户代表等人组成的“廉租住房保障社会监督委员会”，主要职能是监督、保障廉租住房制度运行的公开、公平、公正。

2）健全廉租住房保障对象准入与退出机制

要使廉租住房保障制度真正惠及其应有的对象，准确界定保障对象是最关键、最根本的条件。由于个人能力及时间的限制，笔者不可能进行全面的重庆市最低收入阶层住房现状调查和市场房租水平调查，因此本书研究不可能提出具体的保障对象标准及数量。但根据统计局公开发布的统计数字计算，2006年重庆市的最低生活保障人数已经超过80万人，按当年城市平均家庭人口3.1人计算超过26万户，他们大概都应在廉租住房保障中享受不同标准的保障住房，这一数量十分庞大。本书建议，重庆市政府在正式的住房保障管理部门成立之后，立即着手安排适当的资金，按照科学的方法、信息化的手段尽快实施全市城市低收入家庭居住与生活状态普查和分街道或片区的市场房屋租金详细调查，并对结果进行动态化数据库管理，这是良好的廉租住房社会保障的基础。从香港房屋委员会及房屋署每年定期公布的各类详细统计信息就能看出香港低收入家庭住房保障工作广受好评的端倪[1]。

在廉租住房保障的准入方面，应该结合上述低收入居民住房情况调查数据库和现有的社会保障信息库，建立保障住房申请者信息库，对于不同类型的保障对象制定相应政策对其进行资格审核，审核内容包括家庭人口、收入水平和住房标准。同时实行申请、核查、公示、登记制度，严格把关，将申请条件和申请家庭的基本情况一并在其居住社区内进行定期公示，接受群众监督。对提出异议者进行调查核实，作出给予登记或不予登记的决定，以体现公开、公正、公平的原则。严格的准入制度标准，在防止不符合条件的家庭享受政府住房补贴，维护住房社会保障的公正性方面将发挥重要作用。同时，设计精准、运行良好的准入资格认定体系有利于管理机构制定分阶段实施目标，切实落实保障措施，对不同收入水平的申请者安排不同的顺序，优先解决最低收入家庭的住房，然后是低收入家庭排队轮候，做到操作规范、有序。

---

1 香港房屋委员会及房屋署网站，http：//sc. housingauthority. gov. hk/gb/www. housingauthority. gov. hk /b5/aboutus/resources/statistics/0,,, 00. html，2007－06－30.

社会住房保障不是可终身享用的免费午餐，而是文明社会对弱势群体的合理救助，这一点决定了廉租住房保障是一个动态过程。美国住房补贴政策的宗旨之一是希望促使低收入人群外出求职，以改变他们自身的生存状况和子女的教育状况，包括公共住房在内的福利制度应成为一种劳动力调节手段，当劳动力需求高时可以规范劳动力市场，当失业率上升时又可抑制社会动荡。而以英国、荷兰为代表的欧洲国家实施的高补贴的社会福利政策却是一个上不封顶的政策，人们一旦住上有补贴的公共住房，就再无安身之虞而可一劳永逸地住下去。然而，一旦经济波动，人们收入降低，政府就将不堪重负。这一政策的成功是以国家财政的高额付出为代价的。事实上，福利是否会造成人们的精神依赖和惰性一直以来也是争议的焦点。因此，笔者认为，针对我国国情，随着低收入家庭的成员变化、就业变化以及生活水平的提高，当居住条件得到改善后不再符合保障对象条件时，应退出廉租住房保障体系。在退出阶段，建议保障住房经营管理公司应该利用已经建立的低收入居民住房数据库建立廉租住房保障家庭档案并实行动态管理，对享受廉租住房保障的家庭，定期（建议每半年为期）、定量（建议抽查20%）核查他们的收入、人口和住房现状并进行适当范围内的公示，便于群众监督；同时动态跟踪申请者的居住和收入情况，随时更新信息，并结合城市发展的目标，建立城市低收入住房保障数量的预测体系。

对于领取廉租住房租房补贴的住户，如果不再符合领取条件，可以采取由发放单位提前1个月通知，1个月以后停发的办法；对享受租金核减的住户，经审核确认后可提前1个月书面通知其在规定时间后不再享受政府补助金额，以及从什么时候起必须要全额缴纳房屋租金；而对于实物配租的廉租房住户，考虑到当前市民的素质参差不齐，退出机制应具有一定的法律效力。目前的《重庆市城镇廉租住房保障办法（试行）》中没有对廉租住房的退出机制作出明确的规定，参考其他城市明定的退出机制，建议重庆市可以规定：当承租廉租房的家庭收入提高超出廉租房配租条件时，保障住房经营管理公司应在配租期限到期前6个月内书面通知廉租房住户腾退住房。对到期不能按时腾退的，从次月起按届时配租租金的200%收取房租；如在第12个月内仍未腾退的，从次月起按届时配租租金的300%收取房租；如在24个月内仍未腾退的，由负责具体经营管理的保障住房经营管理公司责令其退房，对拒不退房的，公司可向法院提出诉讼。

此外，若享受廉租住房制度补贴的家庭因家庭人口增加需增加保障住房面积（或补贴数额）时，应要求其重新申请登记并重新轮候；若发现保障家庭是通过不正当手段获得保障住房、租金补贴或租金核减的，管理机构应书面通知其立即迁出住房，停止发放补贴租金或按市场租金交付租赁费用，并应处以一定的罚款。

3. 制定三个标准

为保证廉租住房制度在具体运行中有可资依据的标准，应研究制定**《重庆市廉租住房保障标准》《重庆市新建廉租住房规划设计标准》与《重庆市廉租住宅建筑设计导则》**等三个标准。后两个标准的相关内容是本书研究在技术上的两个主要方面，将在第5章、第6章详细论述，在此仅对《重庆市廉租住房保障标准》的制定提出一些建议。

目前，世界各国推出的廉租住房制度主要分为两种基本形式：一是实物配租，就是指对符合条件的申请人配租一处廉租住房；二是货币配租，就是指对符合条件并已有自行租赁住房的，按人口和住房面积核发租金补贴。实物配租和货币配租各有利弊。货币配租的最大好处是退出机制相对容易执行，当享受住房保障的家庭经济往好的方向发生变化不再符合廉租住房配租标准时，对货币配租的家庭可以通过停止发放补贴的方式以最低的成本实现退出机制；而享受实物配租的家庭依照规定已不符合条件时，要求租户办理退租廉租住房或加收租金的工作不仅被动，而且工作量大、成本高、效率低，本书小节调查数据中有超过一半的人无论如何也不愿意退出现在租住的廉租房就是明证。

在我国，2004年的《城镇最低收入家庭廉租住房管理办法》第五条明文规定“城镇最低收入家庭廉租住房保障方式应当以发放租赁住房补贴为主，实物配租、租金核减为辅”，结果成了地方政府选择货币配租而放弃实物配租的“尚方宝剑”。原因本书前面也曾论及，对地方政府而言，新建廉租住房不仅土建需要大量的资金投入，还需要政府无偿划拨土地，划拨土地无异于拿出了100%的土地出让金，而不是国家政策规定的“土地出让净收益的10%”，地方政府显然没有建设廉租住房进行实物配租的动力，在过去数年中全国各地实物配租的廉租住房数量都仅占到了各地廉租住房制度保障数量的10%左右也证明了这一点。因此，在国家《廉租住房保障办法》第二章“保障方式”中已经不再明确要求“发放租赁住房补贴为主，实物配租、租金核减为辅”，而只是对几种不同保障方式进行了概念式的定义，需要各地方政府根据自身的实际情况进行科学的确定。

本书总结和介绍的国外住房保障之路表明：西方发达国家（也包括新加坡、中国香港等国家和地区）在解决廉租住房等社会保障性住房的初始阶段大都采用实物配租的方式，等到实物配租（或者说社会经济水平）发展到一定阶段后才实行货币配租。货币配租某种意义上可以看作是在实物配租的基础上产生出来的一种廉租住房形式，不应该先于实物配租而存在，因为首先市场上要有“廉价的出租房”，政府才有可能通过少量的现金补助方式满足居民的居住要求。事实上较大数量的实物配租还具有货币配租所不具备的有利于平抑房价的功能，这一功能又可以成为地方政府控制当地市场租金水平、平抑房价、满足大多数人安居愿望的有力武器。

根据上述研究，笔者认为，在重庆经济快速发展、城市化进程加快、主城区旧城更新、危旧房改造速度加快的今天，重庆市廉租住房的保障方式应该采用实物配租为主。主要原因是：重庆市新建廉租住房数量极为有限，而多数中心城区的旧房几乎已经拆迁完毕（即使没拆的也已在计划之中[1]），新建的住宅区大都距离远，增加租房户的生活成本，更重要的是现在大部分的新建住房面积都偏大，远远超过了困难户的承受能力。这就导致了重庆市主城区中可用于出租的廉租住房数量太少，在廉租住房资源非常少的情况下，若采取货币补贴，等于将廉租住房户全部推到市场上去租房，这很可能会推动租金的上涨，加重租房户和政府的负担。在经济发达国家，大都有对房屋租金进行管制的配套法律和法规，而我国的《廉租住房保障办法》的相关政策等还不配套，相关工作也没有基础。如果租金大幅上涨，货币配租的数额加上住户的住房消费支出也不足以支付其“合适的、有尊严的”住房，货币配租将失去社会保障的本来意义，目前重庆市的货币补贴标准就有捉襟见肘之嫌。显然，货币配租的方式只能在短时间内缓解而不能从根本上解决问题。

因此，《重庆市廉租住房保障标准》中应该首先明确重庆市廉租住房保障方式以实物配租为主，同时在调查研究的基础上明确以下三个具体指标：

1）享受廉租住房保障的城市最低收入居民的收入与现住房面积指标

在此基础上加权计算出一个分值以申请家庭的保障方式与轮候排位，并最终结合申请人意愿确定申请廉租住房家庭的保障方式——实物配租还是租金补贴。

建议在此标准中细化申请保障家庭的准入标准，不宜简单地以统计部门“最低收入户”“困难户”或“低保户”以及现人均住房面积进行区分，而应结合重庆市不同区县的基本生活消费水平和申请家庭的实际情况，综合考虑家庭收入与人均居住面积加权计算进行划分，具体计算方式有待深入调研统计后提出，但原则应是“人均住房面积”权重大于“家庭收入”权重，前者越小，在实物配租的轮候顺序上越靠前，反之则更倾向于给予申请家庭房租货币补贴。

2）廉租住房保障的人均使用面积指标

住房保障到什么水平是廉租住房保障制度除保障对象以外最重要的问题之一。从政策高度来说，重庆要在西部率先全面建成小康社会，城市居民的居住水平作为重要指标是必须考虑的，而城市最低收入居民的居住水平则是拉低这一指标的主要因素。从现有统计数据来说，到2006年底重庆城市人均住宅建筑面积是24.52平方米[2]，已经基本达到曾任建设部副部长的中国建筑学会理

---

1 重庆市规划设计研究院《重庆主城区危旧房改造规划》文本.

2 重庆市统计局，国家统计局重庆调查总队. 重庆统计年鉴2007［M］. 北京：中国统计出版社，2007.

事长宋春华提出的2010年我国城市住宅的小康面积标准应在人均建筑面积25平方米，户均80平方米[1]的“后小康水准”。那么，住房保障的标准应该如何确定呢?

首先是指标的确定。在各地廉租住房保障办法里各不相同的“人均建筑面积、人均使用面积和人均居住面积”三个指标中，笔者认为应该采用“人均使用面积”作为重庆市住房保障的基本指标。这是因为在这三个指标中，使用面积包括了一套住宅中所有的可使用的室内净面积（阳台除外），是一个能最准确地反映家庭居住水平的指标。

其次是指标的标准。本书研究认为，重庆市城市廉租住房保障水平至少应该达到人均居住面积8平方米的基本小康住宅的一般标准[2]，折算为使用面积大约12平方米。**故建议重庆市廉租住房的保障标准最高可以按“人均使用面积12平方米”的指标来确定**(详见第6章)。

3）房租补贴（包括现金补贴和租金核减）指标

本标准中应给出房租补贴数与地区市场租金数之间的比例标准，此比例亦应在前述加权分值的基础上分出一定的档次，视申请家庭的困难程度有所区别，避免现行补贴标准中简单地一律按每平方米10元补贴的情况。各区（县）政府再根据当地经济发展水平、市场平均租金水平、城市低收入住房困难家庭的经济承受能力等因素确定最终补贴额度并每年按时向社会公布一次。

4. 加强四个管理

在上述几个方面的工作得以完善、落实的基础上，在廉租住房保障制度的日常运行工作中要加强对廉租住房的资金、房源、申请和退出等四个方面的管理。

1）多渠道筹集廉租住房保障资金，加强保障资金的使用管理

廉租住房保障制度是国家通过行政手段为城市最低收入家庭提供适当住房的一项制度，因此政府的财政支出应是廉租住房保障资金的重要及主要的来源。没有强有力的财政资金支持，廉租住房保障工作就会成为无源之水。重庆市应确定廉租住房保障资金以财政预算资金为主的方针，多渠道筹措，形成稳定规范的资金来源，并从补贴、税收、金融、保险、担保等方面给予更多优惠政策。除了制定《重庆市廉租住房保障资金管理办法》保证国家政策规定的几个资金渠道来源以外，至少还可以在以下两个方面拓宽廉租住房保障的资金来源：

（1）通过向国家开发银行贷款，拓宽住房补贴资金

最近几年，重庆市将集中实施城区危旧房改造计划，鉴于现居其中的绝大

1　张爱敬．特别策划：专家、百姓细说小康住宅［EB/OL］．人民网，http：//www. people. com. cn/GB/shenghuo /81/99/20030124/913565. html，2003－02－28.

2　龙灏．中国城市小康住宅模式及重庆地方性设计方案研究［D］．重庆：重庆建筑工程学院，1993：34.

多数都是低收入家庭的特点，建议从拆迁到安置可以由“重庆市保障住房经营管理公司”全程运作，资金主要通过国家开发银行贷款支持，公司作贷款主体，政府提供一定的贴息和土地出让金优惠，在主要建设可售、可租的保障性经济适用住房以外，配建一定比例的廉租住房。

（2）从社会福利彩票收益中提取适当比例用作廉租住房保障资金

目前，我国社会保障资金来源于社会福利彩票收益，用以扶助社会弱势群体（包括孤、老和一部分伤、残）。廉租住房保障是社会保障体系的重要组成部分，特别是廉租住房保障主体之一的“双困”家庭同样也是社会保障的对象。二者目标、对象的一致性决定了从社会福利彩票受益中可以，也应当提取适当比例（如20%左右）专项用于廉租住房保障。

从2008年开始，我国要求廉租住房保障资金实行专项管理、分账核算、专款专用、专项用于廉租住房保障开支，包括收购、改建和新建廉租住房开支以及向符合廉租住房保障条件的低收入家庭发放租赁补贴开支，不得用于其他开支。市级和各区（县）财政部门都应该严格按照批准的项目预算，根据廉租住房保障计划和投资计划以及实施进度拨付廉租住房保障资金，确保廉租住房保障资金切实落实到廉租住房购建项目以及符合廉租住房保障条件的低收入家庭。

2）拓宽廉租住房建筑来源渠道，加强保障住房房源的管理

目前，重庆市实物配租的廉租住房主要通过新建廉租房、收购存量住房转为廉租房、直管公房转为廉租房等几个有限的渠道供应。从重庆市廉租住房保障制度的可持续发展角度考虑，为确保保障住房的供应，需要加强统筹管理，建立较为稳定的保障房源系统和完善的廉租住房保障储备体系，在市场运作机制下由政府相关机构主导开展廉租住房的建设、收购、储备活动。除了前面几种渠道外，廉租住房的主要来源还可以包括以下几种：

（1）政府制定政策鼓励开发商建设专供出租的商品房

廉租住房并不一定由政府或国有企业独揽，也并非全部实行计划经济式的统配统建。应该在坚持政府主导原则的前提下，适当发挥市场配置资源的优势。例如，政府可以在开发容量、配套费用等方面制定优惠政策，鼓励甚至规定房地产商在某些区域、位置开发建设的商品房项目中，设计一定比例的符合廉租住房建筑标准的住宅作为提供低收入家庭的廉租住房，由保障住房经营管理公司以市场运作方式接收后向低收入家庭出租；政府也可以引导和鼓励建立以获取微利为目的的廉租住房开发和运营专门化公司，由政府廉租住房保障管理部门根据需求制定建设项目和规模，并统一纳入住房建设规划和年度计划，享受政府优惠政策。

（2）政府出资收购存量住房用于廉租房租赁

重庆市的房地产市场在一片繁荣的表象下，住房空置率其实一直居高不

下。这些空置的存量住房有不少是交通便利、配套齐全、面积适中或可资改造的。如果政府出资收购此类房屋用作廉租住房出租，既能减少政府建房投入，又能活跃房地产市场，并使大量的廉租住房保障对象得以安置。有媒体报道重庆市已有这样的计划[1]，但当前应做的工作是：在尽快摸清此类房屋数量的基础上制定出切实可行的收购计划，建立必要的审核审计制度，并由专业性较强的经营机构组织运作以确保收购房屋价格合理、程序规范。不要让这样的“民生”计划最后又沦为少数人赚钱的工具。

3）严格执行相关条例，加强廉租住房的申请和退出核查管理

在当前城市最低收入居民受教育程度较低、生活水平较低、征信系统又不完备的情况下，相关管理部门应严格执行相关政策，特别是初始审核与动态监控。在廉租住房申请过程中，如果申请家庭存在隐瞒有关情况或者提供虚假材料，主管部门应不予受理；对以欺骗等不正当手段，取得审核同意或者获得廉租住房保障的居民，主管部门应取消其保障资格并限制其一定年限的继续申请资格，责令其退还已领取的租赁住房补贴或者退出实物配租的住房并按照市场价格补交以前的房租。同时，在相关政策中必须明确，对于无正当理由长期未在所承租的廉租住房内居住或无正当理由长期未交纳廉租住房租金的，主管部门应收回其廉租住房。廉租住房管理机构每半年或每年应要求廉租制度受惠家庭全部按时上报家庭情况审核表，并且抽取一定比例的家庭进行全面核查，一旦发现有虚报情况应立即处理，直至付诸法律行动。

4.5 本章小结

本章提出并初步建构了居住公平理论与廉租住房保障体制建构理论，通过对现行廉租房制度在全国主要城市和重庆市的实施情况的梳理得出以下基本结论。

（1）作为解决住房保障问题的理论基础，本书以“科学发展观”为指导提出了居住公平理论，主要由以下七个主要观念构成：**人人生而平等的生存价值观，人人享有居住的权利观，平等居住的资源共享观，社会生态的居住福利观，公平与效率均衡的居住发展观，居住水平的动态演进观，居者享其屋的住房消费观**。从人类的生存价值、社会的发展、居住的意义和人们的消费观念等多方面全面阐述了居住公平的内涵，从而**初步构建了城市低收入阶层居住保障的居住公平理论框架**。

（2）**我国城市廉租住房保障的体制建构应从层次分明的政策保障和完善高效的运行机制入手，分别在宏观、中观和微观层次来建立和完善其制度体系**。一个完善的廉租住房保障体制应对政府不同层级保障机构的责任主体、保

---

1 张晓晖．重庆政府百亿救市是非［N］．经济观察报，2008－08－02.

障对象、资金来源、土地供应、保障方式、申请轮候、监督与退出等制度方面有完整而可操作的规定，在新建廉租住房的建设标准、规划与建筑设计规范等技术方面有深入的研究和明确的规定。**目前，我国廉租住房保障制度建设呈现宏观基本完善、中观尚待改进而微观缺口明显的态势。**

（3）国内各城市廉租住房保障制度实施情况参差不齐。四个中央直辖市中，天津市相关工作起步最早、制度最齐全、机构最完善、工作最扎实，因而也是实施效果最好的城市之一，上海、北京工作也较为深入，重庆与之相比则在各方面都存在较大差距，主要问题有：**制度建设不健全，机构设置不完整；统计渠道不畅通，基础调查不细致；覆盖对象不全面，保障方式不准确；资金投入不透明，建筑标准不具体；退出机制不明晰，动态控制不落实。**

（4）建议重庆市政府以“**完善一个体系，健全两个机制，制定三个标准，加强四个管理**”的思路早日完善重庆市廉租住房保障制度，即：完善廉租住房的政策体系，健全廉租住房的机构与管理等两个机制，制定廉租住房的保障标准和新建实物配租廉租房的小区规划、建筑设计导则等三个标准以及加强对廉租住房的资金、房源、申请和退出等四个方面的管理。

第5章　基于GIS的廉租房用地选址规划布局——以重庆市主城区为例

5.1　城市规划中的地理信息系统（GIS）运用

5.1.1　地理信息系统（GIS）简介

历史上地理学的任何重大进展都是与人类活动的重要阶段紧密地联系在一起的，信息时代的到来、计算机技术的发展和系统分析方法的应用为现代地理学开辟了新的广阔前景。地理决策的科学与否取决于地理信息的获取、分析和科学管理水平，这就要求对信息的采集、管理、分析应当准确、合理。地理信息系统（Geographic Information Systems，简称GIS）技术就是在这种背景下应运而生的。GIS是一种存储、管理、分析、显示与应用地理信息的计算机系统，是分析和处理海量地理数据的应用技术。近30年来，它取得了迅猛的发展，已成为一个跨学科、多方向的研究领域。GIS在国民经济的许多重要领域都得到了成功的应用，极大地推动了社会生产力的发展，成为世界各国激烈竞争的高科技热点之一[1]。

1. GIS的概念

地理信息是有关地理实体的性质、特征和运动状态的表征，它是对表征地理特征与地理现象之间的地理数据的解释。而地理数据包括空间位置、属性特征及时域特征三部分。空间位置数据描述地物所在位置；属性数据是属于一定地物，且描述其特征的定性或定量指标；时域特征是指地理数据采集或地理现象发生的时段/时刻。空间位置、属性及时间是地理空间分析的三个基本要素，GIS的概念描述一般都包含这三层意思。

GIS的定义有很多种不同的表述，站在不同的角度有不同的定义。这些定义有的从学科角度，有的从计算机技术角度，也有从信息技术角度定义的，如："GIS是集计算机科学、测绘遥感科学、环境科学、城市科学、地理学、地图学、空间科学、信息科学和管理科学为一体的新兴交叉学科，它将计算机

1　J. Coppock，D. W. Tghind. The history of GIS，Geographic Information System［M］. London：Longman Inc.，1991.

技术应用到地学空间数据处理中，通过计算机系统的建立、分析和操作，产生对资源环境、区域规划、管理决策等方面的有用信息，为规划、设计、决策和管理服务”[1]；“GIS 是一种兼容、存储、管理、分析、显示与应用地理信息的计算机系统，是分析和处理海量地理数据的应用技术”[2]；“GIS 是处理地理数据的输入、输出、管理、查询、分析和辅助决策的计算机系统”[3]；“GIS 是一个以具有地理位置的空间数据为研究对象，以空间数据库为核心，采用空间分析方法和空间建模方法，适时提供多种空间的和动态的资源与环境信息，为科研、管理和决策服务的计算机技术系统”[4]；而美国国家地理信息与分析中心则认为，“为了获取、存储、检索、分析和显示空间定位数据而建立的计算机化的数据库管理系统，就是地理信息系统”。

2. GIS 的组成

与通常的信息系统类似，一个典型的 GIS 包括四个基本组成部分：计算机硬件系统、软件系统、地理数据库系统（DBS）以及应用人员及其组织机构。

1）硬件

GIS 所依赖的硬件大多数是计算机的通用设备，如 CPU、输入与输出设备、存储设备、通信传送设备等。处理小规模的数据库只需个人计算机系统即可，但管理中、大规模的 GIS 则需工作站或工作站与个人计算机甚至大、中型计算机所联成的网络。目前，计算机硬件技术发展很快，硬件条件已不再制约 GIS 的推广应用。

2）软件

GIS 软件系统由核心软件和应用软件组成。核心软件包括数据处理、管理、地图模拟和空间分析等部分，特殊的应用软件包则与核心模块相连并面向一些特殊的应用问题，如网络分析、数字地面模型（DTM）分析等。

目前，国际上常用的 GIS 软件达 400 多种，它们大小不一、风格各异。在国内市场较为流行的国外版权软件有：ARC/INFO（美国 ESRI 公司开发）、MGE（美国 Intergraph 公司开发）、MAPINFO（Mapinfo 公司开发）和 GENAMAP（美国 Genasys 公司开发）等四个。近几年，国内 GIS 软件业发展也较快，一些具有自主知识产权的国产 GIS 软件在软件测评中亦有部分达到了国际先进水平，比如在 2000 年的测评中，AF Internet GIS、CDWebGIS、GeoImager、MapGIS 等 18 个软件在技术上和市场上都具有较强的竞争力，被评为优秀软件。

---

1 宋小冬. 地理信息系统在城市规划中应用的若干问题及探讨［J］. 城市规划汇刊，1995（2）：18－22.

2 陈述彭. 城市化与城市地理信息系统［M］. 北京：科学出版社，2001.

3 吴信才 等. 地理信息系统设计与实现［M］. 北京：电子工业出版社，2002.

4 李德仁. 数字地球与“3S”技术［C］//中国地理信息系统协会第五届年会论文集（上）. 中国 GIS 协会，BENTLEY，1999.

3）数据

数据是 GIS 应用中最难解决的问题，也是投入最多的环节，有人曾形象地将硬件、软件和数据的费用比例定为 1：10：100，充分体现了数据收集以及隐藏在其背后的工作量与难度。因为它牵涉到许多部门，有时部门间数据相互保密，导致很多重复工作，造成很大浪费，数据因此成为 GIS 应用项目开展的瓶颈。部门之间数据不能共享的问题在我国国内显得尤其严重。

具体来说，GIS 的数据分为空间数据和属性数据。地理数据库（GDB）系统由数据库（DB）实体和地理数据库管理系统（GDBMS）组成。GDBMS 主要用于数据维护、操作和查询检索。

4）机构与人员

GIS 的充分利用和相关产业的加快发展不仅是一个纯技术问题，更重要的是一个社会系统工程的问题。它需要统筹规划、综合分析、上下协调，必须有高层次的机构或协调委员会来制定相关规划，组织与协调地理信息标准、规范、政策、法规的制定，加强宏观协调与管理。我国在这方面还有较大的差距，在可预见的未来还有许多工作要做。

由于系统技术本身的集成性和复杂性对技术人员的素质要求都较高，人才对 GIS 的建立与维护十分重要，无论是项目管理人员、系统分析人员、程序员，还是制图技术员、数字化操作人员等，都要求具备相当高的专业基础和业务水平。

3. GIS 的功能

GIS 的功能概括起来可分为以下几个方面：

1）空间分析功能

这是 GIS 的核心功能，也是它与其他计算机系统的根本区别。GIS 的空间分析功能有三个不同的层次。第一是空间检索，包括从空间位置检索空间物体及其属性和从属性检索空间物体；第二是空间拓扑叠加分析，空间拓扑叠加实现了输入特征的属性合并以及特征属性在空间上的连接，其本质是空间意义上的布尔运算；第三则是空间模拟分析，该层次的应用和研究可分为三类，即 GIS 外部的空间模型分析、GIS 内部的空间模型分析和混合型的空间模型分析。作为空间信息自动处理与分析系统，GIS 的功能遍及数据采集、分析、决策应用的全过程。

2）数据采集、检验与编辑功能

这是 GIS 的基本功能之一，主要用于获取数据，保持其数据库中的数据在内容与空间上的完整性（即所谓的无隙 DB——Seamless Database）、数据值逻辑一致、无错等。一般而论，GIS 数据库的建设占整个系统建设投资的 70% 以上。因此，信息共享与自动化数据输入是 GIS 研究的重要内容。

3）数据操作功能

数据操作功能包括数据格式化、转换和概化。数据的格式化是指不同数据结构的数据间的转换，这是一种耗时、易错、需大量计算的工作。数据转换包括数据格式转化、数据比例尺的变换等。数据概化包括数据平滑、特征集结等。

4）数据的存储与组织功能

这是建立 GIS 数据库的关键步骤，包括空间数据和属性数据的组织。栅格模型、矢量模型或栅格与矢量混合模型是常用的空间数据组织方法。目前属性数据的组织方式有层次结构、网状结构和关系型数据库管理系统（RDBMS）等，其中 RDBMS 是目前最为广泛应用的数据库管理系统。

在地理数据组织与管理中，最为关键的是如何将空间数据与属性数据融合为一体。现行系统大多将二者分开存储，通过公共项（一般定义为地物标识）来连接。这种方式的缺点是无法有效地记录地物在时间域上的变化属性，数据定义与数据操作相对分离。目前，时域 GIS（Temporal GIS）、面向对象 DB（Object-oriented Database）的设计都在努力解决这方面的问题。

5）分析、查询、检索、统计和计算功能

模型分析是在 GIS 支持下分析和解决问题的方法的体现，是 GIS 应用深化的重要标志，包括图形、图像叠合和分离功能、缓冲区功能、数据提炼功能及分析功能等。利用 GIS 可以方便地通过菜单或命令进行信息检索和查询，并通过模型数据库对信息进行统计和计算。

6）空间显示功能

GIS 具有良好的用户界面，其二维和三维的动态显示功能、直观和方便的显示方式对辅助决策极为有用，特别是政府部门的 GIS，它的需求是多层次和全方位的，因此，简便而特点鲜明的显示功能很有价值。

5.1.2 地理信息系统与相关学科的关系

GIS 作为传统学科与现代技术相结合的产物，为各涉及空间数据分析的学科提供了新的技术平台，而这些学科又不同程度地提供了构成 GIS 的技术方法，两者相互促进、共同发展。

1. GIS 与地图学及电子地图

从人类文明产生的远古时代起，地图就一直是描述地球表面空间事物的工具，也是储存空间信息的载体。我国的《地理学词典》将“地图”定义为“按一定法则，将地表的自然和社会现象缩小、概括（综合），用地图符号表现在平面上，以反映地表现象的地理分布、相互联系、相互制约关系的图像”[1]。但随着人类在地球表面的活动范围日益广泛，地图的制作也日益繁琐，通用地图往

1 《地理学词典》编委会. 地理学词典［M］. 上海：上海辞书出版社，1983：258.

往不够用，而专题地图很难或无法标准化、通用化，事先还需大量的准备工作。此外，地图的更新方法复杂，更新周期长，对于变化很快的事物很难及时跟踪，更无法满足城市住房建设用地动态发展的特性要求。随着电子地图系统（Electronic Mapping System，简称 EMS）的出现和发展，出现了电子图集。电子图集具有很多新的功能，如声、图、文数据的集成，查询检索和分析决策功能，图形动态变化功能，多级比例尺之间的相互转换功能等。GIS 与 EMS 之间既有联系又有区别，EMS 是 GIS 的一部分，GIS 是 EMS 之上的超结构（Super-Structure），强调空间数据处理分析，二者相同之处是基于空间数据库的空间信息的表达、显示和处理。

2. GIS 与 CAD

GIS 与计算机辅助设计（Computer Aided Design，简称 CAD）系统的共同特点是都具有参考系统，都能描述图形数据的拓扑关系，也都能处理非图形属性数据。它们的主要区别是：CAD 处理的多为规则的几何图形及其组合，图形功能极强，属性库功能相对较弱，不具备地理意义上的查询和分析能力；而 GIS 处理的许多目标有分维特征，且具有丰富的属性库和符号库，具有较强的多层次空间叠置分析功能。

3. GIS 与数据库管理系统（DBMS）及计算机科学

数据库管理系统（Database Manage System，简称 DBMS）主要用于存储、管理和查询非空间的属性数据，并具备基本的数据统计分析功能，是 GIS 不可缺少的重要组成部分。GIS 与一般 DBMS 的主要区别在于 GIS 着重处理空间数据，具有空间分析功能，可对空间数据和属性数据进行共同管理、分析和使用。

计算机图形学解决了图形的输入、表达、编辑、输出等问题，尤其是人机交互的图形处理，用户可以直观地看到自己的操作结果，而不必理会计算机的内部究竟发生了哪些变化。人工智能的发展为 GIS 提供了智能化技术系统的设计方法。计算机网络技术的发展则为 GIS 发展成为社会信息基础设施的重要组成部分奠定了基础。GIS 的核心技术是计算机技术，计算机技术与 GIS 的应用发展必将相互促进。

4. GIS 与遥感（RS）及全球定位系统（GPS）

GIS、RS 和 GPS 的结合即为通常所说的“3S”技术。遥感（Remote Sensing，简称 RS）作为空间数据的采集手段，已成为 GIS 的主要信息源与数据更新途径。同时，GIS 的应用也提高了遥感的数据提取和分析能力。随着高精度遥感的发展和遥感动态网络的出现，GIS 与遥感的结合将更加紧密。但遥感系统本身的空间分析功能较为有限，难以与 DBMS 相连。当代遥感的发展主要体现在它的多传感器、高分辨率和多时相特征上。

全球定位系统（Global Position System，简称 GPS）是一种全新的现代定位方法，已逐渐在越来越多的领域取代了常规光学和电子仪器。由于导航技术和现代通信技术的引入，GPS 技术得到了革命性的发展。用 GPS 同时测定三维坐标的方法可将测绘定位技术从陆地和近海扩展到整个海洋和外层空间，因此 GPS 成了 GIS 获取空间数据的重要手段，而 GPS 技术的发展运用也离不开 GIS。

5. GIS 与数字地球

所谓“数字地球”，可以理解为对真实地球及其相关现象的数字化重现和认识。其实质是用数字化手段来处理整个地球的自然和社会活动，最大限度地利用资源，使公众能通过一定的方式便捷地获得所想了解的地球信息。“数字地球”的特点是嵌入海量地理数据，实现对地球的多分辨率和三维描述。数字地球的基础是地球空间信息科学，后者最基础和最基本的技术是 3S 技术及其整合。如果没有 3S 技术的发展，现实变化中的地球是不可能以数字的方式进入计算机网络系统的[1]。由此可见，GIS 是数字地球实现的关键之一，可以预计，随着数字地球、数字海洋、数字城市等概念日益受到重视，必将促使 GIS 技术突飞猛进。

5.1.3 地理信息系统的发展趋势及其在城市规划领域的应用

1. GIS 的发展趋势

GIS 技术主要发展趋势可以概括为两个方面，一是技术的整合，二是软件技术的分割。

GIS 的整合主要体现在 GIS 与其他信息技术的结合，如 GIS、GPS、RS 的一体化技术，GIS 与 CAD 的结合以及 GIS 与虚拟现实技术的结合。CAD 是设计技术，而 GIS 是空间管理技术，两者的结合将为人们提供设计和管理地球的工具；GIS 与虚拟现实技术的结合则提高了 GIS 图形显示的真实感和对图形的操作性。

GIS 软件的发展迄今为止经历了模块式（Module GIS）、包式（Package GIS）、核心式（Core GIS）、组件式（Components GIS）和网络式（Web GIS）的历程。GIS 软件的分割主要是为用户提供更适用的服务，各种功能均可自由“拆装”，用户可根据自己的需求来调用和组合软件的功能。组件式 GIS 代表了当今 GIS 软件分割的发展潮流，它基于标准的组件式平台，各个组件之间不仅可以自由灵活地重组，而且有可视化的界面和使用方便的标准接口。

2. GIS 在城市规划领域的应用

前文简述的 GIS 强大的功能、良好的界面等决定了城市规划领域是 GIS 技术具体应用最广泛的领域之一。目前，国内在城市规划的信息化管理、土地利

---

1 李德仁．数字地球与“3S”技术［C］//中国地理信息系统协会第五届年会论文集（上）．中国 GIS 协会，BENTLEY，1999.

用规划、区域生态区划、道路交通流量预测和规划、用地适宜度评价、城市空间管制规划、公共服务设施的选址规划等方面已开始广泛使用GIS技术，取得了一些研究成果。

5.2 基于GIS的廉租房用地选址研究

5.2.1 现有廉租房用地选址规划存在的问题

随着城市化进程的加快，城市规模特别是用地规模正在我国各大中城市迅速扩展。但城市空间快速向外拓展引起的无序蔓延，带来了大量的城市社会问题，如城市贫富分化的空间分异、城市社会分层与居住隔离等等，而城市最低收入阶层居民的住房困境也开始成为当今城市规划关心的热点之一。

就城市规划本身而言，为应对城市建设用地规模的扩大，每次总规修编的核心任务之一都是调整城市用地空间布局，较为科学的方法或研究程序是：先研究城市用地中的非建设用地[1]，再提出城市限建区规划方案[2]，然后对各类城市建设用地分别进行适宜度评价，针对不同政策产生不同的城市用地布局方案[3]，在此基础上提出应优先选择的适宜居住用地。目前，相关研究大多是在确定了城市居住用地空间布局的前提下从政策层面上讨论城市廉租房的规划问题，从规划的源头——用地控制和空间布局方面——对城市廉租房问题进行的研究还几乎是个空白。

以重庆市为例，为满足广大群众的基本住房需求，切实调整住房供应结构，有步骤地解决低收入家庭的住房困难，重庆市也制定和实施了包括廉租房在内的住房建设规划。根据《重庆都市区住房建设用地规划》（2006～2010年）[4]，规划廉租住房建设总量约为48.25万平方米，平均每年须建设约9.65万平方米，按该规划规定的廉租房住区容积率1.8计算，则需廉租房用地约26.81公顷（图5－1）。而结合本书第3章所进行的调查综合分析表明，重庆市主城区现有的廉租房用地规划存在以下的明显问题：

1. 总量严重不足

截至2006年底，重庆市领取城市最低收入生活保障的人口达到81.28万人（表4－5），其中主城九区为229769人[5]。现行城市廉租房政策中允许申请廉租房

---

1 邢忠，黄光宇，颜文涛. 将强制性保护引向自觉维护——城镇非建设性用地的规划与控制［J］. 城市规划学刊，2006（1）：39－44.

2 龙瀛，何永，刘欣，杜立群. 北京市限建区规划：制订城市扩展的边界［J］. 城市规划，2006（12）：20－26.

3 钮心毅，宋小冬. 基于土地开发政策的城市用地适宜性评价［J］. 城市规划学刊，2007（2）：39－44.

4 重庆市规划局网站，http：//www. cqupb. gov. cn/ghjj/content. aspx？id＝6999，2007－05－18.

5 重庆市统计局，国家统计局重庆调查总队. 重庆统计年鉴2007［M］. 北京：中国统计出版社，2007：457.

图5－1　重庆都市区住房用地规划图（2006～2010年）

图片来源：重庆市规划局网站

的家庭是低保家庭中的住房困难户。根据实地调研的数据，不能达到人均住宅建筑面积16平方米（人均使用面积12平方米，这是小康住宅一般标准）的家庭达79.3%，而人均住宅建筑面积不足10平方米的也高达57.4%（图3－9）。考虑这一数据的完整性和误差，廉租房需求量按60%比例的城市低保人口计算当不为过。这样，重庆市主城区对廉租房有需求的人口总量可大约计为13.79万人，按当年城市人均家庭人口3.1人计约4.45万户，按现行每户不超过50平方米建筑面积的标准计算约需建筑总面积222.5万平方米的廉租住房。再按廉租房住区容积率1.8反算，重庆市主城区需要廉租房用地面积应在123.6公顷左右。

对比目前规划测算的需求人口总数和廉租住房总用地26.81公顷可以看出，重庆市主城区的廉租房用地供应总量严重不足。

2. 用地布局不合理

从《重庆都市区住房建设用地规划》（2006～2010年）和本书研究调查的已建廉租房现状可以看出，重庆市廉租房用地较多的大都布局在城市边缘或新城区，给生活在里面的居民造成不便，难以实现与中高收入阶层的社会和经济联系。基于最低收入阶层弱势地位的社会现实，若在规划阶段选址用地空间布局不明确，有可能对最低收入阶层空间利益造成更多的侵害，不利于后期的建设控制和社会管理。

3. 新建廉租房过于集中

通过调查分析，重庆都市区现有的新建廉租房基本上是对原低收入住区的整体搬迁和集中安置，显然这样有可能导致新的贫民窟，造成城市最低收入阶层的二次空间集聚。

此外，现有廉租住房建设中还存在较为严重的市政配套较差、居民就业困难、环境质量恶劣等问题。这些问题都凸显了科学研究廉租住房规划用地选址的重要性、必要性与紧迫性。

本节将在前期实地调研数据的基础上采用定性与定量结合的分析方法，从总规阶段的城市居住用地空间布局角度入手，以ARCGIS 9.0为平台，以区位条件、交通条件、公共设施配套条件、景观质量、自然条件、环境影响程度以及社会结构等为影响因素，兼顾文化和政策因素的影响，构建了现有廉租房用地适宜性综合评价的 AHP 模型（Analytical Hierarchy Process）以及廉租房用地地块选址规划模型。为政府更加合理地确定廉租房用地数量及空间布局提供可资检验的量化理论与方法。

5.2.2 廉租房用地选址影响因素及权重分析

从前述调研报告可以看出，影响廉租房规划用地选址的因素种类很多，相互之间关系密切，综合起来有社会因素、经济因素和文化因素。具体而言主要包括以下几种：

首先，**低收入住区的空间分布**是影响廉租房规划用地选址的重要因素。在任何一个城市的发展过程中，随着城市贫富分化的加剧，社会空间的分异现象都将普遍存在，包括居住公平在内的社会公平成为人们关注的焦点。为了创建和谐社会、避免社会阶层的进一步分化可能导致的社会矛盾加剧以及可能导致的空间极化，在城市居住空间的发展规划中应该充分考虑城市最低收入居民现有居住空间的合理性，“尽量避免廉租房远郊化、边缘化的大面积连片发展，应考虑采用多种混合居住模式”[1]。

其次，影响廉租房规划用地选址的另一个重要因素是**区位条件和交通条件**。由于廉租房居民的城市最低收入阶层的经济现状决定了其居住地不可能远离工作场地（就业场地），并且廉租房居民还可能需要其他阶层提供的就业机会，偏远地区和远离现有服务设施的地区显然不适合建设廉租房。

市场为适应高收入阶层的居住需要，蚕食和侵占了城市的稀缺公共资源（尤其是公共空间资源），占据了较好的教育资源以及景观环境条件较好的地段，而城市最低收入阶层是城市中的弱势群体，他们掌握公共资源的能力较弱，廉租房片区则很容易沦为卫生条件较差、居住面积较小、公共空间缺失的贫民窟。这种空间和资源的不平等使用会进一步加剧阶层分化和阶层矛盾。因此在廉租房规划用地选址中还需要考虑**环境景观条件**（对开敞空间的使用）和**公共服务设施条件**（包括教育设施、医疗卫生设施以及其他基础设施，其中的休闲娱乐设施条件包括在前述区位条件上）等因素，应尽可能兼顾不同社会阶层的利益，让廉租房居民有平等享有公共资源的机会。

此外，文化和政策因素的影响也不容忽视，特别是少数民族聚居区。少数民族聚居区是一种特殊的阶层型社区，从保护和发展文化多样性的角度，可适度采用混合居住模式。本书所研究的重庆市主城区不属此类，在这里暂未将此二者的影响纳入廉租房规划用地选址评价模型中。

---

1 田野．转型期中国城市不同阶层混合居住研究［M］．北京：中国建筑工业出版社，2008.

本书以廉租房用地适宜性**综合评价**为目标，建立了廉租房规划用地评价的层次分析结构，具体包括低收入住区空间集聚度 A1、区位条件 A2、交通条件 A3、教育设施条件 A4、医疗设施条件 A5、景观质量条件 A6、市政基础设施条件 A7 等七个因素，评价体系详见表 5－1。

廉租房规划用地评价因素权重表　　　　表 5－1

因素	A_1 低收入住区空间集聚度	A_2 区位条件	A_3 交通条件	A_4 教育设施条件	A_5 医疗设施条件	A_6 景观质量条件	A_7 市政基础设施条件	权重
A_1 低收入住区空间集聚度	1.00	2.00	2.50	3.00	3.00	3.00	5.00	0.2914
A_2 区位条件	0.50	1.00	1.50	2.00	2.00	2.00	4.00	0.1943
A_3 交通条件	0.40	0.67	1.00	1.50	1.50	1.50	3.00	0.1430
A_4 教育设施条件	0.33	0.50	0.67	1.00	1.00	1.00	3.00	0.1121
A_5 医疗设施条件	0.33	0.50	0.67	1.00	1.00	1.00	2.50	0.1046
A_6 景观质量条件	0.33	0.50	0.67	1.00	1.00	1.00	3.00	0.1121
A_7 市政基础设施条件	0.20	0.25	0.33	0.33	0.40	0.33	1.00	0.0426

确定各因素权重值的方法大致可分为两类：一是主观赋权法，如层次分析法、德尔菲法等；另一类是客观赋权法，即根据各样本指标间的相关关系或各项指标的变异程度来确定权重，如主成分分析法、因子分析法等。由于训练样本有限，不能采用客观赋权法。本书采用 AHP 法（Analytical Hierarchy Process）来确定评价因素的权重。

AHP 法也称为层次分析法，这种方法的特点是在对复杂决策问题的本质、影响因素及其内在关系等进行深入分析的基础上，利用较少的定量信息使决策的思维过程数学化，从而为多目标、多准则或无结构特性的复杂决策问题提供简便的决策方法。AHP 法尤其适于对决策结果难于直接准确计量的场合。其基本原理为根据问题的性质和要达到的总目标，将问题分解为不同的组成因素，并按照因素间的相互关联影响以及隶属关系将因素按不同层次聚集组合，形成一个多层次的分析结构模型，从而使问题归结为最低层（供决策的方案、措施等）相对于最高层（总目标）的相对重要权值的确定或相对优劣次序的排定。

1. 构造判断矩阵

按表 5－1 构造判断矩阵：

$$B=(b_{ij})_{7\times7}=\begin{pmatrix} 1 & 2 & 2.5 & 3 & 3 & 3 & 5 \\ 1/2 & 1 & 1.5 & 2 & 2 & 2 & 4 \\ 1/2.5 & 1/1.5 & 1 & 1.5 & 1.5 & 1.5 & 3 \\ 1/3 & 1/2 & 1/1.5 & 1 & 1 & 1 & 3 \\ 1/3 & 1/2 & 1/1.5 & 1 & 1 & 1 & 2.5 \\ 1/3 & 1/2 & 1/1.5 & 1 & 1 & 1 & 3 \\ 1/5 & 1/4 & 1/3 & 1/3 & 1/2.5 & 1/3 & 1 \end{pmatrix}$$

2. 计算判断矩阵的特征值和特征向量

求解特征值和特征向量，对应于判断矩阵最大特征值的特征向量为：

$$\omega=\{\omega_1,\omega_2,\omega_3,\omega_4,\omega_5,\omega_6,\omega_7\}^{T}$$

$$=\{0.2914,0.1943,0.1430,0.1121,0.1046,0.1121,0.0426\}^{T}$$

上式中，ω_1 即为低收入住区空间集聚度 A_1 的影响权重，ω_2 即为区位条件 A_2 的影响权重，其他因素的影响权重可依此类推，见表 5－1。

判断矩阵的最大特征值唯一，为：

$$\lambda_{max}=\frac{1}{7}\sum_{i=1}^{7}\frac{\sum_{j=1}^{7}(b_{ij}\cdot\omega_j)}{\omega_i}=7.07$$

3. 一致性检验

一致性指标为：$CI=\frac{\lambda_{max}-n}{n-1}=\frac{7.07-7}{7-1}=0.011$

判断矩阵的一致性：$CR=\frac{CI}{RI}=\frac{0.011}{1.32}=0.008<0.10$。其中，$CR$ 为一致性比率，RI 为随机一致性指标。

故本次构造的判断矩阵有满意的一致性，通过一致性检验。

5.2.3 廉租房用地选址适宜性评价方法与模型

1. 地块土地适宜性评价因素分值的确定

为使评价因素分值具有可比性，需采用相同的分值等级体系，本次规划采用 0～10 分对各因素赋值。影响廉租房用地选址因素的条件越好，分值越高，如用地交通状况越好，交通通达度 A_2 因素的分值就越大。综合评价分值越大的居住用地（地块），越适宜作为廉租房用地。

1）低收入居民聚居区空间集聚度

低收入居民聚居区空间集聚度是指现有低收入居民聚居区对规划居住用地的影响程度，是反映低收入居民聚居区空间分布聚集程度的最重要的指标。本书将现有低收入居民聚居区分为三级层次，即一级聚居区（大规模）、二级聚居区（中等规模）和三级聚居区（小规模聚居区）。

低收入居民聚居区对规划居住用地的影响程度可理解为各级低收入社区到该地块的接近程度，可采用线性模型，即假设集聚度与对该地块存在影响的各级低收入聚居区规模成正比，并随聚居区与该地块距离的增加而线性递减。

各级低收入居民聚居区作用分按如下模型确定：

$$V_i = 10K_i \tag{5-1}$$

地块低收入居民聚居区空间集聚度分值为：

$$N_1 = \sum_i VD_i(1 - d_i/D_i) \tag{5-2}$$

式中：K_i——第 i 级低收入居民聚居区作用系数，$K_1 = 0.6$，$K_2 = 0.3$，$K_3 = 0.1$；

VD_i——第 i 级低收入居民聚居区作用分，$i = 1 \sim 3$；

N_1——地块低收入居民聚居区空间集聚度分值；

d_i——第 i 级低收入居民聚居区到地块的距离；

D_i——第 i 级低收入居民聚居区的社会影响范围。

式（5-2）显示，当若干同级或不同级的聚居区对地块产生影响时，该影响具有空间累积作用。低收入居民聚居区规模也可选择聚居人口来表示。低收入居民聚居区空间集聚度分值越大，表示该地块离现有低收入居民聚居区越近，若将此地块规划为廉租房片区，则廉租房在空间上越集聚，空间社会分异度越高，不利于适度多样化混合居住模式，违背了规划的目标，因此此类居住用地不宜作为廉租房规划用地。反之，若低收入居民聚居区空间集聚度分值越小，此类地块越适宜作为廉租房规划用地。

2）区位条件分值

由于廉租房居民的经济现状决定了其居住地不可能远离工作场地，即一般低收入阶层是根据工作地点就近选择居住地点。区位条件反映了用地与规划中心区的距离，一定程度决定了低收入居民的就业机会，因此区位条件分值的大小将对用地产生较大的影响。区位条件越好，则与规划中心区的距离越近，提供的就业机会（包括简单劳动就业机会）越多，越宜于作为廉租房的规划用地。

区位条件分值与**一级中心区（市级商业中心）**、**二级中心区（区级商业中心）**、**三级中心区（街区级商业中心）**的距离有关，可采用引力模型（Spatial Interactive Models）[1]表示，即与对该地块存在影响的各级中心区的规模（可用等级作用分表达）成正比，与到各级中心区距离的指数函数成反比。则区位条件分值的一般表达式为：

$$V_i = 10K_i \tag{5-3}$$

$$N_2 = \sum_i (VC_i \cdot \exp(-\beta \cdot d_i)) \tag{5-4}$$

---

1 引力模型是研究空间要素相互作用的城市空间模型。威尔逊（A. G. Wilson）从最大熵原理导出了严密的地域空间引力模型.

式中：VC_i——第 i 级中心区作用分；

K_i——第 i 级中心区作用系数，$K_1=0.6$，$K_2=0.3$，$K_3=0.1$；

N_2——地块区位条件分值；

d_i——地块到第 i 级中心区距离；

β——控制衰减速率的常数。

应当注意的是，如果地块受各级或几个同级中心区同时影响，对各级中心区作用分取值不超过一次且只取最高作用分值，各中心区除了具有自身层次级别的功能外，还包含了比其层次低的各级中心区功能。

3）交通可达性分值的确定

交通可达性是指到达某一地点的难易程度，本书具体指就业点。交通可达性可用规划地块到达城市交通枢纽所需的行驶时间或距离来评价，是反映土地交通区位的指标，与道路等级和空间距离有关。

廉租房居民的经济现状决定了他们选择居住空间时要考虑，除步行（其他城市还可选择自行车）外，以公共交通为主要的出行方式。根据调查统计，廉租房的平均通勤时间约为 13min，平均通勤距离为 2.4km，而且主要为内部通勤类型[1]。因此离城市交通枢纽距离较近的区域，特别是在大容量轨道交通线附近，应考虑适当规模的廉租房居住用地。

4）景观质量优劣度

从社会公平的角度，城市规划中应尽可能兼顾不同阶层的利益。由于廉租房居民处于弱势群体的社会现实，规划中需要为他们考虑目前已被高收入阶层过多侵占和蚕食的公共空间资源，即应该考虑在景观环境较好的区域规划适度的廉租房用地。

景观质量优劣度与一类景观区（市级公园）、二类景观区（滨河绿地及水域）、三类景观区（街道绿地）距离和可视性有关，采用引力模型表示，即与对该地块存在影响（在可视区域内）的各类景观区规模（可用该因子的作用分表达）成正比，与到各类景观区距离的指数函数成反比，则地块景观质量优劣度为：

$$V_i = 10K_i \tag{5-5}$$

$$N_4 = \sum_i \left(VL_i \cdot \exp(-\beta \cdot d_i)\right) \tag{5-6}$$

式中：VL_i——第 i 类景观区评价因子；

K_i——第 i 类景观区作用系数，$K_1=0.6$，$K_2=0.3$，$K_3=0.1$；

N_4——地块景观质量优劣度分值；

d_i——第 i 类因子到地块的距离；

β——控制衰减速率的常数。

1 刘玉亭．转型期中国城市贫困的社会空间［M］．北京：科学出版社，2005.

5）社会服务设施完善度

社会服务设施完善度体现的是地块上人们生活品质的高低，主要由教育设施、医疗卫生设施组成。各类社会服务设施将随其规模和等级的不同而对地块产生不同的影响。本书将各类社会服务设施分为二级，即市级（一级）设施和区级（二级）设施，各设施对地块的影响在其服务半径范围内将随距离的增加而呈线性递减[1]，则社会服务设施完善度为：

$$V_i = 10K_i \tag{5-7}$$

$$N_j = \sum_i VS_i(1 - d_i/D_i) \tag{5-8}$$

式中：VS_i——第 i 级设施水平的作用分，$i=2$，1，不同等级的设施水平对地块的作用系数较难量化，可定性地根据实际情况取 $K_1=0.7$，$K_2=0.3$；

K_i——第 i 级设施水平的作用系数；

N_j——地块社会服务设施完善度的分值（$j=5$，教育设施完善度的分值；$j=6$，医疗卫生设施完善度的分值）；

d_i——地块与第 i 级教育或医疗卫生设施水平的距离；

D_i——第 i 级教育或医疗卫生设施水平的服务半径。

同样应当注意的是，如果地块受各级或几个同级的社会服务设施影响时，对各级设施的作用分取值不超过一次且只取最高作用分值。

6）市政设施完善度

市政基础设施是城市生产和生活的基本保障，它反映了市政设施类型是否完善。除了旧城中的基础设施尚需完善外，规划用地的市政基础设施应该是较为完善的。廉租房与其他住区有同样的基本需求即完善的市政设施。对具有完善的市政基础设施用地取分值 10 分，旧城不够完善的区域取分值 7 分，此外，有些城市边缘区的市政基础设施（主要是排水设施）还不完善，这类边缘地区不属于本书的研究范围。

2. 廉租房用地选址适宜性评价模型

将上述七类影响因素的分值 N_i 经权重叠加，就可得出规划后的廉租房用地选址适宜度评价值，即：

$$N = \sum_{i=1}^{7} \omega_i N_i \tag{5-9}$$

综合评价值 N 越大越适宜用作低收入聚居区用地。上述综合加权评价法从社会因素、经济因素、就业因素和环境景观因素等综合考虑了影响廉租房用地规划选址的多种因素，评价结果体现了“大混居、小聚居”的居住模式目标。

---

1 董黎明，李向明，冯长春，胡存智，廖永林．中国城市土地有偿使用的地域差异及分等研究［J］．地理学报，1993（1）：18－22.

5.3 廉租房用地选址规划应用案例

本节将采用5.2节所构建的“廉租房用地选址适宜性评价模型”，在ARC/INFO软件平台上，将重庆市主城都市区2737平方公里范围（西部大学城除外）作为“廉租房用地选址适宜度评价”的研究区域进行基于矢量数据和栅格数据的空间分析评价，得出建立在科学化、数据化基础之上的重庆市主城区廉租房选址建议。评价结果不仅提供表格数据，还提供可视化专题评价图。

5.3.1 廉租房用地适宜度评价

影响廉租房用地适宜度评价的因素较多，最终的评价结果应该是多因素共同作用的结果。本节将首先针对各单因素对廉租房用地适宜度评价的影响进行分析，给出相应评价结果的图纸，随后给出多因素影响下的重庆市廉租房用地适宜度综合评价图，并在现有重庆市总体规划中的住宅用地规划上得出重庆市廉租房用地地块适宜度评价结果。

1. 单因素评价

首先，结合调查对重庆市较为成片的城市最低收入聚居区现有布局进行了分析评价。这些低收入阶层聚居区主要分为以下几类：以本地市民及外来人口为主的**传统城市中心区**，该地区由于位于传统的重庆市主要商业中心附近，居民主要以市民及新疆、河南或其他省市的外来人口为主，现在的主要生活来源依靠临街门面的小商业活动；**城区内的老国营单位住宅区**，居民以主城区内老国营单位下岗职工为主，主要生活来源依靠下岗救济和零工；随着城市化进程的加快，在过去的城市边缘地带还形成了**失地农民以及旧城改造后城市居民安置区**，以本地人口为主，主要以打零工为生。具体分布为：渝中区主要在十八梯、石板坡、东水门、千厮门、王家坡和鹅岭一带，沙坪坝区主要在土湾、小龙坎、上桥和新桥一带，江北区主要在小苑、长安厂一带，南岸区主要在弹子石一带，渝北区在两路城区边缘一带，九龙坡区在杨家坪到黄桷坪一线的老厂区，大渡口区在重钢旧厂区及沿长江的老工业基地，巴南区在旧城区一带，北碚区在老城区一带。

根据上述的调查内容得到的重庆市低收入阶层聚居区现状分布情况，以及基于廉租房现有布局数据集派生的距离数据集，根据距离数据集和各低收入人群的聚居级别按式5－1和式5－2可得到重庆市现有用地中最低收入居民居住**空间集聚度**的评价分值（图5－2）。图中，红色越深表示越接近现有低收入居民聚居区。

本书研究的规划用地区位条件主要用于反映用地与规划商业中心区的距离。由于研究中默认商业中心区也是城市最低收入居民相对容易找到工作的区域，因而用地区位的好坏将主要影响本书研究对象的就业难易和一定程度的生

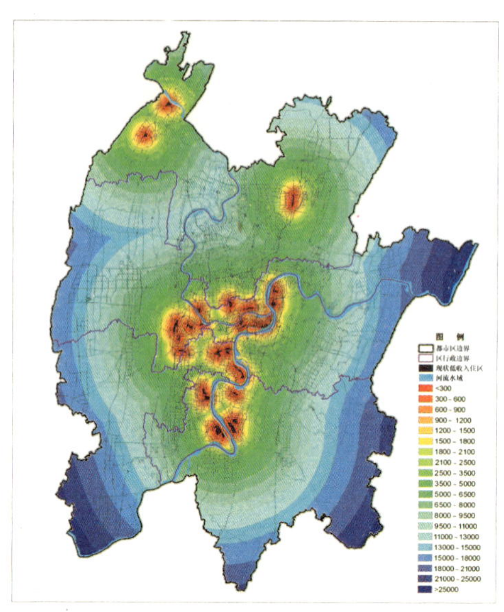

图 5－2　重庆主城用地适宜度评价——现状低收入住区空间集聚度

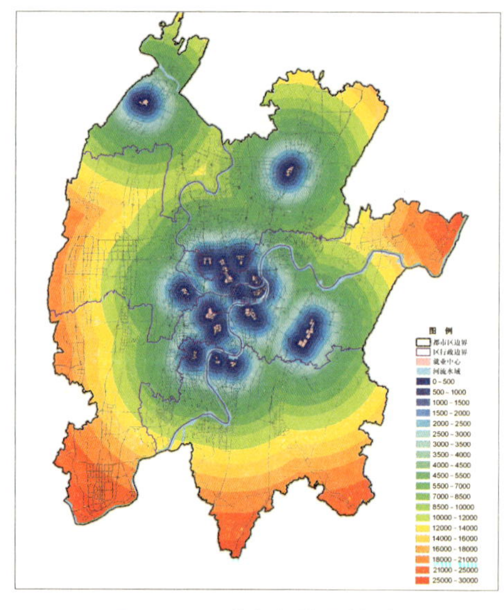

图 5－3　重庆主城用地适宜度评价——区位条件

活方便性。根据重庆现有中心区数据集派生出距离数据集，而后将距离数据集结合式 5－3 和式 5－4可得到重庆市总体规划中的居住用地**区位条件**的评价分值（图5－3）。图中，颜色越蓝表示区位条件越好。

由本书调研的相关结论可知，对于廉租房住区的用地选址而言，规划居住用地到商业中心区的交通可达性可反映廉租房居民由其客观经济状况决定的选择住区的主观愿望。规划用地的交通可达性与道路等级和交通距离直接相关。本研究采用了 GIS 的网络分析方法，以规划用地到商业中心区的车行时间为指标得到了重庆主城各个区域到商业中心区（同时也是就业中心区）的交通可达性（图 5－4）。根据到各级中心区的公共交通出行时间，可确定重庆主城居住用地**交通可达性**的评价分值（图 5－5）。图中，红点表示现有商业中心和就业中心，区块颜色越蓝表示用地的交通可达性越好。

廉租房用地选址规划研究中分析城市用地景观质量是为了在城市规划中体现社会公平、和谐的原则，适度考虑城市最低收入居民对公共空间资源的需求。重庆主城规划用地景观质量与各类景观区的距离和可视性有关，根据现有和规划的景观用地及其等级分析，采用式 5－5 和式 5－6 计算得到重庆主城建设用地的景观质量条件评价分值（图 5－6）。图中，绿色越深表示越用地的景观质量条件越好。

由本书调研分析可知，现有或规划的中小学教育设施用地对廉租房的用地选址有重要影响，高等教育单位对其选址的影响不大，因此本书讨论的教育设施主要是指中小学学校设施。

在医疗设施方面，重庆市主城区内各区基本上都较为均匀地分布有市级以上医院，渝中区和沙坪坝的医疗卫生设施水平相对较高。由于各类社会服务设施将随其规模和等级的不同而对地块产生不同的影响，根据重庆市主城教育和医疗卫生设施现状以及规划布局数据集，派生出距离数据集，采用式5－7与式5－8得到了重庆主城建设用地的教育设施和医疗卫生设施条件评价分值（图5－7、图5－8）。图中，颜色越深表示用地距教育设施或医疗卫生设施越近、条件越好。

图5－4 重庆主城用地适宜度评价——交通条件（道路）

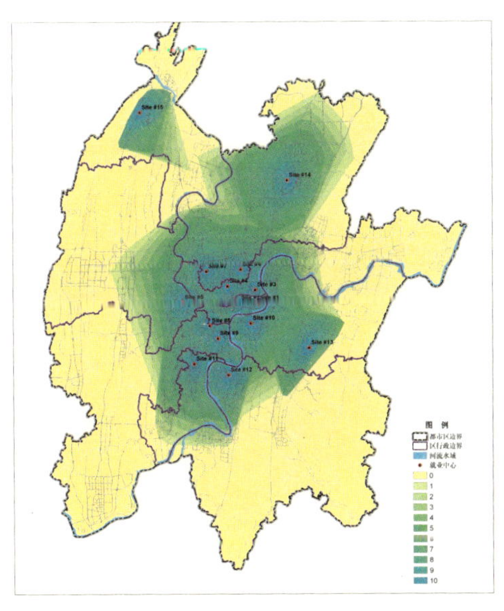

图5－5 重庆主城用地适宜度评价——交通条件（用地）

由于重庆市主城区的建设用地（包括旧城）市政设施相对比较完善，因此规划用地的各个地块在市政设施方面的空间差异性较小，因而对廉租房住区的用地选址影响不大，本书研究中未讨论市政设施完善度指标对廉租房住区规划用地选址的影响。

2. 综合评价结果

在上述对城市现有低收入居民聚居区空间集聚度、城市总体规划用地的区位条件、交通条件、景观质量条件、教育设施条件、医疗设施条件等六个因素的单因子影响分析基础上，利用ARC/INFO的栅格计算（Raster Calculator）功能，按式5－9进行图层叠加，综合评价值采用聚类分析法划分为10个等级，得出**重庆市主城区廉租房用地适宜度综合评价图**（图5－9）。

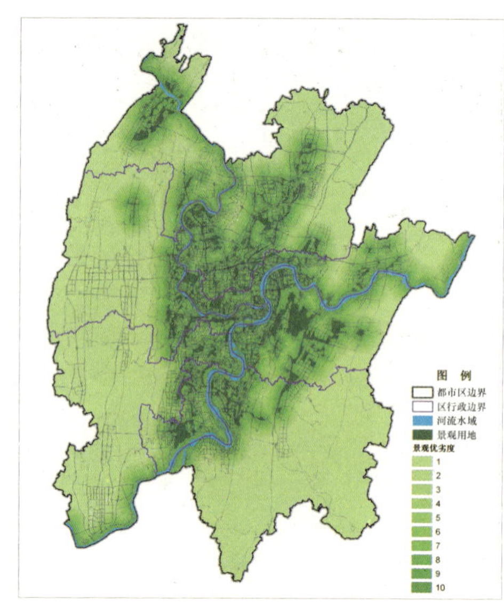

图5－6　重庆主城用地适宜度评价——景观条件

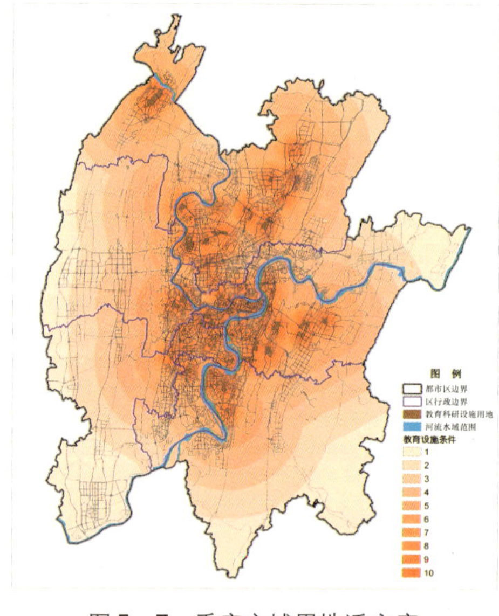

图5－7　重庆主城用地适宜度评价——教育设施条件

图5－9中，颜色越红表示该地越适合作为廉租房住区的建设用地。分析综合评价结果图可以看出，重庆主城区较适宜作为廉租房的用地主要分布在沙坪坝区的杨公桥一带、江北区的南桥寺一带和五里店一带、南岸区的鹅公岩至四公里周边以及茶园新区一带、北碚区的兼善中学周边区域。

由于廉租房用地仍属于城市规划用地的居住用地，而图5－9的用地综合评价并未对总规中已经确定的用地性质进行区分，因此需要在总规的居住用地中具体确定廉租房的适宜用地选址。根据重庆市主城区廉租房用地适宜度综合评价图，利用GIS软件中的分区统计功能（Zonal Statistics），可以较为方便地得出各规划居住用地如果用作廉租房用地的“**重庆市主城区廉租房用地地块适宜度评价图**”（图5－10），根据综合评价值采用聚类分析法划分为10个等级，每个等级分别表示居民点用地条件的适宜度。图中，地块颜色越绿，表示本身已经是重庆市现行总体规划中划定的居住用地的该地块越适合作为低收入住区的用地。本书的研究数据显示，重庆市主城区规划居住地块共1622块，用地面积共221.33平方公里，适宜低收入住区的用地地块面积共72.36平方公里，约占总居住用地面积的32.69%。

5.3.2　廉租房用地选址规划布局与建设策略

1. 重庆市廉租房用地选址规划

前文已经指出，重庆市主城区城市常住人口中约有23万人需要廉租住房来改善其居住条件，约需廉租房用地面积124公顷。本书研究的主要成果之一即是在图5－10给出的低收入住区地块适宜度评价的基础上，综合考虑建设现状等因素将这124hm^2的廉租房用地需求落实到每一块具体的重庆市城市总体规划中的居住用地上，完成了**"重庆市主城区廉租房用地选址规划布局图"**（图5－11）。图5－11成果产生过程的逻辑性和科学性对于重庆市今后的廉租房建设中的规划用地选址的准确性和适用性必将产生积极的影响，不仅该图本身具有一定的实用价值，其研究和产生方法也对我国其他城市的廉租房规划用地选址具有相当的参考价值。

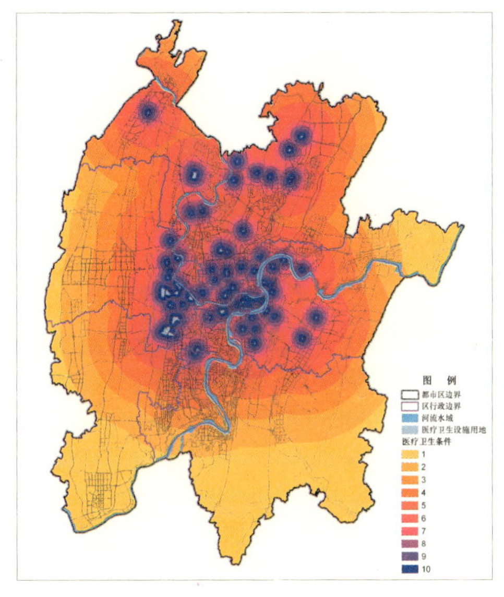

图5－8 重庆主城用地适宜度评价——医疗设施条件

2. *廉租住房规划建设的原则与策略*

本书第4章居住公平理论中已经指出，**城市规划中应提倡居住环境社会生态的互惠共生理念**，就是提倡在城市规划中对住宅市场供应体系中的各类住宅进行规划布局时，全面、综合地考虑不同阶层居民的不同需求，提倡不同阶层居民在邻里层面结合起来，形成相互之间利益互补的混合居住社区，有利于实现居民安居乐业与社会和谐发展。因此，当科学合理地基本确定一个城市的廉租住房用地选址之后，要始终明确解决城市最低收入居民的住房困难不仅仅是为了改善其居住条件本身，使城市最低收入居民最终摆脱贫困、改善生活水平才是保障的最终目标。在实际操作中，应该采用"大混居、小聚居"的原则和"多渠道、分层次、多手段"的策略来具体确定每一个廉租住房项目的实际建设需求。

1）大混居、小聚居的规划原则

清华大学田野等人在其对混合居住模式的研究中指出："提倡混合居住在当今美国和英国已经成为了国家住房政策的重要方向。美国芝加哥大学教授查斯金（美，Robert J. Chaskin，2005）认为，从社会网络角度看，混合居住有利于穷人获得更多的社会资本；从社会控制角度看，混合居住有利于在住区中提供一种非正式的社会控制机制，有利于住区安全的提升和社会平稳发展；从文化与行为角度看，混合居住有利于减弱贫困聚集造成的'贫困文化'的影响，避免住区贫困循环恶化；从政治经济角度看，混合居住有利于提高住区的政治

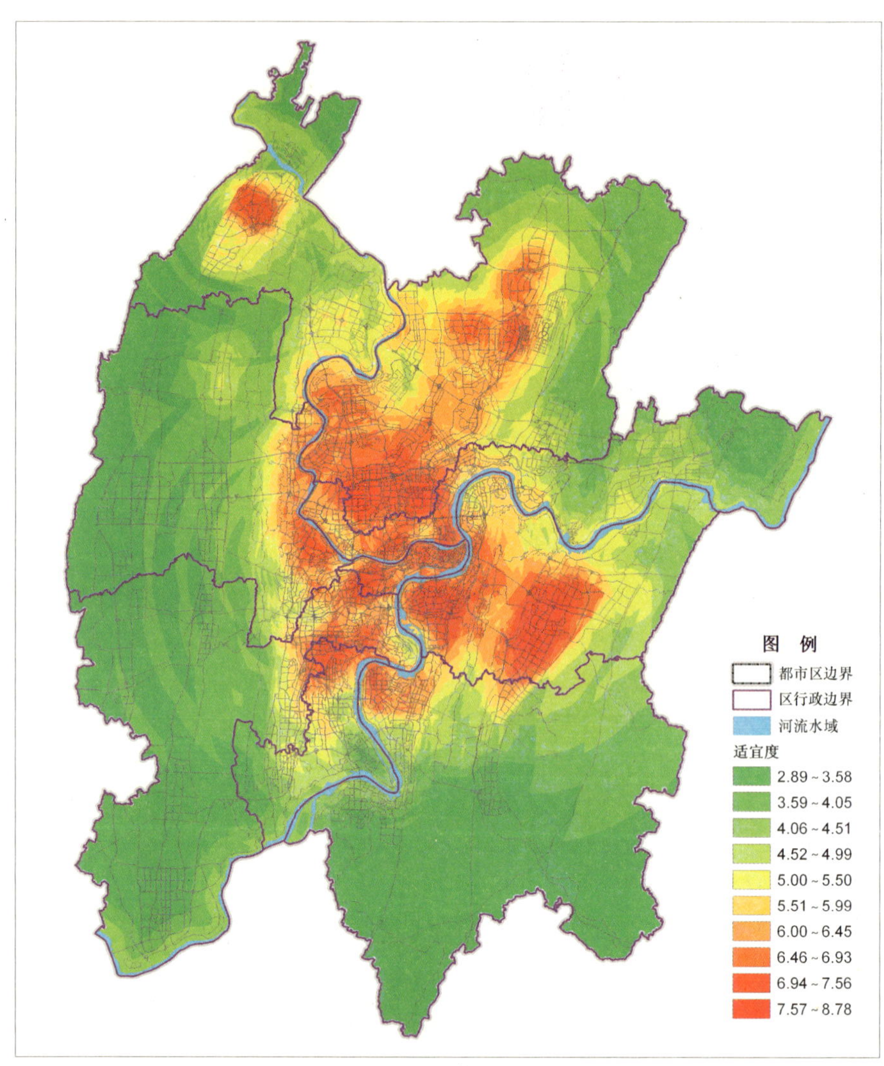

图5－9　重庆市主城区廉租房用地适宜度综合评价

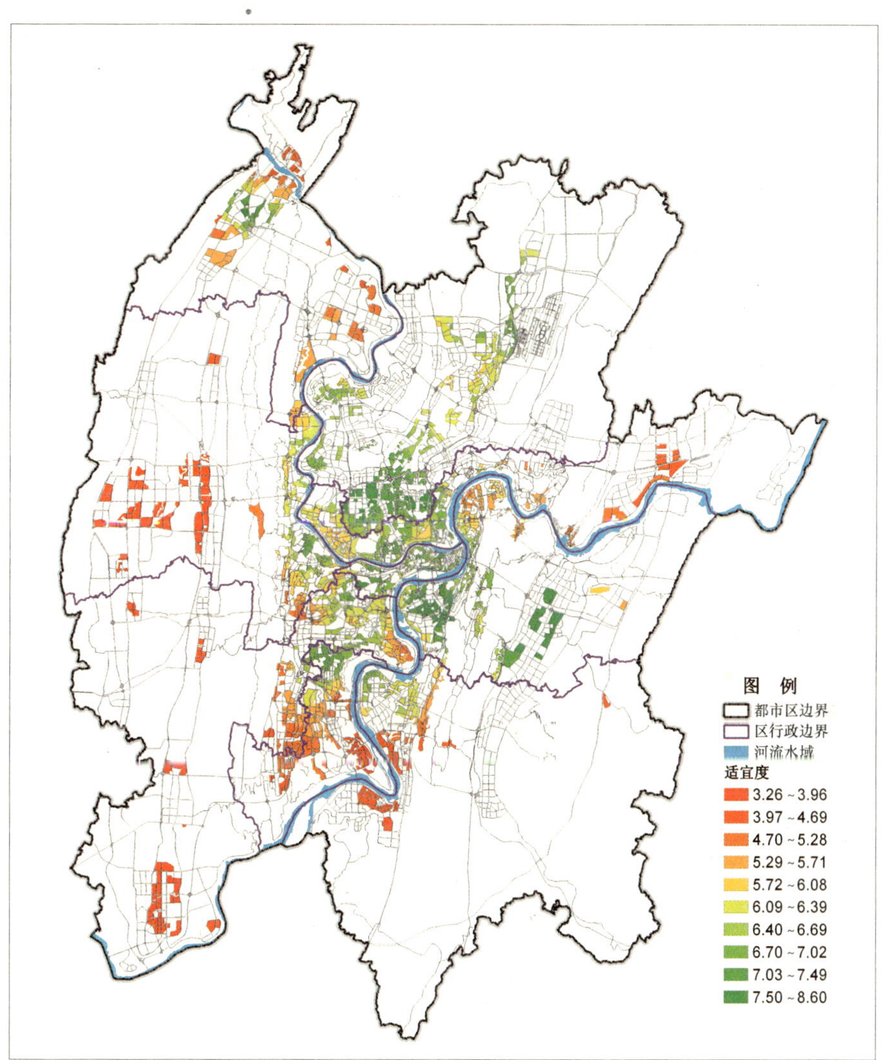

图 5－10　重庆市主城区廉租房用地地块适宜度评价图

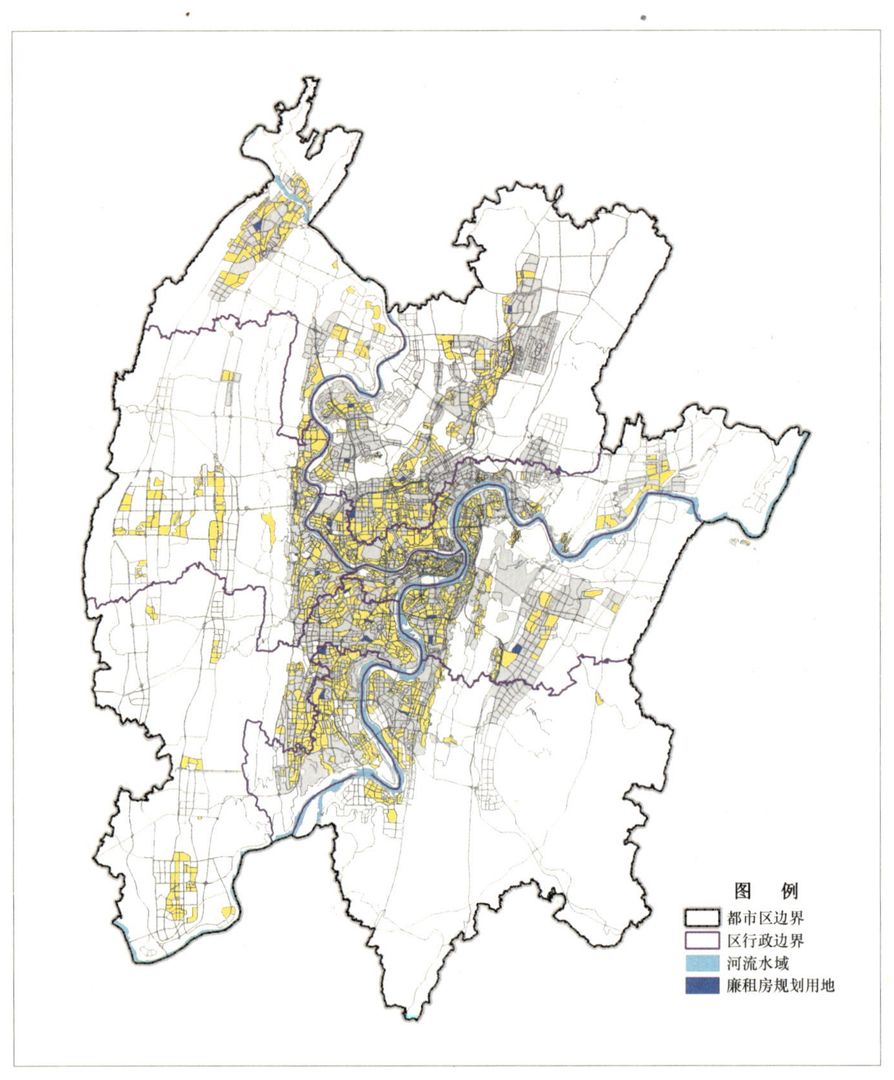

图 5－11　重庆市主城区廉租房用地选址规划布局图

经济地位，使住区有能力争取更好的居住环境和基础设施，同时也会吸引投资的进入。”[1]他们的研究认为，混合模式住区低收入阶层居民较易于获得更多的社会资本，与其他收入阶层居民之间的社会距离较低，且自我隔离问题较小。这些因素有助于低收入阶层居民提高自身的社会经济水平，并提高对自身社会地位的主观评价。

所谓“大混居、小聚居”的规划原则，即是在城市住宅区规划中应该尽量避免廉租住房等贫困住区大面积连片发展，适当控制贫困住区的聚居规模，在城市住宅规划中考虑中低收入阶层在可能的情况下与其他阶层混合居住，形成马赛克状镶嵌布局的“大混居、小聚居”模式。这一规划原则可以在混合住区内逐步建立中低收入阶层和其他阶层的经济链，即其他阶层为中低收入阶层提供工作机会，也可以尝试发展“义工”等社区扶助体系，让其他阶层深入中低收入阶层住区帮助城市弱势群体逐渐摆脱较差的经济地位和社会地位，从而建立不同阶层居民间的有机双向联系。这样的廉租住房规划设计原则的实施，将有助于我国和谐社会的建设，有助于保障国家的长治久安、人民的安居乐业。

2）混合居住的实现途径

作为统一的指导思想，“大混居、小聚居”的规划设计原则在具体项目实施中应该通过循序渐进的方式在规划建设、居民入住到未来发展等住区建设和使用的不同阶段都有所体现：

（1）规划建设中混合比例的适宜性。在混合居住的实施过程中，不同收入群体混合比例的控制直接关系到实际居住效果。廉租住房在当前住宅建设中的实际比例应根据各城市和区域的特点有所区别，适应当地的经济文化发展水平。低收入居民数量（或廉租住宅总户数）所占比例过大则有违“大混居、小聚居”中“小”的原则，有可能影响到低收入住区及其附近的社会发展；但低收入居民数量比例过小则又失去了“混合居住、均衡发展”的实际意义。因此，因地制宜、大胆设想、小心求证应该是确定一个住区项目中低收入住宅混合比例的重要原则，同时，混合居住社区中的居民的平均收入差距幅度也是应该考虑的重要因素之一。目前政策要求保障性住房占新建住房的比例不超过社区住房总套数的20%～40%，而廉租住房占保障性住房的比例一般为10%～20%，廉租住房在新建住宅中的比例应为2%～8%。但这一比例也需要在今后大量的建设实例中通过研究来逐步修正，不应是一成不变的标准。

（2）居民入住后实质意义的公平性。现实中的大多数廉租房虽然在建筑

---

1 田野，栗德祥，毕向阳．不同阶层居民混合居住及其可行性分析［J］．建筑学报，2006（4）：36－39.

空间上与其他类型的住房有所混合，实现了一定程度的社会资源共享，但社区居民之间的交往融合却远未实现。这与混合居住群体的收入水平差距、是否有共同的社会活动、是否有合适的公共活动空间以及是否有良好的社区组织管理等有很大的关系。所谓实质意义上的公平性是指在混合居住的社区中，廉租房居民是否能在混合社区中真正实现公共资源共享、社会交往公平、活动机会平等。因此，在廉租房建设实践中不仅要利用各种手法创造能使各个阶层人群共同参与的社区活动空间，如建筑形象的“无差别设计”[1]、外部空间的公共参与与开放性设计[2]等等，还应在居民入住以后通过良好的社区管理和组织实现混合居住居民的真正融合。

（3）未来发展中共生意义的演进性。正如前文指出的那样，随着国家未来持续的经济发展，廉租住房制度本身会有相应的变化，住房保障方式、保障性住房中住户的层次也会发生变化，廉租住户本身对其租住的房屋甚至也可能拥有一定的产权[3]，成为有产者。这样，随着经济、社会的发展，一定时期中的低收入者由于经济收入和文化水平的提高，与传统富裕阶层的差距逐渐缩小，传统意义上的混合居住社区的发展也会因为其自身构成人员的性质发生内在改变而带来社区整体上共生意义的改变，成为更加和谐共融的居住社区。显然，这样的具有演进性的混合居住模式将是一种居民对社区有更强的归属感、更加自然、更具生命力的理想居住模式。

3）多渠道、分层次、多手段的建设策略

由于我国幅员辽阔、各地经济社会发展不平衡，在廉租住房建设中也没有一个可以“放之四海而皆准”的简单方法可以通用，因此，多渠道、分层次、多手段的建设策略本身就是实现混合居住、提升居住融合度的办法之一。例如，在廉租房建设资金筹措方面，可以改善土地供给机制，在新建普通商品住房项目中强制要求建设一定比例的保障性住房，并同时按保障性住房建成面积比例对诸如减免土地出让金、行政事业性收费和城市基础设施配套费等优惠措施进行鼓励[4]；而在廉租住房的建设项目方面，将现有区位条件较好的存量公房整理、建档后改建为廉租住房；政府出资收购位置较好、面积适宜的空置房作为廉租房[5]等等手段都不失为在目前廉租房实物配租房源相对短缺的情况下加大供应量

---

1 “无差别设计”特指廉租住宅与普通住宅在设计、建造中不能因为明显的施工质量和材料的差别而使廉租住房成为视觉上的另类，继而使人对其产生社会歧视.

2 “开放性设计”是指搭配建设的廉租房住区与单体建筑在设计中应考虑整个社区公共空间对所有居民的平等开放性，不应为某些设施或空间设置不必要的围墙等边界元素，从而增加居住隔离感.

3 李乐．姜伟新：住房保障试验共有产权［N］．中国经营报，2008－03－29.

4 焦怡雪．促进居住融合的保障性住房户和建设方式探讨［J］．城市发展研究．2007（5）：57－61.

5 张友．重庆百亿救市拉开大幕［N］．21 世纪经济报道，2008－10－10.

的有效措施。具体来说，本书建议廉租住房的建设可以视项目条件的不同分别采用**原址改造整治、拆迁分散安置、提升环境配套品质等**三种建设方式：

（1）原址改造整治。对于聚居在旧城区的低收入阶层住区，在保持原有区位优势的基础上，可以结合旧城的更新改造，完善公共配套服务设施，改善环境质量，优化社区服务，提升旧城区的产业功能，重新恢复旧城低收入住区的经济活力，为旧城区低收入阶层提供更多的就业机会。同时其良好的区位也可以吸引中高收入人群的入住，实现旧城更新中的适度多样化混合居住社区。

（2）拆迁分散安置。对于在城市化进程中面临拆迁改造又没有区位优势的低收入阶层住区，如分布在重庆市沿江地带的一些由大批下岗、失业或退休的国营老厂员工构成的住区，在拆迁安置时应考虑分散安置，尽量避免低收入阶层集中安置或大面积连片发展，防止产生城市居住空间的二次隔离与分化。通过在不同的中高收入住区附近提供的廉租房，实现空间上的分散化。而通过与中高收入阶层的近距离交流，也有助于提高低收入阶层的经济水平并获得更多的社会资源。

（3）提升环境配套品质。对位于城市边缘区的环境现状较差的现有安置区，如已建的失地农民以及旧城改造搬迁的城市居民安置区，应结合安置区实际情况，通过增加绿色开敞空间、改善交通可达性以及优质医疗和教育资源的进驻等措施来增强其潜在价值和居住品质，并在现有安置区周边适当规划中高收入住区，吸引中高收入阶层的入住。优质公共设施将提升边缘区整体的价值，吸引社会资本，既可以改善现有安置区的居住条件，也有利于保证现有城市边缘区的资源和环境的可持续利用。

5.4 本章小结

本章在实地调研数据的基础上以 ARCGIS 9.0 软件为平台，采用定量分析的方法，从总规阶段的城市居住用地空间布局入手，以区位条件、交通条件、公共设施配套条件、景观质量、自然条件、环境影响程度以及社会结构等为影响因素，兼顾文化因素和政策因素的影响，采用多因素层次分析法，确定了上述因素对城市低收入住区用地选址的不同的重要性，建立了现有廉租房地块适宜性综合评价的 AHP 模型以及廉租房用地选址规划模型。随后，运用 ARC/INFO 工具分别对影响重庆市主城区城市低收入住区用地选址的单因子和多因子指标进行了量化和图形化分析，最终在对城市总体规划中的低收入住区地块适宜度评价基础上，综合考虑建设现状等因素将廉租房用地地块逐一落实，完成了“**重庆市主城区廉租房用地选址规划布局图**”，不仅该图本身为政府相关管理部门更加合理地确定廉租房用地数量及规划选址提供了具有一定实用价值的参考，其研究和产生方法也对我国其他城市的廉租房规划用地选址提供了可资参考的量化理论与方法。

同时，为进一步对廉租房用地的选择和建设提出控制和引导策略，本章建议廉租房规划建设应在“**居住环境社会生态的互惠共生理念**”的指导下，以“大混居、小聚居”为基本规划设计原则，采用“多渠道、分层次、多手段”的建设策略和“原址改造整治、拆迁分散安置、提升环境配套品质”等三种建设方式，综合考虑“规划建设中混合比例的适宜性、居民入住后实质意义的公平性、未来发展中共生意义的演进性”等三个途径，循序渐进地推进混合居住机制。

由于研究目标及篇幅所限，本书仅针对廉租住房规划用地选址和规划建设的原则策略进行了一些探讨，未对住区规划中混合居住的具体规划设计手法进行深入研究。

第 6 章　廉租住宅建筑设计导则探析

在确定了廉租房住区的用地规模和规划选址之后，直接影响廉租住房居民生活品质的就是廉租住宅本身的建筑设计标准与水平了。由于廉租住房的使用对象、面积标准、使用性质（租用）等方面的特殊性，其住宅建筑设计必然与城市普通住宅建筑设计既有相同相似之处，又在价值取向方面有着明显的区别。迄今为止国内建筑设计领域的研究还甚少涉及这一领域，对廉租住房的套型特点、功能要求、空间尺度等都缺乏专门的研究，导致目前国内廉租住宅的建设处于各自为战的混乱状态，建设标准相差甚远，功能质量参差不齐，例如同为单间式住宅，有的地方统建为 20 平方米只带卫生间且厨房公用的“筒子楼”，而有的则超过 41 平方米且厨房面积就有 4.75 平方米[1]！因此，制定一个可以指导廉租住宅建筑设计的指导性原则和指标具有十分紧迫的必要性。

本章即在调研数据的基础上，针对重庆市廉租住房人群的生活特点与居住需求，参考《住宅设计规范》等国家和地方性规范，从廉租住宅的模式理论、品质需求、设计原则及指标体系等四个方面研究廉租住宅建筑设计导则，为今后新建的廉租住宅建筑建设提供一个参考性的设计依据，也在建筑设计理论领域的廉租住宅建筑设计方面有所开拓。

为避免引起混淆又不至于过于啰唆，下文采用“廉租住宅”指称“用于实物配租的新建廉租住房建筑”。

6.1　廉租住宅的模式理论

尽管有学者提出为改变“中国城市贫民典型的‘无福利也无自由’状态”而开辟专用土地“兴建贫民区”[2]，但本书研究认为，在已经进入 21 世纪的今天，作为政府投资建设的住宅建筑设计的一种特殊类型，我国的廉租住宅不可能也不应该成为“低品质”、“贫民窟”的代名词[3]，它同样具有一般不少于 50 年的结构使用寿命，需要满足住户在其中长时间的家庭生命周期的变化，同一套住宅还需要面对不同类型的住户需求等等。当然，廉租住宅本身也必然因为

1　周燕珉 等. 我国廉租房建筑设计研究 [J]. 住区，2007 (5)：22 - 27.

2　姜锵. 清华大学教授秦晖建议深圳率先兴建贫民区 [N]. 南方都市报，2008 - 04 - 14.

3　刘薇，丁茜茜. 住房和城乡建设部称从未设想建贫民区 [N]. 京华时报，2008 - 04 - 17.

其对象的特殊性而在其建筑的模式特质、品质需求和设计原则等方面具有特殊的价值取向。

6.1.1 廉租住宅模式的概念

“模式”一词英文为 pattern，其意义为“模范、典型、模型、式样、图案、花样、方式”等。“模式”用在不同的地方有不同的含义，如在讨论围棋时，模式即“定式”；讨论图像时，模式即标准图形；讨论通信时，模式可指信息的形式（如数字数据、视频信号）；在数学中，模式可指变量之间的内在关系。这里，笔者认为模式就是事物存在的典型形式，是构成事物要素的联系方式，是事物特征的总和。由此可以得出廉租住宅模式的含义：**廉租住宅模式是廉租住宅建筑的标准类型、建筑要素的构成方式及建筑特征的集合**。它是精神与物质的共同体，与特定的生活水平下人们的居住方式密切相关，并将随着社会经济的发展而发展，是一种动态的模式。这里，廉租住宅指的是在特定的时间区段和特定的物质条件下针对特定人群的特殊住宅形式的总和，具有抽象的典型性。

廉租住宅与保障性住宅、住宅、建筑、城市属于一种依次被包含的逻辑关系，是这一环套一环的逻辑中的最小子集（图6－1）。因此，凡是与住宅建筑模式、城市模式相关的因素，包括自然的、社会的、经济的、技术的因素都与廉租住宅模式有关（图6－2）。在这众多的因素中，对廉租住宅模式影响最大的是经济因素和社会因素（图6－3），而作为政府投资建设的一种特殊住宅类型，社会因素中的政策制度因素显然又可以直接影响到廉租住宅建筑模式在建筑标准、住宅套型、设备设施和空间环境等方面的具体内容，这也是廉租住宅建筑模式相较于其他建筑或住宅模式的特殊之处。

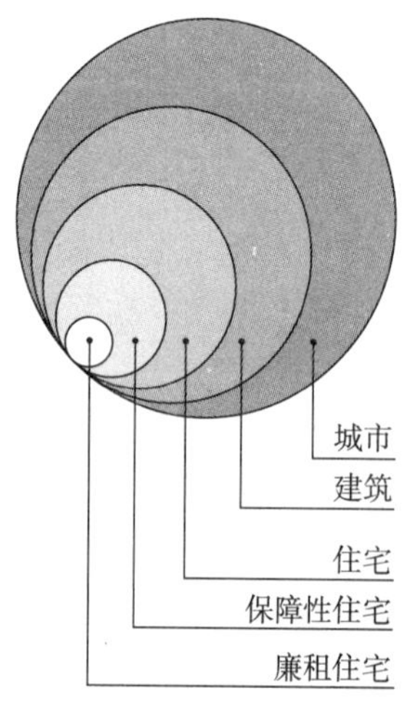

图6－1 廉租住宅在城市中的逻辑关系

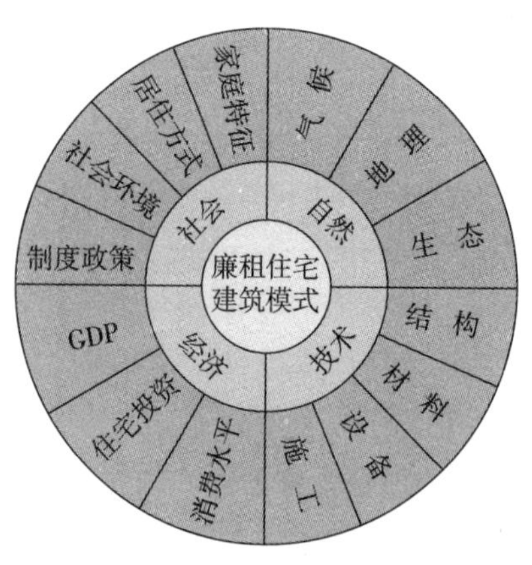

图6－2 廉租住宅模式的相关因素

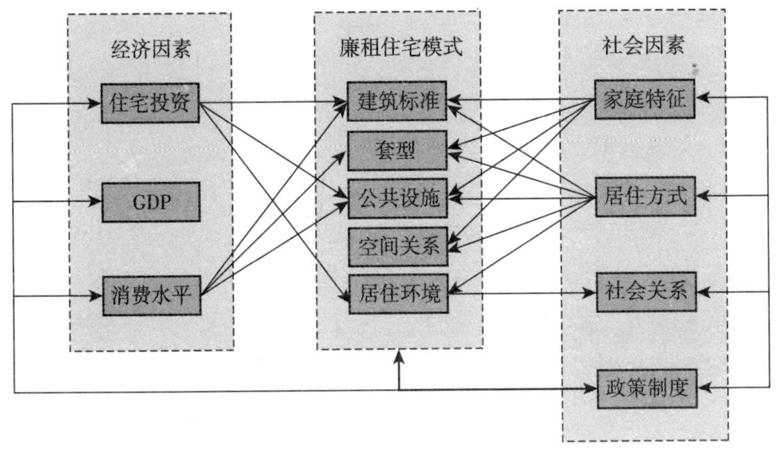

图 6－3　社会经济因素与廉租住宅模式的关系

6.1.2　廉租住宅模式的属性

廉租住房制度是政府维持社会稳定，干预过度市场化的房地产市场，促进城市经济和社会向健康和谐发展的重要任务和手段。根据影响廉租住宅建筑的社会因素和经济因素，廉租住宅模式应能满足一定时期内廉租制度保障受惠居民家庭的多元化标准与空间组合规则，适应常见的普通住宅产品规格尺寸与工业化生产要求，以使城市中新建的廉租住宅小区和旧城改造中建设的单体廉租住房建筑的建设更具有科学性、合理性，真正发挥廉租住房在市场经济条件下对房地产市场的调节作用。

对我国目前廉租住宅制度建立和实施的现状进行分析可以看出，短时期内我国的新建廉租住宅多半还需要依靠国家和地方政府投资建设（包括划拨土地），引入市场化手段的机制和动力都不健全。因此，在一定时期内，廉租住宅本身就具有了“非市场化”的基本属性，它不是一种可以由市场或居民自由选择，也不是品质可以无限上升的特殊住宅类型，其建设标准应当受到国家或地方政府严格的法规限制。相对于平均居住水平而言，廉租住宅显然应该是一种在使用面积、功能质量、设备设施等方面都具有独特属性的住宅建筑模式，具体表现在以下四个方面。

1. 使用面积较小

廉租住宅受国家和地方政府财力物力所限，不可能按照普通商品住宅的面积标准建设。从国外较好地解决了城市居民住房问题的经验来看，在宏观层面尚未解决住宅短缺之前，政府的主要政策目标还是解决“有房住”的问题时，住宅面积指标都是相对较低的，例如，二战结束后英国作为住房建设贷款和房租补贴依据的最小建筑面积标准之一是 6 人 86.4 平方米，人均建筑面积 14.4 平方米；1958 年，国际家庭组织联盟、国际住房和城市规划联合会联合提出的欧洲国家住房及房间统一最小使用面积标准建议 3 口之家是 2 个卧室 46 平方米，人均使用面积15.3平方米；而日本2001年的第八个日本最低居住标准中规定3口之家的套内建筑面积为39平方米，人均套内建筑面积13平方米[1]；到2007年末，香港房屋署网站统计公布的“房委会公营租住房屋租户”的居住面积平均每人是12.2平方米，尚有0.7%的住户人均居住面积少于5.5平方米[2]。我国现行《廉租住房保障办法》第十四条也规定新建廉租住房应当将单套的建筑面积控制在50平方米以内。因此，可以说廉租住宅模式具有“使用面积较小”的属性是政府及住户家庭两者的经济条件决定的，也是必然的。

2. 功能质量较为完善

首先，尽管建筑面积标准受到政策法规的严格限制，但廉租住宅作为21世纪政府投资兴建的公共住宅的一种类型，应该受到现行《住宅设计规范》的制约，居室、厨卫功能配套完善则是现行住宅设计规范最基本的要求之一；其二，廉租住宅建筑面积标准较低，显然在有限的面积和空间中就更应该努力做到功能质量的完善，以适应居民家庭的基本生活需要。因此，廉租住宅模式应该具有“功能质量较为完善”的属性。

3. 设备设施基本齐全

正如调研数据所反映的，城市最低收入居民家庭中的家用电器、设备拥有率虽然低于城市平均水平，但电视机、电冰箱、洗衣机、微波炉、空调器等大中家电仍然有一定的数量，并且显然还会随着国民经济及廉租住户家庭经济的好转而逐步提高。与此同时，廉租房居民对卫生设施的使用也无异于普通群众的需求。因此，“设备设施基本齐全”就成为廉租住宅模式的另一基本属性。

4. 建设标准动态发展

正因为廉租住宅的建设和使用都主要依赖政府的投入，国家或地区经济的发展和人民生活水平的提高、地区廉租住宅需求家庭数量及其经济负担能力的变化都会使政府的投入产生变化，同时低收入居民家庭对廉租住宅的品质需求也会随着经济条件的变化而变化。因此，廉租住宅模式就不可能只有一个一成不变的建设标准，“建设标准动态发展”也自然成为了廉租住宅模式的基本属性之一

综上所述，廉租住宅模式应该具有“使用面积较小，功能质量较为完善，设备设施基本齐全，建设标准动态发展”这四大基本属性。

6.1.3 廉租住宅模式的特质

对廉租住宅模式三大基本属性进行深入分析可以发现，在建筑模式特质方面，廉租住宅模式应具备**公共性、时效性、科学性、高效性、标准性、多样**

---

1 林家彬．政府住房保障的对象与方式［J］．住区，2007（5）：8－11．

2 房屋统计数字（2007年）［EB/OL］．香港房屋委员会及房屋署网站，http：//sc. housingauthority. gov. hk/gb /www. housingauthority. gov. hk/b5/aboutus/resources/figure/0,，2－0－0－2007，00. html，2008－02－01。香港统计数字中的“居住面积”应是国内通用的“使用面积”概念．

性、适应性、地方性和特殊性等九大基本特质。

1. 廉租住宅模式应具有公共性

住宅产品本身具有排他性、非竞争性和外部性的特点。排他性是私人品的性质，非竞争性是公共品的性质。住宅可以说是具有最高价值的生活必需品，在以市场为基础的住房供应体系中，人们对于住房质量和数量的满足程度取决于他们对住房的支付能力。显然，家庭收入水平越高，对住宅的选择性就越强，因而对住房市场的依赖程度就越高，住宅就越接近于私人物品；反之，依靠政府优惠、政府扶持的程度越高，住宅就越接近于公共物品。所谓“公共住宅”，即指由政府直接投资或由政府以一定方式为建房机构提供补助，由建房机构建设并以较低价格或租金向中低收入家庭进行出售或出租的住宅。廉租住房正是公共住房中面向最低收入阶层出租的一类住宅。

2. 廉租住宅模式应具有时效性

廉租住宅是贫富差距和社会分层下的产物，经济再发达的国家也需要为其“相对贫困的”最低收入阶层提供合适的廉租住房（图6-4）。就目前而言，我国城市人民的生活水平正在由小康型向舒适型（或者说更高水平的小康型）过渡，但不可避免地需要给城市中收入相对落后的家庭提供其支付得起的住房，使他们的居住水平不至于被社会的发展远远地抛下。这就是说，廉租住宅模式应该是略低于当时当地的经济发展水平的特定住宅模式，它应该随着国家和地方经济的进一步发展向更高的标准迈进，成为更高标准的廉租住宅。

图6-4 美国新泽西州的低收入居民住宅

3. 廉租住宅模式应具有科学性

廉租住宅的套型设计技术基础是国家及地方的投资能力、建筑技术水平、家庭经济条件、生活行为与人体尺度、居住模式实态、居住者要求等方面的研究成果，其建筑设计亦应该符合社会学、经济学、人口学、人体工程学等学科对住宅的要求。

4. 廉租住宅模式应具有高效性

廉租住宅模式作为在我国各地经济发展不平衡、财政资金有限的背景下主要依靠地方政府建设的面向城市最低收入家庭的居住模式，必然需要以最经济的成本获取最大的效益。对廉租住宅建筑来说，最大的效益首先就来自于对十分有限的建筑面积的充分利用，这就使得廉租住房套型空间的高效率使用成为廉租住宅模式首选的追求目标。同时，当代城市与建筑的可持续发展目标也同样要求廉租住宅建筑能够更高效地利用能源、材料或技术。

5. 廉租住宅模式应具有标准性

廉租住宅模式根据各种要求和条件提出符合廉租住户生活水平的标准套型组合方式，不同的家庭构成、经济水平和生活模式可以选择不同面积标准、套型标准、设备标准的模式，各地区也可根据本地的经济和社会发展水平选择相应的标准加以实施。

6. 廉租住宅模式应具有多样性

廉租住宅模式适应各地区不同的经济发展水平、居住水平、生活模式、家庭人口结构、住户类型、套型内基本间规模以及多层次面积、功能、设备、装修和环境质量标准，包含各种设备齐全、平面合理的不同的选择，并且每个住户类型能有不同套型住宅的多种选择以适应千差万别的家庭需求。

7. 廉租住宅模式应具有适应性

现行廉租住房保障制度与一定时期内必然的廉租住房短缺决定了廉租住宅必须在有限的经济发展水平下适应一个家庭对一套住宅的较长使用周期，满足住户根据需要在各类套型中适当改变内部平面划分从而适应家庭人口组成及生活方式变化的要求，使住户能在符合当地基本生活水平的条件下连续居住一个时期。

8. 廉租住宅模式应具有地方性

廉租住宅模式应是一种符合地方经济发展水平、照顾地方生活习惯、具有地方风格特点、使用一定的地方材料与施工方法，并与各地不同的规划和地形相适应的住宅模式。

9. 廉租住宅模式应具有特殊性

我国城市最低收入群体的结构性就业障碍导致居住在廉租住宅中的家庭往往需要在有限的住宅空间中从事以家庭生产为单位、技能简单、资金投入少、创业门槛低的一些工作，这就使得廉租住宅模式不同于一般纯居住的住宅模式，必须考虑在十分有限的住宅空间中适应这个特殊居住群体“在家就业或创业”的特殊需求。

6.2 廉租住宅的品质需求

由于住宅建筑中各种居住行为的性质有所不同，因此也就要求有其特定的环境空间。一般来说，功能空间的专用程度越高，功能空间的使用质量就越高，住宅建筑的品质也就因此越高。可以这么说，除了设备配置与装饰装修等外部设施的改进之外，与建筑设计直接相关的住宅建筑功能质量的提高过程就是各功能空间逐步分离的过程，其品质需求的主要诉求就是“住得下、分得开”。

就廉租住宅而言，住宅建筑的主体结构及装饰装修材料本身应该在满足建筑物理和基本审美要求的前提下满足尽量节约的要求，只要注意避免人们直接从建筑外观就对廉租住宅产生心理距离，应该说，决定廉租住宅品质的根本因素还是其套型室内空间的设计水平。在住宅建筑面积有限的条件下，廉租住宅建筑居住品质的提高不可能依靠居住面积的提高以及居室数量的增加来实现，而是应该通过对有限面积和空间的充分利用来达到功能品质上的提高和完善。

6.2.1 廉租住宅的功能分区

住宅套内功能分区，就是根据各功能空间的使用对象、性质及使用时间进行合理组织，使性质和使用要求相近的空间组合在一起，避免性质和使用要求不同的空间互相干扰[1]。对于廉租住宅而言，基本原则当然同样应该是满足住宅在公私分区、动静分区和洁污分区等方面的要求，但由于廉租住宅模式特质所决定的廉租住宅建筑的特殊性，又使廉租住宅在上述几个方面分区要求的轻重缓急上有其特殊的要求，某些方面的处理甚至可以尝试突破现行《住宅设计规范》的相关条文规定。

首先，廉租住宅应该实现的功能分区是洁污分区。主要体现为有油烟产生的烹饪行为空间和有私密性要求的卫生盥洗功能空间必须与其他活动空间分区，而备餐等虽然会产生一定的垃圾污染但属于相对可控、轻度的污染区域，则分区要求可以比普通住宅降低，从空间或面积多重利用的角度来综合处理。

其次，在动静或公私功能分区中，必须实现的功能分区是睡眠功能的分区。但与普通住宅睡眠功能只能在卧室实现的要求不同，廉租住宅的睡眠功能应该并且可以考虑某种在时间、构造和技术因素影响下对其他公共功能空间的重叠利用的可能性。

第三，要重点考虑不同户型的廉租住户对套型中居住空间的使用功能要求上的差异。例如，对于主干户或联合户[2]而言，首先必须满足的是三代人可以有相对独立的卧室，是否有“厅”或“起居室”就不是主要矛盾；对于核心家庭，未婚子女的学习空间与家庭团聚空间就相对重要；而对于单身或夫妻独居（无子女）家庭，睡眠与家庭活动空间也许就没有分开的必要，适当分区的会客空间又成为可能的选择。

第四，正视廉租住宅分区中私密性与安全性矛盾。本书调研中发现，由于政策的要求和执行上的偏差，现有廉租住房入住人群中，残疾人、职业技能低下者和“两劳”释放人员占相当数量，居民对于小区的安全、卫生等方面管理的意见较多，而廉租住房物业管理费用较低，造成小区管理混乱的资金短缺问题短期内解决也有一定难度。因此，在廉租住宅建筑设计中兼顾功能分区要求中的私密性与安全性显得尤为重要，可以在设计中以适当牺牲住户的私密性

1 朱昌廉．住宅建筑设计原理［M］．第2版．北京：中国建筑工业出版社，1999：22.

2 朱昌廉．住宅建筑设计原理［M］．第2版．北京：中国建筑工业出版社，1999：4.

为代价来换取整体居住环境的安全性。例如，在廉租住房楼栋平面设计中采用凹形、L形或回字形等一般认为户间干扰较大的廊式平面（内廊、外廊均可）较易产生邻里之间的相互监视和关注，提高居民在日常生活中的自我参与管理的可能，增强安全性（图6－5）。事实上，香港特区从20世纪50年代至今建设的所有公屋都无一例外采用了廊式平面。

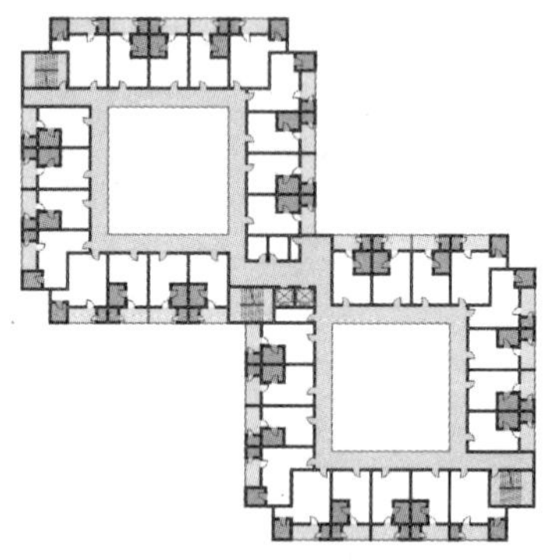

图6－5 有利安全监控的香港某公屋平面

图片来源：根据杨汝万、王家英《香港公营房屋五十年——金禧回顾与展望》资料自绘。

第五，应适当权衡功能分区中套型的适用性要求与廉租住房整体的节约性要求之间的关系。由于廉租住房建设资金有限，为了让有限的资金保障更多的城市最低收入居民，廉租住房的建筑和规划设计应该在满足建筑基本日照间距、防火要求等前提下，尽量在规划、楼栋及建筑套型设计中贯彻节约空间、节约资源的思想。在此基础上，提高套型各室内功能空间的舒适性，对廉租住宅套型而言，首先是保证睡眠和厨卫等居住功能核心空间的适用性。

6.2.2 廉租住宅的空间分离与功能整合

新中国成立以来，我国普通城市住宅功能空间关系大致经历了多户合用厨卫设施、独用小面积厨卫、小方厅到大厅小卧室的发展过程。近年来，随着生活水平的不断提高，居住生活的内容也越来越丰富，生活方式发生了很大的变化。家庭团聚、会客交往、电视音乐等需要较大空间的起居活动日益受到重视，公共行为与私密行为的分离已成为普通住宅设计的原则条件，这当然也成为廉租住宅最基本的需求之一。

然而，由于廉租住宅建筑面积标准的限制，廉租住宅的空间分离要求在实现途径上又有其特殊的阶段性需求，不能简单要求各种不同类型的居住行为都能够拥有各自独立的建筑空间。**本书研究认为，应该强调廉租住宅的空间分离是必须包括含有时间维度在内的“四维空间的分离”。**

具体来说，廉租住宅的空间分离应满足以下几个方面的要求：

1. 食寝及公私空间分离

食寝及公私空间分离是指将包括用餐在内的家庭主要公共活动行为从卧室中分离出来。在廉租住宅中，可以充分考虑时间的因素，放大DK式厨房或者D+K式厨房的功能，把起居、家务活动与用餐、厨房功能重叠，利用各功能对空间使用时间要求的不同将用餐空间、备餐空间、烹饪空间和起居空间组织到一起形成一个真正的多功能厅，在对中式烹饪功能（燃火点）有适当分隔的前提下在不大的空间中组织厨房备餐、用餐、家庭团聚、会客及娱乐，兼有学习、工作、套内交通等功能，既改善了就餐环境和家庭团聚气氛（用餐本是一家人日常生活中团聚的重要时间），又充分利用了有限的面积和空间（图6－6）。

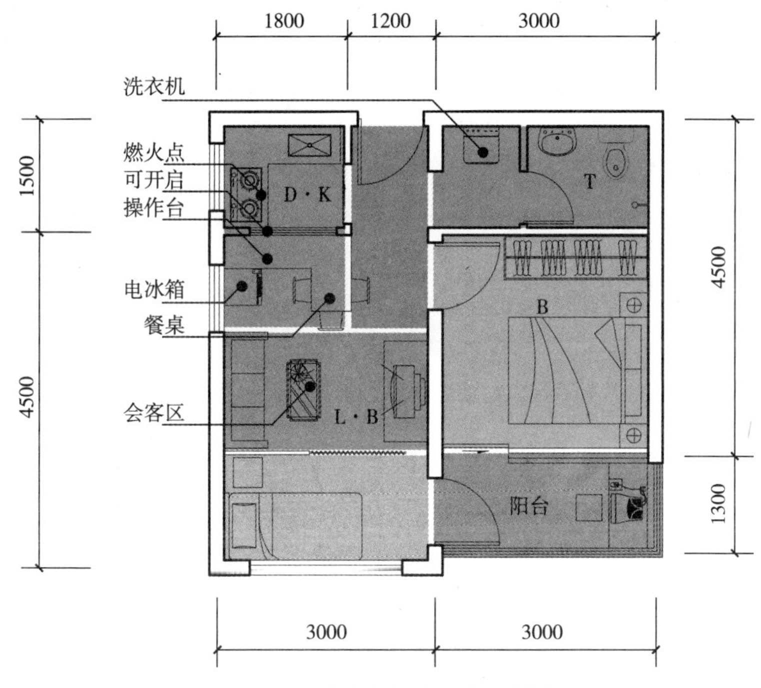

图6－6　住宅空间的多功能利用

根据这些居住行为的特征，在小面积廉租住宅中的多功能厅内应有合适的位置布置如厨房洗池、切菜台、3～4人餐桌、储物柜等适当的家具，并有放置电视机的合适家具与位置，在装饰气氛上有明显的家庭中心特征，成为家庭居住活动的中心、高潮和环境最优美的地方，具体设计中应避免该厅成为四周开门的纯过厅。

2. *就寝分离*

就寝分离也就是生理分室，即按照一定的年龄标准应为父母、不同性别的小孩以及同性别小孩提供各自的卧室，满足人的基本生理和心理需求。由于廉租住房居民家庭人口偏多而住宅的建筑面积有上限，因而廉租住房必须努力考虑在套型设计上照顾廉租居民"住得下、分得开"的需求，为必须分室居住的居民提供可能性。

在廉租住宅中的就寝分离同样可以在建筑技术和设备的支持下引入时间维度，将一些在晚间才有使用需求的就寝空间与睡眠时间以外使用的公共活动空间在实体空间上有所重叠，利用居住活动时间上的差异性实现"就寝分离"的品质需求。

3. 工作学习分离

廉租住宅中既要考虑部分家庭在家工作的需要，也要满足部分家庭孩子在家学习的要求。在廉租住宅中，一般的套型尚不具备单独设置学习或工作室的面积，只能考虑一块相对安静和独立的面积。卧室作为居室中较安静的空间，可以考虑学习行为与睡眠行为在时间上的区隔而在空间上有所重叠。而营业性或对外交往需求较多的工作空间则可以考虑加大多功能厅的面积，在厅内解决。

4. 卫生空间分离

廉租住宅的卫生间设施应与居室完全分离，保证最低的使用需求，空间应合理、清洁、卫生、安全，南方地区有条件时可考虑结合阳台空间合理分隔洗面、洗澡、便溺、洗衣等四大功能（图6－7）。

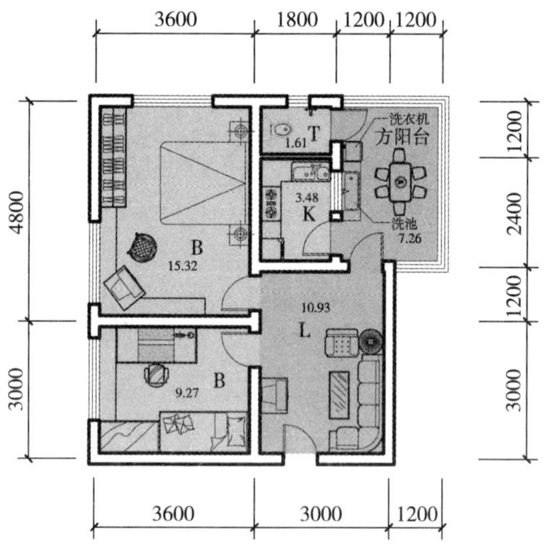

图6－7 方正的多功能阳台

综上所述，由于廉租住宅建筑面积标准的严格限制，廉租住宅建筑室内空间分离的基本品质需求必须考虑在人体工程学、材料工程学以及建筑构造等专业学科的支持下，充分引入“时间维度”的概念，力争在有限的“时空体积”内为廉租住户实现更多的实用功能分离，如合理适用的生理分室、方便实用的储藏空间、安静独立的学习空间等等，力争实现在“四维空间”的概念下实现廉租住宅实体空间的完全利用。

6.2.3 廉租住宅的最小房间面积

根据前述理论探讨的结论，结合重庆市目前的廉租住房建筑面积标准，本书研究认为重庆市的廉租住宅建筑的套型在住宅主要空间的平面模式、面积指标以及设备设施成套水平等方面应能满足如下基本需求：

1）套型应以两室一厅为主，一室一厅、三室一厅及一室户为辅。这里的厅并非指功能完全独立的起居、会客厅，而是泛指既带有会客、起居、家庭团聚功能，又可用作 DK 式厨房之备餐、餐厅甚至局部与卧室合一的多功能厅。套型的灵活性、适应性与空间利用要求较高，有一定程度的再划分空间的可能性。

考虑到现行《住宅设计规范》（GB 50096—1999，2003 版）主要是针对普通住宅的规定，在指导思想上隐含有“标准往高走”的趋势[1]，而据笔者所知，正在进行的现行规范修编工作亦将针对保障性住房的特殊需求作出相应的调整。因此，本书研究主要参考了《建筑·人体·效能——建筑工效学》[2]一书中对人体活动最小尺度的描述来对现行规范的最小房间面积要求进行了一定程度的修改，提出廉租住宅各功能空间的室内净面积应达到如下要求：

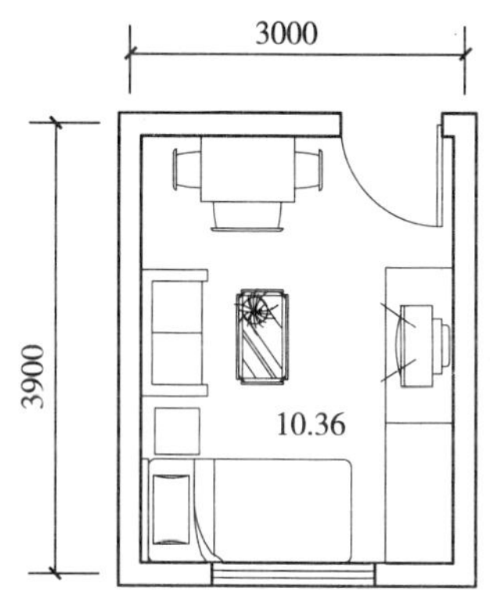

图 6－8　多功能厅的面积

（1）多功能厅。现行规范规定“供居住者会客、娱乐、团聚等活动的空间”为“起居厅（室）”，最小使用面积是 12 平方米。在廉租住宅中，多功能厅一般以会客、家庭团聚、视听享受和用餐为主要功能需求，应设置有一组沙发和电视音响柜的会客区和至少 3 人的用餐区，有时甚至还要放置一张单人床供多人口家庭使用，同时满足其中两项和三项功能的最小使用面积如图 6－8所示。考虑到廉租住房有的套型中会客功能的弱化，因此将多功能厅的使用面积建议确定为 8～12平方米，并且应该有直接自然采光通风。

（2）卧室。卧室又可分为双人卧室和单人卧室，现行规范规定双人卧室为 10 平方米，单人卧室 6 平方米，兼起居室的双人卧室 12 平方米。双人卧室主要活动除睡眠外尚应考虑视听、储物等功能，而单人卧室则需考虑学习空间，图 6－9 显示了卧室实际所需的最小面积。因此，廉租住宅的卧室使用面积建议确定为 5～10 平方米。

（3）厨房。《住宅设计规范》规定厨房的最小使用面积为 4 平方米。但实际上满足洗涤、配餐和烹饪等基本行为的功能齐全的厨房空间需求并不太大，并且考虑到廉租住宅中各种功能空间在设计和使用中的“时空交叉”可能，厨房也可以采用“燃火点”式的小厨房，只满足烹饪功能而将其他功能转移至其他空间解决（图 6－10）。因此，廉租住宅的厨房最小面积建议确定为 2～4平方米。

1　中华人民共和国建设部．住宅设计规范（GB 50096－1999－03）条文说明［G］．北京：中国计划出版社，2004：5，第 1.0.2 条．

2　杨公侠．建筑·人体·效能——建筑工效学［M］．天津：天津科学技术出版社，2000.

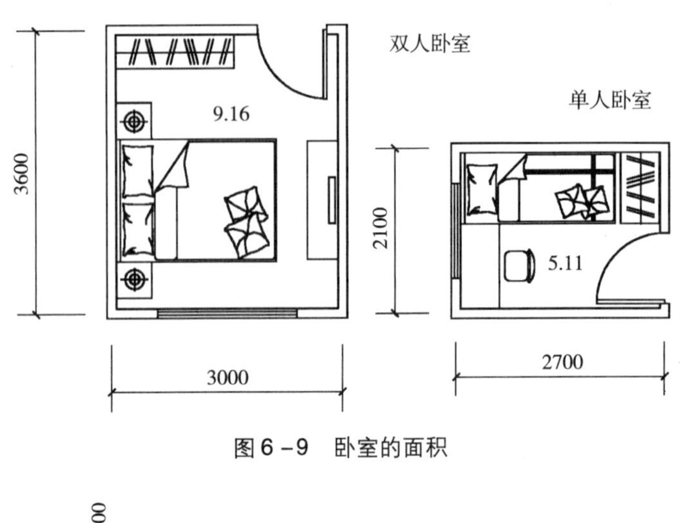

图6－9　卧室的面积

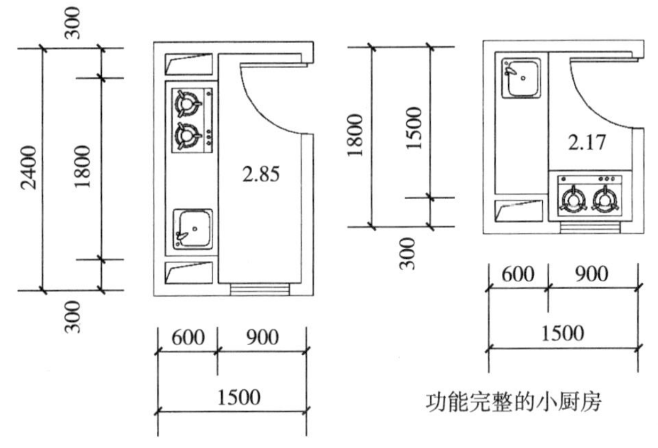

图6－10　厨房的面积

(4) 卫生间。《住宅设计规范》对卫生间面积按功能设备配置的多寡从1.1平方米到3平方米不等。应具备盥洗、便溺、洗浴三大功能的卫生间在廉租住房中为满足多人同时使用并且发挥最大效率的需求，可以将功能分解为公共区（盥洗）和私密区（便溺、洗浴），公共区可以根据设计的不同而与其他空间合用，规范中面积1.1平方米只设蹲便器的卫生间事实上也可兼作淋浴间（图6－11）。因此，廉租住宅卫生间的最小使用面积建议为1.1～2.5平方米。

2）厨房内灶台、操作台、洗池、储柜等设施应向标准化、系列化、工业化发展，要考虑微波炉、电饭煲、消毒柜等厨房家电将有可能进入廉租家庭的厨房。卫生间也应设置淋浴器、洗脸盆、坐便器，安排洗衣机位置并考虑换气设备。

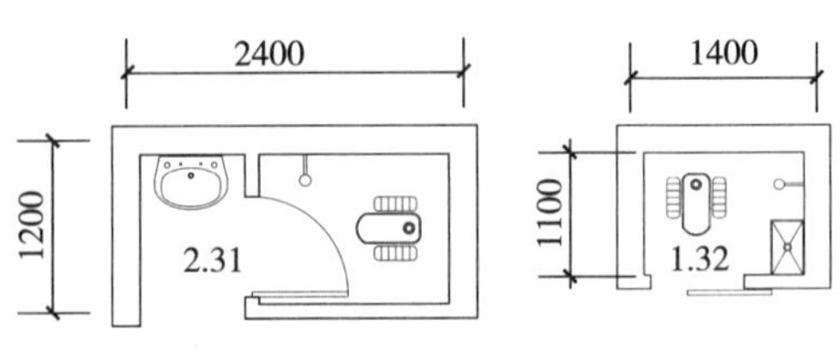

图6－11　卫生间的面积

3）室内设备方面，廉租住宅应适当考虑包括空调器在内的大型家用电器的普及，增加电源插座，扩大电表容量，设置电话插口和有线电视天线插口。水、电、气三表应设置在户外或采用先买后用式的智能水、电、气表，以避免查表对住户私密性的干扰。应考虑预留空调器位置及电源容量与插座。

4）在设计中充分利用各种手段立体化、四维化空间，如利用入户过渡空间、卫生间上部、凸窗下部空间、室内走道上部甚至公共走道上部等增加储藏容积，根据各功能空间使用时段上的差异对空间复合利用等等（图6－12）。

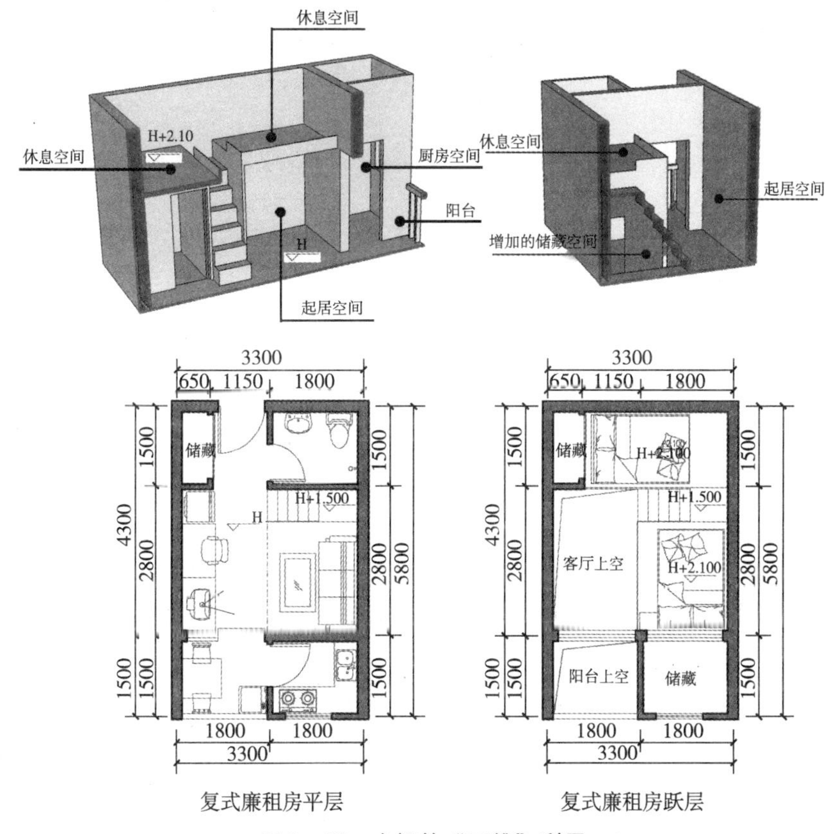

图6－12　空间的“四维”利用

6.2.4　廉租住宅的设计原则

针对建筑特质和品质需求，廉租住宅在建筑设计中应遵循如下基本设计原则：

1. 以时间换取空间的原则

建筑艺术是三维的立体艺术，但对于廉租住宅而言，由于国家政策和现有经济条件的限制，三维的建筑空间并不能完全满足情况复杂多样的廉租住户的需求。于是，**时间的维度**就成为一个廉租住宅可以突破的方向。以时间换取空间的原则就是在住宅套型设计中应充分考虑住户在不同时间、不同行为对空间的不同需求，不仅应该利用好每立方厘米的三维空间，还应该考虑同一个空间在不同时段上实现不同的功能。

2. 以材质提升品质的原则

以材质提升品质，就是要求廉租住房建筑不仅不能为了降低建安成本粗制滥造，反而应该更多地采用性能更好的材质去建造。良好的材质不仅可以提高廉租住宅在建筑室内外观感上的品质，更重要的是可以在节能、环保、住宅部品标准化、工业化、产业化方面发挥很大的作用，最终能够在降低住户日常住房开支、方便更换家具设备、减少迁移成本等方面提升廉租住宅的品质。

3. 以标准求得多样的原则

标准化与多样化是住宅建筑设计的老话题了。就廉租住宅而言，广义的标准化就是应该做到整个廉租住宅系列套型的标准化模数、标准化空间、标准化部品，而利用这些标准化的模块就可以在有限的套型建筑面积中组合衍生出多种多样的套型以适应多样的生活。

4. 以创造突破常规的原则

考虑廉租住宅特殊的建筑模式和品质需求，不必拘泥于普通住宅的常规设计手法和套型组合模式，适当突破现行《住宅设计规范》中的套型面积大小、设备设施配置标准等内容，大胆而合理地突破常规设计模式。例如，现行《住宅设计规范》要求每套住宅应设起居室（厅），厨房面积不小于4平方米且必须有自然采光通风，而在廉租住宅中，考虑到各功能空间复合利用的可能性以及居住家庭需求的特殊性（如独居老人或当代青年人），厨房也许只需要满足其烹饪功能甚至仅仅是偶尔烧煮少量食物、开水的功能，面积在2平方米或干脆在一室户中与室合二为一显然也能满足使用要求。

具体在建筑设计和建造方面，应该做到：

（1）廉租住宅套型平面设计由粗放型向精细型转化。建筑师要在平面布置、结构选型、细部构造、设备位置等各方面精心安排，以使有限的廉租住宅面积发挥最大的使用效能，真正做到“面积不大功能全，造价不高水平高”。

（2）廉租住宅立面和造型要适当照顾地方传统，力求体现出地方建筑文化的延续性，增强住宅的可识别性。

（3）廉租住宅建造从建筑材料、设备管线选择到施工的整个过程都要讲究质量，不因其相对严格的造价控制而出现屋面、厨卫漏水等影响居住质量的问题。

6.3 廉租住宅的指标体系

6.3.1 廉租住宅指标的多元多层次性

现代城市居民的住房标准大体上可分为生存型、温饱型、小康型、舒适型、享受型五大类[1]：

（1）生存型住房标准，通常指人均住房面积 2～4 平方米甚至更少，只是解决每人一个铺位的面积，谈不上辅助设施和卫生标准，常为公厕、公厕，甚至两对夫妻合住一间房或三代同堂（室）。

（2）温饱型住房标准，指人均居住面积 4～6 平方米，每人有一个铺位，能住得下，基本满足生理分室要求，有时还分不开，即存在与 12 岁以上子女合住的不便户。卫生条件一般，有简单的独用厨房和卫生间，也有使用公厕和公共厨房的。

（3）小康型住房标准，每户有一套住宅，人均居住面积达到 8 平方米，能合理分室，有独用的厨卫设施。

（4）舒适型住房标准，每户有一套住宅，住宅居室间数至少比家庭人数多一个，有客厅、工作室或书房、独用大卫生间和厨房，设备配置齐全、标准较高。

（5）享受型住房标准，每人不仅有一间以上住房，而且有花园、车库、专用娱乐活动室和各种完善的设备和设施。

从总体看，我国目前城镇最低收入居民的廉租住房标准正处于生存型向温饱型转化并逐步迈向小康型的过程中。英国人布洛克在《住房的需要》一书中提出：应当确定一户人家一套住宅的文明标准，否则可视为居住过度拥挤。这一观点后来被欧美各国普遍接受，并形成了一个国际公认的三个居住等级标准：

（1）最低标准，每人一床（相当于人均居住面积约 2 平方米[2]）；

（2）文明标准，每户一套（相当于人均居住面积约 8 平方米）；

（3）舒适标准，每人一间（相当于人均居住面积 10 平方米以上）。

参考以上分类标准可以发现，我国目前制定的廉租住宅居住标准正逐步趋近于国际通行住宅标准的中等水平，即文明标准。

国际上一般都采用综合性指标，也就是多元指标来衡量一个国家或地区的居住水平而不仅仅是一个面积标准。指标通常可以围绕住房的可获得性、可支付性以及社区环境来确定[3]。1953 年召开的联合国“关于生活指标和生活水平的国际定义及测定”的专门委员会的报告中建议采用住宅的各种类型、人均面积、每套住宅的平均人数、自来水状况、厕所及下水设施、公共设施及各种文化设施等指标；联合国人居署在评价发展中国家的贫民窟时则采用了生活用水、卫生设施、住房面积、住房持久性、安全使用期等五个指标[4]；而已有的

---

1 朱昌廉．住宅建筑设计原理［M］．第 2 版．北京：中国建筑工业出版社，1999：35－37.

2 括号内人均居住面积数据为本书作者所加，下同．

3 Lawrence J. Barnett. Case Studies in the Acquisition of Belief 1982－1987：A Critical Perspective［J］. The Urban Review，1993，25（4）：307－334.

4 联合国人居署（UN-HABITAT）. Rental Housing，An essential option for the urban developing countries，2003［EB/OL］. http：//www. unhabitat. org/list. asp？ catid＝491&typeid＝3&AllContent＝1，2007－06－15.

中国城市住房状况研究多数采用生活用水、厕所、厨房、燃料等变量建构住房质量的定性指数[1]。无论采用哪些指标，可以肯定的是，这些指标随研究区域和时期的特点而变化，也受到数据情况的影响。因此，我国全国性的廉租住宅指标必然是多元的。

我国幅员辽阔，经济发展水平、居民收入及消费水平各有不同、差异较大，各地区气候条件和居民生活习惯也存在着很大的不同，这就决定了全国性的廉租住宅指标必然是多层次的。

1. 经济基础的差异[2]

（1）各地区经济发展不平衡，城市化水平差距大，住宅建设投资相差大。

据国家统计局2007年统计资料，除平均统计数字基本居中的中部地区和东北地区外，截至2006年底，东部地区国内生产总值为128593.1亿元，占全国比重的55.7%，而西部地区国内生产总值为39527.1亿元，仅占全国比重的17.1%。地方财政收入东高西低，高低比达3.54；城镇居民平均每人全年可支配收入也是东部地区高于西部地区，高低比为1.54；具体到各省市（自治区）的城镇居民家庭平均每人全年消费性支出的高低比达2.39，而年度居民消费水平相差更大，高低比为3.05。由此可看出，中国各地区、各城市、同一地区不同城市的经济发展水平相差都极为悬殊。因此必然导致政府财政收入和住宅投资额的差异，从2006年各地区固定资产投资总额和其中的房地产投资额所占比重看，东部地区为54637.1亿元，其中房地产开发投资额占20.62%，为11265.9亿元；西部地区为21996.9亿元，其中房地产开发投资额占15.86%，为3488.6亿元。具体到各省市（自治区）的全社会城镇住宅投资总额看，东部地区最高的江苏省为1507亿元而西部地区最低的西藏仅24.8亿元，相差近61倍！按照现行国家政策，住房保障资金主要由地方政府负担，各地区GDP、政府财政收入和房地产投资的差异必然导致了居住保障水平和标准的巨大差异。

（2）城市基础设施的差异。

由于我国尚处于快速工业化、城市化的进程当中，现有城市很多都存在基础设施底子薄、水平低的问题。截至2006年，我国城市用水普及率为86.7%，城市排水管道密度仅达到7.8km/km^2，污水处理率为65.73%；燃气普及率79.1%。具体到各个城市，这些数据还有更大的差距，基本上也呈东高西低之势，如最高的北京市城市用水普及率和燃气普及率分别达到了123.36%和113.84%，而最低的西藏均仅有48%左右，重庆市二者分别为81.38%和75.84%。这种市政公用设施配套水平的高低优劣差异必然导致不同地区的廉

1　John R. Logan, et al. Parents' Needs, Family Structure, and Regular Intergenerational Financial Exchange in Chinese Cities［J］. Sociological Forum, 2003, 18（1）: 85－101.

2　本小节数据均来源于国家统计局网站，http：//www.stats.gov.cn/tjsj/ndsj/，2008－07－21.

租住宅标准出现差异。

（3）各城市人均住宅面积水平差距很大。

据统计，我国不同地区的城市每年的住宅投资和竣工面积、商品住宅销售量等均存在较大差距，如2006年，年末人口7550万的江苏省商品房屋销售为5317万平方米，而年末人口281万的西藏仅为57.1万平方米，每万人销售量相差近3倍。这也因此造成各城市间的现有人均住宅面积相差很大，城市低收入阶层的现有的居住水平及保障标准亦因此有所不同。这种现状的差距使得各地的廉租住房保障不可能采用同一指标向前发展，导致廉租住房多层次标准的格局。

2. 政策基础的差异

本书第4章研究结论已经指出，由于各地方政府对解决城市低收入居民住房困难问题的认识水平和行动力度的差异，在廉租住房保障制度建构的中观和微观层次上，全国各大城市现有的保障性住房政策基础也存在很大的差异。天津、深圳等城市在扎实工作的基础上出台了体系相对完善、操作性较强的保障性住房政策，而以重庆为代表的部分大中城市则在政策基础方面存在较大的差距。这些差异必然导致理论研究中廉租住宅指标出现多元、多层次的结果。

3. 生活基础的差异

1）各城市户均人口、户规模比例不同

有资料表明，随着城市化进程和生活水平的提高，计划生育政策的实施及其滞后效应，我国城市居民的户均人口一直呈下降趋势。尽管户均人口数略高于城市家庭平均人口数，但廉租住房居民户均人口的下降也是显而易见的。从地区看，我国东部户均人口少，西部多。即使户均人口数相同，各种类型的户规模比例也相差很大。这些户均人口和户规模比例的差异必然导致廉租住宅套型需求比例的不同，其结果是各地的廉租住宅标准的不同。

2）各地自然地理条件、生活习惯相差甚远

我国地域辽阔，南北跨越热带、亚热带、暖温带、中温带和寒温带，东西横跨经度60余度，高差数千米，即使同一地区自然条件也有差异。自然条件的差别导致居民生活习惯和居住功能需求的不同，既有对保温性能要求较高的北方住宅，也有对通风要求较高的南方住宅；既有喜食辛辣、重油而对厨房排烟要求较高的中西部住宅，也有食品清淡、烹调简单的东南部住宅，这些多元的居住需求也必然导致廉租住房指标的多层次性。

总之，从以上分析可以看出，我国各地自然条件各异，经济发展水平相差悬殊，对保障性住房的理解和政策基础各不相同，需求廉租住宅的居民生活习惯生活水平也不尽相同，这种差距就要求有不同层次标准的廉租住宅来满足各地不同层次、不同家庭构成、不同生活模式的城市最低收入居民对廉租住宅的需求。因此，在可预见的未来一段时间内，我国迈向小康生活水平的廉租住宅居住标准不可能是全国完全统一的一种指标，而必然呈现出多元多层次性。

6.3.2 廉租住宅的具体指标体系

下面将从廉租住宅的套型面积标准和套型模式的分类指标两个方面探讨廉租住宅的具体指标体系。

1. 面积标准的确定

尽管廉租住房指标体系从理论研究的角度具有多元多层次性，但套型面积标准应是其中最为重要的一个指标，也是廉租住宅设计的重要前提。因此，根据我国的经济水平和住房保障现状、现行《住宅设计规范》和有关保障性住房政策，并借鉴发达国家（或地区）解决城市低收入居民居住问题的居住建筑中各类居住空间面积标准，力求提出符合我国实际的经济合理的面积指标建议。

1）国际标准借鉴[1]

世界各地的公共住房面积标准都是随着社会经济的发展和住宅供求关系的变化而发展的，面积标准是政府住房保障最为重要的一个技术标准。二战结束后，欧洲各国都以尽快解决住房短缺为目标，在技术方面的干预形式则是制定一系列面积指标作为住房建设贷款和房租补贴的依据。例如，英国就对各类公共住房提出了最小建筑面积标准（表6－1）。1958年，国际家庭组织联盟等组织则提出了欧洲国家住房及房间统一最小居住面积标准建议（表6－2）。

英国公共住房的最小建筑面积标准　　表6－1

	家庭人口数					
	6	5	4	3	2	1
单元住房（m^2）	86.4	79.0	69.7			
平房（m^2）	83.6	75.2	66.9	56.7	44.6	29.1

资料来源：林家彬．政府住房保障的对象与方式［J］．住区，2007（5）：8－11。

欧洲不同人口家庭的住宅最小使用面积标准　　表6－2

	使用面积指标（住宅卧室数/家庭人口数）								
	2/3	2/4	3/4	3/5	3/6	4/6	4/7	4/8	5/8
面积（m^2）	46	51	55	62	68	72	78	84	88

资料来源：林家彬．政府住房保障的对象与方式［J］．住区，2007（5）：8－11。

日本从1976年开始的第三个住宅建设五年计划首次提出了最低居住标准，表6－3则显示了该标准以及日本在2001年颁行的第八个最低居住标准。以三口之家为例，居室使用面积25平方米，人均约8.3平方米，套内建筑面积规定为39平方米，人均为13平方米。

1　林家彬．政府住房保障的对象与方式［J］．住区，2007（5）：8－11.

日本的最低居住标准　　　表 6-3

家庭人口	面积标准（m^2）			
	1976 年标准		2001 年标准	
	居室使用面积	套内建筑面积	居室使用面积	套内建筑面积
1	7.5	16.0	7.5	18.0
1（老龄单身）	未考虑	未考虑	15	25.0
2	17.5	29.0	17.5	29.0
3	25.0	39.0	25.0	39.0
4	32.5	50.0	32.5	50.0
5	37.5	56.0	37.5	56.0
6	46.0	66.0	45.0	66.0
7	52.5	76.0	未考虑	未考虑

资料来源：林家彬．政府住房保障的对象与方式［J］．住区，2007（5）：8。

除详细规定不同家庭人口可以享受的公共住宅面积标准之外，日本的最低居住标准还包括如下规定：①确保夫妻有独立的卧室；②确保 6～17 岁的儿童能与父母分室就寝；③满 18 岁以上者有属于自己的单独房间；④卧室的面积为主卧室 10 平方米，次卧室 7.5 平方米；⑤原则上所有家庭应有专用的厕所和盥洗室；⑥除单身户外，所有家庭应有专门浴室。

2）国内规范和政策标准

我国现行《住宅设计规范》（GB 50096—1999，2003 版）中第 3.1.2 条将普通住宅套型分为四类，并且对每套住宅的居住空间个数和使用面积作了如表 6-4 的下限规定（表中使用面积均未包括阳台面积）。

我国《住宅设计规范》中规定的套型分类标准[1]　　　表 6-4

套型	居住空间数（个）	使用面积（平方米）	一般每套居住人数（人）	人均使用面积（平方米）
一类	2	34	2	17
二类	3	45	3	15
三类	3	56	3	19
四类	4	68	4	17

资料来源：根据《住宅设计规范》（GB 50096—1999-03）资料自绘。

1 “套型”、“居住空间数”及“使用面积”来源于《住宅设计规范》（GB 50096—1999-03）。“每套居住人数”指标是笔者所加，在“套型空间数”减去一个起居室后按一个主卧室住 2 人，其余算次卧室一室一人得出。“人均使用面积”指标也是笔者所加，由“使用面积”除以“每套居住人数”而得．

该规范的条文解释中认为，本规范的4种套型可满足我国城市普通居民的基本居住生活要求，以每套"最少居住空间数"和"最小使用面积"两个量限定了每一类套型的最小规模且以下限低标准为统一要求，不因地区气候条件、墙体材料等不同而有差异。但这一规范的规定并不专门针对城市最低收入人群这一特殊群体，这一人均使用面积约为14～19平方米的标准对廉租住宅来说显然过高了。

对我国的廉租住宅来说，面积指标的确定应基于《住宅设计规范》的基本规定和政府保障能力与保障方式以及城市最低收入阶层的负担能力。

2007年，我国颁布的廉租住房管理条例规定将新建廉租住房套型建筑面积上限定为50平方米，而建筑面积的下限未作具体规定。2005年《重庆市国土房管局关于廉租住房保障有关问题的通知》（渝国土房管发［2004］221号）规定重庆市新建廉租住房的套型建筑面积指标一般为30～50平方米，最大套型建筑面积不超过65平方米。分析上述几个建筑面积可以看出，无论是建筑面积30平方米、50平方米还是65平方米，都缺乏必要的调查和论证。

3）新建廉租住房建议面积标准的确定

本书研究认为，目前我国城市人均住宅建筑面积约为26平方米，保障性住房的标准按平均水平的50%～60%[1]计算约为人均建筑面积13～15.6平方米，再按一般情况下75%的住宅使用面积系数折算成使用面积约为9.75～11.7平方米。

重庆市现行的住房困难户保障标准为使用面积6平方米/人，"十一五"期间，主城区人均使用面积10平方米以下且享受城镇居民最低生活保障的家庭将实施住房保障全覆盖[2]。重庆市的经济发展水平在全国仅属中下游，2006年在全国31个省区中地区生产总值仅排名第23位，人均地区生产总值排名第19位[3]。因此，考虑全国经济发展的不平衡并参考目前执行的廉租住房建筑面积标准，**目前将我国廉租住房的面积标准下限定为人均使用面积10平方米，上限定为人均使用面积12平方米是合适的**。这也与目前国际通行的公共住房建筑面积标准基本一致。

考虑到城市最低收入居民家庭人口一般均多于城市平均家庭人口，厨卫面积在小套型中所占比例较大，以"人均使用面积"为控制指标，以廉租房居民家庭最少1人最多5人为基数，以人口越多平均数越小并且人均使用面积在标准数字的90%～150%之间浮动为基本原则，**近期实施的新建廉租住房最小的套型面积标准可定为使用面积15平方米（即人均使用面积为10平方米标准**

1 林家彬．政府住房保障的对象与方式［J］．住区，2007（5）：8－11.

2 《重庆市人民政府关于解决城市低收入家庭住房困难的实施意见》（渝府发［2007］136号）.

3 国家统计局．中国统计年鉴2007［M/OL］．北京：中国统计出版社，2008. http：//www. stats. gov. cn/tjsj/ndsj/2007/indexch. htm，2008－12－29.

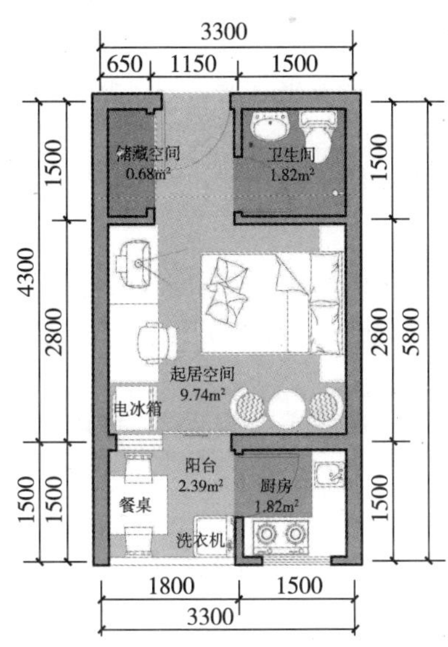

使用面积：14.80m²（不含阳台面积2.39m²）

图6－13　使用面积15平方米的单间式廉租房套型

的150%，建筑面积约20平方米），图6－13即一个配套齐全且使用面积不超过15平方米的示例，增加不超过1.5米层高该套型即可设计出图6－12中2间卧室的复式廉租房；**而最大套型可按《住宅设计规范》的二类住宅面积标准定为使用面积45平方米（即人均使用面积为10平方米标准的90%，建筑面积约60平方米）**。

2. 分项指标的确定

借鉴国际上衡量居住水平的指标，本书建议采取的廉租住宅居住标准仅相当于国际通行住宅标准的中等水平，即文明标准。考虑到我国廉租住宅模式的多元多层次性，本书认为应采用两个层次三大类共十二项指标来具体界定廉租住宅模式，以适应我国巨大的地区差异性。**需要特别说明的是**，层次和类别的区分以及下文中的“装饰装修及设备设施标准”主要参考了笔者曾参与研究的《中国城市小康住宅通用体系研究》的相关成果[1,2]，并针对廉租住宅需求适当降低了相关标准。

1）两个层次

将廉租住宅模式划分为最低和普通两个等级。最低标准是指全国各城市新建廉租住房近期内都应达到的低水平标准；普通标准则是各地区根据自身的经济发展水平、居民平均居住水平以及廉租住房需求量等指标综合考虑后新建廉租住房可以达到的一个较高水平，其实际居住水平接近国家住宅建设技术政策中所规定的基本小康水平。

2）三大类十二项指标

第一大类：居住模式指标，见表6－5。具体有五个指标：

（1）性质。上文述及的廉租住宅模式的两个层次。

（2）生理分室标准。从生理因素出发考虑父母与子女以及子女之间同室和分室的标准：主要以年龄划分，并以进入不同等级学制（小学、中学、大学）为界。分室年龄越小说明居住水平越高。

（3）功能分室标准。功能分室标准是反映居住水平的一个重要指标，虽

1　开彦．中国城市小康住宅通用体系（WHOS）介绍［J］．建筑学报，1993（7）：44－48.

2　龙灏．中国城市小康住宅模式及重庆地方性设计方案研究［D］．重庆：重庆建筑工程学院，1993：38－39.

然随居住水平的提高功能分室标准应逐步提高，由起居就寝合一过渡到餐寝分离，再到起居就寝分离，但正如前文所述，对于廉租住宅来说，解决有限空间中的多种功能需求，在较小建筑面积内满足较多人口“住得下”才是其主要矛盾，因而在廉租住宅指标中的功能分室标准的掌握相对就应该更灵活一些。

（4）居室数量标准。即每套住宅中起居、睡眠空间的数量。这是国际上衡量居住水平的一个常用指标，通常以家庭人口数与住宅内起居睡眠空间数之比来衡量。房间数多少反映了生理分室标准和功能分室的水平。

（5）住宅套型平面模式。这项指标与居住行为模式、居住生活水平有关，对其有直接影响的是面积标准，只有在一定的面积条件得到满足时套型平面模式才有可能向高水平转变。

廉租住宅的居住模式指标　　　　表 6－5

指标项目	最低标准	普通标准
性质	属于生存型向温饱型过渡的住宅类型，每户基本具备睡眠、就餐炊事、个人清洁卫生等空间	属于温饱型向小康型过渡的住宅类型，每户具有一套起居、睡眠、炊事、个人清洁卫生以及储藏等空间的住宅
生理分室标准	0～7 岁子女可与父母同室，7～18 岁子女可复数同室，15～18 岁子女性别分室	除满足最低标准外，18 岁以上子女应确保分室
功能分室	食寝分离	食寝分离或起居睡眠分离
居室数量标准	达到人口数减 1	人口数减 1 或部分等于人口数
住宅套型平面模式	小厅式	大厅小室型、小厅大室型等多种组合方式

第二大类：面积指标，见表 6－6。具体有三个指标：

（1）面积标准。这是反映居住水平的最基本指标。本研究建议的最低和普通标准即前文确定的下限和上限标准，其中每套平均面积按户均 3 人计算。

（2）各功能空间低限面积标准。本指标是根据各功能空间内人活动和家具设备布置所需要的合理空间尺度要求而提出的低限面积，并特别注意增加了以往廉租住宅设计中所忽视的辅助空间面积，从而提高住宅的使用功能质量。

（3）套型面积、套型比及套型模式。套型面积打破了过去以大、中、小套的划分方法而代之以不同户规模（1 口户至 5 口户）来划分，使套型面积分配更加科学、合理而准确。套型比则与本书研究调研中所得到的户型结构相适应，主要考虑人口少的核心户和主干户，适当照顾人口多的联合户、双核心户等。套型模式则提出了与不同面积相适应的可能的套型模式建议。

廉租住宅的面积指标 **表 6－6**

指标项目		最 低 标 准	普 通 标 准
面积标准	人均居住面积	$6m^2$	$8m^2$
	人均使用面积	$10m^2$	$12m^2$
	平均每套使用面积	$30m^2$	$36m^2$
	平均每套建筑面积	$40m^2$	$50m^2$
各功能空间面积低限标准	厅	小方厅 8～$10m^2$	起居厅 10～$12m^2$
	双人卧室	$8m^2$	$8m^2$
	单人卧室	$5m^2$	$5m^2$
	厨房	2～$3m^2$	3～$4m^2$
	卫生间	（1 个空间）1.1～$2m^2$	（1～2 个空间）2～$2.5m^2$
	储藏	$1m^2$	1.5～$2m^2$
	交通	$1.5m^2$	$2m^2$
套型使用面积、套型比及套型模式	1 口户	$15m^2$（5%）1DK①	$18m^2$（5%）1DK
	2 口户	$20m^2$（15%）2DK	$25m^2$（15%）1L. K 2DK
	3 口户	$26m^2$（45%）2DK	$30m^2$（45%）1L. K
	4 口户	$33m^2$（20%）3DK	$38m^2$（20%）2L. K
	5 口户	$40m^2$（15%）3DK	$45m^2$（15%）3L. K 4L. DK

注：①DK 型是指炊事与就餐合用同一空间。其余套型模式具体含义可参见“朱昌廉．住宅建筑设计原理（第二版）[M]．北京：中国建筑工业出版社，1999：28－30”。

第三大类：装修及设备设施指标，见表 6－7。具体有四个指标[1,2]：

（1）厨卫设施标准。该指标反映了作为住宅核心部位的厨房、卫生间内的设施标准，包括炊事设施、卫生器具、排气装置以及相关的辅助设施。它是表示居住水平高低的重要指标。

（2）设备标准。住宅设备水平包括电气、给水排水、采暖通风等设备的内容与配置。本标准考虑了当前生活水平下家用电器的普及程度，以及节水节电节能、降温供暖以及热水供应等所需的有关设备配置要求。

（3）住宅性能指标。为确保住宅的良好居住性，廉租住宅也应充分执行声、光、热的等级指标。光环境包含照明、日照和采光三项内容；热环境涉及室内温度、湿度、墙体表面温度以及风速等因素，使其与人体之间保持热平衡，达到热舒适度，考虑到检验的复杂性，本研究仅提出采暖指标；声环境主要是控制噪声影响，提出了空气隔声和撞击声的要求；卫生环境为日照与室内通风的要求。

（4）室内装修标准。考虑到各地的经济水平不同，本书仅根据使用功能的要求对顶棚、墙面及楼地面等部位的室内装饰提出了建议性标准。

1　开彦．中国城市小康住宅通用体系（WHOS）介绍 [J]．建筑学报，1993（7）：44－48.

2　龙灏．中国城市小康住宅模式及重庆地方性设计方案研究 [D]．重庆：重庆建筑工程学院，1993：38－39.

廉租住宅的装修及设备设施指标　　表 6－7

<table>
<tr><th colspan="4">指标项目</th><th>最低标准</th><th>普通标准</th></tr>
<tr><td colspan="2" rowspan="2">厨卫设施标准</td><td colspan="2">厨房</td><td>灶台、操作台、陶瓷洗池、吊柜、排油烟机</td><td>灶台、操作台、陶瓷或不锈钢洗池、吊柜、排油烟</td></tr>
<tr><td colspan="2">卫生间</td><td>淋浴器、盥洗盆、坐便器、梳妆镜、自然排风</td><td>浴盆（1.2～1.5m）或淋浴器、盥洗盆、坐便器、梳妆镜、洗衣机位、自然进风机械排风</td></tr>
<tr><td rowspan="13">设备设施标准</td><td rowspan="10">电气设备</td><td colspan="2">用电量</td><td>60kWh/月</td><td>72 ～80kWh/月</td></tr>
<tr><td colspan="2">负荷</td><td>1560W</td><td>1800W</td></tr>
<tr><td colspan="2">电表容量</td><td>5（10）A</td><td>5（10）A</td></tr>
<tr><td rowspan="5">插座配置</td><td>大卧室</td><td>2 个</td><td>3 个</td></tr>
<tr><td>小卧室</td><td>1 个</td><td>2 个</td></tr>
<tr><td>厅</td><td>2 个</td><td>2 个</td></tr>
<tr><td>厨房</td><td>2 个</td><td>3 个</td></tr>
<tr><td>卫生间</td><td>2 个</td><td>3 个</td></tr>
<tr><td colspan="2">有线电视</td><td>1 个接口</td><td>2 个接口</td></tr>
<tr><td colspan="2">电话</td><td>预埋管线</td><td>预埋管线</td></tr>
<tr><td rowspan="2">给水排水</td><td colspan="2">水表</td><td>1 个</td><td>1 个</td></tr>
<tr><td colspan="2">热水器</td><td>0 ～1 个</td><td>1 个</td></tr>
<tr><td colspan="3">采暖通风</td><td>设散热器（Ⅰ及部分Ⅱ级气候区）并预留空调电源</td><td>设散热器（Ⅰ及部分Ⅱ级气候区）并预留空调电源</td></tr>
<tr><td rowspan="13">住宅性能指标</td><td rowspan="7">照明</td><td colspan="2">厅及一般活动区</td><td>50 Lx</td><td>50 Lx</td></tr>
<tr><td colspan="2">卧室　书写阅读</td><td>150 Lx</td><td>200 Lx</td></tr>
<tr><td colspan="2">床头阅读</td><td>75 Lx</td><td>100 Lx</td></tr>
<tr><td colspan="2">精细作业</td><td>200 Lx</td><td>300 Lx</td></tr>
<tr><td colspan="2">厨房</td><td>30 Lx</td><td>50 Lx</td></tr>
<tr><td colspan="2">卫生间</td><td>15 Lx</td><td>20 Lx</td></tr>
<tr><td colspan="2">楼梯间</td><td>5 Lx</td><td>10 Lx</td></tr>
<tr><td colspan="3">日照</td><td>按不同地区不同城市区别</td><td>按不同地区不同城市区别</td></tr>
<tr><td>采光</td><td colspan="2">采光系数</td><td>≥1%</td><td>≥1%</td></tr>
<tr><td rowspan="2">供暖</td><td colspan="2">起居室卧室</td><td>16 ～18℃</td><td>18℃</td></tr>
<tr><td colspan="2">浴室</td><td>16 ～18℃</td><td>18℃</td></tr>
<tr><td rowspan="2">隔声</td><td colspan="2">空气隔声</td><td>分户墙、楼板 ≤40dB</td><td>分户墙、楼板 ≤45dB</td></tr>
<tr><td colspan="2">撞击隔声</td><td>楼板 ≤85dB</td><td>楼板 ≤75dB</td></tr>
<tr><td colspan="2" rowspan="2">室内装修标准</td><td colspan="2">厨房卫生间</td><td>易清洁、防水、防滑</td><td>易清洁、防水、防滑</td></tr>
<tr><td colspan="2">卧室与厅</td><td>易清洁</td><td>易清洁、舒适</td></tr>
</table>

6.4 廉租住宅的设计实践

在对廉租住宅建筑设计标准有了初步研究成果的情况下，笔者有机会在2008年6月主持了重庆市大渡口区某拆迁安置房项目的概念性方案设计。由于项目业主方并未明确该住宅项目的居民对象的户型和套型比例，任务书只是要求大小面积兼顾并考虑其中有部分套型作为廉租住房，因此设计成果中部分套型面积标准超过了本书研究给定的廉租住房面积。但在方案中很有可能用作廉租住房的小套型住宅的设计中，笔者力争运用本章前述的廉租住宅品质需求、设计原则和指标体系对设计进行指导，设计成果受到了建设主管部门的高度肯定。

图6－14～图6－30是该项目的部分主要设计图纸成果，从中可以看出本章所总结的廉租住宅设计导则的具体运用，也是本书研究成果应用于廉租住宅设计实践的一次初步尝试。

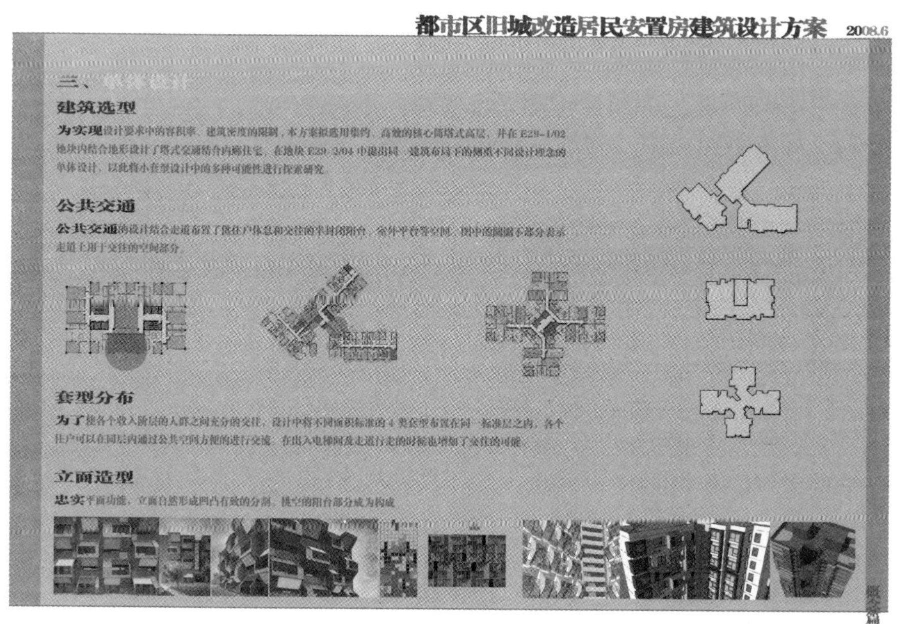

图6－14 单体设计

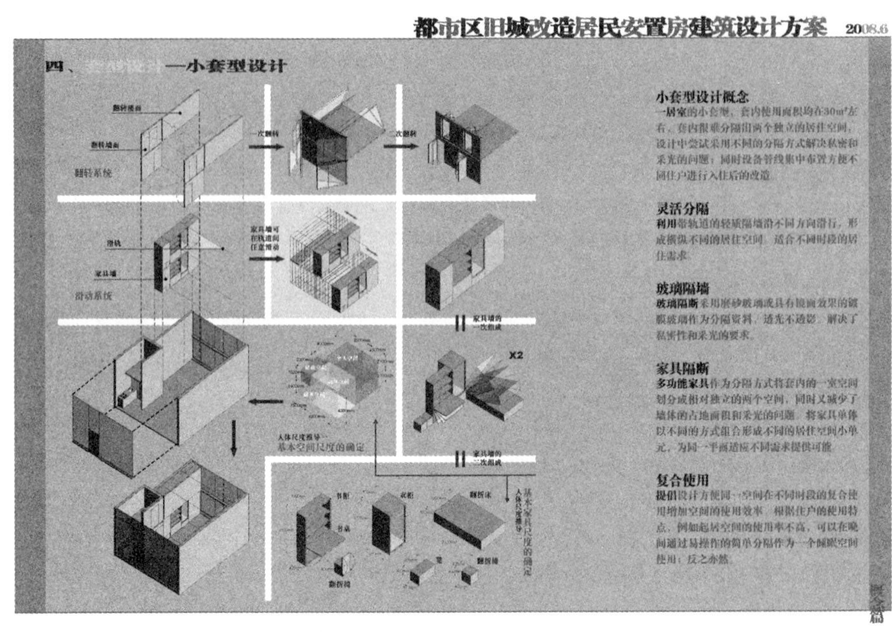

图6－15　套型设计（一）

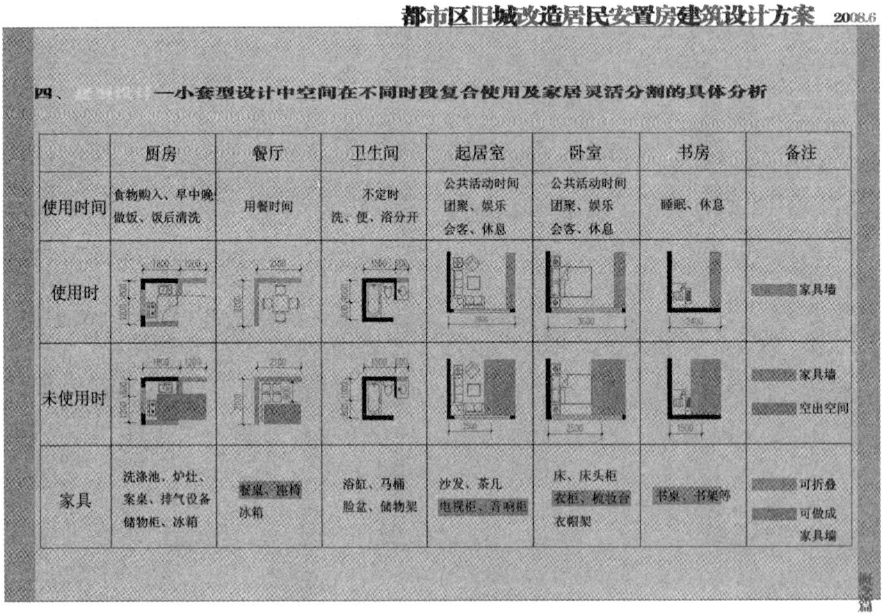

都市区旧城改造居民安置房建筑设计方案 2008.6

四、套型设计—小套型设计中空间在不同时段复合使用及家居灵活分割的具体分析

	厨房	餐厅	卫生间	起居室	卧室	书房	备注
使用时间	食物购入、早中晚做饭、饭后清洗	用餐时间	不定时 洗、便、浴分开	公共活动时间 团聚、娱乐 会客、休息	公共活动时间 团聚、娱乐 会客、休息	睡眠、休息	
使用时							家具墙
未使用时							家具墙 空出空间
家具	洗涤池、炉灶、 案桌、排气设备 储物柜、冰箱	餐桌、座椅 冰箱	浴缸、马桶 脸盆、储物架	沙发、茶几 电视柜、音响柜	床、床头柜 衣柜、梳妆台 衣帽架	书桌、书架等	可折叠 可做成家具墙

图6－16　套型设计（二）

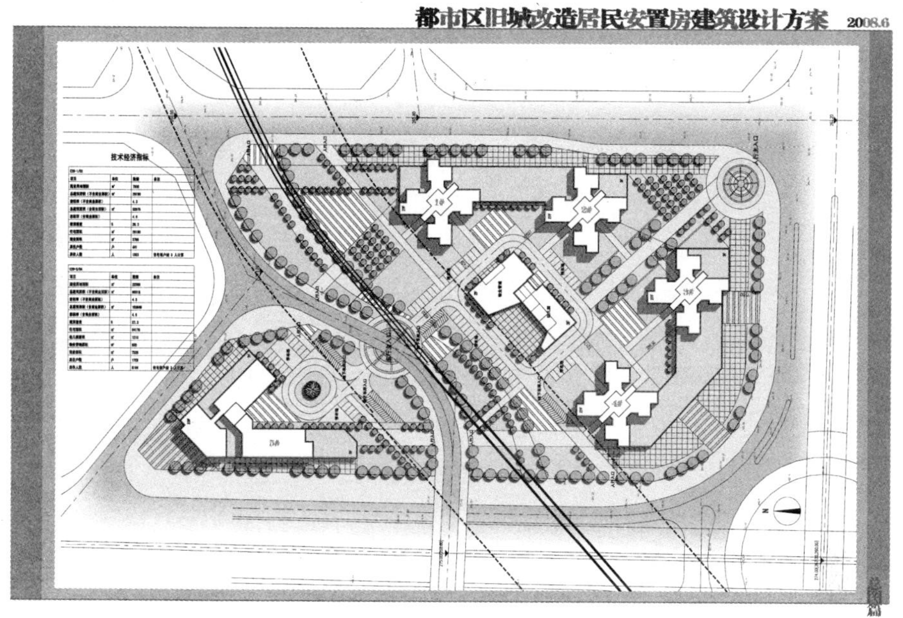

图6－17　方案一总平面图

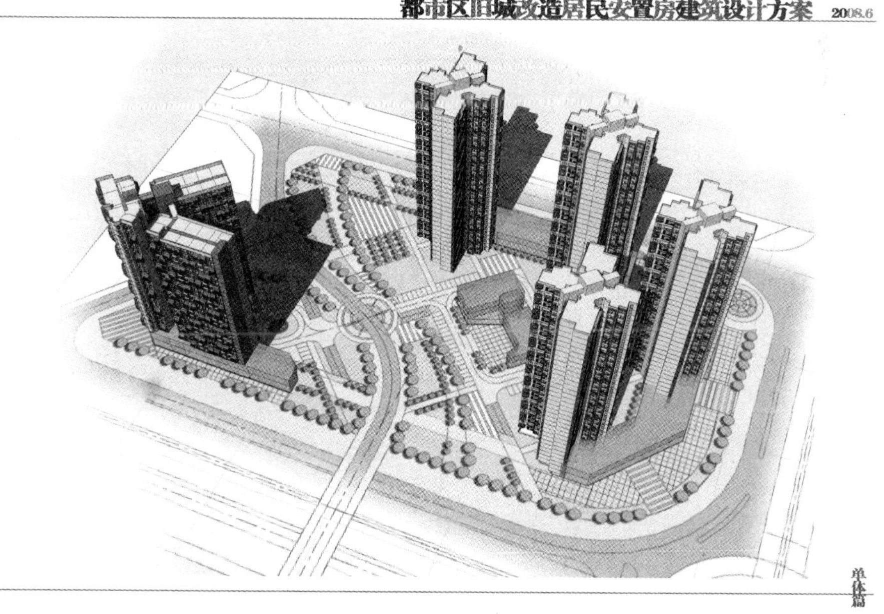

图6－18　方案一鸟瞰图

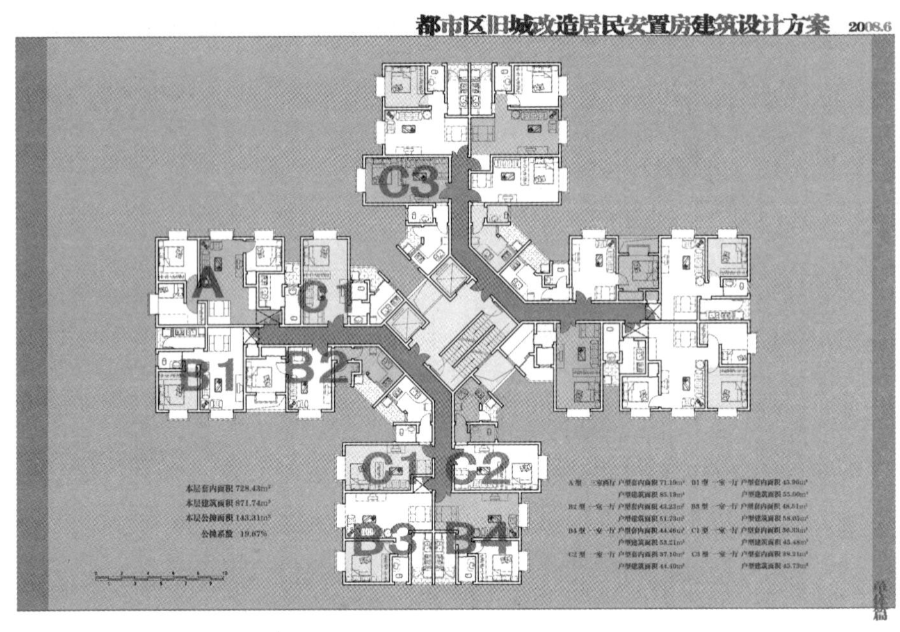

图6－19　1～4号楼标准层平面图

图6－20　1～4号楼套型平面图

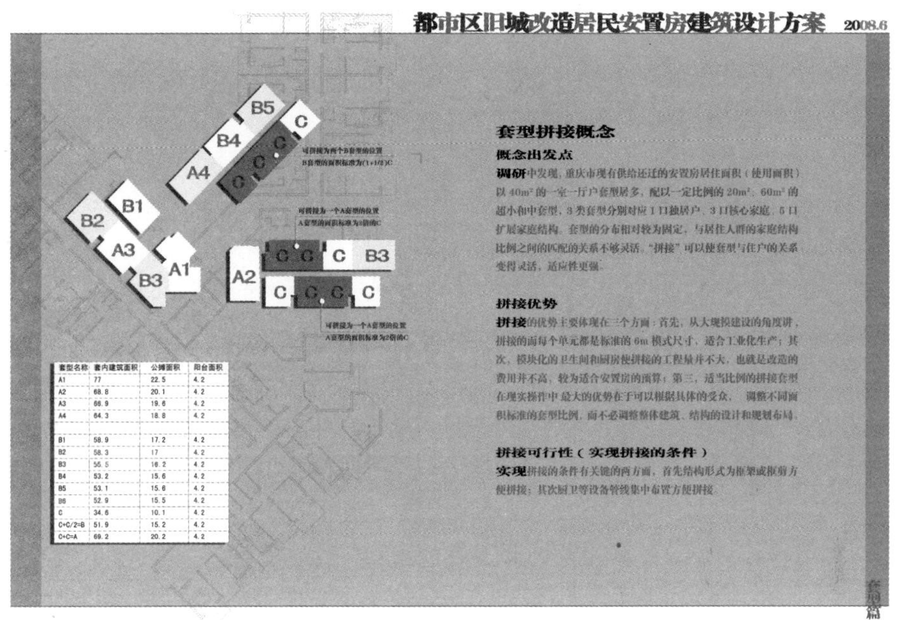

套型名称	套内建筑面积	公摊面积	阳台面积
A1	77	22.5	4.2
A2	68.8	20.1	4.2
A3	66.9	19.6	4.2
A4	64.3	18.8	4.2
B1	58.9	17.2	4.2
B2	58.3	17	4.2
B3	56.5	16.2	4.2
B4	53.2	15.6	4.2
B5	53.1	15.6	4.2
B6	52.9	15.5	4.2
C	34.6	10.1	4.2
C+C/2=B	51.9	15.2	4.2
C+C=A	69.2	20.2	4.2

图6－21　5号楼套型分布及面积指标图

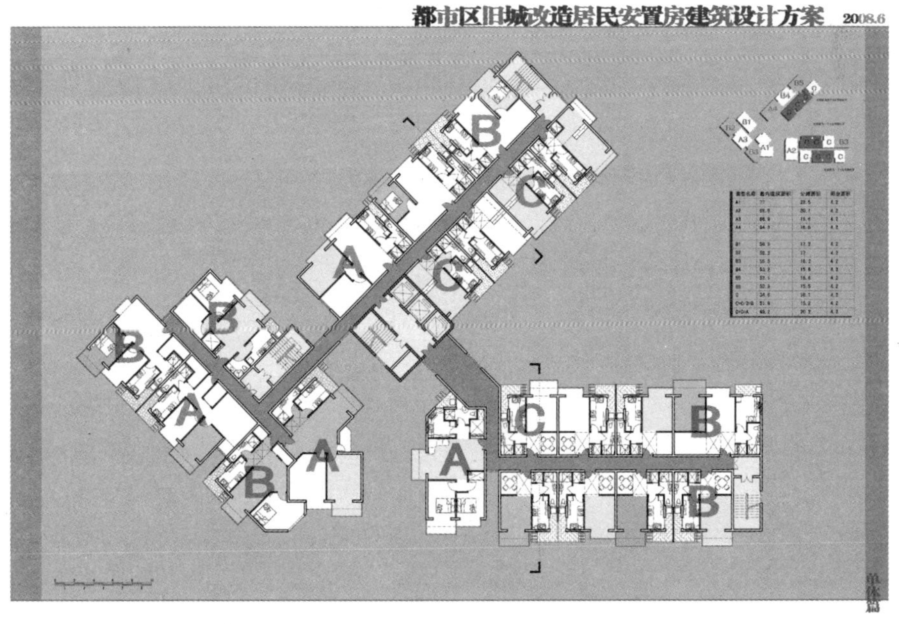

图6－22　5号主楼标准层平面图

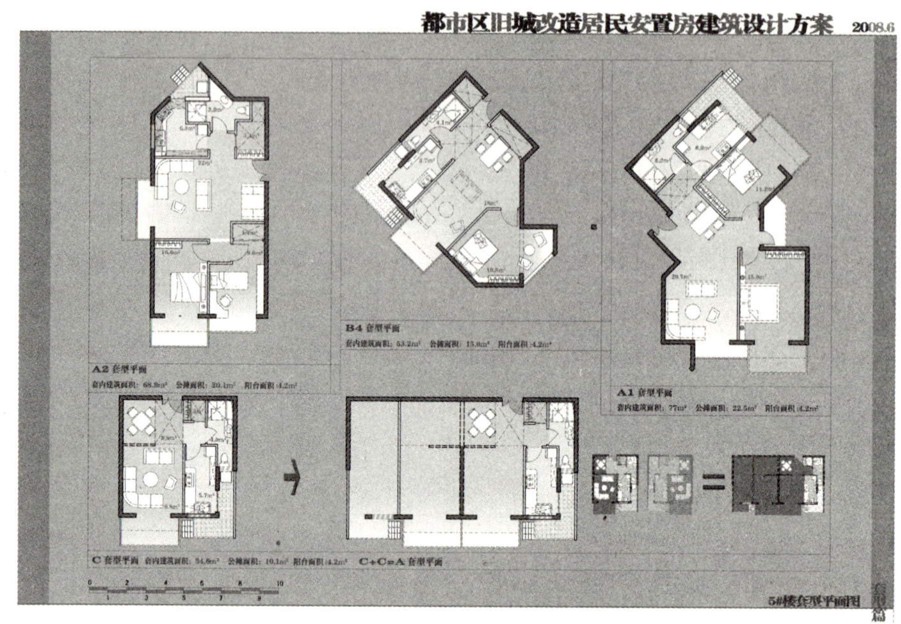

图 6－23　5 号楼套型平面图

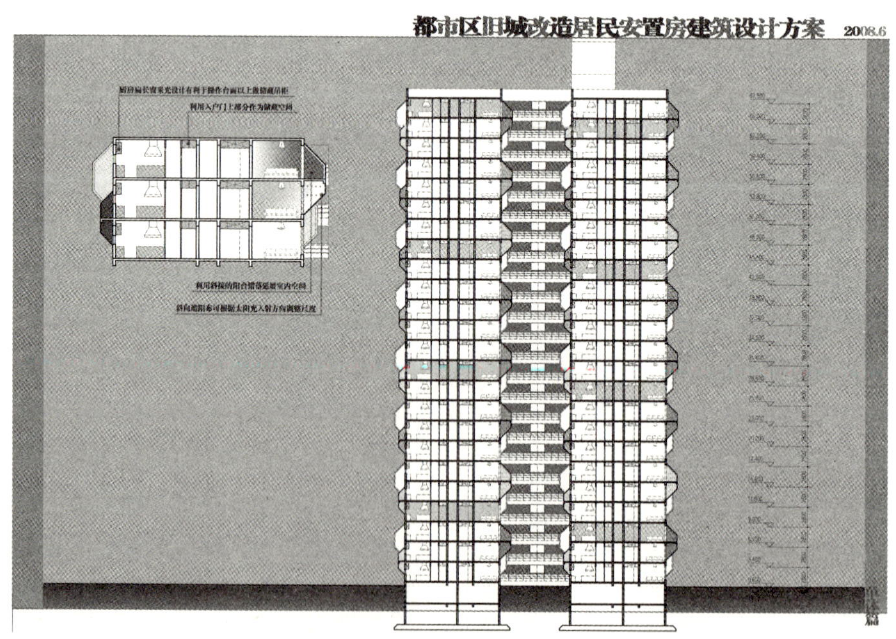

图 6－24　5 号楼剖面图

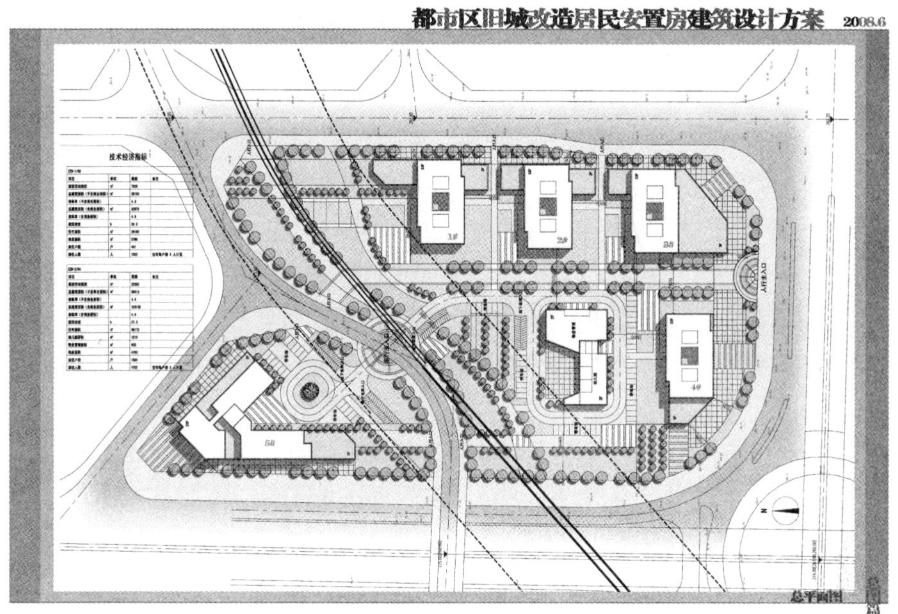

图6－25　方案二总平面图

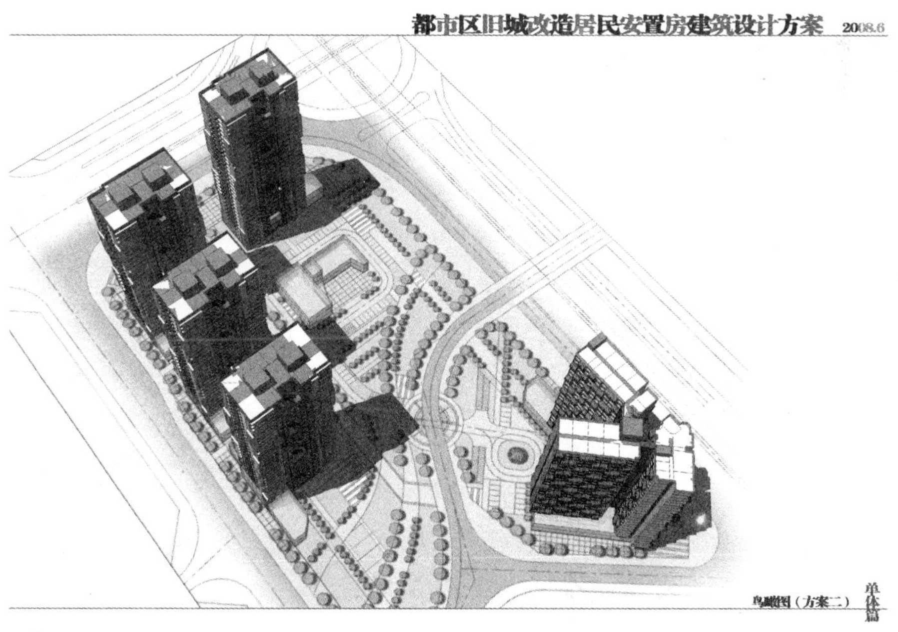

图6－26　方案二鸟瞰图

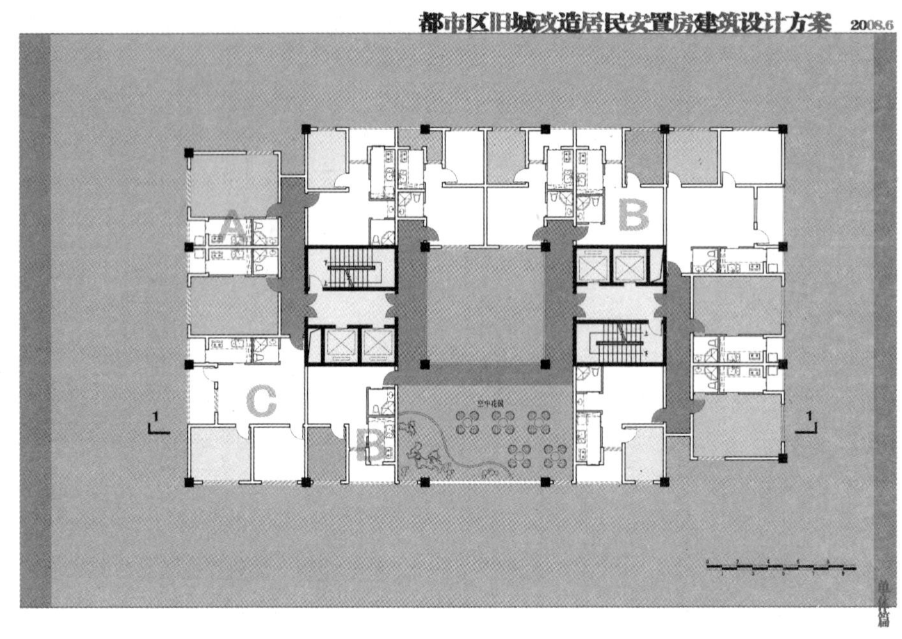

图 6－27　1～4 号楼标准层平面图（含空中花园）

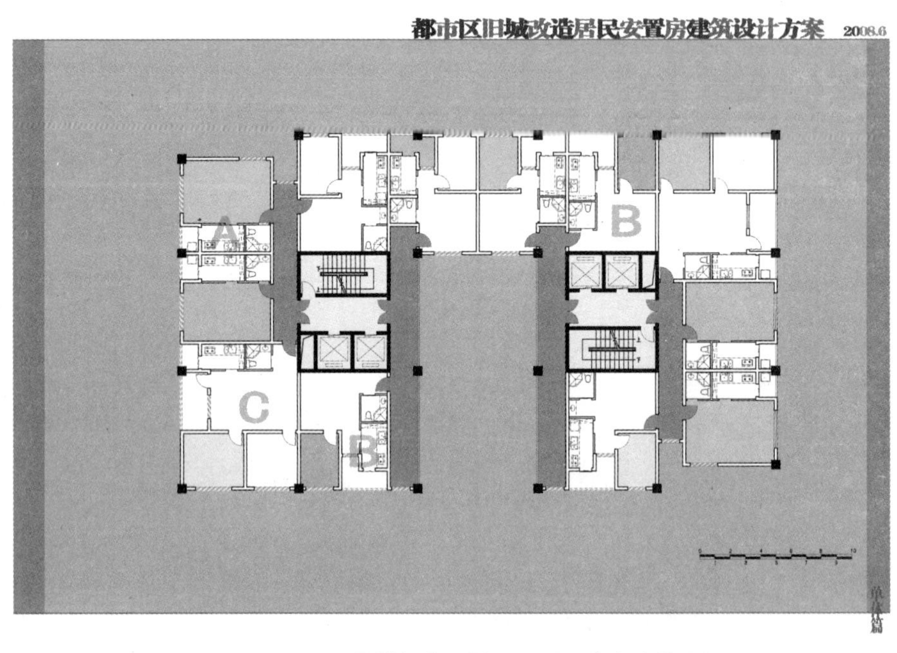

图 6－28　1～4 号楼标准层平面图（不含空中花园）

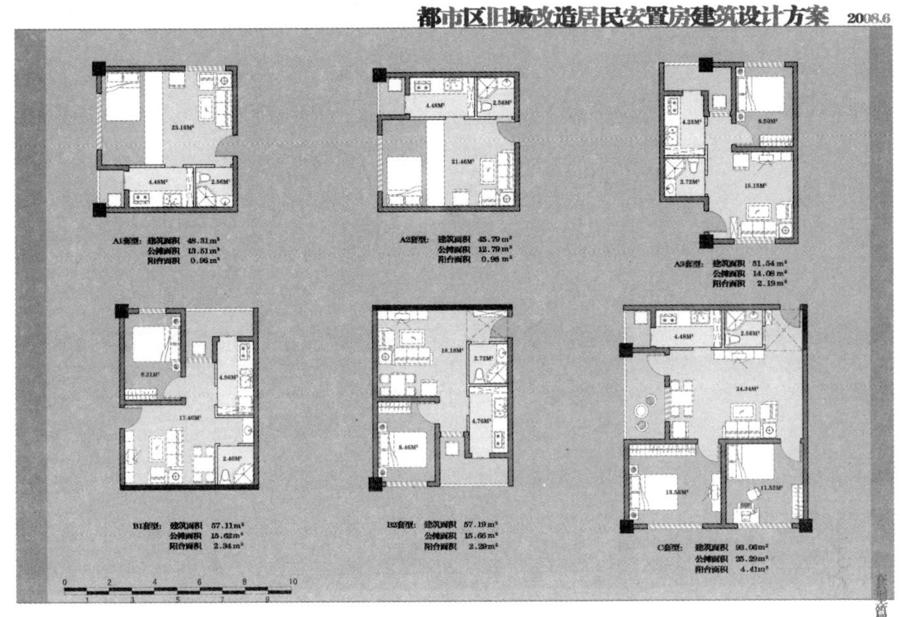

图 6－29　1～4 号楼套型平面图

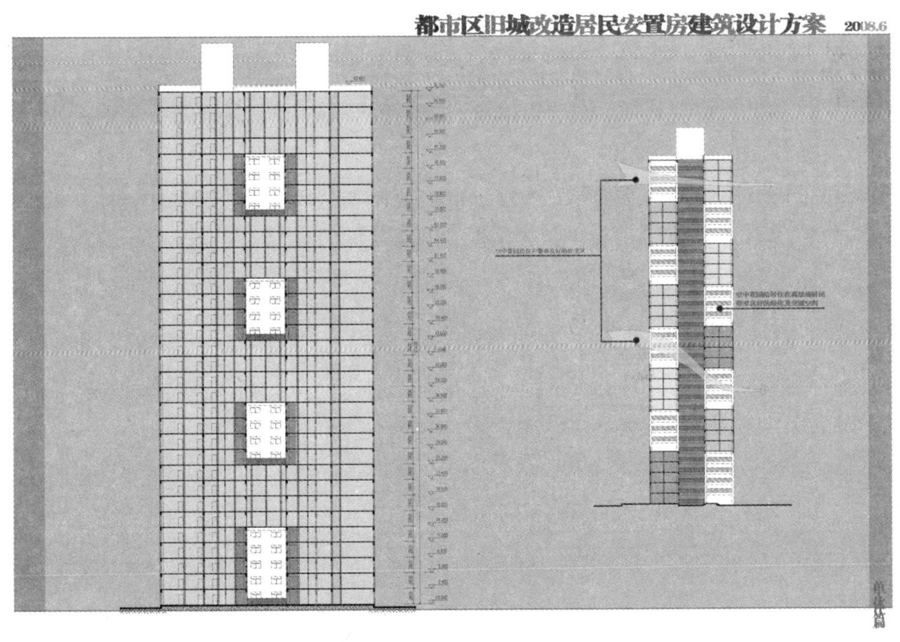

图 6－30　1～4 号楼剖面图

6.5 本章小结

本章首先提出了新建廉租住房建筑在住宅模式方面的基本理论，给出了“廉租住宅模式”的基本定义：廉租住宅模式是廉租住宅建筑的标准类型、建筑要素的构成方式及建筑特征的集合。研究指出，廉租住宅模式应该具有“使用面积较小，功能质量较为完善，设备设施基本齐全，建设标准动态发展”等四大基本属性。在建筑模式特质方面，廉租住宅模式应具备公共性、时效性、科学性、高效性、标准性、多样性、适应性、地方性和特殊性等九大基本特质。在廉租住宅的品质需求方面，研究提出了廉租住宅模式应满足的功能分区、空间分离和房间面积要求，同时强调廉租住宅模式的空间分离必须包括含有时间维度在内的“四维空间的分离”概念，最后给出了在具体的廉租住宅建筑设计中应遵循“以时间换取空间，以材质提升品质，以标准求得多样，以创造突破常规”等四大基本原则。

其次，本章在廉租住宅设计指标方面根据我国各地自然条件、经济发展水平、居民生活习惯生活水平以及地方政府对保障性住房的理解和政策基础的巨大区别提出了廉租住宅居住标准的多元多层次性，明确指出需要有不同层次标准的廉租住宅来满足不同地区、不同层次、不同家庭构成、不同生活模式的城市最低收入居民的对廉租住宅的需求。研究中借鉴国际上衡量居住水平的指标，提出采取相当于国际通行住宅标准中等水平的“文明标准”来确定我国的廉租住宅居住标准。研究还给出了建议性的“两个层次三大类共十二项指标”来具体界定廉租住宅标准，以适应我国巨大的地区差异性，并指出近期建设的廉租住宅应属于从生存型向温饱型过渡的住宅类型，每户基本具备睡眠、就餐炊事、个人清洁卫生等空间；而远期的廉租住宅则应属于温饱型向小康型过渡并最终达到小康住宅基本标准的住宅类型，每户具有一套完整的起居、睡眠、炊事、个人清洁卫生以及储藏等空间的住宅。

最后，本章给出了笔者主持的重庆市大渡口区某拆迁安置房项目的概念性方案设计成果，也是本章研究给出的廉租住宅模式特质、品质需求、设计原则和指标体系等理论成果在设计实践中的初步尝试与探讨。

第7章　结论与展望

7.1　研究的主要结论

本书在居住公平理论、廉租住房保障体制建设、廉租房建设用地规划选址布局及廉租住宅模式标准等方面的研究结论主要有以下六个方面。

1）首先，在对我国住房制度改革历程和成果进行梳理以及对我国房地产业现状与存在的问题进行分析后，通过归纳分析西方与亚洲一些解决城市居民住房问题比较成功的国家或地区对居民住房问题进行政府干预的历程、经验以及主要模式，笔者认为：

（1）自1978年以来我国实行的城市住房制度改革取得了很大的成就，极大地改善了城市居民的平均居住水平，主要由商品房、经济适用房和廉租房构成的住房供应体系已经初步建立，三大类住房分别适应不同收入阶层的居民家庭需要，其性质、地位、作用以及基本运作模式各不相同：商品房在住房市场发展方面主要对提高居民居住质量、改善和创新住宅建筑设计起到导引作用；经济适用房的主要作用是在政府政策的支持下通过市场行为满足超过半数的城市中低收入居民家庭提高居住水平、拥有私人物业的梦想；而廉租房则在住房市场发展中主要起促进社会经济的稳定协调发展，体现社会对城市最低收入家庭的关怀的作用，同时，廉租房也是城市最低收入家庭进入住宅市场的基础和过渡。

（2）我国房地产市场从无到有取得了长足的发展，但在快速发展中也面临着一些深层次的矛盾，结构性、阶段性、体制性供给过剩的现象较为突出，市场有效需求明显不足，出现了走向买方市场的趋势。同时，居住方面的贫富差距也随房地产市场的畸形发展而迅速增大，急需建立与完善城市最低收入居民的廉租住房保障制度。政府应尽快通过深化改革、理顺关系、启动有效需求市场来保障房地产市场又好又快地发展。

（3）政府根据本国本地区的实际情况对住宅市场进行适度的干预是解决低收入居民居住问题的必由之路，一般都会经过“解决住房短缺的阶段，改善居住质量的阶段和住房干预走向成熟的阶段”等三个阶段。目前世界范围内“政府福利+市场”的欧洲模式、“市场+救济”的美国模式、“市场+公

团 + 公营”的日本模式、“社会住宅 + 可持续”的荷兰模式、“国家 + 公积金”的新加坡模式和“政府主导 + 土地公用 + 双轨制”的香港模式等六大类较为成功的现行住房保障制度模式是我国建立健全住房保障制度的有益参考。

（4）有中国特色的社会主义制度决定了我国的住房保障制度应当具有不同于别国（或地区）的特殊性。应全面认识社会主义的中国政府的住房保障责任，在保障大多数人“居有其所”的指导思想下积极干预住房市场，加快研究和制定与社会发展的实际水平相适应的、综合考虑各种因素的新时期公共住房政策及优先保障领域，尽快明确界定享受城市住房保障的人群和低收入家庭标准，采取多种措施为低收入家庭提供住房保障。

2）通过对本书研究过程中所进行的两次一定规模的城市贫民居住问题的调研与数据整理，分析结果认为：

（1）改革开放巨大成就的背后是城市最低收入居民对社会救助十分迫切的需求。任何年龄阶段均有城市最低收入阶层居民的贫困家庭，但老年家庭和青年家庭相对趋于更加贫困。城市最低收入阶层教育程度明显偏低，家庭人口偏多，失业化、老龄化、病员化倾向非常明显，急需政府社会救助政策进行完整而全面的支持。

（2）多数城市贫困人口的住房只可维持基本生活，离小康居住水平相差甚远，他们迫切要求改善居住条件但又希望维系原有的社会生活关系，住房几乎是这些居民仅有的财产，改造更新需谨慎进行。现有国家房改政策在最低收入居民中宣传不够，政策保障本身覆盖明显不足，地方政府应尽快制定并实施可操作性强的城市最低收入居民住房保障制度，人均住房面积和套型应不低于其现有水平。

（3）廉租住房制度的实施已经改善了部分城市最低收入居民的住房状况，但重庆市的廉租住房制度明显尚不完善，政策宣传力度不够，廉租住房实物配租申请、配租、入住和事后核查等整个过程透明度有限、执行力度不强，以至于部分廉租住房居民的生活水平未升反降。

（4）廉租房小区规划与建筑设计质量亟待加强，建设中没有一个明确的指导思想，缺乏相关的实施细则，廉租住宅套型设计标准缺失，部分新建廉租房有“贫民窟化”的趋势。

3）在前述两项研究成果的基础上，本书以科学发展观为指导，从理论层面提出了居住公平理论并探讨了住房保障体制的建构问题。

（1）居住公平理论主要由七个观念构成：首先，从人类生存的基本意义上提出了“人人生而平等的生存价值观”；第二，从基本人权的角度提出了“人人享有居住的权利观”；第三，从社会资源公平分配的角度提出了“平等居住的资源共享观”并阐明了政府在其中的责任；第四，从社会学的角度阐述了“社会生态的居住福利观”并明确提出了城市规划中“居住环境社会生态的互惠共生理念”；第五，从社会发展与居住公平协调发展的角度提出了“公平与效率均衡的居住发展观”；第六，从唯物辩证法的高度阐述了“居住水平的动态演进观”；第七，从建立和引导正确的住房消费角度提倡了“居者享其屋的住房消费观”。从以上七个方面初步构建了较为完整的城市低收入阶层居住保障的居住公平理论框架。

（2）在住房保障体制建构方面，研究认为应从层次分明的政策保障和完善高效的运行机制入手，分别在宏观、中观和微观层次建立和完善我国城市廉租住房保障的制度体系。一个完善的廉租住房保障体制应对政府不同层级保障机构的责任主体、保障对象、资金来源、土地供应、保障方式、申请轮候、监督与退出等制度方面有完整而可操作的规定，在新建廉租住房的建设标准、规划与建筑设计规范等技术方面有深入的研究和明确的规定。目前，我国廉租住房保障制度建设呈现宏观基本完善，中观尚待改进而微观缺口明显的态势，这也是今后必须尽快解决的问题。

4）随后，本书系统分析了重庆市与国内其他主要城市的现行廉租住房保障制度的建设与实施情况，研究认为：国内各城市廉租住房保障制度实施情况参差不齐。四个中央直辖市中，天津市相关工作起步最早、制度最齐全、机构最完善、工作最扎实，因而也是实施效果最好的城市之一，上海、北京工作也较为深入，重庆与之相比则在各方面都存在较大差距。建议重庆市政府以“完善一个体系，健全两个机制，制定三个标准，加强四个管理”的思路完善重庆市廉租住房保障制度，即：完善廉租住房的政策体系，健全廉租住房的机构与管理等两个机制，制定廉租住房的保障标准和实物配租的小区规划、建筑设计等三个标准以及加强对廉租住房的资金、房源、申请和退出等四个方面的管理。

5）在建立了较为完善的廉租住房保障制度之后，廉租住房的建设实施首先就需要科学的城市规划用地布局及规划设计原则进行指导。本书即基于 GIS 以重庆市主城区为例对廉租住房的规划用地选址和建设策略进行了研究：

（1）以 ARCGIS 9.0 软件为平台，采用定量分析的方法，从总规阶段的城市居住用地空间布局入手，以区位条件、交通条件、公共设施配套条件、景观质量、自然条件、环境影响程度以及社会结构等为影响因素，兼顾文化因素和政策因素的影响，采用多因素层次分析法，确定了上述因素对城市低收入住区用地选址的不同重要性，建立了现有廉租房地块适宜性综合评价的 AHP 模型（Analytical Hierarchy Process）以及廉租房用地选址规划模型。

（2）运用 ARC/INFO 工具分别对影响重庆市主城区城市低收入住区用地选址的单因子和多因子指标进行了量化和图形化分析，最终在对城市总体规划中的低收入住区地块适宜度评价基础上，综合考虑建设现状等因素将廉租房用地地块逐一落实，完成了“重庆市主城区廉租房用地选址规划布局图”，为政府相关管理部门更加合理地确定廉租房用地数量及规划布局提供了可资检验的量化理论与方法。

(3) 研究认为，廉租房规划建设应在“居住环境社会生态的互惠共生理念”的指导下，以“大混居、小聚居”为基本规划设计原则，采用“多渠道、分层次、多手段”的建设策略和“原址改造整治、拆迁分散安置、提升环境配套品质”等三种建设方式，综合考虑“规划建设中混合比例的适宜性、居民入住后实质意义的公平性、未来发展中共生意义的演进性”等三个途径，循序渐进地推进混合居住机制。

6) 最后，本书从建筑设计层面提出了新建廉租住房建筑在住宅模式方面的基本理论，建议性地给出了“廉租住宅模式”的基本定义、内涵和多元多层次的廉租住宅模式指标：

(1) 廉租住宅模式是廉租住宅建筑的标准类型、建筑要素的构成方式及建筑特征的集合，廉租住宅模式应该具有“使用面积较小，功能质量较为完善，设备设施基本齐全，建设标准动态发展”等四大基本属性。在建筑模式特质方面，廉租住宅模式应具备公共性、时效性、科学性、高效性、标准性、多样性、适应性、地方性和特殊性等九大基本特质。在廉租住宅的品质需求方面，研究提出了廉租住宅模式应满足的功能分区、空间分离和房间面积要求，同时强调廉租住宅模式的空间分离是必须包括含有时间维度在内的“四维空间的分离”概念，提出在具体的廉租住宅建筑设计中应遵循“以时间换取空间，以材质提升品质，以标准求得多样，以创造突破常规”等四大基本原则。

(2) 需要有不同层次标准的廉租住宅来满足不同地区、不同层次、不同家庭构成、不同生活模式的城市最低收入居民的对廉租住宅的需求，廉租住宅设计指标具有多元多层次性的特点。研究建议采取相当于国际通行住宅标准中等水平的“文明标准”来确定我国的廉租住宅居住标准，具体给出了“两个层次三大类共十二项指标”来界定廉租住宅标准，以适应我国巨大的地区差异性。研究认为，近期建设的廉租住宅应属于从生存型向温饱型过渡的住宅类型，每户基本具备睡眠、就餐炊事、个人清洁卫生等空间；而远期的廉租住宅则应属于温饱型向小康型过渡并最终达到小康住宅基本标准的住宅类型，每户具有一套完整的起居、睡眠、炊事、个人清洁卫生以及储藏等空间的住宅。书中还以笔者主持的重庆市大渡口区某拆迁安置房项目的概念性方案设计尝试了本书研究提出的廉租住宅模式特质、品质需求、设计原则和指标体系等理论在设计实践中的运用，获得了建设方的好评。

上述研究结论基本实现了本书绪论中提出的直面城市最低收入居民的住房问题现实，力争使研究结论更深入、更具体、更客观、更实用的目标，研究成果具有一定的理论价值和创新意义。

7.2 研究的创新意义

本研究的创新意义主要表现在以下四个层面。

1）理论建设层面。本书从城市社会学、社会生态学和城市居住理论的角度提出了居住公平理论，阐述了人人生而平等的生存价值观、人人享有居住的权利观、平等居住的资源共享观、社会生态的居住福利观、公平与效率均衡的居住发展观、居住水平的动态演进观和居者享其屋的住房消费观，从而**初步构建了城市低收入阶层居住保障的居住公平理论框架**，为我国住房市场化的背景下城市最低收入阶层住房问题的解决提出了具有一定启迪意义的理论观点。

2）制度建设层面。本书探讨了城市最低收入阶层住房保障制度的建构内容，提出我国城市廉租住房保障的制度应从政策与运行两个层面，宏观、中观与微观三个层次来构建和完善。通过分析重庆市与国内其他主要城市的现行廉租住房保障制度的建设与实施情况，明确指出了重庆市的较大差距，并建议重庆市政府以“完善一个体系，健全两个机制，制定三个标准，加强四个管理”的思路完善重庆市廉租住房保障制度，为实现全社会居民都“居有其所”的住房目标提供制度保障。

3）规划技术层面。本书研究中首次将GIS技术运用于重庆城市廉租住房建设的用地选址规划，采用定量分析的多因素层次分析法，依据现有低收入住区空间集聚度、区位条件、交通条件、教育设施条件、医疗设施条件、景观质量条件和市政基础设施条件等七个因素对城市廉租房用地选址的不同重要性，建立了现有廉租房地块适宜性综合评价的AHP模型以及廉租房用地选址规划的数学模型。运用ARC/INFO工具在对重庆市主城区廉租房用地选址布局的地块适宜度量化评价的基础上完成了“**重庆市主城区廉租房用地选址规划布局图**”。研究同时总结了廉租房规划建设在“**居住环境社会生态的互惠共生理念**”的指导下的规划设计原则、建设方式和基本途径，为政府相关管理部门更加合理地确定廉租房用地数量、规划选址布局和建设模式提供了可供实际运用且较为科学的技术方法与原则。

4）建筑设计层面。本书提出并阐释了“廉租住宅建筑模式”的概念，从模式定义、基本属性、模式特质、品质需求等方面建构了廉租住宅模式的基本理论，提出了“以时间换取空间，以材质提升品质，以标准求得多样，以创造突破常规”的廉租住宅建筑设计基本原则，总结了“两个层次三大类共十二项指标”的多元多层次性的廉租住宅模式指标体系并运用于重庆市某项目的设计实践，为解决城市住房贫困问题，提高廉租住宅建筑设计与建设水平提供了较为科学的设计标准建议，可供有关管理和研究部门参考。

7.3 后续研究工作的展望

尽管本书研究从廉租住房保障制度建设、廉租房建设用地规划选址布局及廉租住宅模式标准等方面取得了一定的理论成果与技术进展，但“城市低收入阶层的居住关怀”问题并不是就此有了完美的解决。在制度和技术上，后续研究应从以下几个方面继续开展。

1）从政策制定和运行的角度：在各地方政府真正重视低收入居民住房保障问题并完善城市住房保障制度建构和相关管理机构的基础上，尽快完成对现有城市低收入居民的经济和住房现状的详细调查、统计、建档工作，完善对居民家庭收入的动态核查机制，为有关部门制定更加切合实际、合理而有效的住房政策提供数据支持。应推动建立更加细化、更为完整的针对不同收入和家庭结构的低收入居民住房保障计划，全面解决占统计人口60%的城市中低收入家庭的住房问题。长远看，住房保障制度的建设还应该把随着城市化进程加快而“进城”的农村人口纳入其中，这将使得我国的住房保障制度建设面临更大的考验。

2）从规划技术的角度：应迅速启动对现有城市总体规划中居住用地的实际用地现状调查，将本书研究提出的现有廉租房地块适宜性综合评价的AHP模型以及廉租房用地选址规划的数学模型更加细化，在调查研究的基础上加入更多、更完整的影响因子，使廉租房用地选址布局的地块适宜度评价更加科学。

3）从规划设计的角度：建议以“大混居、小聚居”的混合居住模式进行廉租住宅建设，推进社会各阶层的有机融合，但在具体的住宅区建设项目中由于不同类型的住宅建设资金来源不同，公众对“混合居住模式”的心理认同差异等等因素的影响，具体项目如何操作，混合在普通住区中的廉租房规模如何确定，规划设计手法上如何处理等问题都尚待进一步深入探讨和研究。

4）从建设标准的角度：应对不同类型的保障性住房的建设标准进行更加深入细致的研究，制定更加完善的相关设计规范。同时，应从住宅产业化的角度更多地探索住宅部品设计、生产、运输、安装与政府统建配租的保障性住房之间的衔接，这既符合建设资源节约型社会的要求，又可以将保障性住房的投资最大限度地转变为对国民经济的推动力。

以上几个方面相对来说对规划技术与建设标准方面的深入研究目标更为明确，方向也更为肯定，而制度建设方面的研究则一方面受制于行政体制的束缚，另一方面又因保障对象的不确定性而存在一定的困难，但只要政府有解决城市低收入居民住房困难的决心和投入，作为城市住房问题的研究者，有踏实肯干的精神、关心社会疾苦的心灵和严谨求实的科学方法，都应该相信在不远的未来我国的城市低收入居民的住房困难问题就可以得到较为圆满的解决，安居而乐业的中国人民必将把我们的城市、住区和住宅建设得更加美好而和谐。

附录A　“城市旧区居民住房状况及需求抽样调查表”实录

告居民书

亲爱的居民们:

为了普遍提高我国城市居民的居住水平，积极而稳妥地推进大城市的旧区改造工作，研究城市住房制度改革推行以来的进展情况，我校申请了“城市改革的社会影响与城市旧区居民的住房问题”的科研题目并得到了政府有关部门的支持。为此，我们派出了调查员对您所居住的片区进行这次随机抽样调查。对每户的调查预计将耗时0.5-1小时，恳请您具实回答问卷中提出的问题，我们将非常感谢您对我们的调查工作给予的积极配合。

为解除您的疑虑，我们郑重承诺:

1. 您在调查中所提供的资料数据将仅用于我们科研的统计分析工作中，不会以任何形式单独提供给其他部门或个人使用;
2. 在我们科研的所有报告和论文中将不会出现任何一户被调查家庭的具体信息，如姓名、家庭住址、收入与居住状况等等。

我们派出的调查员均是我校建筑城规学院的在校大学生。如有疑问，您在我们调查期间可随时以信函或电话方式与课题负责人（通讯地址附后）或带队老师（均是课题组成员）取得联系。

最后，再次对您为我们科研工作提供的配合表示深深的谢意!

重庆大学B区（原重庆建筑大学）建筑城规学院（代章）

“城市改革的社会影响与城市旧区居民的住房问题”科研组

2000年10月

城市：	重庆	区：		街道：		问卷号：	

城市旧区居民住房状况及需求抽样调查表

一. 家庭人口

1. 谁是这个房子现在住户的户主？
(只选一项， 并在后边的格里打钩)

1 你自己(被调查人)	□	4 你的岳父母	□
2 你的配偶	□	5 你的子女	□
3 你的父母	□	6 其他人	□

注：户主必须是现在住户的主人。一般说， 房子是以谁的名义租的， 借的 或者买的， 谁就是户主。 详见填表说明。

2. 现在共有几个家庭成员长期居住在这里？(包括你自己，但不要包括长期在外地的学生和有自己住所的父母)
____人

3. 住在这里的家庭成员分别是： (以与户主的关系为准； 在左边相应栏里打钩；在右边相应栏里填写人数； 没有的栏目空白)

1 户主自己	□	*7 户主的爷爷奶奶*	□
2 户主的配偶	□	*8 户主的外公外婆*	□
3 户主的父亲	□	*9 户主的儿子或女儿*	□
4 户主的母亲	□	*10 户主的儿媳或女婿*	□
5 户主的岳父	□	*11 户主的孙子或孙女*	□
6 户主的岳母	□	*12 其他人*	□

注：表3中的总人数应该与问题2的答案相同。

4. 住在这里的家庭成员中 (包括你自己)：(请填写人数，没有的填0)
1 有几个人现在有工作？ ________
2 有几个人已经下岗？ ________
3 有几个人已经退休或者离休？ ________
4 有几个学龄前儿童？ ________
5 有几个人正在上学？ ________
6 有几个人长期患病需要他人照管？ ________

5. 住在这里的家庭成员中，谁是收入最高的人？ (只选一项)

1 户主自己	□	4 户主的岳父/母	□
2 户主的配偶	□	5 户主的儿女/婿媳	□
3 户主的父/母	□	6 其他人	□

6. 除了住在这里的家庭成员之外，还有没有长期居住在其他地方，但主要依靠你们的资助而生活的人？
1 有 □ 2 无 □
如果有，1) 有几个？ ________个
2) 他们分别是户主的什么人？ (可选多项)

1 在外边上学的子女	□	3 另有住处的岳父母	□
2 另有住处的父母	□	4 其他人	□

二. 住房现状

1. 你们是那一年搬到这个房子居住的？ ____年

2. 这个房子的建筑面积有多少平方米？ ______平方米

3. 这个房子大约建于那一年？ _____年

4. 房屋的建筑类形： (只选一项)

1 简易房，平房	□	5 无电梯单元楼房	□
2 院落住宅	□	6 有电梯单元楼房	□
3 自建简易楼房	□	7 现代别墅	□
4 单身宿舍楼房	□	8 其他	□

5. 除了厨房，厕所和楼道之外，你们有几个房间？ (只选一项)

1 两家合用一间	□	4 两间	□
2 一间	□	5 三间	□
3 一间半 (套间)	□	6 四间及以上	□

6. 如果是成套单元房屋， 你们是否与别人合住？
(如果不成套填表7； 只选一项)

1 没有与别人合住	□	3 多家合住	□
2 两家合住	□	4 其他	□

7. 如果是楼房，你们家住在第几层？(如果不是填表8) 第 ___层

8. 室内，外设施的使用情况 (每一横行只选择一项)

	1. 自家独用	2. 楼内几家合用	3. 室外多家公用	4. 没有此项设施
1 厕所				
2 厨房			■	
3 阳台			■	
4 淋浴				
5 固定的澡盆			■	
6 暖气			■	
7 管道煤气			■	
8 瓶装煤气			■	
9 自来水				
10 电话				

9. 房屋来源及产权 （只选一项）

1 祖传私房，继承遗产	□	8 租赁单位公房	□
2 购买他人的私房	□	9 单位集资建房	□
3 租赁私房，包括公房转租	□	10 已售公房：部分产权	□
4 租赁的拆迁安置房	□	11 已售公房：全部产权	□
5 已经购买的拆迁安置房	□	12 自购安居，经济实用房	□
6 租赁统管(房管所)公房	□	13 自购商品房	□
7 社会集资，合作建房	□	14 其他	□

10. 如果是平房，请填此表； （如果不是，请直接填表 11）

1 你们对现在的居住条件是否满意？	满意	□	不满意	□
2 你们是否希望房子被拆迁掉？	希望	□	不希望	□
3 如果拆，你们希望货币还是房屋安置？	货币	□	房屋	□
4 如房屋安置，你们希望原地还是异地？	原地	□	异地	□

5 估计你们的房子现在大约值多少钱？

______元

11. 如果房屋是购买的 或者是房改房，请填此表；

（如果不是，请直接填表 12）

1）购买时的总房价(包括单位补贴)是多少？

______元

2）你们自己实际支付了多少？

______元

3）自己支付部分的资金来源是什么？（可选多项）

1 个人储蓄	□	5 父母赞助	□
2 拆迁货币安置款	□	6 儿女赞助	□
3 公积金贷款	□	7 亲友赞助或借贷	□
4 银行贷款	□	8 其他来源	□

12. 如果租住单位或者房管所的房子，你们为什么不买？

（如果不是，填表 13） （只选一项）

1 单位/政府不卖	□	4 地段太差，不值得买	□
2 别处有房，不必买	□	5 没有钱，买不起	□
3 房子太差，不值得买	□	6 其他原因	□

13. 对现在住房及周围设施的满意程度 （每一横行只选一项）

	1 很满意	2 满意	3 一般	4 不满意	5 很不满意	6 不知道
1 住房面积						
2 房屋结构						
3 室内设施						
4 居住地段						
5 与邻居的关系						
6 本地社会治安						
7 小区社会服务						
8 上下班交通						
9 小学						
10 中学						
11 蔬菜食品市场						
12 商业网点						
13 医疗服务设施						

14. 过去五年以来，你们家的住房条件是否： （只选一项）

1 有很大改善	□	4 有一点下降	□
2 有一点改善	□	5 有很大下降	□
3 没有变化	□	6 不知道	□

15. 在本市还有没有别的产权属于你们的房屋？

1 有 □ 2 无 □

如果有， 1） 有几处？ ______处

2）总共有多少平方米？ ______平方米

3）现在的用途是什么？ （只选一项）

1 自己家人或亲戚住	□	3 租给他人经商	□
2 租给他人居住	□	4 闲置	□

16. 你们在其他城市还有没有房屋？ 1 有 □ 2 无 □

如果有， 1） 有几处？ ______处

2）总共有多少平方米？ ______平方米

3）现在的用途是什么？ （只选一项）

1 自己的亲戚住	□	3 租给他人经商	□
2 租给他人居住	□	4 闲置	□

17. 你们在农村还有没有房屋？ 1 有 □ 2 无 □

如果有，1） 有几个房间？ （请划圈）

1 2 3 4 5 6 7 8 个以上

2）现在的用途是什么？ （只选一项）

1 自己的亲戚住	□	3 租给他人经商	□
2 租给他人居住	□	4 闲置	□

18. 如果你们有房屋出租给他人居住或者作生意（包括外地和农村的房屋），每个月的租金收入大约有多少？

（如果没有，填表 19） ______元

19. 你们有没有用部分住房搞有收入的家庭经济活动？

1 有 □ 2 没有 □

1）如果有，作什么用： （可选多项）

1 作公司办公用	□	4 作服装加工	□
2 作商店	□	5 作食品加工	□
3 作商品仓库	□	6 其他	□

20. 你们每个月的住房支出大约是多少？

	2000 年（以上月为例）（元）	1997 年（估计）（元）	1995 年（估计）（元）
请包括所有与住房有关的支出，如房租，小区物业管理费，购房贷款还息还本，房地产税等			

21. 所有住房消费占家庭总收入的百分比（大约数；每一横行只选一项）

	%									
	3	5	7	10	15	20	25	30	35	40+
2000 年（上个月）										
1997 年										
1995 年										

三. 过去的住房

1. 在搬到现在的住处之前，你们居住在那里？（只选一项）
   - 1 本市同一单位房屋
   - 2 本市其他单位房屋
   - 3 本市房屋无确定单位
   - 4 本市郊区城镇
   - 5 本市郊区农村
   - 6 本省其他城镇
   - 7 本省其他地市农村
   - 8 外省城镇
   - 9 外省农村
   - 10 其他

2. 在搬到现在的住处之前，你们在原来的地方大约住了多少年？ ___年

3. 原来住房建筑面积有多少平方米？ _________平方米

4. 原来住房的建筑类形：（只选一项）
   - 1 简易房，平房
   - 2 院落住宅
   - 3 自建简易楼房
   - 4 单身宿舍楼房
   - 5 无电梯单元楼房
   - 6 有电梯单元楼房
   - 7 现代别墅
   - 8 其他

5. 除了厨房，厕所和楼道之外，你们原来有几个房间？（只选一项）
   - 1 两家合用一间
   - 2 一间
   - 3 一间半（套间）
   - 4 两间
   - 5 三间
   - 6 四间及以上

6. 如果原来的房屋是成套房屋，你们是否与别人合住（只选一项）
   （如果原来住房不成套，请直接填表 7）
   - 1 没有与别人合住
   - 2 两家合住
   - 3 多家合住
   - 4 其他

7. 原来房屋的来源及产权（只选一项）
   - 1 祖传私房，继承遗产
   - 2 购买他人的私房
   - 3 租赁私房，含公房转租
   - 4 租赁的拆迁安置房
   - 5 已经购买的拆迁安置房
   - 6 租赁统管公房
   - 7 社会集资，合作建房
   - 8 租赁单位公房
   - 9 单位集资建房
   - 10 已售公房：部分产权
   - 11 已售公房：全部产权
   - 12 自购安居，经济实用房
   - 13 自购商品房
   - 14 其他

8. 搬家以后，你们对原来的房子作了何种处置？（只选一项）
   - 1 其他家人居住
   - 2 转让给了亲戚
   - 3 转让给了朋友
   - 4 转让给了同事
   - 5 出售给了他人
   - 6 出租给了他人
   - 7 还给了单位
   - 8 还给了房主
   - 9 闲置，未作处置
   - 10 其他

四. 现住户主的职业及工作

1. 户主出生于那一年？ 19_____年

2. 户主的性别： 1 男 2 女

3. 户主的婚姻状况
   - 1 未婚
   - 2 已婚
   - 3 离婚
   - 4 丧偶
   - 5 其他

4. 户主现在有几个 18 周岁以下未成年子女？ _____个

5. 户主现在有几个 18 周岁以上成年子女？ _____个

6. 户主的最后学历是什么？（只选一项）
   - 1 没有上过学小学未毕业
   - 2 小学毕业
   - 3 初中毕业
   - 4 高中毕业
   - 5 中专中技毕业
   - 6 大学本专科毕业
   - 7 研究生毕业
   - 8 其他

7. 户主的身体状况（只选一项）
   - 1 健康或者基本健康
   - 2 有病，不能工作，但生活可以自理
   - 3 长期有病，而且需要他人照管

8. 户主的工作情况：（只选一项）
   - 1 从来没有工作过
   - 2 失业或者下岗
   - 3 已经退休或离休
   - 4 现在有工作

如果户主从来没有工作过，请直接回答第五部分。
如果户主已经退休或者下岗，在表 9-13 中填退休或下岗以前的情况。

9. 户主的工作单位类型：（现在或者 退休/下岗以前）（只选一项）
   - 1 个体户
   - 2 给个体户打工
   - 3 私营企业
   - 4 合资企业
   - 5 外资企业
   - 6 乡镇企业
   - 7 城镇集体企业
   - 8 国营工厂
   - 9 党政部门，社会团体
   - 10 医院/科研/教学单位
   - 11 其他国营单位
   - 12 上列之外的其他单位

10. 户主的职业身份：（现在或者退休/下岗以前）（只选一项）

1 工人 □　3 企业管理人员，经理 □
2 干部 □　4 其他 □

11. 如果户主的身份是工人，现在或者退休/下岗以前的职称是：（只选一项）（如果是干部，请直接填表 12）

1 普通工人没有职称 □　4 高级工 □
2 初级工 □　5 技师 □
3 中级工 □　6 高级技师 □

12. 如果户主的身份是干部或企业管理人员，现在或者退休/下岗以前的职称是：（只选一项）（如果是工人，请直接填表 13）

1 科员/助教/助研 □　4 局级以上 □
2 科级/讲师/研究员 □　5 企业经理，老板 □
3 处级/教授/高级研究员 □　6 其他级别 □

13. 户主是否参加以下保险　（可选多项，在参加的项目后打钩）

1 失业保险 □　4 其他保险 □
2 养老，退休保险 □　5 没有任何保险 □
3 医疗保险 □

14. 如果户主还没有退休，他/她的工作合同是什么？（只选一项）

1 长期合同 □　3 打零工（钟点工）□
2 临时合同 □　4 其他 □

15. 户主现在或者退休以前的工龄有多少年？　____年

16. 如果户主还没有到退休年龄，

1) 他/她是否下岗：（只选一项）（如已经退休，填表 17）

1 不可能下岗 □　5 已经下岗三个月左右 □
2 有可能下但还没有下 □　6 已经下岗六个月左右 □
3 正在办理下岗手续 □　7 已经下岗一年以上 □
4 半年之内要下岗 □　8 其他或不知道 □

2) 如果下岗，户主现在在作什么？（如果没有下岗填表 17，只选一项）

1 下岗以后又复岗 □　4 正在寻找工作 □
2 下岗后找到长期工作 □　5 在家处理家务 □
3 下岗后找到临时工作 □　6 不知道该作什么 □

3) 如果已经下岗，户主上个月有无下列收入（可选多项）
（在有收入的项目后打钩，不必问详细数字）

1 原单位工资 □　5 个体经营收入 □
2 原单位奖金 □　6 新工作所得收入 □
3 下岗补贴 □　7 其他收入 □
4 失业救济金 □

17. 户主的户口所在地　（只选一项）

1 本市本处城镇户口 □　4 外地城镇户口 □
2 本市他处城镇户口 □　5 外地农村户口 □
3 本市农村户口 □　6 其他户口 □

18. 住处离户主现在工作地点大概有多远？　（请划圈）

0.5 公里之内　1　1.5　2　2.5　3　3.5　4　4.5
5 公里以上

19. 户主主要使用什么交通工具去上班？（只选一项）

1 在家干活 □　4 骑自行车 □
2 住在工地 □　5 乘公共汽车 □
3 步行 □　6 其他 □

五.　户主配偶的职业及工作

如果户主未婚、离异或者丧偶，请直接回答第六部分。

1. 户主配偶出生于那一年？　________年

2. 户主配偶的最后学历（只选一项）

1 没有上过学未读完小学 □　5 中专中技毕业 □
2 小学毕业 □　6 大学本专科毕业 □
3 初中毕业 □　7 研究生毕业 □
4 高中毕业 □　8 其他 □

3. 户主配偶的身体状况（只选一项）

1 健康或者基本健康 □
2 有病，不能工作，但生活可以自理 □
3 长期有病，而且需要他人照管 □

4. 户主配偶的工作情况：（只选一项）

1 从来没有工作过 □　3 已经退休或离休 □
2 失业或者下岗 □　4 有工作 □

如果户主配偶从来没有工作过，请直接回答第六部分。
如果户主配偶已经退休或者下岗，在表 5-9 中填退休或下岗以前的情况。

5. 户主配偶的工作单位类型：（现在或者 退休/下岗以前）（只选一项）

1 个体户 □　7 城镇集体企业 □
2 给个体户打工 □　8 国营工厂 □
3 私营企业 □　9 党政部门，社会团体 □
4 合资企业 □　10 医院/科研/教学单位 □
5 外资企业 □　11 其他国营单位 □
6 乡镇企业 □　12 上列之外的其他单位 □

6. 户主配偶的职业身份：（现在或者退休/下岗以前）（只选一项）

1 工人 □　3 企业管理人员，经理 □
2 干部 □　4 其他 □

7. 如果户主配偶的身份是工人，现在或者退休下岗以前的职称是什么？（只选一项）（如果是干部，请直接填表 8）

1 普通工人，没有职称 □　4 高级工 □
2 初级工 □　5 技师 □
3 中级工 □　6 高级技师 □

8. 如果户主配偶的身份是干部或企业管理人员，现在或者退休/下岗以前的 职称是什么？（只选一项）（如果是工人，请直接填表 9）

1 科员/助教/助研 □　4 局级以上 □
2 科级/讲师/研究员 □　5 企业经理，老板 □
3 处级/教授/高级研究员 □　6 其他级别 □

9. 户主配偶是否参加以下保险（可选多项，在参加的项目后打钩）

1 失业保险 □　4 其他保险 □
2 养老，退休保险 □　5 没有任何保险 □
3 医疗保险 □

10. 如果户主配偶还没有退休，他/她的工作合同是什么？（只选一项）

1 长期合同 □　3 打零工（钟点工）□
2 临时合同 □　4 其他 □

11. 户主配偶现在或者退休以前的工龄有多少年？ ____年

12. 如果户主配偶还没有到退休年龄，

1) 他/她是否下岗：（只选一项）（如果已经退休，填表 13）

1 不可能下岗 □　5 已经下岗三个月左右 □
2 有可能下，但还没有下 □　6 已经下岗六个月左右 □
3 正在办理下岗手续 □　7 已经下岗一年以上 □
4 半年之内要下岗 □　8 其他 □

2) 如果下岗，户主配偶现在在作什么？（只选一项）（如没有下岗，填表 13）

1 下岗以后又复岗 □　4 正在寻找工作 □
2 下岗后找到了长期工作 □　5 在家处理家务 □
3 下岗后找到了临时工作 □　6 不知道该作什么 □

3) 如果已经下岗，户主配偶上个月有无下列收入（可选多项）（在有收入的项目后打钩，不必问详细数字）

1 原工作单位工资 □　5 个体经营收入 □
2 原工作单位奖金 □　6 新工作所得收入 □
3 下岗补贴 □　7 其他收入 □
4 失业救济金 □

13. 户主配偶的户口所在地（只选一项）

1 本市本处城镇户口 □　4 外地城镇户口 □
2 本市他处城镇户口 □　5 外地农村户口 □
3 本市农村户口 □　6 其他户口 □

六. 家庭经济收入

1. 除了户主和户主的配偶之外，你们家还有没有别的有经济收入的人？

1 有 □　2 无 □

2. 如果有，还有几个？ ______个

3. 上个月 的收入情况 （单位：元）

	1. 户主上月收入	2. 户主配偶上月收入	3. 其他人上月收入之和
请包括所有收入，如工资，奖金，补贴救济，退休金，经营等等。			

4. 你们家现在有没有银行存款？ 1 有 □　2 无 □

5. 如果有，大约有多少？（只选一项）

a) 五千元以下 □　e) 三万到四万元 □
b) 五千到一万元 □　f) 四万到五万元 □
c) 一万到两万元 □　g) 五万元以上 □
d) 两万到三万元 □

6. 过去两年以来，你们家的总收入是否（只选一项）

1 有大幅度增长 □
2 有少量增长 □
3 没有多少变化 □
4 有一点下降 □
5 有大幅度下降 □
6 不知道 □

7. 过去两年以来，你们家的生活水平是否（只选一项）

1 有大幅度提高 □
2 有少量提高 □
3 没有多大变化 □
4 有一点下降 □
5 有大幅度下降 □
6 不知道 □

8. 家庭消费情况

	1. 下列那一项是你们家每个月的最大开支（只选一项）	2. 那一项是你们 家每个月的第二大开支（只选一项）	3. 那一项是你们家每个月的第三大开支（只选一项）
a) 饮食			
b) 衣物			
c) 住房			
d) 交通			
e) 托儿教育费			
f) 医疗费			
g) 水煤气电费			
h) 娱乐，度假			

七. 住房公积金，住房补贴

1. 从1998年开始，国家逐步停止了住房实物分配，同时实行住房货币分配。你赞成不赞成这项新政策？（只选一项）

1 赞成 □　3 与我们无关 □
2 不赞成 □　4 不知道这项政策 □

2. 你认为住房货币分配会对你们家的住房有什么影响？（只选一项）

1 更多改善住房的机会 □　4 失去单位分房的机会 □
2 更多资金买新房 □　5 不会有什么影响 □
3 更多钱改善生活 □　6 不知道 □

3. 户主有没有交住房公积金？　1 有 □　2 无 □

如果有，1）是从哪一年开始的？　___年___月
2)开始时自己每月交工资的百分之几？　____%
3)开始后有没有间断过？　1 有 □　2 无 □
4)现在自己每月交工资的百分之几？　____%
5) 现在自己每月交多少钱？　____ 元
6) 现在公积金积蓄总共大约有多少？　____ 元

4. 户主的配偶有没有交住房公积金？　1 有 □　2 无 □

如果有，1) 是从哪一年开始的？　___年___月
2)开始时自己每月交工资的百分之几？　____%
3)开始后有没有间断过？　1 有 □　2 无 □
4)现在自己每月交工资的百分之几？　____%
5) 现在自己每月交多少钱？　____ 元
6) 现在公积金积蓄总共大约有多少？　____ 元

5. 除了户主，户主的配偶之外：

1 ）你们家还有没有别的人交存住房公积金？　1 有 □　2 无 □
2) 如果有，还有几个人？　___个

6. 户主是否领取单位发放的住房补贴

a) 房租补贴　1 有 □　2 无 □
b) 住房货币化补贴　1 有 □　2 无 □

7. 户主的配偶是否领取单位发放的住房补贴

a) 房租补贴　1 有 □　2 无 □
b) 住房货币化补贴　1 有 □　2 无 □

8. 除了户主和配偶之外：

1) 你们家还有没有别的人领取住房补贴？
a) 房租补贴　1 有 □　2 无 □
　如果有，还有几个人？　____个
b) 住房货币化补贴　1 有 □　2 无 □
　如果有，还有几个人？　____个

八. 住房需求

1. 你们是否打算换房？

1 换 □　2 不换 □

2. 如果打算换房，大概什么时间换？（只选一项）（如果不换，填表4）

1 半年之内 □　4 两年到三年 □
2 半年到一年 □　5 三年到五年 □
3 一年到两年 □　6 不知道 □

3. 如果打算换房，主要原因是什么？（可选多项）

1 改善住房条件 □　5 离好学校近些 □
2 改善周围居住环境 □　6 调换工作单位 □
3 离工作地点近些 □　7 不能再住下去/要拆迁 □
4 离亲友近些 □　8 其他原因 □

4. 选择住房：（每问只选一项）

	1. 根据现在的收入，下列那种住房你们可以负担得起	2. 如果以后你们收入提高了，下列那种房子对你们最为理想
1 政府或单位提供的廉租房		
2 租市场上的房		
3 购买经济实用房/安居房		
4 购买二级市场旧住房		
5 购买低价位的商品房		
6 购买中高价位的商品房		
7 购买家庭楼房，别墅		
8 购买郊区农村民房		
9 现在的住房		

5. 如果不考虑价格因素，你们喜欢下列那种住房？（只选一项）

1 平房，院落住房 □　4 高层有电梯的单元楼房 □
2 自己修建的家庭楼房 □　5 带车库的现代别墅 □
3 多层无电梯单元楼房 □　6 不知道 □

6. 你认为在选择住房时什么因素最重要？

	1. 第一重要（只选一项）	2. 第二重要（只选一项）	3. 第三重要（只选一项）
a) 建筑面积			
b) 房屋结构（平面套型）			
c) 楼层			
d) 小区内的环境，卫生绿化			
e) 小区内的社会治安			
f) 小区的位置			
g) 与工作地点的距离			
h) 小区周围就业机会			
i) 房屋新旧程度			
j) 价格			

7. 如果你近期不打算换房，其主要原因是什么？（只选一项）

1 没有必要 □　3 没有足够的资金 □
2 没有满意的房子 □　4 其他原因 □

关于居住状态和居住意愿的补充调查

1.假如您家平均人均月收入达到1000元以上，您最愿意首先解决以下哪一个问题：

1 改善日常饮食条件	□	5 装修现有住房	□
2 购置更好的衣物	□	6 就地改、扩建现有住房	□
3 购置更多的家电设备	□	7 改变目前的居住地	□
4 购置家用轿车	□	8 其他	□

2. 近五年内，您可能在改善现有居住条件上投资多少？

a) 五千元以下	□	d) 五万到八万元	□
b) 五千到两万元	□	e) 八万到十万元	□
c) 两万到五万元	□	f) 十万元以上	□

3. 如果您现在的居住地进行改造，您愿意迁往其他地区还是愿意还建回来？

1 迁往他处 □　　2 还建回现居住地 □

如果愿迁往他处，请直接填表5。

4. 在什么条件下愿意还建回现居住地？

1 无论如何都要回来	□	4 还建房环境好于现住房	□
2 还建房面积大于现住房	□	5 其他，是：	□
3 还建房配套好于现住房	□		

为什么？（可多选）

1 现居住地地段位置好	□	4 现居住地距工作场所近	□
2 现居住地生活方便	□	5 现居住地邻里关系好	□
3 现居住地交通方便	□	6 其他，是：	□

5. 您认为重庆主城区内哪些地区是适宜居住的？（可多选）

1 现居住地	□	7 沙坪坝区凤天路一带	□
2 渝中区解放碑-朝天门一带	□	8 江北区观音桥一带	□
3 渝中区大坪-石桥铺一带	□	9 江北区龙溪镇一带	□
4 九龙坡区杨家坪一带	□	10 江北区黄泥滂一带	□
5 南岸区南坪转盘一带	□	11 大渡口区钢花村一带	□
6 沙坪坝区文化广场一带	□	12 其他，如：	□

6. 在负担得起的情况下，您认为哪种户型（或建筑面积）最适合您的家庭？

1 一室一厅(40 m²以内)	□	7 四室二厅(120 m² - 160 m²)	□
2 二室一厅(40 m² - 60 m²)	□	8 五室二厅跃层式 (140 m² - 180 m²)	□
3 二室二厅(60 m² - 90 m²)	□		
4 三室一厅(60 m² - 90 m²)	□	9 平面“两代居” (120 m² - 180 m²)	□
5 三室二厅(90 m² - 120 m²)	□		
6 四室一厅(90 m² - 120 m²)	□	10 跃层“两代居”	□

7. 在政策、经济和技术上都可能的情况下，您若需扩大居住面积，您愿意就地扩建住房还是另购新房？

1扩建住房 □　　2 另购新房 □

8. 如果花同样多的钱，您会选择今后可随生活变化而自行灵活分隔的住宅套型吗？

1 会 □　　2 不会 □

9. 如果需要比普通固定分隔的住宅稍多花些钱，您会选择今后可自行灵活分隔的住宅套型吗？

1 会 □　　2 不会 □

10. 若您可租住政府公房，您认为住房的哪种装修档次最合适？（只选一项）

1 普通装修	□	3 精装修带家具	□
2 初级精装修	□	4 粗装修清水房	□

11. 若您可自购商品房，您认为住房的哪种装修档次最合适？（只选一项）

1 普通装修	□	3 精装修带家具	□
2 初级精装修	□	4 粗装修清水房	□

12. 您的家庭中已经拥有或安装的家用电器或设备有：

a) 彩色电视机	
b) 大屏幕彩电	
c) 电冰箱	
d) 滚筒式洗衣机	
e) 波轮式洗衣机	
f) 燃气热水器	
g) 储水式电热水器	
h) 微波炉或电烤箱	
i) 多功能食品加工机	
j) 程控电话	
k) 家用电脑	
l) 家用桶装水饮水机	
m) 窗式空调机	
n) 分体式空调机	
o) 影碟机等放映设备	
p) 音响设备	
q) 摩托车	
r) 小汽车	

13．近五年内您最想购买或安装的家用电器或设备有：（按购买意愿顺序选）

	1	2	3	4	5
a）彩色电视机					
b）大屏幕彩电					
c）电冰箱					
d）滚筒式洗衣机					
e）波轮式洗衣机					
f）燃气热水器					
g）储水式电热水器					
h）微波炉或电烤箱					
i）多功能食品加工机					
j）程控电话					
k）家用电脑					
l）家用桶装水饮水机					
m）窗式空调机					
n）分体式空调机					
o）影碟机等放映设备					
p）音响设备					
q）摩托车					
r）小汽车					

14．如果面积足够大，您愿意直接在厨房用餐吗？

1 愿意 □　　2 不愿意 □

如果愿意，为什么？

1 使用方便 □　　3 有利于居室的卫生 □
2 空间面积利用率高 □　　4 其他，如： □

如果不愿意，为什么？

1 油烟污染大，进餐环境不佳 □　　2 其他，如： □

15．您认为合理适用的住宅独用卫生间的行为（指卫生间内洗脸、洗澡和如厕三种主要行为）分隔方式是：

1 不做任何分隔 □　　4 将洗澡单独分开 □
2 将洗脸单独分开 □　　5 三者都分开 □
3 将如厕单独分开 □

16．您认为家庭中采用哪种如厕洁具更佳？

1 蹲坑式 □　　2 坐式马桶 □

17．您认为家庭中采用哪种洗澡洁具更佳？

1 淋浴 □　　2 浴缸 □

18．您家庭中现在的污水是如何排放的？

1 自由排出室外 □　　3 有组织排入市政污水管 □
2 有组织排入室外明沟 □　　4 不知道 □

19．您家庭中现在的生活垃圾是如何处理的？

1 散倒入室外垃圾堆 □　　4 分类袋装后分类处理 □
2 袋装后倒入室外垃圾堆 □　　5 随便乱倒 □
3 袋装后倒入机械垃圾桶 □　　6 不知道 □

20．假设您已婚，您是否愿意长期与您的父母（或已婚子女）同住？

1 愿意 □　　2 不愿意 □

若不愿意，为什么？

1 生活习惯、态度不同 □　　3 买不起面积足够的住宅 □
2 易引起家庭矛盾 □　　4 其他，如： □

21．假设您已婚且家庭关系尚可，若您与您的父母（或已婚子女）分开住，您认为多远的距离合适？（单选）

1200米以内 □　　4 同一个住宅小区内 □
2200－500米 □　　5 同一区域但不同的小区内 □
3500－2000米 □　　6 不同的城区 □

再一次衷心感谢您的合作！

附录 B “城市暂住、流动人口住房状况及需求抽样调查表”实录

城市：	重庆	区：		街道/村庄：		问卷号：	

城市暂住、流动人口住房状况及需求抽样调查表

一、人口

说明： 问卷针对外来打工的个人或者家庭。外来人口是指除了重庆主城区非农业人口和被调查区域内的原有农业人口之外的其他人员(包括重庆远郊区其他村镇移居到调查区域的人口)。被访问者应该是该家庭在本市的主要收入者，即户主。如果被调查者是只身一人在本市打工，他/她自己就是户主。如果找不到户主，随行家属愿意回答，也可以；但要分清谁是户主、谁是随行人员。

1. 户主 是不是外地户口(外来人口)？ 1 是 □ 2 不是 □

如果是，请回答下列问题。 如果不是，请不要继续访问。

2. 户主的基本情况

1 性别		2	3 婚姻状况				4 最后学历					
1 男	2 女	出生年	1 未婚	2 已婚	3 离婚或丧偶	4 其他	1 没上过学或没有上完小学	2 小学毕业	3 初中毕业	4 高中毕业	5 中技中专	6 大专以上毕业

3. 户主是何时来到本市的？ ____年__ 月

4. 在来到本市之前，户主是城市户口还是农村户口？ (只选一项)
   1 城市户口 □ 2 农村户口 □

5. 户主的户籍在什么地方？ (只选一项)
   1 本市郊区城镇 □ 5 外省城镇 □
   2 本市郊区农村 □ 6 外省农村 □
   3 本省其他城镇 □ 7 其他 □
   4 本省其他地市农村 □

6. 如果户主来自外省市， 老家在那个省？ __________

7. 户主现在的健康状况如何？ (只选一项)
   1 很健康 □ 2 基本健康 □ 3 很不健康 □

如果户主已经结婚，请回答问题 8~13，如果未婚，直接回答问题 14。

8. 户主配偶的基本情况 (配偶不在本市也填)

1 性别		2	3 文化程度					
1 男	2 女	出生年	1 没上过学或没有上完小学	2 小学毕业	3 初中毕业	4 高中毕业	5 中专中技毕业	6 大专以上毕业

9. 户主与配偶是那一年结的婚？ ______年

10. 户主及配偶有几个孩子？ (请划圈)
    0 1 2 3 4 5 6 7

11. 配偶的户籍： (只选一项)
    1 本市城市户口 □ 3 外地城市户口 □
    2 本市郊区农村户口 □ 4 外地农村户口 □

12. 配偶现在是否住在本市？
    1 在本市 □ 2 不在本市 □

13. 如果配偶现在住在本市，他/她是什么时间来的？
    ____ 年___ 月

14. 除户主与配偶之外，还有几个家人现在住在本市？ (请划圈)
    没有别人 1 2 3 4 5 6 7 8
个人及以上

15. 如果有别人， 他们分别是户主的什么人？ (可选多项)
    (如果没有别人， 填表 16)
    1 孩子 □ 5 岳母 □
    2 父亲 □ 6 兄弟姐妹 □
    3 母亲 □ 7 其他人 □
    4 岳父 □

16. 除了现在住在本市的家人之外， 你(们)老家还有几个人需要你们 照管？ (只算你们的孩子，父母和未成年的弟妹)
    ________人

17. 户主第一次是通过什么途径来本市的？ (只选一项)
    1 职业介绍所 □ 4 无人介绍 □
    2 亲戚介绍 □ 5 其他途径 □
    3 朋友，老乡介绍 □

二、住房状况

1. 你(们)现在住在什么样的房子里？ (只选一项)
如果在本市有几个住处，以长期居住的一个为准。
   1 租住市区居民的私房 □ 6 工地，工作场所 □
   2 租住郊区农民的私房 □ 7 雇主的房屋 □
   3 自己搭建的临时房屋 □ 8 亲友的房屋 □
   4 自己购买的房屋 □ 9 旅馆 □
   5 单位宿舍 □ 10 其他 □

2. 你(们)现在所住房屋的建筑类形： (只选一项)
   1 简易房，平房 □ 5 无电梯单元楼房 □
   2 院落住宅 □ 6 有电梯单元楼房 □
   3 自建简易楼房 □ 7 现代别墅 □
   4 单身宿舍楼房 □ 8 其他 □

3. 你(们)占用几个房间？ (只选一项)
   1 几个单身合用一间 □ 5 三家以上共用一套 □

2 两家合用一间 ☐　6 两家共用一套 ☐
3 一间 ☐　7 一家独用一套 ☐
4 两间 ☐　8 其他 ☐

4. 你(们)所使用的房屋有多少平方米？ ______平方米

5. 室内，外设施情况 （每一横行只选一项）

	1. 自家独用	2. 楼内几家合用	3. 室外多家公用	4. 没有此项设施
1 厕所				
2 厨房				
3 阳台				
4 淋浴				
5 固定的澡盆				
6 暖气				
7 管道煤气				
8 瓶装煤气				
9 自来水				
10 电话				

6. 你(们)现在的住处离户主上班地点大概有多少公里？（只选一项）

0.5 公里之内　1　1.5　2　2.5　3　3.5　4　4.5　5 公里以上

7. 户主主要使用什么交通工具去上班？ （只选一项）

1 在家干活 ☐　4 骑自行车 ☐
2 住在工地 ☐　5 乘公共汽车 ☐
3 步行 ☐　6 其他 ☐

8. 自从来到本市以后，你(们)有没有换过住处？ （只选一项）

1 换过 ☐　2 没换过 ☐

如果换过，请回答问题 9~13。如果没有换过，直接回答问题 14。

9. 换过多少次？（请划圈）　1　2　3　4　5 次以上

10. 最近一次换房是在什么时间？ ______年___月

11. 最近一次换住处的主要原有是什么？ （只选一项）

1 减少房租 ☐　5 与原来房东不和 ☐
2 改善居住条件 ☐　6 与邻居/居委会不和 ☐
3 离工作地点近些 ☐　7 其他原因 ☐
4 离朋友/老乡近些 ☐

12. 与上一个住处相比，你(们)现在的住处 （只选一项）

1 比上一个条件好 ☐　3 不如上一个 ☐
2 与上一个差不多 ☐　4 不知道 ☐

13. 与上一个住处相比，你(们)现在的住处的租金和花费 （只选一项）

1 比上一个多 ☐　3 比上一个少 ☐
2 与上一个差不多 ☐　4 不知道 ☐

14. 对现在住房的满意程度 （每一横行只选一项）

	1 很满意	2 满意	3 一般	4 不满意	5 很不满意	6 不知道
1 住房面积						
2 房屋结构						
3 室内设施						
4 居住地段						
5 与邻居的关系						
6 社会治安						
7 小区社会服务						
8 交通服务						
9 小学						
10 中学						
11 蔬菜食品市场						
12 商业网点						
13 医疗服务设施						

15. 你们在老家是否有房屋？ （只选一项）

1 有 ☐　2 无 ☐

如果有：1) 有几间？（请划圈）

1　2　3　4　5　6　7　8　间及以上

2) 现在的用途是什么？ （只选一项）

1 自己的家人住 ☐　3 租给他人经商 ☐
2 租给他人居住 ☐　4 闲置 ☐

16. 老家房屋建筑面积大约有多少平方米？ _____平方米

17. 老家住房大约建于哪一年？ ____年

18. 与老家的居住条件相比，你们现在的居住条件比家乡 （只选一项）

1 好得多 ☐　4 差一点 ☐
2 好一点 ☐　5 差得多 ☐
3 一样 ☐　6 不知道 ☐

19. 每月住房消费支出 （如果没有住房支出，请填 0）

	以上月为例（元）
请包括所有与住房有关的支出，如房租、小区物业管理费、购房贷款还息还本、房地产税等	

20. 所有住房消费占你们在本市全部收入的百分比（大约数）（只选一项）

	%									
	3	5	7	10	15	20	25	30	35	40+
以上月为例										

三、工作与职业

1. 户主的工作情况： （只选一项）

1 无工作或正在找工作 ☐　8 城镇集体企业 ☐
2 个体户 ☐　9 国营工厂 ☐
3 给个体户打工 ☐　10 党政部门，社会团体 ☐
4 私营企业 ☐　11 医院/科研/教学单位 ☐
5 合资企业 ☐　12 其他国营单位 ☐
6 外资企业 ☐　13 上列之外的其他单位 ☐

7 乡镇企业 □

2. 如果户主有工作，是什么合同？（只选一项）

1 长期合同 □ 3 打零工，钟点工 □
2 临时合同 □ 4 其他 □

如果是长期或者临时合同，请回答问题3－4。

3. 户主是何时开始在此岗位工作的？ ____年____月

4. 户主现在的合同还有多长时间？（只选一项）

1 三个月以下 □ 4 一年到两年 □
2 三个月到半年 □ 5 两年以上 □
3 半年到一年 □ 6 不知道 □

5. 户主是否参加了以下保险 （可选多项）

1 失业保险 □ 4 其他保险 □
2 养老，退休保险 □ 5 没有任何保险 □
3 医疗保险 □

如果户主的配偶不住在本市，请直接填第四部分。

6. 户主配偶的工作情况：（只选一项）

1 无工作或正在找工作 □ 8 城镇集体企业 □
2 个体户 □ 9 国营工厂 □
3 给别的个体户打工 □ 10 党政部门，社会团体 □
4 私营企业 □ 11 医院/科研/教学单位 □
5 合资企业 □ 12 其他国营单位 □
6 外资企业 □ 13 上列之外的其他单位 □
7 乡镇企业 □

如果配偶没有工作，请直接填第四部分。

7. 如果配偶有工作，是什么合同？（只选一项）

1 长期合同 □ 3 打零工，钟点工 □
2 临时合同 □ 4 其他 □

如果是长期或者临时合同，请回答问题8－9。

8. 户主配偶是何时开始在此岗位工作的？ ____年____月

9. 户主配偶现在的合同还有多长时间？（只选一项）

1 三个月以下 □ 4 一年到两年 □
2 三个月到半年 □ 5 两年以上 □
3 半年到一年 □ 6 不知道 □

10. 户主配偶是否参加了以下保险 （可选多项）

1 失业保险 □ 4 其他保险 □
2 养老，退休保险 □ 5 没有任何保险 □
3 医疗保险 □

四. 收入

1. 住在一起的家人中，除了户主和配偶之外，是否还有别人有收入？

（只选一项） 1 有 □ 2 无 □

2. 如果有，还有几个？ ______个

3. 请在下表各栏中填写上个月的收入：

（如果某项没有，请填0） （单位：元）

	1. 户主的收入	2. 户主配偶的收入	3. 其他住在一起的家人收入之合
请包括所有收入，如工资，奖金，补贴，救济，经营等。			

4. 你(们)每月平均可以给老家多少钱？ ______元

5. 除了给老家的钱之外，你们在本市的消费情况

	1. 下列那一项是你们家每个月的最大开支（只选一项）	2. 下列那一项是你们家每个月的第二大开支（只选一项）	3. 下列那一项是你们家每个月的第三大开支（只选一项）
a) 饮食			
b) 衣物			
c) 住房			
d) 交通			
e) 托儿教育费			
f) 医疗费			
g) 水煤气电费			
h) 娱乐，度假			

6. 除了要给老家的钱之外，你们现在有没有银行存款？

1 有 □ 2 无 □

如果有，大约有多少？（只选一项）

a) 五千元以下 □ e) 三万到四万元 □
b) 五千到一万元 □ f) 四万到五万元 □
c) 一万到两万元 □ g) 五万元以上 □
d) 两万到三万元 □

7. 自从你(们)来到本市以后留在老家的亲人的生活水平有（只选一项）

1 大幅度提高 □ 4 一点下降 □
2 少量提高 □ 5 大幅度下降 □
3 没有多大变化 □ 6 不知道 □

8. 自从来到本市以后，你(们)自己的生活水平有（只选一项）

1 大幅度提高 □ 4 一点下降 □
2 少量提高 □ 5 大幅度下降 □
3 没有多大变化 □ 6 不知道 □

9. 住房公积金与住房补贴 （每一横行只选一项）

1 你知道不知道什么是住房公积金？ 1 知道 □ 2 不知道 □
2 你知道不知道什么是住房补贴？ 1 知道 □ 2 不知道 □
3 你自己有没有交住房公积金？ 1 有 □ 2 没有 □
4 你的雇主有没有给你住房补贴？ 1 有 □ 2 没有 □

五. 住房需求及今后打算

1. 住房需求

	1. 根据你(们)现在的收入和国家政策规定，下列哪种住房对你最合适（只选一项）	2. 以后你们收入提高了，国家取消对外来人口的限制，下列哪种房子对你最理想（只选一项）
1 政府或单位提供的廉租房		
2 租市场上的房		
3 购买经济实用房/安居房		
4 购买二级市场旧住房		
5 购买低价位的商品房		
6 购买中高价位的商品房		
7 购买家庭楼房，别墅		
8 购买郊区农村民房		
9 现在的住房		

2. 你(们)在本市的主要困难是什么？

	1. 最主要困难（只选一项）	2. 第二困难（只选一项）
1 找工作		
2 找住房		
3 孩子上学		
4 看病		
5 和亲人团聚		
6 其他困难（请写出困难）		

3. 从长远讲，如果没有户口政策限制的话你(们)的打算是什么？

（只选一项）

1 在本市长期居住下去 ☐　　4 回老家务农 ☐
2 去别的城市 ☐　　5 不知道 ☐
3 回老家经商或办工厂 ☐

4. 你认为，外来人口在本市什么单位工作对改善住房条件最有利？

5. 你认为，外来人口在本市作什么样的工作对提高收入最有利？

关于居住状态和居住意愿的补充调查

1.假如您家平均人均月收入达到1000元以上，您最愿意首先解决以下哪一个问题：

1 改善日常饮食条件 □　5 装修现有住房 □
2 购置更好的衣物 □　6 就地改、扩建现有住房 □
3 购置更多的家电设备 □　7 改变目前的居住地 □
4 购置家用轿车 □　8 其他 □

2. 近五年内，您可能在改善现有居住条件上投资多少？

a) 五千元以下 □　d) 五万到八万元 □
b) 五千到两万元 □　e) 八万到十万元 □
c) 两万到五万元 □　f) 十万元以上 □

3. 如果您现在的居住地进行改造，您愿意迁往其他地区还是愿意还建回来？

1 迁往他处 □　2 还建回现居住地 □

如果愿迁往他处，请直接填表5。

4. 在什么条件下愿意还建回现居住地？

1 无论如何都要回来 □　4 还建房环境好于现住房 □
2 还建房面积大于现住房 □　5 其他，是： □
3 还建房配套好于现住房 □

为什么？（可多选）

1 现居住地地段位置好 □　4 现居住地距工作场所近 □
2 现居住地生活方便 □　5 现居住地邻里关系好 □
3 现居住地交通方便 □　6 其他，是： □

5. 您认为重庆主城区内哪些地区是适宜居住的？（可多选）

1 现居住地 □　7 沙坪坝区凤天路一带 □
2 渝中区解放碑-朝天门一带 □　8 江北区观音桥一带 □
3 渝中区大坪-石桥铺一带 □　9 江北区龙溪镇一带 □
4 九龙坡区杨家坪一带 □　10 江北区黄泥滂一带 □
5 南岸区南坪转盘一带 □　11 大渡口区钢花村一带 □
6 沙坪坝区文化广场一带 □　12 其他，如： □

6. 在负担得起的情况下，您认为哪种户型（或建筑面积）最适合您的家庭？

1 一室一厅(40 m²以内) □　7 四室二厅(120 m² - 160 m²) □
2 二室一厅(40 m² - 60 m²) □　8 五室二厅跃层式(140 m² - 180 m²) □
3 二室二厅(60 m² - 90 m²) □
4 三室一厅(60 m² - 90 m²) □　9 平面“两代居”(120 m² - 180 m²) □
5 三室二厅(90 m² - 120 m²) □
6 四室一厅(90 m² - 120 m²) □　10 跃层“两代居” □

7. 在政策、经济和技术上都可能的情况下，您若需扩大居住面积，您愿意就地扩建住房还是另购新房？

1扩建住房 □　2 另购新房 □

8. 如果花同样多的钱，您会选择今后可随生活变化而自行灵活分隔的住宅套型吗？

1 会 □　2 不会 □

9. 如果需要比普通固定分隔的住宅稍多花些钱，您会选择今后可自行灵活分隔的住宅套型吗？

1 会 □　2 不会 □

10. 若您可租住政府公房，您认为住房的哪种装修档次最合适？（只选一项）

1 普通装修 □　3 精装修带家具 □
2 初级精装修 □　4 粗装修清水房 □

11. 若您可自购商品房，您认为住房的哪种装修档次最合适？（只选一项）

1 普通装修 □　3 精装修带家具 □
2 初级精装修 □　4 粗装修清水房 □

12. 您的家庭中已经拥有或安装的家用电器或设备有：

a) 彩色电视机	
b) 大屏幕彩电	
c) 电冰箱	
d) 滚筒式洗衣机	
e) 波轮式洗衣机	
f) 燃气热水器	
g) 储水式电热水器	
h) 微波炉或电烤箱	
i) 多功能食品加工机	
j) 程控电话	
k) 家用电脑	
l) 家用桶装水饮水机	
m) 窗式空调机	
n) 分体式空调机	
o) 影碟机等放映设备	
p) 音响设备	
q) 摩托车	
r) 小汽车	

13. 近五年内您最想购买或安装的家用电器或设备有：（按购买意愿顺序选）

	1	2	3	4	5
a) 彩色电视机					
b) 大屏幕彩电					
c) 电冰箱					
d) 滚筒式洗衣机					
e) 波轮式洗衣机					
f) 燃气热水器					
g) 储水式电热水器					
h) 微波炉或电烤箱					
i) 多功能食品加工机					
j) 程控电话					
k) 家用电脑					
l) 家用桶装水饮水机					
m) 窗式空调机					
n) 分体式空调机					
o) 影碟机等放映设备					
p) 音响设备					
q) 摩托车					
r) 小汽车					

14. 如果面积足够大，您愿意直接在厨房用餐吗？

1 愿意 □　　2 不愿意 □

如果愿意，为什么？

1 使用方便 □　　3 有利于居室的卫生 □

2 空间面积利用率高 □　　4 其他，如： □

如果不愿意，为什么？

1 油烟污染大，进餐环境不佳 □　　2 其他，如： □

15. 您认为合理适用的住宅独用卫生间的行为（指卫生间内洗脸、洗澡和如厕三种主要行为）分隔方式是：

1 不做任何分隔 □　　4 将洗澡单独分开 □

2 将洗脸单独分开 □　　5 三者都分开 □

3 将如厕单独分开 □

16. 您认为家庭中采用哪种如厕洁具更佳？

1 蹲坑式 □　　2 坐式马桶 □

17. 您认为家庭中采用哪种洗澡洁具更佳？

1 淋浴 □　　2 浴缸 □

18. 您家庭中现在的污水是如何排放的？

1 自由排出室外 □　　3 有组织排入市政污水管 □

2 有组织排入室外明沟 □　　4 不知道 □

19 您家庭中现在的生活垃圾是如何处理的？

1 散倒入室外垃圾堆 □　　4 分类袋装后分类处理 □

2 袋装后倒入室外垃圾堆 □　　5 随便乱倒 □

3 袋装后倒入机械垃圾桶 □　　6 不知道 □

20. 假设您已婚，您是否愿意长期与您的父母（或已婚子女）同住？

1 愿意 □　　2 不愿意 □

若不愿意，为什么？

1 生活习惯、态度不同 □　　3 买不起面积足够的住宅 □

2 易引起家庭矛盾 □　　4 其他，如： □

21. 假设您已婚且家庭关系尚可，若您与您的父母（或已婚子女）分开住，您认为多远的距离合适？（单选）

1200 米以内 □　　4 同一个住宅小区内 □

2200－500 米 □　　5 同一区域但不同的小区内 □

3500－2000 米 □　　6 不同的城区 □

再一次衷心感谢您的合作！

附录C “重庆市廉租房居民住房状况抽样调查表”实录

告 居 民 书

亲爱的居民们:

为了普遍提高我国城市居民的居住水平，积极而稳妥地推进大城市的旧区改造工作，研究城市廉租房制度改革推行以来的进展情况，我校申请了“城市改革的社会影响与城市廉租房居民的住房问题”的科研题目并得到了政府有关部门的支持。为此，我们派出了调查员对您所居住的片区进行这次随机抽样调查。对每户的调查预计将耗时0.5-1小时，恳请您具实回答问卷中提出的问题，我们将非常感谢您对我们的调查工作给予的积极配合。

为解除您的疑虑，我们郑重承诺:

1. **您在调查中所提供的资料数据将仅用于我们科研的统计分析工作中，不会以任何形式单独提供给其他部门或个人使用;**
2. **在我们科研的所有报告和论文中将不会出现任何一户被调查家庭的具体信息，如姓名、家庭住址、收入与居住状况等等。**

我们派出的调查员均是我校建筑城规学院的在校硕士研究生（请核查其学生证、介绍信）。如有疑问，您在我们调查期间可随时以信函或电话方式与课题负责人（通讯地址附后）取得联系。

最后，再次对您为我们科研工作提供的配合表示深深的谢意!

重庆大学建筑城规学院（代章）

“城市改革的社会影响与城市廉租房居民的住房问题”科研组

2008年2月

时间:	年 月 日	行政区:		街道（小区）及门牌:		问卷号:	

重庆市廉租房居民住房状况抽样调查表

一. 家庭人口

1. 谁是这个房子现在住户的户主？（只选一项，并在后边的格里打钩）

1你自己(被调查人) □　4你的岳父母 □
2你的配偶 □　5你的子女 □
3你的父母 □　6其他人 □

注：户主必须是现在住户的主人。一般说，房子是以谁的名义租的，借的或者买的，谁就是户主。详见填表说明。

2. 现在共有几个家庭成员长期居住在这里？（包括你自己,但不要包括长期在外地的学生和有自己住所的父母）____人

3. 住在这里的家庭成员分别是：（以与户主的关系为准;在左边相应栏里打钩；在右边相应栏里填写人数；没有的栏目空白）

1户主自己 □　7户主的爷爷奶奶 □
2户主的配偶 □　8户主的外公外婆 □
3户主的父亲 □　9户主的儿子或女儿 □
4户主的母亲 □　10户主的儿媳或女婿 □
5户主的岳父 □　11户主的孙子或孙女 □
6户主的岳母 □　12其他人 □

注：表3中的总人数应该与问题2的答案相同。

4. 住在这里的家庭成员中(包括你自己)：(请填写人数，没有的填0)

1有几个人现在有工作？ ______
2有几个人已经下岗？ ______
3有几个人已经退休或者离休？ ______
4有几个学龄前儿童？ ______
5有几个人正在上学？ ______
6有几个人长期患病需要他人照管？ ______

5. 住在这里的家庭成员中，谁是收入最高的人？（只选一项）

1户主自己 □　4户主的岳父/母 □
2户主的配偶 □　5户主的儿女/媳婿 □
3户主的父/母 □　6其他人 □

6. 除了住在这里的家庭成员之外，还有没有长期居住在其他地方，但主要依靠你们的资助而生活的人？

1有 □　2无 □

如果有，1) 有几个？ ______个
2) 他们分别是户主的什么人？（可选多项）

1在外面上学的子女 □　3另有住处的岳父母 □
2另有住处的父母 □　4其他人 □

二. 住房现状

1. 你们是哪一年搬到现在这个房子居住的？ ____年

2. 这个房子的建筑面积有多少平方米？ ____平方米

3. 现住房大约建于哪一年？ ____年

4. 房屋的建筑类型：（调查者填写，只选一项）

1无电梯多层楼房 □　3有电梯多层楼房 □
2有电梯高层楼房 □　4其他 □

5. 除了厨房，厕所和楼道之外，你们有几个房间？（只选一项）

1 两家合用一间 □　4 两间 □
2一间 □　5 三间 □
3 一间半(套间) □　6 四间及以上 □

6. 你们是否与别人合住？

1 没有与别人合住 □　3 多家合住 □
2 两家合住 □　4 其他 □

7. 室内、外设施的使用情况（每一横行只选择一项）

	1.自家独用	2.楼内几家合用	3.没有此项设施
1厕所			
2厨房			
3阳台			
4淋浴			
5固定的澡盆			
6空调机			
7管道煤气			
8瓶装煤气			
9自来水			
10电话			
11有线电视			

8. 你是如何得到现住房的？

1 政府拆迁安置 □　3 从他人手中租赁 □
2 自行申请由政府统一安排 □　4 从他人手中购买 □
5 其他 □

其他，是指：______________

9. 你是否了解现住房的性质？你拥有现住房的产权么？

了解 □　有 □
不了解 □　没有 □

10. 对现在住房及周围设施的满意程度（每一横行只选一项）

	1 很满意	2 满意	3 一般	4 不满意	5 很不满	6 不知道
1住房面积						
2房屋平面功能						
3室内设施						
4居住地段						
5与邻居的关系						
6本地社会治安						
7小区社会服务						
8上下班交通						

1

9小学						
10中学						
11蔬菜食品市场						
12商业网点						
13医疗服务设施						

11. 过去五年以来，你们家的住房条件是否改善？（只选一项）

1有很大改善 □　　4有一点下降 □
2有一点改善 □　　5有很大下降 □
3没有变化 □　　6不知道 □

12. 在本市还有没有别的产权属于你们的房屋？

1有 □　　2无 □

如果有，1) 有几处？ ______处
2)总共有多少平方米？ ______平方米
3) 现在的用途是什么？（只选一项）

1自己家人或亲戚住 □　　3租给他人经商 □
2租给他人居住 □　　4闲置 □

13. 你们在其他城市或农村还有没有房屋？　　1有 □　　2无 □

如果有，1) 有几处？ ______处
2)总共有多少平方米？ ______平方米
3) 现在的用途是什么？（只选一项）

1自己的亲戚住 □　　3租给他人经商 □
2租给他人居住 □　　4闲置 □

14. 如果你们有其他房屋出租给他人居住或者作生意(包括外地和农村的房屋)，每个月的租金收入大约有多少？
(如果没有，填表16)　　______元

15. 你们有没有用现有部分住房搞有收入的家庭经济活动？

1有 □　　2没有 □

1)如果有,作什么用：（可选多项）

1作公司办公用 □　　4作服装加工 □
2作商店 □　　5作食品加工 □
3作商品仓库 □　　6其他 □

16. 你们现在每个月的在住房上的支出大约是多少？

	2007年(以上月为例)(元)	2005年(估计)(元)	2000年(估计)(元)
请包括所有与住房有关的支出，如房租，小区物业管理费，购房贷款还息还本，房地产税等（不包括水电气等）			

17. 所有住房消费占家庭总收入的百分比（大约数;每一横行只选一项）

	%									
	3	5	7	10	15	20	25	30	35	40+
2007年(上个月)										
2005年										
2000年										

三. 过去的住房

1. 在搬到现在的住处之前，你们居住在哪里？（只选一项）

1本市同一单位房屋 □　　6本省其他城镇 □
2本市其他单位房屋 □　　7本省其他地市农村 □
3本市自有私房 □　　8外省城镇 □
4本市郊区城镇 □　　9外省农村 □
5本市郊区农村 □　　10其他 □

2. 在搬到现在的住处之前,你们在原来的地方大约住了多少年？ ______年

3. 原来住房建筑面积有多少平方米？ ______平方米

4. 原来住房的建筑类型：（只选一项）

1简易房，平房 □　　5无电梯单元楼房 □
2院落住宅 □　　6有电梯单元楼房 □
3自建简易楼房 □　　7现代别墅 □
4单身宿舍楼房 □　　8其他 □

5. 除了厨房，厕所和楼道之外，你们原来有几个房间？（只选一项）

1两家合用一间 □　　4两间 □
2一间 □　　5三间 □
3一间半(套间) □　　6四间及以上 □

6. 如果原来的房屋是成套房屋,你们是否与别人合住（只选一项）
(如果原来住房不成套则不填此表)

1没有与别人合住 □　　3多家合住 □
2两家合住 □　　4其他 □

7. 原来房屋的来源及产权（只选一项）

1祖传私房,继承遗产 □　　8租赁单位公房 □
2购买他人的私房 □　　9单位集资建房 □
3租赁私房，含公房转租 □　　10已售公房：部分产权 □
4租赁的拆迁安置房 □　　11已售公房：全部产权 □
5已经购买的拆迁安置房 □　　12自购安居，经济实用房 □
6租赁统管公房 □　　13自购商品房 □
7社会集资，合作建房 □　　14其他 □

8. 搬家以后，原来的房子作了何种处置？（只选一项）

1其他家人居住 □　　6出租给了他人 □
2转让给了他人 □　　7还给了单位 □
3被拆除 □　　8还给了房主 □
4转让给了同事 □　　9闲置，未作处置 □
5出售给了他人 □　　10其他 □

四. 户主的职业及工作

1. 户主出生于哪一年？　　19______年

2. 户主的性别：　　1男 □　　2女 □

3.户主的婚姻状况
1未婚 □　4丧偶 □
2已婚 □　5其他 □
3离婚 □

4.户主现在有几个18周岁以下未成年子女？ ______个

5.户主现在有几个18周岁以上成年子女？ ______个

6.户主的最后学历是什么？(只选一项)
1没有上过学小学未毕业 □　5中专中技毕业 □
2小学毕业 □　6大学本专科毕业 □
3初中毕业 □　7研究生毕业 □
4高中毕业 □　8其他 □

7.户主的身体状况 (只选一项)
1健康或者基本健康 □
2有病，不能工作，但生活可以自理 □
3长期有病，而且需要他人照管 □

8.户主的工作情况：(只选一项)
1从来没有工作过 □　3已经退休或离休 □
2失业或者下岗 □　4现在有工作 □

如果户主从来没有工作过，请直接回答第五部分。
如果户主已经退休或者下岗，在9~13中填退休或下岗以前的情况。

9.户主的工作单位类型：(现在或者退休/下岗以前)(只选一项)
1个体户 □　7城镇集体企业 □
2给个体户打工 □　8国营工厂 □
3私营企业 □　9党政部门，社会团体 □
4合资企业 □　10医院/科研/教学单位 □
5外资企业 □　11其他国营单位 □
6乡镇企业 □　12上列之外的其他单位 □

10.户主的职业身份：(现在或者退休/下岗以前)　(只选一项)
1工人 □　3企业管理人员，经理 □
2干部 □　4其他 □

11.如果户主的身份是工人，现在或者退休/下岗以前的职称是：(只选一项)　(如果是干部，请填表12)
1普通工人没有职称 □　4高级工 □
2初级工 □　5技师 □
3中级工 □　6高级技师 □

12.如果户主的身份是干部或企业管理人员，现在或者退休/下岗以前的职称是：(只选一项)　(如果是工人，请填表13)
1科员/助教/助研 □　4局级以上 □
2科级/讲师/研究员 □　5企业经理，老板 □
3处级/教授/高级研究员 □　6其他级别 □

13.户主是否参加以下保险　(可选多项，在参加的项目后打钩)
1失业保险 □　4其他保险 □
2养老，退休保险 □　5没有任何保险 □
3医疗保险 □

14.如果户主还没有退休，他/她的工作合同是什么？(只选一项)
1长期合同 □　3打零工(钟点工) □
2临时合同 □　4其他 □

15.户主现在或者退休以前的工龄有多少年？ ____年

16.如果户主还没有到退休年龄，
1)他/她是否下岗：(只选一项)(如已经退休，填表17)
1不可能下岗 □　5已经下岗三个月左右 □
2有可能下但还没有下 □　6已经下岗六个月左右 □
3正在办理下岗手续 □　7已经下岗一年以上 □
4半年之内要下岗 □　8其他或不知道 □

2)如果下岗，户主现在在作什么？(如果没有下岗填表17，只选一项)
1下岗以后又复岗 □　4正在寻找工作 □
2下岗后找到长期工作 □　5在家处理家务 □
3下岗后找到临时工作 □　6不知道该作什么 □

3)如果已经下岗，户主上个月有无下列收入(可选多项)
(在有收入的项目后打钩，不必问详细数字)
1原单位工资 □　5个体经营收入 □
2原单位奖金 □　6新工作所得收入 □
3下岗补贴 □　7其他收入 □
4失业救济金 □

17.户主的户口所在地 (只选一项)
1本市本处城镇户口 □　4外地城镇户口 □
2本市他处城镇户口 □　5外地农村户口 □
3本市农村户口 □　6其他户口 □

18.现住处离户主现在工作地点大概有多远？(请划圈)
0.5公里之内　1　1.5　2　2.5　3　3.5　4　4.5　5公里以上

19.户主主要使用什么交通工具去上班？(只选一项)
1在家干活 □　4骑自行车 □
2开私家车 □　5乘公共汽车 □
3步行 □　6其他 □

五．户主配偶的职业及工作

如果户主未婚、离异或者丧偶，请直接回答第六部分。

1.户主配偶出生于那一年？　19____年

2. 户主配偶的最后学历 (只选一项)

1没有上过学未读完小学 □ 5中专中技毕业 □
2小学毕业 □ 6大学本专科毕业 □
3初中毕业 □ 7研究生毕业 □
4高中毕业 □ 8其他 □

3. 户主配偶的身体状况 (只选一项)

1健康或者基本健康 □
2有病，不能工作，但生活可以自理 □
3长期有病，而且需要他人照管 □

4. 户主配偶的工作情况： (只选一项)

1从来没有工作过 □ 3已经退休或离休 □
2失业或者下岗 □ 4有工作 □

如果户主配偶从来没有工作过，请直接回答第六部分。
如果户主配偶已经退休或者下岗，在表5~9中填退休或下岗以前的情况。

5. 户主配偶的工作单位类型： (现在或者退休/下岗以前) (只选一项)

1个体户 □ 7城镇集体企业 □
2给个体户打工 □ 8国营工厂 □
3私营企业 □ 9党政部门，社会团体 □
4合资企业 □ 10医院/科研/教学单位 □
5外资企业 □ 11其他国营单位 □
6乡镇企业 □ 12上列之外的其他单位 □

6. 户主配偶的职业身份： (现在或者退休/下岗以前) (只选一项)

1工人 □ 3企业管理人员，经理 □
2干部 □ 4其他 □

7. 如果户主配偶的身份是工人，现在或者退休下岗以前的职称是什么？ (只选一项) (如果是干部，请直接填表8)

1普通工人，没有职称 □ 4高级工 □
2初级工 □ 5技师 □
3中级工 □ 6高级技师 □

8. 如果户主配偶的身份是干部或企业管理人员，现在或者退休/下岗以前的职称是什么？ (只选一项) (如果是工人，请直接填表9)

1科员/助教/助研 □ 4局级以上 □
2科级/讲师/研究员 □ 5企业经理，老板 □
3处级/教授/高级研究员 □ 6其他级别 □

9. 户主配偶是否参加以下保险 (可选多项，在参加的项目后打钩)

1失业保险 □ 4其他保险 □
2养老，退休保险 □ 5没有任何保险 □
3医疗保险 □

10. 如果户主配偶还没有退休，他/她的工作合同是什么？ (只选一项)

1长期合同 □ 3打零工(钟点工) □
2临时合同 □ 4其他 □

11. 户主配偶现在或者退休以前的工龄有多少年？ ____年

12. 如果户主配偶还没有到退休年龄，

1) 他/她是否下岗： (只选一项)
(如果已经退休，填表13)

1不可能下岗 □ 5已经下岗三个月左右 □
2有可能下，但还没有下 □ 6已经下岗六个月左右 □
3正在办理下岗手续 □ 7已经下岗一年以上 □
4半年之内要下岗 □ 8其他 □

2) 如果下岗，户主配偶现在在作什么？ (只选一项)
(如没有下岗，填表13)

1下岗以后又复岗 □ 4正在寻找工作 □
2下岗后找到了长期工作 □ 5在家处理家务 □
3下岗后找到了临时工作 □ 6不知道该作什么 □

3) 如果已经下岗，户主配偶上个月有无下列收入(可选多项)
(在有收入的项目后打钩，不必问详细数字)

1原工作单位工资 □ 5个体经营收入 □
2原工作单位奖金 □ 6新工作所得收入 □
3下岗补贴 □ 7其他收入 □
4失业救济金 □

13. 户主配偶的户口所在地 (只选一项)

1本市本处城镇户口 □ 4外地城镇户口 □
2本市他处城镇户口 □ 5外地农村户口 □
3本市农村户口 □ 6其他户口 □

六. 家庭经济收入

1. 除了户主和户主的配偶之外，你们家还有没有别的有经济收入的人？

1有 □ 2无 □

2. 如果有，还有几个？ ______个

3. 上个月的大致收入情况 (单位：元)

	1.户主上月收入	2.户主配偶上月收入	3.其他人上月收入之和
请包括所有收入，如工资，奖金，补贴救济，退休金，经营等等。			

4. 你们家现在有没有银行存款？ 1有 □ 2无 □

5. 如果有，大约有多少？ (只选一项)

a) 五千元以下 □ e) 三万到四万元 □
b) 五千到一万元 □ f) 四万到五万元 □
c) 一万到两万元 □ g) 五万元以上 □
d) 两万到三万元 □

4

6. 过去两年以来，你们家的总收入是否 (只选一项)

1 有大幅度增长 ☐
2 有少量增长 ☐
3 没有多少变化 ☐
4 有一点下降 ☐
5 有大幅度下降 ☐
6 不知道 ☐

7. 过去两年以来，你们家的生活水平是否 (只选一项)

1有大幅度提高 ☐
2有少量提高 ☐
3没有多大变化 ☐
4有一点下降 ☐
5有大幅度下降 ☐
6不知道 ☐

8. 家庭消费情况

	1.下列哪一项是你们家每个月的最大开支(只选一项)	2.哪一项是你们家每个月的第二大开支(只选一项)	3.哪一项是你们家每个月的第三大开支(只选一项)
a) 饮食			
b) 衣物			
c) 住房			
d) 交通			
e) 托儿教育费			
f) 医疗费			
g) 水煤气电费			
h) 娱乐，度假			

七. 廉租房，住房公积金，住房补贴

1. 你是否了解政府现有的廉租房政策？（答"否"者跳过第2问）

是 ☐ 否 ☐

2. 你是从什么渠道了解到政府的廉租房政策的？

1 各种媒体宣传（含电视、报纸、网络等）☐ 2原住地居委会宣传 ☐
3 自己去政府部门打听 ☐ 4亲朋好友介绍 ☐
5其他 ☐

其他，是指: ____________

3. 申请到目前的廉租房需要什么手续？（可多选）

1 家庭收入证明 ☐ 2 家庭人口证明 ☐
3 家庭原居住状况证明 ☐ 4 其他 ☐

其他，是指: ____________

4. 你入住现有廉租房后，是否与政府相关部门签有租期合同？

是 ☐ 否 ☐

如果回答"是"，那租期合同是________年。

5. 你入住现有廉租房后，政府相关部门是否来核查过你的家庭情况？

是 ☐ 否 ☐

6. 你入住现有廉租房后，你是否需要定期向政府相关部门报告家庭收入等情况？

是 ☐ 否 ☐

如果回答"是"，请问需要在什么时段报告什么内容？

☐

7. 无论你现在是否需要定期向政府相关部门报告家庭收入等情况或政府是否来调查你的家庭现状，你认为政府是否应该定期了解廉租房住户的经济现状？

是 ☐ 否 ☐

8. 你是否认为政府应该在了解廉租房住户的经济现状后，收回不符合政策要求的住户住房以分配给其他更需要的住户？

是 ☐ 否 ☐

9. 你认为目前申请并得到廉租房是否方便？

是 ☐ 否 ☐

如果回答"否"，那不方便的原因有：（可多选）

1 手续烦杂 ☐ 2 房源不足，僧多粥少 ☐
3 信息不畅，不知此事 ☐ 4 黑箱操作，廉房不廉 ☐
5 其他 ☐

其他，是指: ____________

10. 从1998年开始，国家逐步停止了住房实物分配，同时实行住房货币分配。你赞成不赞成这项政策？(只选一项)

1赞成 ☐ 3与我们无关 ☐
2不赞成 ☐ 4不知道这项政策 ☐

11. 你认为住房货币分配会对你们家的住房有什么影响？(只选一项)

1更多改善住房的机会 ☐ 4失去单位分房的机会 ☐
2更多资金买新房 ☐ 5不会有什么影响 ☐
3更多钱改善生活 ☐ 6不知道 ☐

12. 户主及家人有没有交住房公积金？ 1有 ☐ 2无 ☐

如果有，1)是从那一年开始的？ ___年___月
2)开始时占每月收入的百分之几？ ____%
3)开始后有没有间断过？ 1有 ☐ 2无 ☐
4)现在占每月收入的百分之几？ ____%
5)现在每月交多少钱？ ____元
6)现在公积金积蓄总共大约有多少？ ____元

13. 户主及家人是否领取单位发放的住房补贴？

a) 房租补贴 1有 ☐ 2无 ☐
b) 住房货币化补贴 1有 ☐ 2无 ☐

八. 未来住房需求

1. 你们在不久的将来是否打算换房？

1换 ☐ 2 不换 ☐

2. 如果打算换房，大概什么时间换？(只选一项)
(如果不换，请直接填表4)

1 半年之内	☐	4 两年到三年	☐
2 半年到一年	☐	5 三年到五年	☐
3 一年到两年	☐	6 不知道	☐

3. 如果打算换房，主要原因是什么？(可选多项)

1改善住房条件	☐	5离好小孩的学校近些	☐
2改善周围居住环境	☐	6调换工作单位	☐
3离工作地点近些	☐	7不能再住下去/要拆迁	☐
4离亲友近些	☐	8其他原因	☐

4. 选择住房：(每问只选一项)

	1.根据现在的收入，下列哪种住房你们可以负担得起	2.如果以后你们收入提高了，下列哪种房子对你们最为理想
1集资合作自建房		
2租市场上的房		
3购买经济实用房/安居房		
4购买二级市场旧住房		
5购买低价位的商品房		
6购买中高价位的商品房		
7购买别墅		
8购买郊区农村民房		
9现在的住房（廉租房）		

5. 如果不考虑价格因素，你们喜欢下列哪种住房？(只选一项)

1 平房，院落住房	☐	4 高层有电梯的楼房	☐
2 自己修建的楼房	☐	5 带车库的现代别墅	☐
3 多层无电梯楼房	☐	6 不知道	☐

6. 你认为在选择住房时什么因素最重要？

	1. 第一重要 (只选一项)	2. 第二重要 (只选一项)	3. 第三重要 (只选一项)
a)建筑面积			
b)房屋结构（平面套型）			
c)楼层			
d)小区内的环境，卫生绿化			
e)小区内的社会治安			
f)小区的位置			
g)与工作地点的距离			
h)小区周围就业机会			
i)房屋新旧程度			
j)价格			

7. 如果你近期（三年内）不打算换房，其主要原因是什么？(只选一项)

1没有必要	☐	3没有足够的资金	☐
2没有满意的房子	☐	4其他原因	☐

九. 您对现有廉租房制度还有什么意见或建议？

您的宝贵意见：

非常感谢您的配合！

6

附录D “重庆市最低收入居民聚居区及廉租房小区调查表”实录

调研对象：

①小区周边的交通条件

与城市主干道的距离	
与城市次干道的距离	
周边公交站点（大概有哪些班次）： 主干道— 次干道—	

②小区所在区域的生态条件

与公园或公共绿地的距离	
与广场等开场空间的距离	
与水系的距离	

③小区的景观视线条件

景观视线	
景观质量	

④用地条件

高程	
坡长	
现状用地类型	
地形	
地貌	
地基承载力	
地质条件	
防洪条件	

⑤

市政设施（给、排水）	
社会服务（医疗、教育、体育）	医院： 学校： 体育馆/体育场：

⑥环境影响

与噪声源距离	噪声源为：
与空气污染源距离	污染源为：
与污物处理场的距离	污物处理场有几个：
电磁辐射防护	有/无　描述：
市政通道防护	有/无　描述：
土壤污染防护	有/无　描述：

参考文献

[1]（美）艾尔·巴比．社会研究方法（第八版）（上）[M]．邱泽奇 译．北京：华夏出版社，2000.

[2]（美）艾尔·巴比．社会研究方法（第八版）（下）[M]．邱泽奇 译．北京：华夏出版社，2000.

[3] 蔡禾．城市社会学：理论与视野 [M]．广州：中山大学出版社，2003.

[4] 陈默．世界住宅概况 [M]．香港：励志出版社，1993.

[5] 陈述彭 主编．城市化与城市地理信息系统 [M]．北京：科学出版社，2001.

[6] 重庆市统计局．1999 重庆统计年鉴——新重庆五十年 [M]．北京：中国统计出版社，1999.

[7] 重庆市统计局，国家统计局重庆调查总队．重庆统计年鉴 2007 [M]．北京：中国统计出版社，2007.

[8] 邓伟志，徐榕．家庭社会学 [M]．北京：中国社会科学出版社，2001.

[9] 董黎明，胡存智主编．城镇土地定级原理与方法 [M]．北京：地震出版社，1992.

[10] 段进．城市空间发展论 [M]．南京：江苏科学技术出版社，1999.

[11] 方可．当代北京旧城更新 [M]．北京：中国建筑工业出版社，2000.

[12] 房先平．隐忧与希望——中国社会年报（2001 年版）[M]．北京：中国发展出版社，2004.

[13]（美）费景汉，古斯塔夫·拉尼斯．增长和发展：演进观点 [M]．洪银兴 等译．北京：商务印书馆，2004.

[14] 顾朝林．城市社会学 [M]．南京：东南大学出版社，2002.

[15] 黄一如，陈秉钊．城市住宅可持续发展若干问题的调查研究 [M]．北京：科学出版社，2004.

[16] 黄怡．城市社会分层与居住隔离 [M]．上海：同济大学出版社，2006.

[17] 贾康，刘军民．中国住房制度改革问题研究经济社会转轨中“居者有其屋”的求解 [M]．北京：经济科学出版社，2007.

[18]（加）简·雅各布斯．美国大城市的死与生（纪念版）[M]．金衡山 译．南京：译林出版社，2006.

[19] 建设部课题组．住房、住房制度改革和房地产市场专题研究 [M]．北京：中国建筑工业出版社，2007.

[20] 建设部课题组．多层次住房保障体系研究 [M]．北京：中国建筑工业出版社，2007.

[21] (英) 肯尼斯·鲍威尔. 城市的演变——21 世纪之初的城市建筑 [M]. 王珏 译. 北京：中国建筑工业出版社，2002.
[22] 雷翔. 走向制度化的城市规划决策 [M]. 北京：中国建筑工业出版社，2003.
[23] 李耀培主编. 中国居住实态与小康住宅设计 [M]. 南京：东南大学出版社，1999.
[24] 刘可泰. 坡地规划与设计概论 [M]. 台北：茂荣图书有限公司，1980.
[25] 李和平，李浩. 城市规划社会调查方法 [M]. 北京：中国建筑工业出版社，2004.
[26] 李彦昌. 城市贫困与社会救助研究 [M]. 北京：北京大学出版社，2004.
[27] 刘玉亭. 转型期中国城市贫困的社会空间 [M]. 北京：科学出版社，2005.
[28] 李振宇. 城市·住宅·城市——柏林与上海住宅建筑发展比较 [M]. 南京：东南大学出版社，2004.
[29] 联合国人居署编著. 全球化世界中的城市——全球人类住区报告2001 [M]. 司然等译. 北京：中国建筑工业出版社，2004.
[30] 刘致平. 中国居住建筑简史——城市、住宅、园林 [M]. 北京：中国建筑工业出版社，2000.
[31] 蓝宇蕴. 都市里的村庄——一个“新村社共同体”的实地研究 [M]. 北京：生活·读者·新知三联书店，2005.
[32] 林广，张鸿雁. 成功与代价——中外城市化比较新论 [M]. 南京：东南大学出版社，2000.
[33] 聂兰生，邹颖，舒平. 21 世纪中国大城市居住形态解析 [M]. 天津：天津大学出版社，2004.
[34] (英) 迈克·詹克斯，伊丽莎白·伯顿，凯蒂·威廉姆斯. 紧缩城市——一种可持续发展的城市形态 [M]. 周玉鹏 等译. 北京：中国建筑工业出版社，2004.
[35] 彭华民. 福利三角中的社会排斥 [M]. 上海：上海人民出版社，2007.
[36] (法) 让—保罗·拉卡兹. 城市规划方法 [M]. 高煜 译. 北京：商务印书馆，1996.
[37] (法) 让—欧仁·阿韦尔. 居住与住房 [M]. 齐淑琴 译. 北京：商务印书馆，1996.
[38] 单小海，贺承军. 走向新住宅——明天我们住在哪里 [M]. 北京：中国建筑工业出版社，2002.
[39] 沈振闻，张惠敏，黄高峰. 新编住宅金融 [M]. 北京：中国物价出版社，2000.
[40] (日) 松村秀一，田边新一. 21 世纪型住宅模式 [M]. 陈滨 等译. 北京：机械工业出版社，2006.
[41] 宋小冬，叶嘉安. 地理信息系统及其在城市规划与管理中的应用 [M]. 北京：科学出版社，1995.
[42] 孙群郎. 美国城市郊区化研究 [M]. 北京：商务印书馆，2005.
[43] 李银河，王震宇，唐灿，马春华. 穷人与富人——中国城市家庭贫富分化调查 [M]. 上海：华东师范大学出版社，2004.
[44] 唐晓岚. 城市居住分化现象研究 [M]. 南京：东南大学出版社，2007.
[45] 田野. 转型期中国城市不同阶层混合居住研究 [M]. 北京：中国建筑工业出版社，2008.

[46] 童悦仲，娄乃琳，刘美霞．中外住宅产业对比［M］．北京：中国建筑工业出版社，2005.
[47] 王纪鲲．集合住宅之规划与设计［M］．台北：中央图书出版社，1980.
[48] 王彦辉．走向新社区——城市居住区整体营造理论与方法［M］．南京：东南大学出版社，2003.
[49] 王颖．城市社会学［M］．上海：上海三联书店，2005.
[50]（德）沃尔夫冈·查普夫．现代化与社会转型［M］．陈黎 等译．第 2 版．北京：社会科学文献出版社，2000.
[51] 吴良镛．世纪之交的凝思：建筑学的未来［M］．北京：清华大学出版社，1999.
[52] 吴良镛．人居环境科学导论［M］．北京：中国建筑工业出版社，2001.
[53] 吴俊杰，张红等编著．中国构建和谐社会问题报告［M］．北京：中国发展出版社，2005.
[54] 吴明伟，吴晓．我国城市化背景下的流动人口聚居形态研究［M］．南京：东南大学出版社，2005.
[55] 吴信才 等．地理信息系统设计与实现［M］．北京：电子工业出版社，2002.
[56] 杨公侠．建筑·人体·效能——建筑工效学［M］．天津：天津科学技术出版社，2000.
[57] 阳建强，吴明伟．现代城市更新［M］．南京：东南大学出版社，1999.
[58] 杨汝万，王家英．香港公营房屋五十年－金禧回顾与前瞻［M］．香港：中文大学出版社，2003.
[59] 严正．中国城市发展问题报告［M］．北京：中国发展出版社，2004.
[60] 叶永烈．商品房白皮书［M］．北京：作家出版社，2003.
[61] 叶南客．都市社会的微观再造——中外城市社区比较新论［M］．南京：东南大学出版社，2003.
[62]（法）伊夫·格拉夫梅耶尔．城市社会学［M］．徐伟民 译．天津：天津人民出版社，2005.
[63]（日）早川和男．居住福利论——居住环境在社会福利和人类幸福中的意义［M］．李桓 译．北京：中国建筑工业出版社，2005.
[64] 曾珠，袁兴中，颜文涛．城市生态系统健康调控［M］．重庆：重庆出版社，2007.
[65] 张宏．从家庭到城市的住居学研究［M］．南京：东南大学出版社，2002.
[66] 赵冠谦．2000 年的住宅［M］．北京：中国建筑工业出版社，1990.
[67] 赵民，赵蔚．社区发展规划——理论与实践［M］．北京：中国建筑工业出版社，2003.
[68] 周俭．城市住宅区规划原理［M］．上海：同济大学出版社，1999.
[69] 朱昌廉．住宅建筑设计原理［M］．第 2 版．北京：中国建筑工业出版社，1999.
[70]（日）彰国社 编．集合住宅实用设计指南［M］．刘卫东 等译．北京：中国建筑工业出版社，2001.
[71] J. Coppock，D. W. Tghind. The history of GIS，Geographic Information System［M］. London：Longman Inc.，1991.

[72] 艾娜 等．美国的公共住宅及公共住宅政策［J］．中外房地产导报，1999（7）：13－15．
[73] 巴曙松．构建住房制度市场主导下的政府适度介入［J］．资本市场，2005（9）：46－48．
[74] 编辑部．国外几种解决低收入者居住的方案［J］．四川建筑，2003，23（8）：207．
[75] 编辑部．天津首个廉租住房小区建成［J］．城乡建设，2000（9）：46．
[76] 蔡恩泽．尴尬的廉租房［J］．法制与经济，2008（3）：5－6．
[77] 蔡育天．上海市推进廉租住房制度的实践［J］．城市开发，2001（4）：47－48．
[78] 陈华 等．房地产价格风险：国际教训及中国的路径选择［J］．广东经济管理学院学报，2006，21（2）：16－21．
[79] 陈立新．关注城市低收入阶层的居住权［J］．中国科技信息，2005（16）：227，229．
[80] 陈默．前联邦德国的住宅立法与住宅建设［J］．中外房地产导报，1995（19）：27－28．
[81] 陈平．国际不同类型住宅政策［J］．国际市场，1996（5）：22．
[82] 程胜，宋扬．政府的住房"干预政策"［J］．政策瞭望，2003（6）：20－21．
[83] 楚枫，雨田．北京市城镇廉租住房政策系列问答［J］．北京房地产，2001（12）：31 35．
[84] 褚超孚，贾生华．浙江省城镇住房保障"三阶段"动态演进的框架模型［J］．浙江社会科学，2005（4）：207－212．
[85] 董春方，范晓剑．城市中低收入者住宅的研究与设计［J］．低温建筑技术，2007（1）：25－26．
[86] 樊辛欣．外国住房政策及对我们的启示［J］．住宅科技，1994（3）：38－42．
[87] 冯健，周一星．北京都市区社会空间结构及其演化［J］．地理研究，2003，22（4）：465－483．
[88] 冯宗容．廉租房运作机制评析及创新［J］．经济体制改革，2002（3）：160－164．
[89] 高达一．新加坡国民公寓：一种住宅新概念［J］．中国房地信息，1999（7）：46．
[90] 高晓路．住宅政策的技术标准及其研究方法［J］．住区，2007（5）：16－19．
[91] 顾建发．上海房市可持续发展与中低收入者的住房解决［J］．城市管理，2004（4）：23－25．
[92] 谷俊青．就廉租房谈住房保障［J］．中国房地产，2004（6）：39－41．
[93]（日）古濑敏．美国的住宅政策福利的观点［J］．宇寒 译．国外社会科学文摘，2000（2）：42－45．
[94] 顾云昌，泰虹．跨世纪中国住宅产业政策纲要（上）［J］．中国房地产，2000（4）：12－14．
[95] 顾云昌，泰虹．跨世纪中国住宅产业政策纲要（下）［J］．中国房地产，2000（5）：4－5．
[96] 顾云昌．中国住房和住房市场的现在与未来［J］．中国房地产，2000（2）：28－32．
[97] 顾云昌．中国房地产十年记［J］．城市开发，2002（12）：4－5．

[98] 顾云昌．楼市发展中的“无形之手”和“有形之手”［J］．中国房地产，2007 (4)：8－11.
[99] 顾云昌．房地产业和谐发展的4个协调［J］．城市开发，2007（4）：84－85.
[100] 顾云昌．不应忽视“夹心层”的住房需求［J］．装饰，2008（3）：40－41.
[101] 顾志明，柯年满．加快建立廉租房供应体系的必要性和对策［J］．中国房地产金融，2001（9）：23－26.
[102] 广州市房管局．广州市出台经济房廉租房建设方案［J］．城乡建设，2001 (4)：24.
[103] 郭红旗．探讨低收入阶层住区建设的公共政策［J］．山西建筑，2006，32（2）：25－26.
[104] 国务院发展研究中心课题组．韩国如何解决低收入家庭住房问题［J］．中国发展观察，2007（1）：45－47.
[105] 韩涛，刘纯．聂梅生：用信托为廉租房建设提供资金［J］．城市开发，2006 (3)：7－9.
[106] 何绍一．社会保障商品房的管理体制［J］．中国房地产，1996（2）：29－33.
[107] 何深静，刘玉亭．邻里作为一种规划思想——其内涵及现实意义［J］．国外城市规划，2005，20（3）：64－68.
[108] 宏亮．台湾住宅补助政策［J］．中外房地产导报，2001（8）：45－47.
[109] 洪开荣．城市开发问题的博弈分析［J］．生产力研究，2001（4）：42－44.
[110] 黄儒东．经济适用住房的成本控制［J］．中国房地产，2001（8）：40－42.
[111] 黄怡．住宅产业化进程中的居住隔离——以上海为例［J］．现代城市研究，2001 (4)：40－43.
[112] 黄怡．城市居住隔离及其研究进程［J］．城市规划汇刊，2004（5）：65－72.
[113] 黄怡．城市居住隔离的模式——兼析上海居住隔离的现状［J］．城市规划学刊，2005（2）：31－37.
[114] 胡志刚．建立和完善住房保障体系的新思考（上）［J］．中国房地产，2003 (3)：6－10.
[115] 胡志刚．建立和完善住房保障体系的新思考（下）［J］．中国房地产，2003 (4)：10－13.
[116] 惠小勇，孙玉波，白冰．新政策确保中低收入者安居［J］．瞭望新闻周刊，2002 (35)：35－37.
[117] 金双华．完善个人住宅消费金融体系的构想［J］．财经问题研究，1998（8）：30－31.
[118] 金钟范．韩国低收入阶层住宅政策［J］．上海房地，2003（6）：61－63.
[119] 鞠德东，吴明伟．宁、苏、锡廉租住宅组织建设初探［J］．规划师，2004，20 (6)：86－89.
[120] 焦建国，朗大鹏．住房社会保障制度：由来、问题、借鉴与改进建议［J］．经济研究参考，2005（76）：12－18.
[121] 康琪雪．经济适用房与廉租房何去何从［J］．中国房地信息，2005（11）：7－8.
[122] 联合国人居署．联合国人类住区规划署2006年年度报告（一）［J］．人类居住，

2007（4）：28－37.
［123］刘惠娟．廉租房离我们有多远——全国廉租住房工作研讨会侧记［J］．北京房地产，2001（4）：5－6.
［124］刘金燕．变补“砖头”为补“人头”变暗补为明补——对解决中低收入家庭住房问题的思考［J］．长江建设，2000（6）：13－14.
［125］刘琳．住房保障辅助住房市场［J］．中国投资，2008（4）：73.
［126］刘鹏．个人集资建房：另类应对房改［J］．资本市场，2005（9）：40－41.
［127］刘伟红．厦门市廉租住房体系建设及经验分析［J］．学习月刊，2008（1）：37－38.
［128］刘颖．城市贫困群体住房保障政策的经济效应论证［J］．经济体制改革，2004（5）：45－48.
［129］刘玉亭，何深静．反思新时期我国城市发展的几个问题［J］．现代城市研究，2001（5）：65－68.
［130］刘玉亭，何深静，顾朝林，陈果．国外城市贫困问题研究［J］．现代城市研究，2003（1）：78－86.
［131］刘玉亭，何深静，李志刚．南京城市贫困群体的日常活动时空间结构分析［J］．中国人口科学，2005（增刊）：85－93.
［132］刘玉亭，吴缚龙，何深静，李志刚．转型期城市低收入邻里的类型、特征和产生机制：以南京市为例［J］．地理研究，2006，25（6）：1073－1082.
［133］刘玉亭，何深静，魏立华，吴缚龙．市场转型背景下南京市的住房分异［J］．中国人口科学，2007（6）：82－92，96.
［134］刘玉亭，何深静，吴缚龙．英国的住房体系和住房政策［J］．城市规划，2007，31（9）：54－63.
［135］刘云，宁奇峰，陈伟．上海与香港住房供应体系的比较研究［J］．华中建筑，2002，20（1）：28－30，45.
［136］刘云，宁奇峰，陈伟．香港保障性住房供应体系的特点及其启示［J］．现代城市研究，2002（4）：71－74.
［137］刘正才．廉租房将终结经济适用房？［J］．中国社会导刊，2006（9）：41－43.
［138］刘志峰．提高认识，探索创新，建立适应各地实际情况的住房保障制度——刘志峰副部长在廉租住房研讨会上的讲话［J］．城乡建设，2001（4）：1－6.
［139］刘助仁．外国住宅合作社概况［J］．住宅科技，1994（5）：30－32.
［140］老井．香港廉租房制度的启示［J］．中国房地信息，2002（4）：53.
［141］李斌．社会排斥理论与中国城市住房改革制度［J］．社会科学研究，2002（3）：106－110.
［142］李晓曼．长春市“廉租房制度”探出新路［J］．城市开发，2005（2）：56－57.
［143］李志刚，吴缚龙，刘玉亭．城市社会空间分异——倡导还是控制［J］．城市规划汇刊，2004（6）：48－52.
［144］芦金锋，王要武．日本公营住宅的运作方法及其借鉴［J］．哈尔滨建筑大学学报，2005，35（4）：103－107.
［145］芦金锋，王要武．借鉴日本公营住宅经验建立我国低收入家庭住房租金模型

[J]. 土木工程学报, 2005, 38 (12): 128 - 132.

[146] 林凌. 创新城市化进程中的旧城改造方式 [J]. 经济体制改革, 2005 (4): 17 - 19.

[147] 林家彬. 政府住房保障的对象与方式 [J]. 住区, 2007 (5): 8 - 11.

[148] 龙瀛, 何永, 刘欣, 杜立群. 北京限建区规划: 制订城市扩展的边界 [J]. 城市规划, 2006 (12): 20 - 26.

[149] 茅临生. 坚持商品房市场和住房保障体系两手抓, 满足低收入家庭的住房需求 [J]. 中国建设信息, 2004 (9): 16 - 19.

[150] 钮心毅, 宋小冬. 基于土地开发政策的城市用地适宜度评价 [J]. 城市规划学刊, 2007 (2): 57 - 61.

[151] 倪文. 无人问津的廉租房 [J]. 中外房地产导报, 2000 (18): 19.

[152] 欧阳东. 让穷人有房住——城镇最低收入家庭住房保障探析 [J]. 城乡建设, 2004 (7): 46 - 48.

[153] 彭华民. 社会排斥与社会融合——一个欧盟社会政策的分析路径 [J]. 南开学报 (哲学社会科学版), 2005 (1): 23 - 30, 103.

[154] 彭华民, 黄叶青. 福利多元主义: 福利提供从国家到多元部门的转型 [J]. 南开学报 (哲学社会科学版), 2006 (6): 40 - 48.

[155] 彭华民, 宋祥秀. 嵌入社会框架的社会福利模式——理论与政策反思 [J]. 社会, 2006, 26 (6): 138 - 153.

[156] 彭华民. 福利三角: 一个社会政策分析的范式 [J]. 社会学研究, 2006 (4): 157 - 168.

[157] 秦丽, 赵正佳. 关于廉租房几种房源的优劣分析 [J]. 中国房地产, 2001 (7): 44 - 45.

[158] 邱冬阳 等. 廉租房——城镇住房弱势群体救助的现实选择 [J]. 重庆建筑大学学报, 2003, 25 (6): 124 - 129.

[159] 钱瑛瑛. 中国住房保障政策研究 [J]. 中国房地产, 2003 (8): 57 - 60.

[160] 曲蕾. 荷兰社会住宅的运作方式及其在城市更新中的作用 [J]. 国外城市规划, 2004, 19 (3): 57 - 61.

[161] 翟峰. 城市廉租房社区: 穷人的住房期待 [J]. 发展月刊, 2005 (6): 46 - 47.

[162] 阮茜. 小康不小康, 关键看住房——记实施中的国家安居工程 [J]. 经济世界, 1995 (9): 7 - 8.

[163] 任兴洲. 对中国住房制度改革与住房保障制度的认识 [J]. 住区, 2007 (5): 5 - 7.

[164] 阮斌. 新加坡的住宅产业政策 [J]. 长江建设, 2002 (3): 40.

[165] 桑小琳, 邓雪娴. 多层住宅的改造——旧住宅可持续发展的对策 [J]. 建筑学报, 2005 (10): 41 - 43.

[166] 邵四华. 构建我国低收入家庭廉租住房保障资金支撑体系的探索 [J]. 中国房地产金融, 2008 (2): 18 - 20.

[167] 深圳市住宅局. 积极探索解决中低收入市民的住房问题 [J]. 中国房地产, 1995 (6): 19 - 21.

[168] 石晶. 住宅开发应面向中低收入者 [J]. 住宅科技, 1999 (6): 42 - 44.

[169] 沈燕，侯箴. 国外解决中低收入者住房困难的途径及对我国的启示 [J]. 武汉冶金管理干部学院学报，2001，11 (3)：23 -25.

[170] 抒娴. 美国的住房现状及住房政策 [J]. 中国房地信息，1995 (9)：52 -53.

[171] 宋博通，黄渝祥，陈广俊. 国外住房过滤模型的研究现状及启示 [J]. 中外房地产导报，2000 (23).

[172] 宋博通. 政府兴建住房与货币补贴成本比较研究 [J]. 深圳大学学报 (理工版)，2001，18 (1)：71 -77.

[173] 宋博通. 20 世纪美国低收入阶层住房政策研究 [J]. 深圳大学学报 (理工版)，2002，19 (3)：65 -72.

[174] 宋博通. 从公共住房到租金优惠券——美国低收入阶层住房政策演化解析 [J]. 城市规划汇刊，2002 (4)：65 -73.

[175] 宋博通. 美国联邦政府低收入阶层住房政策述论 [J]. 中国房地产，2002 (9)：71 -73.

[176] 宋博通. 三种典型住房补贴政策的“过滤”研究 [J]. 城乡建设，2002 (8)：27 -29.

[177] 宋博通. 市场化对我国住房政策制定的影响 [J]. 深圳大学学报 (人文社会科学版)，2002，19 (4)：42 -46.

[178] 苏勤，林炳耀. 面临新城市贫困我国城市发展与规划的对策研究 [J]. 人文地理，2003，18 (5)：17 -21.

[179] 孙爱龙，李伟梁. 确立两条标准线完善住房保障制度 [J]. 哈尔滨商业大学学报 (社会科学版)，2002 (6)：43 -44.

[180] 孙玉波. 低收入家庭怎样住上廉租房 [J]. 政策瞭望，2004 (2)：17 -18.

[181] 孙炳耀. 如何解决“福利倒立”和“福立悖论” [J]. 城乡建设，2004 (4)：43.

[182] 沈阳. 低收入与高房价的背后 [J]. 发展月刊，2005 (1)：51 -55.

[183] 苏宝炜 等. 廉租房社区有效物管模式探讨 [J]. 北京房地产，2005 (4)：92 -93.

[184] 谭英. 由居民搬迁问题引发的对北京危改方式的探讨 [J]. 建筑学报，1998 (2)：44 -47.

[185] 唐敏. 建设部副部长刘志峰访谈——破解低收入户无房难题 [J]. 瞭望新闻周刊，2004 (7)：13 -14.

[186] 唐晓岚. 美国及联合国社会指标模型评析 [J]. 发展研究，2003 (4)：51 -52.

[187] 唐旭君. 对某市廉租房政策的另类思考 [J]. 城市发展研究，2005，12 (3)：15 -18.

[188] 唐英哲. 海外房地产市场扫描 [J]. 中国房地信息，2000 (8)：46 -47.

[189] 田野，栗德祥，毕向阳. 不同阶层居民混合居住及其可行性分析 [J]. 建筑学报，2006 (4)：36 -39.

[190] 汤腊梅，徐晓颖. 廉租住房制度比较分析 [J]. 中国房地产，2001 (12)：11 -13.

[191] 汪泓 等. 构建和完善上海廉租房体系的研究 [J]. 上海工程技术大学学报，2001，15 (增刊)：32 -37.

[192] 王国强. 廉租房体系——低收入群体住房福音 [J]. 中国房地信息，2005 (11)：

17－18.
［193］王军．居者有其屋：新加坡住宅建设奇迹［J］．中华建设，2005（6）：64－65.
［194］王连华．廉租房——上海实现“居者有其屋”之路［J］．上海综合经济，1998（10）：12－14.
［195］王立新．北京现阶段中低收入住宅供求矛盾的调研［J］．南方建筑，2002（2）：71－73.
［196］王来福．困扰我国住宅业健康发展的因素分析［J］．财经问题研究，2001（5）：55－57.
［197］王宁楠．新加坡的公共住宅政策及其借鉴［J］．南洋问题研究，2001（2）：43－48.
［198］王祎，杨碧，于威．论我国城镇廉租房的房源及其资金保障［J］．资源·产业，2004，6（5）：71－73.
［199］王韬 等．关于西安市廉租房建设分配问题的几点思考［J］．住区，2007（5）：46－49.
［200］王纬．天津中低收入家庭住房保障政策实施探讨［J］．住区，2007（5）：36－39.
［201］王秀燕，行惠彦．论中低收入家庭住宅消费市场的启动［J］．山西财经大学学报，1999，21（增刊）：11－12.
［202］经济增长、快速城市化和贫困［J］．王瀛 译．人类居住，2007（2）：18－19.
［203］魏立华，李志刚．中国城市廉租房的住房困境及其改善模式［J］．城市规划学刊，2006（2）：53－58.
［204］魏明，袁烁，陈铁成．低收入阶层住房保障研究及住房供应体系构建［J］．山西建筑，2007，33（2）：247－248.
［205］魏雅华．“住房痛苦指数”是一把锋利无比的手术刀［J］．中国房地产金融，2007（3）：38－41.
［206］文生．美国“福利房”全景解读［J］．城乡建设，2000（10）：32－33.
［207］文林峰．如何构建我国完善的住房供应体系［J］．资本市场，2005（9）：48－50.
［208］吴晓，张靖．公共住宅：香港和新加坡的政策性差异透视［J］．城市规划，2002，26（3）：44－48.
［209］吴宇哲，张蔚文等．韩国国家住宅公司的经验及启示［J］．城市开发，2002（7）：57－58，60.
［210］吴鹏森．中国城市住宅建设中的弱势关怀［J］．《安徽师范大学学报》（人文社会科学版），2004，32（2）：151－155.
［211］肖晋，鲁晨，鲁启峰．我国加快廉租住房的基本国情和运作机制［J］．中国住宅设施，2008（2）：16－22.
［212］晓梅．一九九六年建设工作的主旋律——解决中低收入居民住宅问题［J］．当代建设，1995（6）：1.
［213］谢芳．纽约市的廉租房［J］．首都经济杂志，2002（1）：47.
［214］谢家谨．借鉴德国住房储蓄经验完善我国住房融资体系［J］．住宅科技，1997（4）：31－34.
［215］谢家谨．2002 年住宅与房地产工作重点［J］．中国房地产，2002（4）：7－9.

[216] 邢忠，黄光宇，颜文涛．将强制性保护引向自觉维护——城镇非建设性用地的规划与控制［J］．城市规划学刊，2006（1）：39－44.
[217] 徐红．城市中低收入家庭购房阻力分析［J］．经济师，2005（10）：53－54.
[218] 徐红．中低收入居民住宅市场分析［J］．山东师范大学学报（自然科学版），2005，20（2）：62－64.
[219] 徐飞，张然．香港公屋制度对国内廉租住房建设的启示［J］．当代经理人，2006（3）：222－223.
[220] 严拱钦．讲求实效稳中求进——对经济适用房建设中要正确处理好若干关系的思考［J］．中国房地信息，1999（8）：25－27.
[221] 严先溥．住房消费超常增长数据的背后［J］．数据，2005（11）：30－31.
[222] 杨立雄．通过社会救助实施社会保护——基于弱势群体的社会保障制度重构［J］．中国软科学，2004（7）：7－12.
[223] 杨胜刚．台湾的住房价格、住宅政策及其对大陆住房改革的启示［J］．消费经济，1997（4）：57－60.
[224] 杨燕敏．法国的住宅政策和住房管理［J］．北京房地产杂志，1995（9）：36－39.
[225] 叶书宏．墨西哥住房政策向低收入阶层倾斜［J］．中国地产市场，2005（5）：49.
[226] 殷冬明．国外廉租房制度透析［J］．北京房地产，2005（10）：97－100.
[227] 尹强．城市更新中的低收入群体住房保障问题探讨［J］．住区，2007（5）：20－21.
[228] 远立．英美日三国住房社会保障［J］．住宅科技，1997（4）：35－37.
[229] 余期江，庄浩．城镇廉租房制度建设中的政府职能定位［J］．天水行政学院学报，2004（6）：29－32.
[230] 余佳，丁金宏．大都市居住空间分异及其应对策略［J］．华东师范大学学报（哲学社会科学版），2007，39（1）：67－72.
[231] 喻建良，李克琴．合作住宅：扶持中低收入阶层和扩大内需的良策［J］．财经理论与实践（双月刊），2003，24（123）：106－109.
[232] 实现千年发展目标的良好政策与扶持性立法案例研究摘要（一）［J］．宗菁 译．人类居住，2007（1）：29－32.
[233] 赵明，弗兰克·舍雷尔．法国社会住宅政策的演变及其启示［J］．国际城市规划，2008，23（2）：62－66.
[234] 赵文凯．关注住房保障中的市场规律［J］．住区，2007（5）：12－15.
[235] 赵新华．上海廉租房大量登场［J］．政策瞭望，2003（2）：35.
[236] 赵燕菁．廉租房的“借富济贫”路径［J］．瞭望新闻周刊，2005（32）：16－20.
[237] 赵燕菁．廉租房建设的“一揽子”效应［J］．瞭望新闻周刊，2005（32）：21－23.
[238] 赵燕菁．廉租房建设与国家宏观经济［J］．城市发展研究，2005，12（3）：1－14，29.
[239] 赵忠泽．美国住房抵押贷款二级市场的发展及借鉴［J］．中外房地产导报，2000（14）：35－36.
[240] 张国云．中国住宅业要靠中低收入者支撑［J］．社会，1997（9）：12－13.

[241] 张海平，赵维娜．国外住房保障："有法可依"是硬道理［J］．中国房地信息，2003（7）：51－52.
[242] 张江湖．空置率26%：房地产结构性过剩［J］．中国科技财富，2006（1）：58－62.
[243] 张杰 等．近现代城市发展脉络与中国住宅的现实选择［J］．住区，2007（5）：28－32.
[244] 张娟．住廉租房的人家［J］．今日中国，2003（1）：60－63.
[245] 张开济．"香港模式"是北京住宅建设的发展方向吗［J］．建筑学报，1998（9）：37－39.
[246] 张学刚．马来西亚面向低收入居民的住宅政策［J］．中国房地信息，1996（9）：49.
[247] 张彧．低收入流动人口城市住宅初探［J］．新建筑，2001（2）：10－12.
[248] 张元端．廉租屋：低收入阶层的安全底限［J］．中国房地信息，2003（8）：4－6.
[249] 郑思齐，刘洪玉．从住房自有化率剖析住房消费的两种方式［J］．经济与管理研究，2004（4）：28－31.
[250] 中低收入家庭住房问题研究课题组．三管齐下保证居民住房——国外中低收入家庭住房政策经验［J］．中国投资，2005（11）：97－99.
[251] "中国社会保障体系研究"课题组．中国社会保障制度改革：反思与重构［J］．社会学研究，2000（6）：49－65.
[252] 钟中．关注"灰色市民"的安居梦——深圳私营企业中低收入职工居住状况及住房需求调查［J］．中外房地产导报，2000（1）：24－27.
[253] 仲志远．房改之痛［J］．资本市场，2005（9）：29.
[254] 仲志远．现状篇——房改濒临失败？［J］．资本市场，2005（9）：30－32.
[255] 仲志远，刘鹏，胡喜盈等．调查篇——住房梦离我们几步之遥？［J］．资本市场，2005（9）：33－39.
[256] 仲志远．政府篇——公共角色缺位与思变［J］．资本市场，2005（9）：41－42.
[257] 周家高．发达国家的住宅消费政策［J］．中国房地信息，2003（12）：44.
[258] 周燕珉 等．我国廉租房建筑设计研究［J］．住区，2007（5）：22－27.
[259] 朱道才．欧美住宅产业现代化及启示［J］．特区经济，2006（4）：143－144.
[260] 祝方．廉租房政策浮出水面［J］．北京房地产，2001（12）：6－7.
[261] Affordable housing in L. A.' s Korea town [J]. Architecture, 1993, 82 (1): 35.
[262] Birgit Glock, et al. New Trends in Urban Development and Public Policy in eastern Germany: Dealing with the Vacant Housing Problem at the Local Level * [J]. International Journal of Urban and Regional Research, 2004, 28 (4): 919－929.
[263] Boyowa A. Chokor. Changing urban housing form and organization in Nigeria: lessons for community planning [J]. Planning Perspectives, 2005, 20 (1): 69－96.
[264] Catherine Bochel, et al. Housing: the foundation of community care? [J]. Health and Social Care in the Community, 1999, 7 (6): 492－501.
[265] Claudio C. Acioly. Consolidation of low income settlements [J]. Open House International, 1991, 16 (2): 46－54.
[266] Demet Irkli, et al. An evolutionary housing supply mode towards design of the quality

environments for low-income groups in Turkey [J]. Open House International, 1989, 14 (3): 44-48.

[267] Donald Canty. Bright and serene: Mendelsohn House, San Francisco, California [J]. Architectural Record, 1991, 179 (8): 90-99.

[268] Erin Mifflin, et al. No place like home: rooming houses in contemporary urban context [J]. Environment and Planning A, 2005, 37 (3): 403-421.

[269] Viviescas M. Fernando The myth of self-build as popular architecture: the case of low-income housing in Colombian cities [J]. Open House International, 1985, 10 (4): 44-47.

[270] Gary Bridge. Estate Agents as Interpreters of Economic and Cultural Capital: The Gentrification Premium in the Sydney Housing Market * [J]. International Journal of Urban and Regional Research, 2001, 25 (1): 87-101.

[271] Glen Bramley. Land-use planning and the housing market in Britain: the impact on housebuilding and house prices [J]. Environment and Planning A, 1993, 25 (7): 1021-1051.

[272] Godwin Arku. Housing as a Tool of Economic Development since 1929 [J]. International Journal of Urban and Regional Research, 2005, 29 (4): 895-915.

[273] Hans Pruijt. In the Institutionalization of Urban Movements Inevitable? A Comparison of the Opportunities for Sustained Squatting in New York City and Amsterdam * [J]. International Journal of Urban and Regional Research, 2003, 27 (1): 133-157.

[274] Hill Kulu. Housing Differences in the Late Soviet City: The Case of Tartu, Estonia * [J]. International Journal of Urban and Regional Research, 2003, 27 (4): 897-911.

[275] Hugh Clout. The Great Reconstruction of towns and cities in France 1918-35 [J]. Planning Perspectives, 2005 (20): 1-33.

[276] Hugo Priemus. Rent Subsidies in the USA and Housing Allowances in the Netherlands: Worlds Apart [J]. International Journal of Urban and Regional Research, 2000, 24 (3): 700-712.

[277] Hugo Priemus. Dutch Housing Allowances: Social Housing at Risk [J]. International Journal of Urban and Regional Research, 2004, 28 (3): 706-712.

[278] Jean-Pierre Lévy. Change in the Social Hierarchy of French Urban Housing between 1978 and 1996 [J]. International Journal of Urban and Regional Research, 2005, 29 (3): 581-607.

[279] Jeff R. Crump. The End of Public Housing as We Know It: Public Housing Policy, Labor Regulation and the US City [J]. International Journal of Urban and Regional Research, 2003, 27 (1): 179-187.

[280] John Goulding. Housing and density development [J]. Irish Architect, 2002 (173): 45.

[281] John F. Mcdonald. Did Suburban Zoning Become More Restrictive? [J]. Planning Perspectives, 2004, 19 (4): 391-408.

[282] Laurence Murphy. Reasserting the 'Social' in Social Rented Housing: Politics, Hous-

ing Policy and Housing Reforms in New Zealand [J]. International Journal of Urban and Regional Research, 2003, 27 (1): 90 - 101.

[283] Lawrence J. Barnett. Case Studies in the Acquisition of Belief 1982 - 1987: A Critical Perspective [J]. The Urban Review, 1993, 25 (4): 307 - 334.

[284] John R. Logan, et al. 2003. Parents' Needs, Family Structure, and Regular Intergenerational Financial Exchange in Chinese Cities [J]. Sociological Forum, 2003, 18 (1): 85 - 101.

[285] Loretta Lees. The Centrality of Community Capacity in State Low-Income Housing Provision in Cape Town, South Africa * [J]. International Journal of Urban and Regional Research, 2000, 24 (4): 858 - 872.

[286] L. Zhang, et al. Self-help in Housing and Chengzhongcun in China' s Urbanization * [J]. International Journal of Urban and Regional Research, 2003, 27 (4): 912 - 937.

[287] Michael Turk. The Question of Rent: The Emerging Urban Housing Crisis in the New Century [J]. International Journal of Urban and Regional Research, 2004, 28 (4): 909 - 918.

[288] Misa Izuhara. Residential Property, Cultural Practices and the 'Generational Contract' in England and Japan [J]. International Journal of Urban and Regional Research, 2005, 29 (2): 327 - 340.

[289] Pascal de Decker, et al. Revitalizing the City in an Anti-Urban Context: Extreme Right and the Rise of Urban Policies in Flanders, Belgium [J]. International Journal of Urban and Regional Research, 2005, 29 (1): 152 - 171.

[290] Patricia A. Gibbs. African-American gardens and yards in the rural South [by] Richard Westmacott [book review] [J]. Winterthur Portfolio, 1994, 29 (2 - 3): 205 - 207.

[291] Paul Jenkins. Strengthening Access to Land for Housing for the Poor in Maputo, Mozambique * [J]. International Journal of Urban and Regional Research, 2001, 25 (3): 629 - 648.

[292] Project portfolio: Warren Gardens, Roxbury, Mass. [J]. House and Home, 1972, 42 (1): 80 - 83.

[293] Richard Dennis. 'Zoning' before zoning: the regulation of apartment housing in early twentieth century Winnipeg and Toronto [J]. Planning Perspectives, 2000, 15 (3): 267 - 299.

[294] Richard Harris, et al. The Urban Geography of Low-Income Housing: Cairo (1947 - 96) Exemplifies a Model * [J]. International Journal of Urban and Regional Research, 2002, 26 (1): 58 - 79.

[295] Richard Tomlinson. International Best Practice, Enabling Frameworks and the Policy Process: A South African Case Study * [J]. International Journal of Urban and Regional Research, 2002, 26 (2): 377 - 388.

[296] Steve Robinson. Infill without overkill: in inner-city Atlanta, an architect' s expandable starter home fits comfortably alongside its low-income neighbors [J]. Fine Homebuilding, 2002 (147): 76 - 81.

[297] Susan Williamson. House of pain [J]. Texas Architect, 1993, 43 (2): 8, 12 -13.
[298] Thomas Hall, et al. The Million Homes Programme: a review of the great Swedish planning project [J]. Planning Perspectives, 2005, 20: 301 -328.
[299] Vikram Bhatt, Mulkh Raj. Towards a housing revolution [J]. Open House International, 1986, 11 (1): 43 -45.
[300] Vince Hoenigman. Homelessness in a progressive city: San Francisco is paying as much to have homelessness as it could pay to end homelessness [J]. Urban Land, 2003, 62 (1): 46 -54.
[301] Ya Ping Wang, et al. Social and Spatial Implications of Housing Reform in China * [J]. International Journal of Urban and Regional Research, 2000, 24 (2): 397 -417.
[302] Youqin Huang. The Road to Homeownership: A Longitudinal Analysis of Tenure Transition in Urban China (1949 -94) * [J]. International Journal of Urban and Regional Research, 2004, 28 (4): 774 -795.
[303] 曹震. 房地产市场的博弈问题研究 [D]. 南京: 河海大学, 2003.
[304] 陈先毅. 城市政府住宅发展政策研究——以上海为例 [D]. 上海: 华东师范大学, 2006.
[305] 楚先锋. 中国住房商品化时期的城市住宅设计观念及发展趋势探讨 [D]. 北京: 清华大学, 2002.
[306] 陈煜红. 我国福利性住宅发展目标及模式研究 [D]. 重庆: 重庆大学, 2004.
[307] 董英兰. 房地产市场博弈研究 [D]. 北京: 首都经济贸易大学, 2006.
[308] 万舟. 住房分配货币化——住宅体制目标模式的选择 [D]. 大连: 大连理工大学, 2000.
[309] 方凯. 美国低收入家庭住房实现中的政府扶持研究及对我国借鉴 [D]. 武汉: 湖北大学, 2002.
[310] 冯工. 完善我国住房公积金制度的法律思考 [D]. 武汉: 华中师范大学, 2006.
[311] 傅燕. 经济适用住宅厨、卫空间的设计研究 [D]. 西安: 西安建筑科技大学, 2003.
[312] 龚洪波. 旧城混杂居住街区的更新方式研究——以武汉市永清片旧城为例 [D]. 武汉: 华中科技大学, 2004.
[313] 郭媛萍. 我国城镇经济适用住房研究 [D]. 成都: 四川大学, 2004.
[314] 何新颂. 城市中低收入者商品住宅运作模式研究 [D]. 重庆: 重庆建筑大学, 1996.
[315] 贺昌全. 成都旧城低收入社区渐进式更新模式探索 [D]. 成都: 西南交通大学, 2005.
[316] 胡明. 陕西省城市经济适用住房建设管理机制研究 [D]. 西安: 西安建筑科技大学, 2004.
[317] 胡斌. 杭州中、低收入家庭住房问题调查和住房政策研究 [D]. 杭州: 浙江大学, 2004.
[318] 黄晨. 低收入者社区的居住环境营造——以北京市为例 [D]. 北京: 北京建筑工程学院, 2004.

[319] 黄霖. 中国城乡弱势群体成因与对策探究 [D]. 重庆：重庆师范大学，2005.
[320] 简玲. 我国公共住房供给模式研究——以贵州为例 [D]. 杭州：浙江大学，2005.
[321] 金江. 廉租房融资模式研究 [D]. 西安：西安建筑科技大学，2004.
[322] 鞠德东. 快速城市化背景下流动人口廉租住宅建设初探——以宁、苏、锡为例 [D]. 南京：东南大学，2004.
[323] 柯年满. 中国城镇廉租住房问题研究 [D]. 武汉：武汉科技大学，2000.
[324] 黎岩. 广东地区城市经济适应住宅设计探讨 [D]. 西安：西安建筑科技大学，2001.
[325] 李国敏. 城市低收入居民住房社会保障研究 [D]. 武汉：武汉城市建设学院，2000.
[326] 李长江. 从效率到公平——部分发达国家和地区住房政策的演变对深圳的启示 [D]. 深圳：深圳大学，2003.
[327] 李杰. 北京市中低收入家庭住房保障研究 [D]. 北京：首都经济贸易大学，2006.
[328] 李楠. 我国经济适用住房政策研究 [D]. 南京：南京农业大学，2005.
[329] 刘鹏. 建立城市廉租房制度的模式与方法 [D]. 重庆：重庆大学，2004.
[330] 刘玉亭. 中国转型期城市贫困问题研究——社会地理学视角的南京实证分析 [D]. 南京：南京大学，2003.
[331] 马冰. 我国城镇低收入阶层的现状、成因及对策研究 [D]. 长沙：湖南大学，2004.
[332] 马隽. 基于顾客满意视角的杭州中、低收入群体住房问题研究 [D]. 杭州：浙江大学，2005.
[333] 毛凤彦. 目前我国城市贫困家庭住房问题探析——一种社会排斥理论的框架 [D]. 长春：吉林大学，2005.
[334] 聂敏. 深圳特区流动人口弱势群体聚居空间环境研究 [D]. 深圳：深圳大学，2004.
[335] 欧阳东. 我国城镇最低收入家庭住房保障研究 [D]. 重庆：重庆大学，2004.
[336] 潘爱民. 城市弱势群体住宅消费保障问题研究 [D]. 湘潭：湘潭大学，2004.
[337] 乔晓燕. 中国城市社会住宅模式新探 [D]. 重庆：重庆建筑大学，1998.
[338] 宋飞. 中国城镇低收入居民住房政策探讨 [D]. 苏州：苏州大学，2004.
[339] 孙昊. 低收入流动人口居住空间结构规划初探——以北京市为例 [D]. 北京：中国城市规划计研究院，2006.
[340] 唐旭君. 重庆市住宅属性需求的实证分析 [D]. 重庆：重庆大学，2003.
[341] 唐芸霞. 我国城市贫困与社会保障制度 [D]. 武汉：武汉大学，2004.
[342] 滕晓浩. 城市低收入人群住房保障制度研究 [D]. 武汉：武汉大学，2005.
[343] 王立新. 北京现阶段中低收入家庭住房建设困境与对策研究 [D]. 北京：清华大学，2002.
[344] 王茹. 城市低收入阶层住宅研究 [D]. 天津：天津大学，2003.
[345] 王侠. 大城市低收入居住空间发展研究——以南京市为例 [D]. 南京：东南大

学，2004.
[346] 王银彩．我国城市化进程中城市住宅问题研究［D］．重庆：重庆大学，2006.
[347] 吴清旺．房地产开发中的利益冲突与衡平——以民事权利保障为中心［D］．重庆：西南政法大学，2004.
[348] 肖守华．城市房屋拆迁补偿问题研究［D］．武汉：武汉大学，2005.
[349] 向寿生．廉租房供房模式的比较分析［D］．西安：西安建筑科技大学，2004.
[350] 熊焰．中低收入人群城市住宅可行性探索［D］．天津：天津大学，2006.
[351] 许广．我国城市低收入者住宅设计研究［D］．长沙：湖南大学，2006.
[352] 杨冬民．城市贫困：从社会排斥角度分析［D］．西安：西北大学，2005.
[353] 杨小宇．廉租住房供给模式的适用性研究［D］．西安：西安建筑科技大学，2004.
[354] 袁学军．湖南省城镇低收入家庭住房问题及对策研究［D］．长沙：湖南大学，2005.
[355] 曾俊骏．长沙市住房保障体系研究［D］．长沙：湖南大学，2006.
[356] 曾赛星．中国内地与香港中低收入者住房问题比较研究［D］．哈尔滨：哈尔滨建筑大学，1999.
[357] 赵海春．基于过滤模型对南京中低价住宅的研究［D］．南京：东南大学，2006.
[358] 赵晟．试论城市贫困与和谐社会的构建［D］．太原：山西大学，2006.
[359] 赵新才．中国城市住房保障制度研究［D］．武汉：华中师范大学，2001.
[360] 张建农．基于博弈论的商品住宅定价研究［D］．杭州：浙江大学，2004.
[361] 张俊．重庆市住宅房地产市场的供求分析［D］．重庆：重庆大学，2006.
[362] 张鹏．重庆市城市贫困的现状与反贫困对策研究［D］．重庆：重庆大学，2002.
[363] 张熙哲．上海棚户区改造问题初探［D］．上海：同济大学，2005.
[364] 张永波．城市中低收入阶层居住空间布局研究——基于可承受成本居住的北京实证研究［D］．北京：中国城市规划计研究院，2006.
[365] 周方．杭州市住宅市场供求关系与住宅产业政策研究［D］．杭州：浙江大学，2001.
[366] 周杰．非对称信息下房地产市场博弈问题研究［D］．成都：西南交通大学，2006.
[367] 祝亚辉．城市社会弱势群体居住问题研究［D］．重庆：重庆大学，2004.
[368] 邹琦．对建立我国住房社会保障体系的思考［D］．武汉：华中师范大学，2001.
[369] Huang Youqin. Housing choice in transitional urban China［D］. Los Angeles（USA）: University of California，Los Angeles，2001.
[370] Jacalynn Stuckey Welling. Forging a measure of success: Public housing and the transformation of community in Canton，Ohio，1900 - 1972［D］. Cleveland，Ohio（USA）: Case Western Reserve University，2003.
[371] Karin Ann-Margaret Westin. Demand for housing，supply of housing，and inter-city house price movements in the United States［D］. New Haven，Connecticut（USA）: Yale University，1994.
[372] Laura Caron Ebert. Essays on savings and the financing of reconstruction and develop-

ment in South Africa: A study of the loan market for low-income housing [D]. New York City (USA): New School for Social Research, 2000.

[373] Leo Reginald Smith. Assessment of the need and development of affordable housing: A social action project [D]. USA: The Union Institute, 2001.

[374] Margaret M. Brassil. De facto devolution: Affordable housing in the states (Maryland, Minnesota, Texas) [D]. Baltimore, Maryland (USA): The Johns Hopkins University, 2001.

[375] Michael H. Brown. An Examination of the Low-income Housing Tax Credit and its Impact on the Investing Decision [D]. University, Mississippi (USA): The University of Mississippi, 1994.

[376] Terri Lynn Hinson Silvis. The low-income housing tax credit: A case study of policy learning, coalition building, and paradigm expansion [D]. Portland, Oregon (USA): Portland State University, 2001.

[377] Victor Kootin-Sanwu. An analysis of low cost, energy efficient housing for low-income residents of hot and humid climates (Texas) [D]. Texas College Station (USA): Texas A&M University, 2004.

[378] Yuan Bai. Winners and losers: The political economy of Chinese urban housing reform [D]. Chicago, Illinois (USA): The University of Chicago, 2002.

[379] 李德仁. 数字地球与“3S”技术 [C] //中国地理信息系统协会第五届年会论文集（上）. 中国 GIS 协会, 1999.

[380] 邹经宇. 第三届中国城市住宅研讨会论文集 [C]. 香港：香港中文大学, 2003.

[381] 聂玉虎. 解决中等收入者购房难，今年主城试点两限房——市国土房管局公布《重庆市 2008 年度住房建设计划》[N]. 重庆晨报, 2008-02-02.

[382] 李培林. 中国贫富差距的心态影响和治理对策 [Z]. 中国社会科学网, 2007.

[383] 李培林. 社会冲突与阶级意识——当代中国社会矛盾研究 [Z]. 中国社会科学网, 2007.

[384] 施育晓. 低收入人士住房政策——国际比较及其启示 [Z]. 香港：香港理工大学, 2003.

[385] 洪大用. 弱势群体与社会支持研究报告之城市居民最低生活保障制度的最新进展（节选）[EB/OL]. http://www.cpirc.org.cn/yjwx/yjwx_detail.asp?id=2199, 2007.

[386] 洪大用. 弱势群体与社会支持研究报告之改革以来的中国城市扶贫（节选）[EB/OL]. http://www.cpirc.org.cn/yjwx/yjwx_detail.asp?id=2197, 2007.

[387] 沈晓杰. 中国房地产十大批判 [EB/OL]. http://blog.sina.com.cn/sxj, 2007.

[388] 香港房屋委员会. 香港房屋委员会公营房屋政策 [EB/OL]. http://sc.housingauthority.gov.hk/gb/www.housingauthority.gov.hk/b5/aboutus/policy/publichousing/0,,,00.html, 2007.

[389] 香港房屋委员会. 从数字看公营房屋十年发展 1990-2000 [EB/OL]. http://sc.housingauthority.gov.hk/gb/www.housingauthority.gov.hk/b5/aboutus/resources/archivestatistics/0,,,00.html, 2007.

[390] 香港房屋委员会．房屋统计数字（1998－2007）[EB/OL]. http://sc.housingauthority.gov.hk/gb/www.housingauthority.gov.hk/b5/aboutus/resources/statistics/0,,,00.html, 2007.

[391] 香港房屋委员会．房屋统计图表集2007 [EB/OL]. http://sc.housingauthority.gov.hk/gb/www.housingauthority.gov.hk/b5/aboutus/resources/graphicguides/0,,1－0－2756－－0,00.html, 2007.

[392] 香港房屋委员会．公营房屋架构检讨报告 [EB/OL]. http://sc.housingauthority.gov.hk/gb/www.housingauthority.gov.hk/b5/aboutus/policy/reports/0,,,00.html, 2007.

[393] 香港房屋委员会．香港公共房屋发展 [EB/OL]. http://sc.housingauthority.gov.hk/gb/www.housingauthority.gov.hk/b5/aboutus/resources/progress/0,,,00.html, 2007.

[394] 香港房屋委员会．香港公共房屋租住公屋申请表系列 [EB/OL]. http://sc.housingauthority.gov.hk/gb/www.housingauthority.gov.hk/b5/forms/0,,2－0－1642,00.html, 2007.

[395] 香港房屋委员会．公屋租金政策检讨报告 [EB/OL]. http://www.housingauthority.gov.hk/hdw/content/static/images/gb/aboutus/policy/cdrp06/report_pdf/consultation_report.pdf, 2007.

[396] 曾慧超，袁岳，高萍．2004年中国居民生活质量报告 [EB/OL]. http://www.cpirc.org.cn/yjwx/yjwx.asp, 2007.

[397] 郑功成．弱势群体与社会支持研究报告之社会保障与弱势群体保护（节选）[EB/OL]. http://www.cpirc.org.cn/yjwx/yjwx_detail.asp?id=2196, 2007.

[398] 郑杭生 等．弱势群体与社会支持研究报告之社会分化、弱势群体与政策选择（节选）[EB/OL]. http://www.cpirc.org.cn/yjwx/yjwx_detail.asp?id=2195, 2007.

[399] 郑杭生．弱势群体与社会支持研究报告之前言（节选）[EB/OL]. http://www.cpirc.org.cn/yjwx/yjwx_detail.asp?id=2142, 2007.

后　记

本书是在笔者博士学位论文的基础上改写而成的。

由于横跨工程与艺术等多个领域，建筑设计及其理论专业博士学位论文的选题和研究的困难是众所周知的。所幸我有一位治学严谨、学识渊博的导师——重庆大学建筑城规学院博士生导师朱昌廉教授！回望自1990年踏入师门以来的岁月，先生对弟子的倾心付出可说一言难尽。十几年来，最深的感触是：没有先生的言传身教、用心提携，就没有弟子今天在专业研究领域的发展！在本书付梓之际，我只想对先生说：您的教诲和在本书序言中的鼓励弟子会永远铭记，感激的心在今后会化作追求事业的动因，弟子一定会用出色的工作成绩来回报先生！

几年前，我有幸结识了建筑界泰斗、中国科学院院士、东南大学建筑研究所所长齐康教授。在数次陪同参访的过程中，齐老师多次语重心长地教导我要认真负责地对待专业研究，为我们所挚爱的国家努力奉献，并一直十分关心我的研究进展，这也成了我不断求索、精益求精的动力之一。齐老师不仅在百忙中亲赴重庆担任了我的博士学位论文答辩委员会主席，还在获悉论文将由中国建筑工业出版社出版发行后欣然命笔为本书作序。在此，我谨向齐康院士致以最诚挚的谢意！

此外，深深的感激也要献给我国住宅研究领域的几位著名专家：中国建筑设计院顾问总建筑师、国家建筑设计大师赵冠谦先生，清华大学建筑学院教授、博士生导师吕俊华先生，同济大学建筑与城市规划学院教授、博士生导师王仲谷先生等，是他们提出的中肯意见让本书成果得以深化。

关于本书研究的选题，我要特别感谢来自英国的苏格兰中国城市与环境研究中心主任（The Scottish Centre for Chinese Urban and Environmental Studies）、赫瑞—瓦特大学建筑环境学院教授（School of the Built Environment，Heriot-Watt University）王亚平博士。正是2000年与王教授的一次长谈让我选择了“城市低收入居民居住问题”这一我国住房制度改革巨大成就下的灰色地带作为研究方向。王教授不仅带给了我方向性的启迪，同时也吸纳我加入了由他主持的英国海外发展部资助的相关科研课题，传授了更为科学的社会调查方法并提供了数千英镑的经费支持我完成了对重庆市城市低收入居民居住实态的首次田野调查。

在攻读博士学位和本书的出版过程中，我始终得到了重庆大学建筑城规学院上至院长书记，下至数十名本科学生的大力支持与帮助。感谢学院张兴国教授、赵万民教授、魏宏扬教授、杜春兰教授、戴志中教授、陈仲林教授、李和平教授、雷春浓教授、龙彬教授和卢峰教授等，他们分别在不同阶段给予我很多教益和帮助，让我可以夯实基础、厘清思路、辨明方向、完善文稿。同时，我也十分感谢我的同事段晓丹先生、祝莹女士、孟侠女士、唐紫安先生，以及本院 1998 级 60 余名本科学生和我的硕士研究生彭元春、罗丽娟、连波、林世华、孟冬华等，是他们在现场调研或数据统计中的出色工作为我的研究打下了最坚实的基础，研究生们还为我绘制了书中大部分的插图。感谢张晓峰同学提供的重庆市廉租房建设现状信息，感谢颜文涛博士在书中 GIS 应用部分给我的建议和帮助，感谢学院研究生办公室王萍女士、孙国春女士在博士学习过程中给予我的诸多照顾。感谢我的两位博士师兄——湖南省建筑设计院总建筑师杨瑛和重庆大学建筑城规学院副院长卢峰，是你们做出的成绩以及或关切或戏谑的电话和交谈给我的鼓励使我能够努力前行、不辱师门。

在本书研究的调研过程中，时任重庆市国土资源与房屋管理局副局长董建国先生、重庆市住房保障领导小组办公室主任苟玉强先生、重庆市大渡口区规划分局副局长郑圣峰先生，以及被调查的各社区居委会领导和接受调查的居民们给了我很大的支持与配合，本书的出版也是对他们的最好回报！

同时，我也要将我最深的感谢献给我的家人！父亲母亲深情的催促，小女靓靓稚嫩的询问让我鼓起了奋发的风帆；岳父岳母在我研究工作最紧张的日子里替我照顾了不慎骨折的妻子；我的妻子、重庆大学土木工程学院教授陈朝晖博士在美国普林斯顿大学留学期间为我查阅国外研究资料使我的研究更具全球视野，她还为我翻译、校对了文中所有的英文文字并全力照顾了孩子。没有亲人们在生活和工作中给我的照顾和帮助，就不会有本书的完成！

最后，感谢中国建筑工业出版社和责任编辑吴宇江和率琦先生！是你们的无私和出色的工作使得本书可以在我国保障性住宅如火如荼建设的背景下迅速面世，让我可以用本书的研究成果为改善城市最低收入阶层居民的居住水平尽绵薄之力。

纸短情长，

言不能尽！

再一次深深感谢并将本书献给所有给过我帮助的人们！

2010 年 2 月

于重庆大学建筑城规学院